说辛亥革命不能不说孙中山，说孙中山不能不说陈其美。
说民国建立不能不说袁世凯，说袁世凯也不能不说陈其美。
说国民党历史不能不说蒋介石，说蒋介石又不能不说陈其美。
说辛亥英雄不能不说秋瑾、徐锡麟，说秋瑾、徐锡麟还是不能不说陈其美。

陈其美是孙中山的左右手，是袁世凯的死对头，是蒋介石的引路人，秋瑾、徐锡麟的老战友。

通过陈其美，我们可以了解清末民初的时代风云、风流人物和历史轨迹。

谨以此书献给辛亥革命一百周年

2010年中国作家协会重点扶持作品

陈其美

贾鸿彬 著

中国青年出版社

（京）新登字083号

图书在版编目（CIP）数据
陈其美／贾鸿彬著. —北京：中国青年出版社，2011.8
ISBN 978-7-5153-0049-8
Ⅰ.①陈… Ⅱ.①贾… Ⅲ.①传记小说－中国－现代
Ⅳ.①I247.5
中国版本图书馆CIP数据核字（2011）第122279号

责任编辑：王钦仁

出版发行：中国青年出版社
社址：北京东四12条21号
邮政编码：100708
网址：www.cyp. com.cn
编辑部电话：（010）57350507
门市部电话：（010）57350370
印刷：三河市君旺印装厂
经销：新华书店

开本：660×970　1/16
印张：28.5
插页：12
字数：396千字
版次：2011年8月北京第1版
印次：2011年8月河北第1次印刷
印数：1－8000册
定价：39.00元

本图书如有印装质量问题，请凭购书发票与质检部联系调换
联系电话：（010）57350337

1. 1912年陈其美任沪军都督时的西装照

2. 1912年陈其美任沪军都督时的戎装照

3. 1903—1906年间，陈其美在表叔杨信之所开的上海同康泰丝栈任助理会计

4. 1912年9月，陈其美在北京农事试验场植树（着礼服挥铲者为陈其美，树后着礼服者为黄兴）

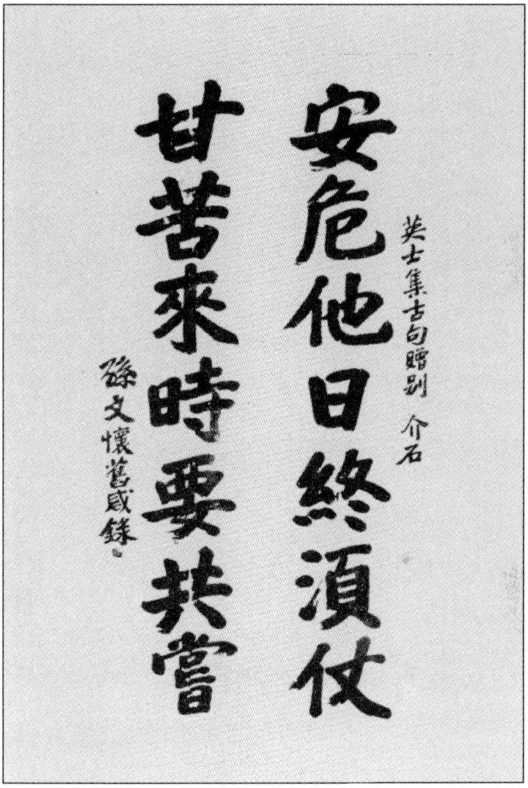

5.“安危他日终须仗，甘苦来时要共尝。”这是陈其美、黄郛、蒋介石三人结拜时的誓言。陈其美请孙中山题写，送给蒋介石

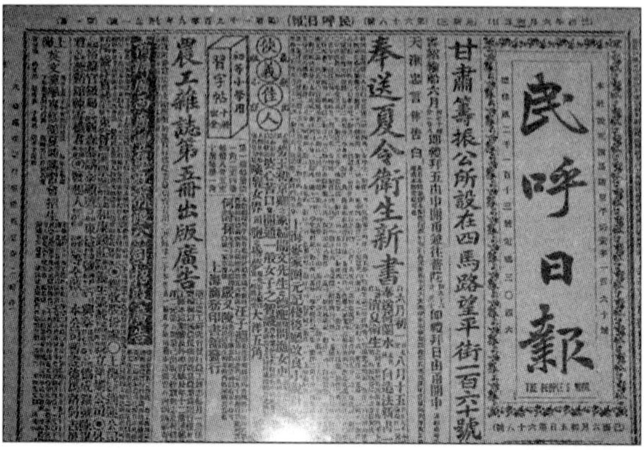

民呼日報
甘肅籌振公所設在四馬路望平街一百六十號
奉送夏令衛生新書
農工雜誌第五冊出版廣告

6.《民呼日报》以“大声疾呼，为民请命”为宗旨，揭露清王朝腐败统治，鼓吹民主革命

民立報
MIN LI PAO

7.《民立报》等革命报刊在1911年的历史大变局中起到了重要的舆论导向作用

8. 孙中山与宋庆龄

9. 黄兴

10. 章炳麟

11. 蒋介石

12. 秋瑾

13. 宋教仁

14. 汪精卫

15. 陶成章

16. 袁世凯

17. 张勋

18. 1911年11月上海起义成功后，南京路上五色旗迎风招展

19. 建于1913年的工部局大厦

20. 静安寺庙会

21. 20世纪初妓女“十美图”

22. 妓女出局陪客搓麻将

23. 张园内著名的安恺第大楼

24. 外白渡桥（郑汝成被刺杀处）

25. 起义军占领江南制造总局东路大门

26. 起义军守卫沪宁火车站

27. 攻克南京后，准备入城的浙军

28. 吴淞光复军在沪宁车站集结，准备开赴江宁前线

29. 沪军先锋队进攻江宁

30. 上海光复军在闸北招募士兵

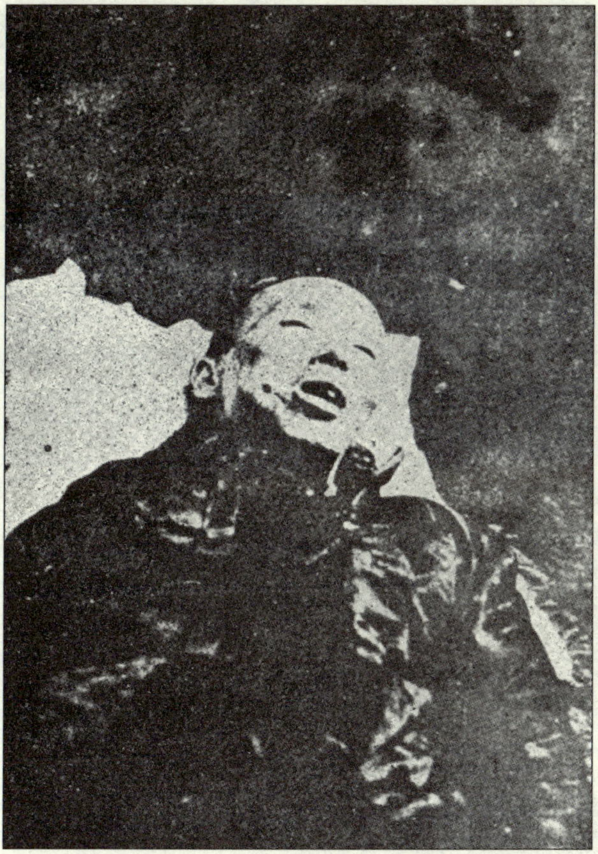

31. 陈其美遇害后之惨状

32. 1917年5月15日，陈其美灵柩归里。在湖州东门二里桥停灵，接受亲朋故旧和浙江各界代表前往祭奠

33. 1917年5月16日，陈其美灵柩途经故宅五昌里，运抵岘山墓地。图为五昌里所设灵堂

34. 陈其美墓园

35. 孙中山先生所题之墓碑

36.《孙大总统诔辞》碑

37. 陈其美故居

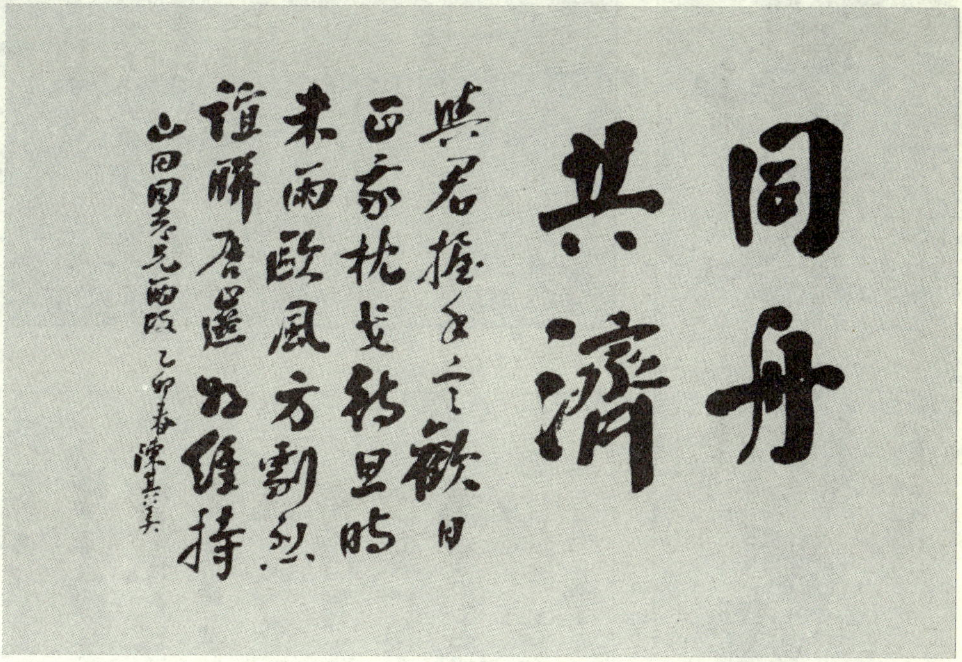

38. 陈其美手迹之一

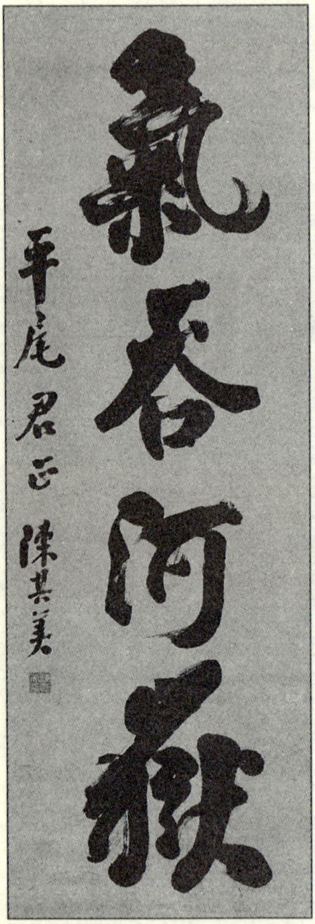

39. 陈其美手迹之二

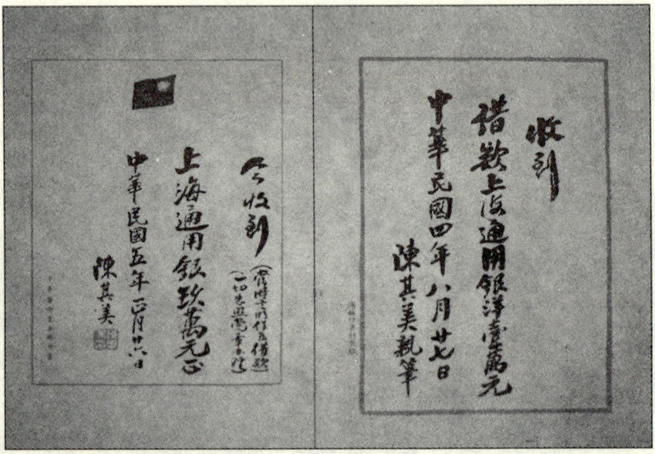

40. 陈其美手迹之三

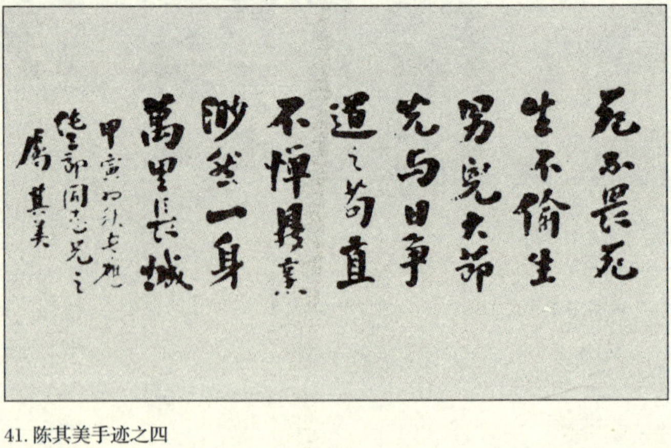

41. 陈其美手迹之四

目录

楔子
少年异行

从来没有经过如此寒冷的冬天。连着三天大雪，几乎把东苕溪也冻上了。大年三十上午，风停雪霁，大地红装素裹，石门镇码头边却再也找不到愿意驶往湖州的船。为了赶回家过年，十六岁的陈其美只好把带回家的年货装进两个竹篮，用一根扁担挑着，踏雪赶往湖州。

原野里白亮亮的，路旁的村庄隐在雪中，黑瓦浮肿成白色，和白墙一起在雪中静立，增加了许多静谧。下半晚，陈其美来到岘山脚下，将肩上的扁担换了一下肩，正准备一口气冲上岘山顶，却发现前面路旁的树林边，立着两只狼。四只狼眼绿莹莹的。

陈其美两手握着扁担两头的钩子立在雪地中，木木地与狼对峙着。不一会儿，两只狼分开来，似乎想包抄着扑倒他。陈其美一个激灵，忙冲向旁边的一个稻草堆。他背靠草堆，放下篮子，取下扁担。两只狼见了，停下，彼此对视一会儿，觉得对方虽然握着一根扁担，但不过就是一个少年，不可能有多大的力量。犹豫一下，它们低鸣两声，从两边扑上来。陈其美高高扬起扁担，往左边猛冲两步，迎着扑上来的狼就是一下。只听一声惨叫，那狼滚到一旁，身子抽搐了几下，便不动了。另外一只狼红了眼，跟着又扑。陈其美挥动扁担，对着狼头打去。这只狼却虚晃一招，将身子侧向一旁，就地一翻，滚到了另一边。陈其美心中一惊，忙将扁担舞向另一边。狼一个后腾翻，立在了圈外。它看了看地上躺着的同伙，又看了看陈其美手中的扁担，觉得讨不到便宜，便一溜烟逃进不远处的树林。

舒了一口长气，陈其美找出一根绳子，来到躺着的狼身旁，见它还在苟延残喘，忙对着它的脑袋连砸十几下，把狼打死了，才将死狼的四条腿捉在一起，紧紧捆住，准备把它串在扁担下，一起挑回家。狼肉煮了吃，狼皮熟了，给继母做一条褥子。

这时，一阵“呜……呜……”的哀嚎声传来，惊得陈其美心里恓恓惶惶的，浑身直起鸡皮疙瘩。寻声望去，只见树林边，那条逃走的狼正将长长的嘴巴插到地里，大尾巴旗帜一样竖着，旋转着骚动，不停地叫。很快，从四面八方聚拢来各种大大小小的狼，有二三十只。它们在暮色中跳跃着矫健的身躯，甩动着长长的尾巴，狂风一般卷过雪野，向陈其美冲来。

这么多的狼！怎么办？陈其美心里盘算着，迎上去抡起扁担横扫，扫不到几只，就会被它们扑倒；跑，显然跑不过它们，地上还有雪，要不了一段路，它们就会追上。焦急中，他突然拿起扁担，迎着狼群冲向前。跑在前面的两只狼一愣，停住脚。后面的狼撞上来，撞得前面狼身子直晃。

就在群狼恍惚间，陈其美猛地转过身，对着草堆一阵猛跑，将扁担一头点地，身子猛地跃起，飞上了草堆。草堆上满是积雪，陈其美快速将中间的积雪扒开，将稻草拽出几把，形成一个凹窝，双脚试了试，身子站得很稳。他这才往下望去，群狼已快来到草堆前。借着这当儿，他急忙把扁担放下，用钩子钩住一只篮子，提上草堆。再想去钩另一只篮子时，群狼已经涌到了草堆前。有一只狼高高跳起，想爬上草堆，陈其美居高临下，一扁担扫过，正好打中狼头。狼一声惨叫，滚倒在地上。

群狼犹豫了一会，随即分散开围住草堆，同时从四面八方往上爬。草堆离地有六七尺高，狼爬起来很费劲。有的狼好不容易探出头来，陈其美一扁担舞下，它便惨叫一声滚下去。眼看着天就要黑了，一只狼也没有爬上草堆。

陈其美心里稍稍轻松一些，却发现不远处一只老狼身上托着一个白色的怪物走来。这个怪物生着一张历尽沧桑的狼面孔，眼窝深陷，两个眼珠如同两团绿火。接近草堆，陈其美才看清，白色怪物两条前腿很短，搭在老狼的后臀上，两条细长的后腿随着老狼的跑动而跑动。狼狈为奸！陈其美立刻想到以前读过的《酉阳杂俎》，这个生着两只短短前爪的家伙，是狈。它的两条前腿和两条后腿短长比例失调，行走很困难，所以每当外出，必须把两条前腿搭在其他狼的后臀上，由狼托着走。但狼群都愿意有它，因为它足智多谋，是狼群中的智多星，群狼有疑难问题时，它一到场，很快就能解决。

果然，狈来到后，由老狼托着，围着草堆转一圈，就“呜呜”地叫几声，并从老狼身上下来，伸出短短的前爪，做了几下扒草的动作。群狼很快明白，这是让它们一起扒草，把草堆扒空。扒空了，草堆自然会倒下来。到那时，陈其美就会成为群狼的美餐了。

真真是狼狈为奸！陈其美不由一阵慌乱，双腿一软，坐在了草堆上。

焦急中，下面传来一阵撕咬声。陈其美站起身，只见有几只狼已经将地上的那只篮子踢翻，里面的方糕、焦切、蜜枣等散落一地。几只狼撕咬的是一块金华火腿——那是善长典老板送给他的年礼。火腿原本不大，眼看要被撕光。那只老狼低吼一声，其他狼立刻放下。老狼上前，叼起火腿，送到狈面前。狈没有马上吃，看了看草堆，嘴巴向前拱了拱，其他的狼又都围到草堆四周，用力扒起草来。狈这才放下心来，美美地享受金华火腿。

西天的晚霞已经消逝，不远处的岘山变得黑蒙蒙的。远处村庄不时传来鞭炮声，显然，有的人家已经开始过年了。狼群还在不停地扒草，陈其美觉得草堆似乎变矮了。看着忙碌的狼群，他不知该怎么办才好。突然，远处传来一声巨响，震得草堆一阵晃动。陈其美知道，这是有人家为了庆祝除夕，放的鸟铳。现在要是有一杆鸟铳该多好。正想着，又一声巨响传来，陈其美在感到草堆晃动的同时，也看到狼群一阵惶恐，都停止扒草。逡巡了一会儿，又开始扒草。陈其美心中一喜，忙把身边的篮子打开，里面全是鞭炮：冲天雷、二踢腿、地老鼠，一千头的响哨、五千头的响天雷。他拿出一串地老鼠，划着火柴点燃，扔到了草堆下面。地老鼠发着耀眼的火花，在地上分散开来，四处乱钻，接二连三炸个不停。群狼一哄而散，连它们的智多星也顾不上了。陈其美不失时机地又点燃冲天雷、二踢腿，一连串的巨响在群狼的身后赶着，它们四条腿都嫌少了，很快消逝在对面的树林中。

跳下草堆，茫茫的雪原上除了许多凌乱的脚印，还有一只在缓缓挪动的狈。陈其美快步上前，挥动扁担，狠狠砸了两下，狈惨叫着死去。

又累又饿。陈其美回到草堆前，把被群狼扒得满地的方糕、焦切等收拢，靠在草堆旁，狼吞虎咽地吃起来。吃了两口，觉得口渴，就到远处没有印迹的雪地上团了几团雪，嚼着解渴。

靠在草堆边吃饱了，天已黑下来。陈其美浑身乏力，眼皮直打架。他想：反正赶不上湖州城五昌里家中的年夜饭了，索性睡一觉，养足精神再走吧。他爬上草堆，将顶上的洞掏深一些，人缩在其中，很快睡去。

一觉醒来，已是满天星斗。陈其美抖擞精神，挑起两个竹篮，借着雪光往岘山走去。走到树林边，他发现，群狼原本散乱的脚印已集中起来，往一个方向跑去。显然，它们是集中去一个地方了。那是什么地方？狼窝！肯定是狼窝！这些坏蛋，糟蹋了多少人畜？今天晚上，它们是不是也在过大年？这个时候，也许它们一个个酒醉饭饱睡着了，我何不乘机掏了它们的窝，为一方百姓除掉祸害。他想起篮子里还剩下的鞭炮，有那么多威力极大的家伙，群狼还没有领教过呢。

陈其美兴奋起来。他顺着狼踪，出了树林，走进一条小山沟。在山沟半坡上一块巨大的岩石下，发现一个黑乎乎的洞口。陈其美小心地握着扁担，贴近洞口，侧耳倾听，里面有一阵阵呼呼噜噜的声音。看来，群狼在里面睡着了。

篮子里有两挂五千头的响天雷，陈其美拿出一挂，小心将引信剥出，划着火柴点着，用力丢进洞里。响天雷在洞中发出雷鸣般的响声，火光随着爆炸声闪耀着，群狼嚎叫着，冲撞着，先是往洞底钻，钻不出去，又回过头来往洞口跑。一只狼刚露头，陈其美一扁担下去，狼惨叫一声，掉回洞中。又一只狼冲上来，陈其美再挥扁担，又是一声惨叫……

五千头的响天雷炸完了，山谷瞬间寂静下来。陈其美忙又划着一根火柴，将第二挂响天雷点着，扔进狼洞，群狼又冲撞起来。这一次，陈其美不让狼再有喘气的时刻，把篮子里的地老鼠、冲天雷等接连点着，不停地往洞里扔。最后，四棒焰火也被点燃，对着洞口往里轰。狼洞里浓烟滚滚，群狼咳喘连连，有的狼身上的毛被焰火燃着，忙着往其他狼身上蹭。很快，狼洞口涌出阵阵肉焦味。

所有的鞭炮都点着扔完了，陈其美站在洞口，双手握着扁担，高高地举着，一旦有狼爬出，他就狠狠地砸下。他就那么站着，双眼盯着洞口，一动不动……

天快亮时，一队举着火把的人找到了狼洞口。他们是陈其美的大哥陈其业、小弟陈其采带领的亲戚和街坊邻居，循着群狼和陈其美留下的印迹找来的。

陈其美的双脚已经冻在了雪地上，举着扁担的双手也僵在半空。陈其业上前，拿掉他手中的扁担，他身子一晃，倒在陈其业怀中。

“二哥，你怎么这么大胆？”陈其采上前，握住陈其美的手。

陈其美笑着挣扎站起，指着狼洞说：“我想趁机为百姓除掉一大祸害。还有，你不是想到上海中西书院学习英文，没有学费吗？这里面有二十多只死狼，狼皮熟了，卖到上海，保准够你交学费了。”

陈其业听了，连连摇头：“二弟，只身入狼穴，你太冒险了。再说，有你这么挣学费的吗？你这分明是胡闹，要是葬身狼口，我跟去世的爹娘可没法交代啊。以后，你一定要好自为之！”

听了大哥的话，陈其美郑重地点了点头，说：“大哥，你放心，我会自行珍重的。”

这个敢于孤身斗群狼的少年，1878年(光绪四年)出生于浙江湖州府学前五昌里，名其美，字英士，号无为，别署高野，后以字行。他六岁时入私塾读书，十四岁时父亲陈延佑去世，家道中落，被迫中断学业，进入崇德县石门镇善长典当学徒。对大哥，他一向是尊重的。以后十年，他一直在崇德县石门镇善长典中学生意，安分守己，循规蹈矩。但是，他的命运注定是不安分的。

1902年(光绪二十八年)冬天，小弟陈其采结束五年留学生涯，从日本士官学校毕业归来，来到石门镇看望陈其美，谈了很多海外见闻和学习心得，尤其是日本通过维新变法，振兴实业，已经立于世界强国之林；而中国却国事日非，朝廷昏庸，官员腐败，面临亡国灭种的危险。当夜，兄弟两人对榻而眠，陈其美夜不能寐。他对弟弟的见闻广博感到由衷敬佩，同时对自己蛰居石门，十多年才升到第三名学徒感到好笑。天下如此之大，何必要老是屈居在这里呢？

走吧！走出去，一定是海阔天空！

人生难料。就是这样一个懵懵懂懂的学徒，走出去竟走上了革命的道路，跟随伟大的民主革命先行者孙中山先生一道，并肩战斗，奔走革命。在辛亥革命中，他光复上海，抵定东南，一木独支，益振大局；其后屡仆屡起，矢志不移，直到惨遭暗杀。孙中山称其为“民国长城”、“吾党唯一柱石”。

百年之后，陈其美行进的脚步声依然在午夜中响着。追寻着那声音，我们能一起走进辛亥革命的热血与烈火、苦难与艰辛、智慧与阴谋、卑鄙与高尚，感受到苍凉的枭雄梦和悲壮的寂寞愁！

第一章
你从哪里来

1

遇见地头蛇啦！陈其美心里“咯噔”一下。

这里是十六铺码头，春雨蒙蒙。陈其美刚从小火轮上走下，就见一个戴着破毡帽的人手里拎着一只箱子从他面前跑过。“我的箱子！他抢我的箱子啦！”后面一个少年僧人边跑边喊。

拎箱子的人穿过一片人丛，把箱子传给了另外一个只长着几根细发的秃头。秃头接过箱子，向另一个方向飞跑起来。陈其美见状，疾步向前追去。边追他边收起油纸伞，腾出右手一甩，一枚石子飞出，拎箱子奔跑的秃头“哎哟”一声摔倒在地上。

秃头摔倒了，手还紧紧地攥着箱柄。“把箱子还给他！”陈其美来到秃头身边时，少年僧人也到了。秃头抬头一看，见陈其美戴着眼镜，有几分文弱，像个书生，正想发火，却见对方手指一弹，他的手腕被一粒细石击中，攥箱柄的手不由松开了。

少年僧人忙把箱子抢在手里，对着陈其美躬身施了一礼，说：“多谢先生仗义！”他正要回礼，却听“哗啦”一声，有人道：“先生，身手好敏捷呀。”

陈其美回头看看，原来是一个彪形大汉。大汉面色黑里透红，大脑壳明净锃亮，一条黑而粗的长辫拖在背后，虽是初春落雨时节，手里却依然拿着一把二尺长的钢骨折扇。刚才的“哗啦”声就是他打开折扇时发出。

陈其美忙含笑冲大汉一拱手："老哥过誉。兄弟初踏贵宝地，多有得罪，还望海涵！"他想要离去，秃头和戴破毡帽的人却挡住他的去路："瞎眼臭虫，我看你是白戴一副眼镜，敢在这里显能！你知道这爿码头姓什么吗？"

戴破毡帽的挥拳打来，陈其美侧身一闪，让过拳，忙将自己的右手举起来，打出一个手势，晃了晃说："请教，列位，兄弟初来乍到，因帮助乡党，匆忙行事，闹出误会，还望海涵。"

"海涵，海涵，海涵个屁！"秃头跛着腿，左手揉着右手手腕，一副要报仇雪恨的模样。

彪形大汉收起折扇，止住两人。原来他注意到了年轻男子刚才打出的手势。这手势是将大拇指与食指靠拢，做成一个圈子，那中指、无名指和小指三个指头伸直，高高举起，向空中摇晃一下。这是洪帮的暗号，凡在帮的洪门兄弟外出，势单力孤，遭到危险时，就发出此暗号，近旁帮中兄弟一见，便会前来相助。因为这个手势暗号的意思是在圈子里的意思。进了帮的叫做在圈子里，又叫"受过家摸"；那三个直的指头喻为"桃园三结义"，要像刘备、关羽、张飞那样地讲义气。

彪形大汉横握铁扇，双手抱拳，冲陈其美点了下头，说："转请教，老兄从什么地方来，到什么地方去？"

陈其美冲大汉双手抱拳一揖，说："兄弟我从山上来，到水上去。再请教，兄弟我来得鲁莽，望老兄你高抬一膀。久闻贵山仁义胜过刘皇叔，威风胜过瓦岗寨，交结胜过及时雨，讲经上过批法台，喜栽桃李树，常结万年红。兄弟初到贵码头，理当用草字单片，来龙虎宝帐请安投到，禀安挂号。惭愧眼头不活，路子不熟，交结不到，礼仪不周，好在四海之内皆兄弟，老兄不见老弟怪！"

彪形大汉连忙冲年轻男子鞠了一躬，说："老兄不愧宝山下来，有仁有义，有能有志。小弟不知你到此来，未曾收拾少安排，未曾接驾休见怪。"

两个人这么啰里啰嗦，搞得戴破毡帽的和秃头如坠雾中，不知就里。彪形大汉冲他们扬扬手里的铁扇："是自家兄弟，爱春楼看茶。"

爱春楼是坐落在宝善街的一座茶楼，为沪上洪门五行山的议事会友之处。

到了爱春楼门口,彪形大汉又冲陈其美一拱手:“老兄,请!”

陈其美也没谦让,抬脚走进茶楼。当大汉见他右脚先跨进门槛时,暗暗点了点头。

来到楼上,堂倌把他们引到一处临窗的桌前,陈其美先将双手的五指分开。按住桌边,然后稳稳坐下。

“几位客官,请问用什么茶?”堂倌问。

彪形大汉用眼看了一下陈其美,陈其美微微一笑:“请上红茶。”

“好,给这位老兄来盏红茶。”彪形大汉“哗”地打开扇子,冲堂倌说。堂倌下楼,不一会儿送上一盏茶和一双筷子。陈其美接过,看了看在坐的其他三人说:“兄弟我就不客气啦!”他把茶盏放在自己的面前,把筷子放在茶盏的左边,然后用右手取下茶盏的盖子,在茶盏的沿子上轻轻划了三下,把盖子放在了筷子的左面。

这时,站在一旁的堂倌忙问:“这位客官要吃些什么?”

陈其美说:“我要吃粮!”说完,他盯住了彪形大汉。

彪形大汉冲堂倌摆摆手说:“来四壶西湖龙井, 四样时兴点心,你忙别的去吧。”

堂倌走后,彪形大汉又小心地问:“请问老兄府上哪里?”

陈其美说:“兄弟湖州府吴兴县人。”

“尊姓大名?”

“姓陈,名其美,字英士。”

“仙居何山?”

“浙江九龙山。”

“山主何人?”

“牛大王竺绍康。”

问到这里,彪形大汉仍有些不放心,想了想说:“老兄昆仲几人?”

“兄弟八人,我是二房老幺。另外,长房还有兄弟八人。”洪门山堂分为内八堂和外八堂。长房是指内八堂,二房是指外八堂。

陈其美明白,这么烦琐的盘问,其实怪不得彪形大汉。由于洪门是抗清的秘密组织,一直受清廷的迫害,所以自创立起,就采用许多暗号，以防破坏分子混入。

至此，彪形大汉才放下手中的钢骨折扇。双手抱拳，恭恭敬敬作了一揖，说："在下刘福彪，安徽滁州人氏，沪上五行山巡风六排。刚才码头上，手下兄弟多有得罪。"

"哪里哪里，是陈某愚钝，忘了码头上的规矩，还望海涵。"

"路见不平，拔刀相助，真正是我洪门兄弟的本色。不过呢，靠山吃山，靠水吃水，都是自家兄弟，用不着客气了。只是不知陈兄此次来沪上有何贵干，若有用得着兄弟的地方，着人送张草字单片，我定然全力相助。"

陈其美此时开始重新打量了一下刘福彪，只见他豹头环眼，脸颊上的络腮胡子虽然剃净，但青青的胡茬却清晰可见，眉目间透着一股豪爽之气。

"小弟十多年来一直在崇德县石门镇善长典做学徒，耳闭目塞，见识鄙陋。久闻上海滩藏龙卧虎，俊杰遍地，领东南风气之先。此次到来，是想研习西学，开我茅塞，做些值得一搏之事。以后，小弟必然有求助老兄之时。在此，我以茶代酒，先敬老兄一杯，以谢今日相烦。"说完，陈其美端起堂倌刚刚送来的茶，为刘福彪斟了一碗。

两人一起举碗，郑重地碰了一下，一饮而净。

"山不转水转，岸不移船移，关公千里走单骑，兄弟古城有会期。再会！"陈其美抱拳一揖，飘然下楼。

已是薄暮时分，外面烟雨蒙蒙依旧。

刘福彪并不知道，陈其美根本不是洪门中的人，他没有在任何山门入过香堂。在十六铺码头上，见刘福彪等人来者不善，他急中生智，来个谎报家门。见唬倒刘福彪等人后，他就急忙脱身。因为他知道，如此冒充洪门中人，要是露馅了，是要你尝尝"三刀六洞"的。这是洪门的门规，就是在冒充者的一条大腿上捅三刀，三刀必须刀刀都在大腿上捅穿，让刀尖从背面露出，拔出刀后，一刀就有两个洞。

至于洪门中的“海底”[①],是陈其美在善长典中从二师兄那里学的。二师兄比他年长五岁，十八岁时就入了洪门，是浙江九龙山外八堂老幺。二师兄与陈其美在善长典中朝夕相处十多年,感情胜过手足。他对洪门灭清复明的英雄壮举十分敬佩,对洪门里的事充满好奇,想拜二师兄为师。无奈洪门成员间是横的关系,效法三国时刘、关、张桃园三结义之意,称做哥弟,新成员入门,必由山主、香主、盟证等人开香堂才行。

二师兄也曾打算带陈其美去浙东的四明山中，介绍他入山门,只是善长典事情多,规矩严,两人难以一同外出。加上此事只能在秘密状态下进行,也只好等待时机。

二师兄一时不能把陈其美领入山门,却提前把自己所掌握的洪门“海底”全部告诉了陈其美。

“以后,你入山门时就不需要从头学起啦。”二师兄以为,陈其美迟早是要入洪门的。

三年前,九龙山山主王金满在秋天里起义抗清,用快牒招走二师兄。二师兄在战斗中与王金满一并战死在缙云东乡,陈其美和九龙山的联系从此中断。

2

陈其美匆匆忙忙出了爱春楼,招呼一辆黄包车,正要坐上,旁边走出一人,拦住他说:“先生请留步。”原来是码头上那个拎箱子的少年僧人。

“你怎么还没走?”陈其美有些奇怪地问。

少年僧人笑了笑,“先生码头仗义相助,小僧无以为谢,特在此等候,请先生小酌两杯。”

“僧人也喝酒?”陈其美有些奇怪地问。

“在上海,僧人喝酒算什么?有首《忆江南》,你知道吗?”

“我初到上海,什么也不知道。”

---

① 相传郑成功开山时曾为洪门订立“规律”。后来他的孙子郑克塽被清军围困紧急时,把“规律”和重要文书装在铁箱里沉于海底。不久,洪门中人从渔人手中重新获得,便称其为“海底”。

"申江好，最乐是游僧。酒肉场中全不讳，烟花队里各争能。入定问所曾。在这上海滩，只是喝喝酒，吃吃肉的和尚，就是好和尚了。好和尚请先生，还望先生赏光！"说着就是一个合手礼。

望着少年僧人天真的笑脸，陈其美觉得他不会有什么歹意，笑着说："恭敬不如从命。小师傅请！"

两人进入一家小酒馆，少年僧人要了一瓶酒，点了两盘红烧牛肉。两杯酒下肚，陈其美知道少年僧人俗姓苏，原名戬，字子穀，学名元瑛，十六岁即曾出家，自取法名曼殊。他比陈其美小六岁，是光绪十年（公元1884年）生人。这一次他是从日本早稻田大学回来，请求国内协助开展"拒俄运动"的。

"什么叫'拒俄运动'？"陈其美不解地问。

苏曼殊有些吃惊地问："你真的不知道？就是抗拒俄国老毛子！"

义和团运动期间，沙俄入侵东北。光绪二十八年（1902年）三月同清政府订约，规定侵占东北的俄军分三期于十三个月内全部撤走。一年过去了，沙俄不仅违约不撤一兵，反而增派军队，并向清政府提出了七项无理要求，企图永远霸占东北。

"现在，东京的中国留学生已经成立拒俄义勇队，并已致电北洋大臣袁世凯，愿将义勇队隶其麾下，和俄国人血拼一场。"苏曼殊从箱子里拿出几份报刊，递给陈其美，"你看看这上面的一些文章。"

陈其美翻着报刊，有些茫然："兄弟第一次来上海，不知道上海都有哪些人在做。"

"可多啦。蔡元培、吴稚晖、章士钊等人也准备成立拒俄义勇队。"苏曼殊指着一本刊物说，"他们要在张园开会。"

陈其美看了一下，刊物名叫《浙江潮》，是前几天才出版的，上面果然有一篇文章，说爱国学社蔡元培等人要在张园成立拒俄义勇军。

"先前在码头上，我看陈先生身手那么敏捷，连发暗器，弹无虚发，就想，要是先生参加拒俄，一定会让俄国老毛子有来无回的。"说着，苏曼殊又给陈其美倒了一杯酒，"这也是我请先生小酌的原因。"

听了这话，陈其美乐了。"我哪里会使用什么暗器？"正说着，一扬手，只听"啪"的一声，墙角下随即发出"唧"的一声。只见一只老鼠四腿不停地蹬着,一会儿就不动了。

“不过是这些石子。”陈其美甩了一下袖子,一把石子“哗啦”摊到了桌上。苏曼殊忙拿起一颗,看看,是普通的鹅卵石。又拿起一颗,看看,还是普通的鹅卵石。

“这些是我在太湖边捡的。其实随便在一条河边,都可以捡到。这实在不是什么暗器。”

“不,”苏曼殊摇摇头,“世间暗器千千万,不在于形式,而在于能够克敌制胜。陈先生这种石头兵器,到处都有,能让对手防不胜防。可谓是独门绝技。我想冒昧地问一句,先生拜谁为师的,可以教教我吗?”

“雕虫小技,实在不值得一提。”

陈其美在石门镇善长典十多年时间, 所从事的工作主要是防鼠、灭鼠——有许多入库待赎的物品,如衣物、字画等,容易被老鼠咬坏,这样当铺就要赔钱。所以,大的当铺,都有专门做防鼠、灭鼠工作的人。善长典为防鼠,养了三十多只猫。陈其美进当后,被指派养猫。猫虽然是老鼠的天敌,但因为有人养,时间长了,就都变得懒散。老鼠摸到猫的秉性,常大胆地在库房里跑动,那样子一边是寻找可以下嘴的机会,一边就是戏弄懒猫。

看见老鼠在库房里乱窜,陈其美喜欢随手用东西击打。为了击打方便,他到河边捡回大堆的鹅卵石,没有事就练习击打。无意插柳柳成阴,十来年下来,他竟练就了一手飞石击鼠的功夫。加上他平时思维敏捷,善于出主意,口齿伶俐,敢作敢为,大家就称他为“四捷”,就是主意捷、口齿捷、手段捷、行动捷。

“我这两下子,我知道,打个老鼠,教训一下坏人,还行。至于上战场,尤其是和洋人的洋枪洋炮对阵,肯定是以卵击石。前几年,义和团里面,功夫超过我的,不知道有多少人,有些人还号称刀枪不入呢,结果呢,一个一个还不是落花流水了!”陈其美叹息一声,“时代变了。老弟在日本留学有年,这一点自应比我清楚。”

陈其美的话,让苏曼殊有些不好意思。他摸着自己的光头说:“这个我当然知道。但你可以变化啊,比如,把鹅卵石变成飞刀,更厉害的是变成手枪。对!”他一拍桌子,“就变成手枪。这样,你潜入北京。明年慈禧七十岁，这个老妖婆，肯定要折腾，为自己庆寿的。你扮成一个太监，怀揣一把，不，"他摇了一下头，"两把手枪，贴近她，左右开弓，把她射成一个马蜂窝。中国零落到如此局面，就是因为满清当政；满清腐败到如此情形，就是因为这个老妖婆在主宰中枢，除掉她，革命就会成功！"

听了苏曼殊这一番话，陈其美不由睁大了眼睛。关于日本留学生以及孙文鼓吹革命的一些情形，他的弟弟陈其采去年从日本士官学校毕业归来后，也曾说起过：许多革命党人很激进。怎么激进？陈其美无法想象。眼前的这个苏曼殊，也许就是陈其采说的革命党人的激进。他说的拒俄义勇军，陈其美倒是希望能够参加，披坚执锐，驱逐外侮，为国效力，不失男儿本色。不过，扮太监、刺杀慈禧太后这样的奇想，让他感到危言耸听，也让他觉得眼前的和尚有些疯癫。

外面已经黑下来，陈其美说："谢谢曼殊师傅的盛情款待。我要去同康泰丝栈了。"

"且慢，"苏曼殊抬手止住要出门的陈其美，"也许陈先生觉得小僧刚才的话有些孟浪，不过，我是看陈先生面相，肯定将来能成为同道中人才说的。我很快就要去关东了，你我有缘相会，无缘相随，临别之际，无物相赠，就送先生一首诗吧。"

店伙拿来笔墨，苏曼殊笔走龙蛇，一挥而就：

海天龙战血玄黄，
披发长歌览大荒。
易水萧萧人去也，
一天明月白如霜。

第二章
黄钟大吕《革命军》

3

同康泰丝栈从事的是丝绸贸易,面向欧美市场。老板是湖州人杨信之,他是陈其美的表叔。在这里,他给了陈其美一个助理会计的职位。这个职位每天就是跑跑街,递送若干单据,收收账,没有多少事情。所以,杨信之让陈其美又兼做车夫,每天赶着马车去爱国女学,接送女儿杨季红上下学。

爱国女学滥觞于中国教育会,这是1902年7月由蔡元培、章太炎等人发起的,蔡元培任会长,提倡教育救国。当然,表面办理教育的同时,暗中大力鼓吹革命。中国教育会成立后,即酝酿自设学堂和编写教科书。到了11月14日,上海南洋公学学生因抗议校方压制学生言论自由而退学,并要求中国教育会协助。一个星期后,中国教育会决定办学,校名爱国学社,校址选在泥城桥福源里。蔡元培为校长,吴稚晖为学监。不久,又在白克路登贤里办起了爱国女学社。两校都于1903年春正式开学。

陈其美送杨季红到校的第一天,就被一个人物吸引了。他没有辫子,四五寸长的头发,左右两股分开梳着,一直垂到耳下,不古不今,不中不西。他的身上也有一件长袍,但长袍外面却是一件日本和服外褂,胸前绣了一个大大的“汉”字。天气一点也不热,这位先生手里却拿着一把团扇,就像是舞台上诸葛亮的鹅毛扇一样,让人忍俊不禁。初夏时节,陈其美又看见了他,这一次,换上了一件半截长衫,赤脚登履,腰上则勒着一根草绳，手中依然拿着那把扇子。这时，陈其美已经和校长蔡元培熟了，便问："那个腰里勒着一根草绳的人也能当老师吗？"

蔡元培愣了一下，随即笑着说："你说的这个人姓章，名炳麟，字枚叔，号太炎。别看他不修边幅，邋遢不羁，却是我们这里最有学问的人，也是最有革命思想的人。"

这阵子，陈其美来学校，常常请教蔡元培一些问题。蔡元培发现，这个比自己小十岁的老乡虽然只是丝栈的一个小职员，但对新思想、新知识很渴求，因而蔡元培对他很有好感。现在见他一脸茫然，知道他有些不信。"你没听过枚叔的演讲吧？这个星期天张园正好有他的演讲，你不妨去听一下。"

星期天，陈其美因为办了杨信之交代的一件事情，来到张园时，安凯第大厅里已经挤满了人。他好不容易挤到前面，只见章太炎站在讲台上，依然穿着前几天的半截长衫，两袖已经积满污垢，电灯光下，油光发亮。他正在慷慨激昂间，一条鼻涕流了出来，他随意地用袖角擦擦。下面人见他这个样子，纷纷掩嘴偷笑，但章太炎却全不当一回事，照旧口若悬河。

"……兄弟下面要告诉你们的是，这次在东京，和梁卓如面对面的交锋。"

梁卓如就是梁启超，曾邀请章太炎到日本会面。去年章太炎到横滨，见他在新开办的《新民丛报》上，连篇累牍地发表文章，痛惜中国人素质差、道德水准低：一有奴性，二愚昧，三自私，四虚伪，五怯懦，六麻木，这六大缺点，将会导致中国的灭亡。梁启超最后说："国之亡也，非当局所能亡之也，国民亡之而已。"

章太炎拿着报纸，愤怒地质问梁启超说："你保皇，不该如此贬低我汉族同种。国人的这些缺点的确有，但都是满虏三百年奴化统治所致。再说了，中国人素质差，道德低，难道日本人的道德就好了？我看，也好不到哪儿去！"

梁启超颇有感慨地说："枚叔，你不要激动。你在日本只匆匆来过一次，并不深知这个民族，我在这儿好几年了，真是感慨良多。前一阵子，有一件事，是我亲眼所见：日本兵要开拔出征，其父母妻儿都来相送，举着国旗，高呼口号，要其子弟夫君为国而死战。而日本兵则一起高喊道：‘我要战死！’那激昂的气势扑面而来。这是什么？这就是这个小小岛国的国魂啊！我们中国有国魂吗？我们的军队出征时，母泣父哭，子女牵衣，士兵们则惶恐万状，如临大难。没有国魂的国家，即使能富，又如何能强？”

章太炎笑道：“眼下中国是没有国魂，可中国为什么没有国魂？甲午之战前，日本的天皇捐出薪水给海军说：‘多买一发炮弹，战事便多一分胜算。’可慈禧却挪用海军的军费为颐和园买奇花异草，说：‘偌大的帝国，供不起我享用的园子，要此国家何用？’两相比较，中国的国魂如若还在，那倒真是天理不容了。所以要唤回国魂，必先革命，推翻满清。”

梁启超有些生气地说：“枚叔，勉强煽动一群愚民革命，别说万难成功，即使成功了，你争我夺，恐怕国将再无宁日，国人内斗之勇之狠那是极有口碑的。满人如今已是中华的一员，轻言排满，那便是倡乱。中国的当务之急，乃是提高国民的素质。”

章太炎把手中的《新民丛报》扔给梁启超，“卓如啊，你只知其一，不知其二，革命乃提高国民素质的最好办法，知耻而后勇，有勇而后强，因此必须使国民明白，受异族统治为奇耻大辱。再说，一个连耻辱都不知道的民族，要提高其素质，”章太炎直摇头，“卓如呀，你这不是痴人说梦吗！”

说到这儿，章太炎又擦了擦鼻涕：“道不同，不相为谋。所以，我很快离开梁卓如，来到孙中山那里，和他共同商讨开国的典章制度以及将要建立的民国的土地、税赋问题。我们就是要革命，不革命中国就没有出路！”

台下爆发出经久不息的掌声。

章太炎连连鞠躬。走下台时，很多人如蚁附盐鱼一样跟着他走出门，有些青年人还拿着刚买到的章太炎的《訄书》向他请教。

陈其美听了章太炎的讲演，心中对革命不禁充满了向往。他决定，明天就买一本章太炎的《訄书》，先读一读，看看他说的革命到底是怎么一回事。

4

章太炎回到爱国学社宿舍，突然看见枇杷树下站着一个熟悉的身影。当那人转过身来时，他忙扔掉手中的团扇，和那人抱在一起，“蔚丹，你怎么回来啦？”

“我是和溥泉一起回来的。”

两人来到屋里，见章士钊和张继正在交谈，章太炎忙上前，拉着张继的手：“溥泉，你们回来，这上海滩可要风云际会、龙腾虎跃了。”

蔚丹，姓邹，名容，四川巴县人，十六岁考取四川官费留学，1902年春至日本东京，入同文书院学习。他早慧，十二岁时第一次参加秀才考试，就顶撞考官退场，并对他父亲说：“臭八股，儿不愿学，满场，儿不爱人，衰世科名得之又有何用？”所以，一入同文书院，他就积极倡导革命，常常争先演说，言辞犀利悲壮。

邹容等人的言行，令驻日南洋学生监督姚文甫恐惧而愤怒，他找到驻日公使，取消了邹容的留学资格，并把他和张继等人遣送回国。

“回来也好。中国人要想革命，光在海外喊不行，具体实行，还得是在中国自己的土地上。”章太炎在日本时和邹容一见如故，和这位比自己小十八岁的年轻人立刻成了忘年交。现在，他让邹容留在爱国学社教书，并且和自己在一个房间里，同吃同住。

这天晚上，章太炎正在抽纸烟，邹容拿着一沓文稿走到他面前，有些羞涩地说：“枚叔兄，我写了卷文稿，题目叫做《革命军》，只怕文字粗浅，想请枚叔兄给润色一番。”说完，将文稿递给了章太炎。

章太炎向来以饱学自负，平时言行都有几分疯癫，对于像邹容这样的小兄弟，更是不讲客气。拿过文稿，他满不在乎地翻起来。

谁知这一翻，竟不能释手。他不由得端坐起来，认真阅读。不一会，他就摇头晃脑地读出声来：

> 扫除数千年种种之专制政体，脱去数千年种种之奴隶性质，诛绝五百万有奇被毛戴角之满洲种，洗尽二百六十年残惨虐酷之大耻辱，使中国大陆成干净土，黄帝子孙皆华盛顿，则有起死回

生，还魂返魄，出十八层地狱，升三十层天堂，郁郁勃勃，莽莽苍苍，至尊极高，独一无二，伟大绝伦之一目的，曰革命。巍巍哉，革命也！皇皇哉，革命也！

我中国今天要想摆脱满洲人统治，不可不革命；我中国要想独立自主，不可不革命；我中国要想与世界列强抗衡，不可不革命；我中国要想傲立二十世纪新世界上，不可不革命；我中国要想成为地球上名国、地球上主人翁，不可不革命！

“好，好，好啊！”章太炎跳起来，跳了几跳，稍平静，又读道：

吾今与同胞约曰：张九世复仇之意，作十年血战之期，磨吾刀，建吾旗，各出其九死一生之魄力，以驱逐凌辱我之贼满人……以恢复我声明文物之祖国，以收回我天赋之权利，以挽回我有生以来之自由，以购取人人平等之幸福。噫，吁嘻！我中国其革命！我中国其革命！法人三次，美洲七年，是故中国革命亦革命，不革命亦革命。吾愿日日执鞭，以从我同胞革命，祝我同胞革命。

章太炎刚住声，邹容忙问：“这些文字是不是太直露了？”

章太炎放下稿子，握着邹容的手说：“不，要唤起百姓，只能用这样的文章。我的反清文章，阅读和理解的人都不多，大约是我的文字太深奥了。蔚丹弟写得这样通俗易懂，又激情澎湃，即使是引车卖浆、屠沽负贩之徒，读了也会热血沸腾的！好文章！有渲染力，能唤起民心的，就是好文章！”

邹容有些不好意思地说：“听枚叔兄这么褒奖，我就放心了。”

“我要为你作一篇序，让这本杰作尽快印出来，唤起更多的人起来革命。”

上午丝栈的事情不多，陈其美马不停蹄地收完两笔账，就急急赶着马车来到爱国学社。他带来了两天前新买的《訄书》，有几个问题想要请教章太炎。他把所有的教室都转了一遍，没有发现章太炎，就一直找到他的宿舍。章太炎的宿舍门敞着，静静的，陈其美进去，只见章太炎端坐书桌前，左手夹着纸烟往嘴里送，右手握笔，飞速地写着。他感觉到有人来到，头也不抬，问："有何贵干？"

"我找章先生想请教几个问题。"陈其美诚惶诚恐地说。

"什么问题？"章太炎的头依然没有抬。

陈其美走到他身边："前两天听了先生的演讲，备受鼓舞，倾心革命。当天就求购了先生的大作《訄书》，这两天拜读，有些问题，不太明白，今天特意来想当面请教。"

"噢，"章太炎终于抬起头，打量了一下陈其美，目光犀利地问，"你是干什么的？"

"我是同泰丝栈的助理会计。"

"你手上的……"章太炎指了指陈其美手上的马鞭。

陈其美忙说："做会计之余，我还赶马车，负责接送小表妹，就是老板的女儿上下学。"

章太炎点了点头，说："你以前在什么学堂读书？"

"没入过什么正规的学堂，只是在家乡的私塾读过几年，十五岁以后就出来学习做生意了。"

"我的《訄书》你就不要读了。"章太炎又掏出一支纸烟点上，"以你的这点学问底子，要弄明白，早呢。"他扬了扬手中正在写作的纸笺说，"等几天，你买一本《革命军》吧！这个书，你一看就会明白，什么是革命。要想革命，你就照着这本书来就行了。"

陈其美心里不禁有几分不快，这个人怎么这么傲慢？自己虽说只读过七八年书，但这些年来经常是手不释卷，经史子集很多都是读过的。若是自己这样的人都弄不明白《訄书》，那些一字不识的人，又怎么办？革命与他们无关？

这时，外面又有一个人进来。"哟，英士先生也在此。"来人是爱国学社的学生章士钊，他也是文章高手，倾心革命，深受章太炎的喜爱。陈其美在爱国学社旁听时，和他结识。

"行严，你们认识？"章太炎指着章士钊问。

"刚认识不久。"章士钊招呼陈其美坐下，自己也坐下，"这位陈英士先生，虽然厕身商界，但学识丰富，见识独到，忧国忧民，同情革命，和那些蝇营逐利的商人大不相同。”

章太炎不由又打量了一下陈其美：“你是不是常到张园听演讲？”

陈其美忙说：“有空就去。另外，我有时也在爱国学社旁听。”

“是有些面熟。”章太炎点点头，递给章士钊一支纸烟，“行严，听说你被聘为《苏报》的主笔了？”

“是的。这陈梦坡听湖南老乡介绍，说我的文章好，就一定要我来做这个主笔。”

“当仁不让，当仁不让！”

《苏报》是一份在上海租界出版的小报，其发行人注册的是日本人的名字，但实际上由中国人买下来经营。这是当时一般中国人经营新闻事业通常采用的办法，为的是一旦有事，可以躲避清政府的迫害。此时经营《苏报》的是湖南衡山人陈范。他本来是江西铅山知县，后来丢官了，就到上海来办报。开始，陈范聘请的主笔是他的妹夫，常州名士汪文溥，采用康、梁的策略，宣传保皇思想。到了去年，陈范鉴于保皇立宪不合潮流，便决定转向宣传革命，特辟《学界风流》专栏，对爱国学生运动作连续报道。爱国学社成立时，陈范每月资助学社一百元，由学社师生每天供给《苏报》论说一篇。因而，《苏报》上面几乎全是爱国学社师生的激烈言论。

“你既然当了主笔，今后打算以何宗旨办报？”章太炎问。

“我的宗旨是：第一排满，第二排康。”章士钊眉飞色舞，“我要让《苏报》成为一束束手榴弹，炸开一个全国革命的局面，即使报馆被封也在所不惜。”

“好！”章太炎激动地一捶桌子，“报纸就是要这么办。”他拿出一沓文稿，递给章士钊，“蔚丹最近写了一篇雄文，惊天地，撼日月，我正在给他写序。你可以先看看，为他写一篇推介文章。”

章士钊拿过文稿，看了几节，也不禁热血沸腾。“这样惊世骇俗、振聋发聩的黄钟大吕，《苏报》要重点介绍。”

第三章

艳丽雪鸿

5

“士女如云浴佛辰，静安场聚万车轮，衣着鬓影斜阳返，十里红飞马路尘。”这是一首描绘静安寺庙会的竹枝词，杨季红过目不忘。小时候，她跟随父亲逛过龙华寺庙会，那里的热闹和五花八门的吃食让她一直难忘。西郊的静安寺庙会，她一直想去逛逛。

静安寺是上海著名古刹之一，相传始建于三国孙吴赤乌年间，初名沪渎重玄寺。宋大中祥符元年(1008年)，更名静安寺。南宋嘉定九年(1216年)，寺从吴淞江畔迁至玉芦浦沸井浜，即现在的寺址，早于上海建城。至于静安寺的庙会，年代并不久远。咸丰年间，太平军东征，静安寺一带曾发生过很多次战争，寺院毁坏，只存一座大殿。光绪六年，住持鹤峰收拾残物，在本地乡绅的资助下，修复了山门和佛殿，所有佛、菩萨重新塑造，重装金身，古寺重光。落成那天是四月初八，为一年一度的浴佛节。据佛教传说，释迦牟尼诞生时，曾有四龙吐水盥洗佛身，后世佛教徒就在这一天把小型太子木雕像放在盆内，用净水盥洗，以纪念佛的诞生。鹤峰按照佛教仪规举行了盛大的庆祝典礼，男女老幼四方云集，纷纷前来进香礼佛，游览观光。同时，许多小商小贩也顺便带来农副产品、耕牛、土特产和家用杂物设摊列肆出售，交流物资，盛极一时。

从此，每年四月初八浴佛节，静安寺都要举行庙会。由于参加者愈来愈多，交流的物品也越来越多，原定一天的庙会已无法满足贸易需要，该寺又把庙会变为三天，即四月初七至初九。二十多年下来，乘马车逛静安寺庙会，已经成为上海每年暮春的时尚。

马车驶出同康泰丝栈大门后，杨季红说："表哥，先到老北门外的黄府，接上黄雪鸿。"黄雪鸿是杨季红的同桌，比杨季红大两岁，长得丰腴优雅，一双大眼睛亮晶晶的，不爱说话，一说话却喜欢先笑，一笑面颊上就现出两个笑靥，异常甜美。她常常和杨季红一起进出，但从没有和陈其美说过一句话，陈其美在心中叫她甜姐儿。

老北门叫做晏海门，是上海县城的北门，门外不远处就是法租界。黄府坐落在北城关拥挤的街巷中，后门靠着法租界。所以，杨季红让陈其美经过法租界，将马车停在黄府的后门。车刚停稳，黄雪鸿就从门内跑出来。她穿着一袭浅紫色长裙，黑皮鞋，戴着白色遮阳帽，面庞白嫩，整个人雍容大方，又不失娇艳和妩媚。见了陈其美，她依然不说话，只是甜甜一笑。

陈其美从驾座上放下一只方凳，杨季红打开车门，指着黄府围墙栅栏上盛开的紫蔷薇说："雪鸿姐，你比这蔷薇还要艳丽！"黄雪鸿羞涩一笑，连连摇头，踏上方凳，拉着杨季红的手，钻进车内。

静安寺的四周早已被各种摊点占满了，小贩们的叫卖声，犹如空山新雨后的溪流声，欢快而悠长。有一字拉开的长音：(豆腐)花——，"豆腐"二字一带而过，只听见一个拉长的"花"字。"白糖——莲心粥，桂花——赤豆汤！"长音落在第二个字"糖"和"花"上。"生炒——热白果，香是香来——糯是糯，五分洋钿——卖十颗！"长音又落在二、四、四的音位上。也有急性子的，不去拖腔拿调，而是崩崩脆叫道："五香、茶叶蛋！""火腿粽子呵！""芝麻糊呕——""白糖伦敦糕——"……

杨季红特别开心。她一会儿吃豆腐花，一会儿要热白果，那样子似乎要把庙会上所有的东西都吃下去。黄雪鸿则对这些小吃不感兴趣，她见杨季红吃得差不多了，忙拉着她找到看别人套圈的陈其美说："陈先生，我们想去看虾子潭，你领我们去吧。"

"是你想去，可不是我们想去。"杨季红把黄雪鸿推到陈其美面前，"表哥，你带她去吧，我还要到那边去吃糖炒栗子呢。"

陈其美说："一起去吧。听说虾子潭边的铁板虾串味道很好，你去尝尝吧。”

“真的？”杨季红一听，立刻来了精神，拖着黄雪鸿就走。

虾子潭靠近吴淞江，据说，宋时寺僧智俨有一天外出，渡江时遇到一个渔夫。见渔夫刚打上来一篓虾子，活蹦乱跳的，煞是可爱，忙化了一钵做午饭，就着潭水吞了下去。渔夫问智俨要钱，智俨身边没有钱，渔夫不依不饶，智俨只好把吞下去的虾子吐出来。没想到，那些虾子居然都还活着，只是须芒没有了。渔夫目睹此情此景，惊得双手哆嗦，把虾子全扔到了潭中。从此，这潭中所产之虾，全都无须无芒。

远远地就闻到了烤虾子的香味。杨季红朝着飘香的地方望去，只见不远处竖着一个白布幌子，上面写着“无须无芒虾串”。她赶快一阵小跑上前，见一些人正举着虾串往嘴里送。在摊位前，她看了看那些虾子，果然都是无须无芒的，忙买了几串。她先尝了一个，很快点头说：“好吃，好吃！你们尝尝。”她递给黄雪鸿和陈其美一人一串。

黄雪鸿连连摇手：“我不吃。”

“很美味的。你为何不吃？”

黄雪鸿盯着那虾子，半天说：“和尚吐出来的，觉得……恶心。”

“噗——”杨季红一下子把嘴里的虾子全吐出来了。

陈其美一阵哈哈大笑：“哪里是和尚吐出来的？这虾子和其他地方的没有什么两样。”

杨季红听了，把手里的虾串放到眼前，仔细地看了一通，说：“就是无须无芒的。”

陈其美指着烤虾摊说：“你看那些没有烤的虾串，不过是把须芒剪掉了。”

杨季红上前，仔细看了看，果然都是剪掉须芒的。“你们这不是骗人吗？明明是剪掉了须芒的，怎么说是无须无芒的呢？”

正在翻动虾串的摊主白了她一眼，“小姐，剪掉了须芒的，还不就是无须无芒的吗？”杨季红一下被他的话噎住了。摊主有些得意地笑笑，“一看你就是从上海城里来的，你没吃过城隍庙的烤虾串吗？那里的虾串都是不剪须芒的，吃起来不方便。”

半天没说话的黄雪鸿问：“那这虾子潭里，到底有没有无须无芒虾呢？”

摊主狡黠地说：“我只卖我的虾串，没功夫去问虾子潭里的虾。你们要是想知道，去问和尚吧。”

黄雪鸿听了，回过头对陈其美说：“陈先生，我们去庙里问问吧。”

陈其美说：“智俨吐虾，是个传说，黄小姐一定要较真？”

“我看《松江府志》《上海县志》上都有这个故事，觉得不可能，心中一直想搞清楚。现在已经到了虾子潭边，要不搞清楚，不是遗憾吗？”

陈其美不由认真打量了一下黄雪鸿，没有想到，这个小女子平时羞于言语，却还有这样的求真性情。“黄小姐要是真想弄清楚，从潭里抓些虾子上来看看最好，不然，和尚要是说了假话，我们还是闹不清。”

庙会上有卖纱布的，陈其美买来二尺见方的一块，又找到篾匠劈了两根宽竹片，中间系牢呈十字状，将竹片弓起，把纱布四个角撑开，就做成一张简易的网。从一个馒头摊上买了一个馒头，揉碎，撒些馒头屑到网中，把网下到虾子潭中，陈其美说：“等一会收网就行了。”

已经是正午了，暮春的阳光照得人有些慵懒。“嘀铃铃，嘀铃铃……”杨季红循声望去，只见一个蒙古人牵着一匹白马，正“踢踏、踢踏”地走过来：“卖马奶——新鲜现挤的马奶——”

杨季红从来没有见过卖马奶的，正在好奇，有一个带小男孩的女人走上前，递过杯子。蒙古人接过，半跪着钻到马肚子下面，“噗叽、噗叽”地挤起来。不一会儿，一杯马奶递到了小男孩手上。小男孩先是小心尝了一口，随即“咕咚、咕咚”喝起来。待小男孩喝完，杨季红忙走上前问：“好喝吗？”

小男孩看了她一眼，“好喝。”接着把杯子递给他妈，“我还要喝。”

杨季红忙买了个杯子递给蒙古人：“给我挤一杯。”

蒙古人半跪着，刚钻到马下，突然听见潭边“咕咚”一声，“有人落水啦！”

陈其美一看，一团红浪在潭面上翻出一朵大花，接着沉了下去。在沉下的瞬间，他发现是黄雪鸿。他不顾一切地冲到潭边，猛地跳到水里，用手快速一抄，抓住了她的长发，把她拖出了水面。好在离岸不远，陈其美用力划拉几下，脚就踩到了地。站稳后，他用力把黄雪鸿托着，小心送到岸边。杨季红在岸上,急得不知如何是好,见黄雪鸿到水边了,忙拉住她的手,往上拽。

杨季红在前面拽,陈其美在后面推,黄雪鸿终于上到岸上。

“你怎么回事啊?”杨季红有些心疼地拍着黄雪鸿的右手,“这拳头老是攥着,我拉你,你怎么不抓住我?”

陈其美也上来了,关切地问:“黄小姐,怎么样?没淹到吧?”

黄雪鸿头发乱糟糟地贴在脸上,有几分狼狈,眼睛微闭。大概是由于尴尬,她脸上涌出不少红润,显出无法言说的娇羞,娇喘微微间,让人无限怜爱。

刚才,杨季红在买马奶时,黄雪鸿担心时间太长,虾子会吃完馒头屑溜走,就一个人忙着收网。虾网提起后,里面有十来个蹦跳不止的虾子,她特别激动,忙着就迈步上前去抓。她忘记了自己就站在水边,虾子抓到了手里,人跟着掉进潭中。

在草地上躺了一会儿,黄雪鸿镇静下来,睁开了眼睛。陈其美忙问:“黄小姐,没有呛到水吧?”

黄雪鸿摇摇头,笑了,那甜甜的意味又回到她脸上。她伸出右手紧紧攥着的拳头,冲陈其美晃晃,松开,里面是一只虾子,有须有芒。

第四章

风吹枷锁满城香

6

哈同公馆的总管黄宗仰慨然出了一笔印刷费,《革命军》很快由上海大同书局正式出版发行。这本只有两万多字的小册子,除了章太炎的序之外,邹容自己也写了一篇序,序末署名为"革命军中马前卒邹容记"。

在《革命军》印行单行本的同时,邹容的《革命军自序》被刊登在《苏报》上。《苏报》相继发表了一系列评论《革命军》的文章,为之推波助澜,加以声扬。其中最绝妙的评论文章,当数章士钊撰写的书评《介绍〈革命军〉》一文:"卓哉!邹氏之《革命军》也。以国民主义为主干,以仇满为用,驱以犀利之笔,达以浅直之词,虽顽懦之夫,目睹其字,耳闻其语,则罔不面赤耳热,作拔剑砍地、奋身入海之状。呜呼!此诚今日国民教育之第一教科书也!"这篇短短百十来字的书评,精要地介绍了《革命军》一书,使得读者争相先睹为快。

接着,《苏报》又刊载了章太炎所写的《序〈革命军〉》。

《苏报》还在"新书介绍栏"刊登广告,称《革命军》一书,"文极犀利,语极沉痛",读了没有不"拔剑起舞,发冲眉竖"的,并号召四万万中国人都读这本书。

这些评论和介绍,对广大读者有着巨大的吸引力。一时间,上海滩上人人争购《革命军》。很快,全国为之轰动,很多人把《革命军》誉为中国的"人权宣言"。先后翻印二十余版。各地为之洛阳纸贵,销售量达一百一十万册，为当时第一大畅销书。许多青年竞相传抄，偏远地区竟卖到十两银子一本。

孙中山读后说："《革命军》为排满最激烈之言论……华侨极为欢迎，其开导华侨风气，为力甚大。"鲁迅后来说："倘说影响，则别的千言万语，大概都抵不过浅近直截的革命军马前卒邹容所作的《革命军》。"而两江总督端方则说："此书逆乱，从古所无，竟敢谤及列祖列宗，且敢直书庙讳，劝动天下造反，皆非臣子所忍闻。"

这时候流亡海外的康有为仍在积极奔走，忙着勤王、保皇。但义和团后，清廷大失人心，倡言革命的青年越来越多，甚至连康有为的左膀右臂梁启超等人也不时有革命言论。为此，康有为深感焦虑，挖空心思写下了《与同学诸子梁启超等论印度亡国由于各省自立书》和《答南北美洲诸华侨论中国只可行立宪不可行革命书》，奉劝各界青年不可误入革命歧途，文章有理有据，说中国"满汉早已平等"，革命派的"反满"口号是无的放矢，光绪皇帝英明睿智，享有天命，"足以变法而强中国……足以立宪而兴民权……天生皇上之圣仁，令其阅历变难，正所以救中国生民者也"。结论是：立宪容易，革命困难；立宪有利，革命有害；只可行立宪，不可行革命。

由于康有为在海内外名气很大，他的这些保皇言论具有很大的欺骗性。他的门生信徒又把这些言论编印成册，广为散发。他的信在思想舆论战线上严重混淆了人们的视听，使很多青年人对于革命又感到迷茫起来。

章太炎看到这些文章，义愤填膺，立刻写下了《驳康有为论革命书》，批驳康有为的谬论。

文章单刀直入，一针见血地揭露了康有为保皇的卑鄙目的，指出康有为所以"舞词弄札，眩惑天下"，完全是为了自己"一时之富贵"。接着便就康提出的种族问题、革命与立宪问题、外国干涉问题一一加以批驳。

针对康有为"皇上圣明"的谬论，章太炎厉声呵斥道："载湉小丑，未辨菽麦"，是清朝之"亡君"，人民之"公仇"。从批判康有为的天命论出发，章太炎还正确地指出：实行君主立宪要有两个先决条件，上要有有才能的君主,下要有人民的拥护。现在人民普遍痛恨清政府,而光绪又是一个窝囊废,“天下信其最绌矣”。所以两个条件均不具备。至于革命,人民是“合意”的,有才能的革命领袖是从革命斗争中产生出来的。当华盛顿、拿破仑默默无闻的时候,天下有谁知道他会成为一个伟大的人物呢?所以,两者比较,还是革命比立宪容易。

对于革命要流血的问题,章太炎认为:为革命流血是有价值的。事实上,革命固然要流血,难道君主立宪就“可不以兵刃得之耶”?在世界历史上,英、奥、德、意诸国,都是数经“民变”,才得到“自由议政之权”。既然叫作“民变”,就不是仅用口舌所能变,而必须“以长戟劲弩飞丸发旝变也。”这就是必要的“流血”。近观日本立宪之始,也还是经过了这种“血战”的。既然立宪都是“流血成河,死人如麻”,那么,革命流血又有什么可以非议的呢?

至于革命会遭到外国干涉的问题,章太炎理直气壮地回答:“吾以为今日革命,不能不与外国委蛇,虽极委蛇,犹不能不使外人干涉。此固革命党所已知,而非革命党所未知也。”同时,章太炎认为,与外国打交道,“运帧之事,势不可无,而乞师之举不必果有”;特别要注意“利用外人,而不为外人所干涉”。这是很有见地的。

最后,对于反清与反帝的关系问题,章太炎也提出了自己的看法。认为不打倒清朝反动统治,而想要中国“以期至乎独立不羁之域,此必不可得之数也。浸微浸衰,亦终为欧美之奴隶而已矣”。因为,在他看来,“非种不锄,良种不滋;败群不除,善群不殖”。如果不用“大彗”扫除了“故家污俗”,是不可能求得祖国的独立和自存的。

章太炎的这篇文章很长,他节选了部分,题为《康有为与觉罗君之关系》刊登在了《苏报》上,立刻在国内外产生巨大反响。至于原文,革命党人又印成单行本,和《革命军》一同销售,两书犹如日月同光,照亮了许多仁人志士前进的道路。

7

陈其美以最快的速度读完了《革命军》,他觉得这书就是振聋发聩的霹雳,让他热血沸腾,跃跃欲试。他打听到邹容也在爱国学社,比自己还小七岁，就更加佩服。他想结识邹容，就革命的问题向他好好请教。他已经听了苏曼殊的话，闲暇时间在练习飞镖，将来要是有条件，再练习手枪，如果革命需要他出手，他就毫不犹豫地出手。他没料到，历史却没有给他机会，满清统治者已经迫不及待地动手了。

自从《苏报》刊发介绍《革命军》的文章后，首先是驻沪商约大臣吕海寰向江苏巡抚恩寿写了一道密札。接着，大学士、军机大臣张之洞，两江总督魏光焘，署湖广总督端方，江苏巡抚恩寿，上海道袁树勋，江苏候补道俞明震，松江知府金鼎，上海知县汪瑶庭，探员志赞希、赵竹君等之间，函电交驰，上下密谋。从后来的清宫档案中，可以发现，短短几个月时间，《苏报》一案，清廷上下之间互相拍发电报达一百八十九份之多。

6月21日，清廷向沿海沿江各省督抚发布谕旨："查有上海创立爱国会社，招集群不逞之徒，倡演革命诸邪说，已饬查禁密拿。"

接到谕旨，上海道袁树勋忙出面和上海工部局联系，要求逮捕和引渡蔡元培、章太炎、邹容等人。开始，工部局为了维护其治外法权，又慑于舆论的压力，也曾再三坚持以保护新闻言论自由为名，拒绝逮捕蔡元培、章太炎、邹容等人。后来，清廷采用了南洋法律顾问担文的建议，命江苏候补道俞明震代表政府办理此案，并以清政府的名义，聘请美籍律师古柏，向上海租界会审公廨提出了对《苏报》的公诉。因为会审公廨有外国人担任法官，是治外法权的体现，工部局便同意受理此案。

江苏候补道俞明震曾任南京江南陆师学堂总办，认识从陆师学堂退学后来上海的章士钊等人。加上他长期在宁沪一带候补，见惯了官场的黑暗，耳濡目染，深知革命不可逆，没有必要和革命党人结怨太深。所以，他一面兴师动众地调动各方力量，催促会审公廨出票捕人，一面通过他儿子，向章士钊暗通消息，让蔡元培、章太炎、邹容等人逃跑。

1903年6月30日，一队警探与巡捕急匆匆走出老闸捕房，向坐落在同一条南京路的泥城桥福源里爱国学社包抄而去。

蔡元培早已避往青岛，邹容躲到虹口的一个传教士家里。但章太炎却不肯逃走,一直坐在爱国学社等着,见警探和巡捕们来到,从容上前,用手指着自己的鼻子说:“其余的人都不在,你们要拿的章炳麟,就是我!”

警探喜不自禁,立刻把他铐了起来。

听说章太炎自动走向囹圄,邹容觉得,自己也不能贪生怕死,置身事外。7月1日,他主动到巡捕房投案。

8

上海道台袁树勋成了大忙人。他频繁来外滩上门拜访英、美领事,就封禁《苏报》事进行洽商。经过活动,上海租界领事团同意“速签封馆之票”。接着,清政府聘请洋律师古柏前往上海租界会审公廨,要求封禁《苏报》。会审公廨当天接受清方请求,发出封条。

7月7日下午,工部局正式查封《苏报》,一切财产均被没收。封报时,当天的《苏报》已经出版。也就是说,章太炎被捕后,《苏报》还出了七天的报纸。在《苏报》被封的前一天,还发表了章太炎被捕后所写的《狱中答新闻报》一文。这篇文章中,章太炎继续痛骂清朝统治者为“逆胡膻虏,非我族类”,倡导光复革命。

清政府的目标是将章太炎、邹容等人“引渡”到手,立即置于死地。内阁大学士张之洞就《苏报》案被捕诸人“解宁”事致电署湖广总督端方,转达中枢意见,强调要依靠《新闻报》总董、美国人福开森的力量,完成这项计划。端方立即电复两江总督魏光焘、上海道袁树勋,要袁马上请律师与被告的律师舌战公堂,一定要把犯人解到南京,由中国人自己处理。他还告诉袁树勋,不要怕花钱,请律师的费用,全由湖北省出。

端方给袁树勋发过电报后,心中很不踏实,他觉得,区区一个上海道,出面和洋人交涉,力量是单薄的。他又给张之洞发报,建议由外务部出面,在北京和各国公使进行交涉,以加强力量。

此间,清政府派人多方活动,曾提出由上海出银十万两将诸人审实处决,另送三千两给工部局,为工部局严辞拒绝。起初,美、英两国意见不一。美国领事因福开森的游说,主张把章、邹等人一律交给清政府，而英国领事则从维护列强在华的治外法权方面考虑，声称“租界事，当由租界管”。卑鄙的清政府，为了引渡章、邹两人，竟然同意出卖沪宁铁路铺设权。租界当局权衡再三，还是决定拒绝引渡。这并不是列强对中国革命抱有同情心，而是要拼命维护其治外法权。

这出引渡闹剧，在皇城北京也上演到黔驴技穷。清政府向西方各国使馆发出秘密请帖：西太后在颐和园宴请各国公使夫人。是日，中国最大的皇家花园内彩灯高悬，安装电灯，铺设地毯，六十九岁的太后一改面对国人时使用的骄横，亲自恭迎各位公使夫人入座。入座停当，太后传旨赠各位夫人每人大瓷瓶、嵌宝石手镯、金钢石钟表等珍玩数件。

盛宴之后，太后笑脸托出底盘，央求洋太太们回去吹吹枕头风，让各列强公使同意引渡上海《苏报》案犯。没想到，洋太太们你看看我，我看看你，然后众口一词：“NO！NO！NO！”不过，临别时，她们谁也没有落下太后的礼品，哪怕是一把檀香扇。

太后恼怒极了。她觉得自己要尽情发泄一通。南方的革命党引渡不过来，就朝北方的革命军身上发泄。就在几天前，曾任自立军右军统领的沈荩在天津被清廷逮捕。太后下令用竹鞭行刑。吃过早饭后，七条壮汉手持竹鞭，不停地往沈荩身上抽。他们足足抽了四个小时，沈荩被抽死在刑部大堂上。

消息传出，上海舆论哗然。英国首相巴尔富在伦敦下议院宣布，他已电令驻华公使：“现在《苏报》馆的人，不能交于华人审判。”

对《苏报》案的审判，是在公共租界会审公廨里进行的。

7月15日，陈其美早早来到会审公廨门外，在旁听席上占了一个座位。裹红头巾、提着警棍的印度巡捕如临大敌一般。

一阵铃声响过，公堂里顿时肃静下来。

审判席上，正中坐着清朝审判官孙建臣、上海县知事汪瑶庭和英国驻沪副领事迪比南，他们都是负责审理这次《苏报》案的主审官。原告律师席上坐着清朝政府聘请的律师古柏、哈华托，被告律师席上坐着好友林獬为章太炎、邹容聘请的律师博易和琼斯，清一色黄发碧眼的外国人。

当被告在法警的押护下，步入公堂时，全场的人都伸长了脖子，瞪大了眼睛，仔细看看这两个敢于辱骂皇上、鼓吹革命的人到底是什么样的，是不是红毛野人。有的人见章太炎和邹容不过是剪了辫子，并没有什么独特的地方，不禁有些失望。

陈其美因为没有见过邹容，所以只盯着邹容看。只见他身材消瘦，脸色有些苍白，长长的头发披拂下来，半掩着面孔，像是一个含羞的少女。陈其美不由得心痛了一下，这样一个纯情的年轻人，要是生活在安详年代，一定是连杀鸡都害怕的。但他却写出了惊天动地、杀气腾腾的《革命军》，这不是天意使然，又是什么？昏庸腐败的满清，灭亡是必然的。

庭审开始了。孙建臣首先问明了两被告的姓名、年龄、籍贯、职业后，原告律师古柏就拿起状词，用中文念起来。

古柏念了半天，终于把《苏报》上"大逆不道"的言论念完。台上的主审官、书记员之类昏昏欲睡，陈其美听了，却觉得精神振奋，意气风发。他还把《革命军》一书拿出来，放在面前翻着，和身边的人小声议论着，以示声援。

"肃静！"主审官孙建臣敲了一下法槌，拖长声调问："被告人章炳麟，汝等在《苏报》散布的大逆不道言论，是否事实？"

章太炎爽朗地笑道："均是事实。《苏报》上的那些话，我是署名的，根本就没有打算隐瞒。请问法庭，我写这些文章，说真话，何罪之有？"

孙建臣说："鼓吹革命，图谋叛逆，颠覆朝廷，这还没有罪？"

章太炎乜斜着看了孙建臣一眼："我言革命，我本国不讳言革命，汤武革命，应天顺人，我国圣人之言也。故我国法律，造反有罪，革命无罪，我何罪？革命有罪，是他们满清人之法律，而不是我四百兆国民公认之法律，也不是世界各国公认之法律也。1640 年英国革命，1775 年美国革命，1789 年法国革命，举世公誉，何罪之有？颠覆我四万万汉族同胞之政府者，乃爱新觉罗极少数异族，我汉人谋光复，名正言顺，更有何罪？听主审官之言，诚不知是否我炎汉同胞、黄帝之子孙？"

坐在旁听席上的陈其美大笑起来："太炎先生，说得好！他们是杂种！"他站起身，直竖大拇指。

孙建臣满脸通红，连连敲击法槌："放肆！住口，都住口！"庭上庭下，他不知该制止谁了。

待法庭安静下来，孙建臣阴沉着脸问道："章炳麟，纵依你狡辩，然而触犯圣讳、侮辱诽谤皇上，为世界各国法律所不容，难道不是大罪吗？"

章太炎又是一阵大笑道："我是汉人，只知道载湉是满虏，根本不承认他有什么'圣讳'。而且欧美各国，华盛顿、拿破仑这些人都是盖世伟人，贩夫走卒皆可以直呼其名，我呼载湉，何来侮辱？至于'小丑'的'丑'字，以主审官之博学，理应深明训诂之意，可作'类'解或小孩子解。'小丑'就是'小东西'或'小孩子'，载湉比我小好几岁，我这么说他，哪里又有诽谤之意？至于'不辨菽麦'，我也是实话实说。他一个堂堂五尺男儿，受制于慈禧那个老女人，幽困于瀛台，生不如死，却贪生苟活，如此不明事理，难道不是'不辨菽麦'？"

孙建臣驳不倒章太炎，只好转而询问邹容。

邹容坦然笑道："《革命军》就是我写的。我就是要四万万炎黄子孙起来革满清的命，你要是不明白，请看我的《革命军》！"邹容的诙谐，立刻赢得了法庭上热烈的掌声。

孙建臣只好让第一场审判草草收场。

后来，会审公廨又进行了两场审讯。

在审判刚开始的时候，清政府是想将章太炎和邹容等处以极刑的，但遭到外国领事的抵制，没有成功。几经交涉，1903 年 12 月 24 日，由上海道台委派的代表，与外国领事联合组织的额外公堂宣布审判结果："章炳麟作《訄书》并《〈革命军〉序》，又有驳康有为之一书，污蔑朝廷，形同悖逆；邹容作《革命军》一书，谋为不轨，更为大逆不道。"均判为永远监禁。

结果公布后，上海领事团对此发表异议，社会舆论也大加攻击，要求将控案取消。工部局将章太炎、邹容囚禁于租界巡捕房，拒绝移交监狱。几经交涉，直到 1904 年 5 月 21 日审判期限截止时，清政府才无可奈何地同意判处章太炎监禁三年、邹容监禁二年的意见。

审判完毕，章太炎和邹容被押上汽车，送往提篮桥监狱服刑。他们戴着刑具站在车上，市民蜂拥而来观看。章太炎不停地左右看着，对大家笑着，吟诵道："风吹枷锁满城香，街市争看员外郎。"

这些情形，陈其美都看到了。他心里感慨不已，章太炎、邹容真是大英雄，敢骂皇帝朝廷，公堂之上大义凛然，有这样的豪杰之士，满清怎么能不完蛋呢？

第五章

追寻三百根金条

9

近午时分，下雪了。雪花纷纷扬扬，清流河两旁的村庄和道路都变得模糊。为了躲避官吏的耳目，陈其美和刘福彪都是普通客商打扮，一色青直贡呢棉衣棉裤，头戴斗笠，脚穿钉鞋，刘福彪还在唇前戴上了一蓬花白胡须，让人觉得他是一个老者。一同来的皮阿六——十六铺码头上的秃头，则扮作随从，穿着蓝色土布棉袍，拎着一只柳条箱在后。客船在乌衣镇码头泊稳，陈其美、皮阿六跟着刘福彪下船。刘福彪把斗笠压得低低的，径直走上码头东面的金陵酒楼，三人在二楼的一个靠街的包厢内坐下。

堂倌端来一只燃着木炭火的紫铜火锅，又上了两个炒菜，外加一壶醉翁特曲，顿时，包厢里显得热乎起来。两人都去掉斗笠，刘福彪将沿街的窗子拉开五寸宽的缝，一阵雪花立刻飞舞着飘进来。陈其美、皮阿六忙站到窗前，刘福彪用下巴示意了一下："对面巷子里面的大门就是穆府大门，大门内就是穆府。"

虽然雪下得很大，但因为距离近，又是站在楼上，陈其美很容易地看清了穆府的规模。这片府第有 40 多间高大的瓦房，一律白墙黑瓦，在有些零乱的镇街上，显得十分规整，有那么一些鹤立鸡群的味道。大门前，有两个身穿黑色短衣的家丁来回晃着，飞扬的大雪中，他们背后背着的鬼头刀上的红绸飘飘，寒风中透着冷冷的杀气。

关上窗子，两人来到桌前坐下。刘福彪斟好两杯酒，和陈其美对饮起来。

乌衣镇是刘福彪的故乡。这是一座千年古镇,其得名据说始于西晋末年,当时琅邪王司马睿避难滁州,一部分北方世族则避居此地,族人因系贵族,皆穿黑衣,所以老百姓就把此地方称作“乌衣”,和南京的“乌衣巷”异曲同工。这里位于皖苏交界处,东面和南京浦口的西葛镇接壤,南面和江苏江浦县隔滁河相望,西面则是安徽的全椒县,是鸡鸣四县之地。乾隆皇帝下江南曾在此留宿,至今尚有“一宿庵”遗址。太平天国时期,太平军将领李秀成和陈玉成曾会师于此,大败清军江北大营将领得兴阿。穿镇而过的清流河直通长江,从乌衣码头可以直航南京、上海、芜湖等地,这里因而成为周边农副产品流通的集散地,四面八方商贾的云集中心,商业繁华,物流兴旺。

穆守仁是乌衣镇著名的绅士,早年中过秀才,家里有两千多亩良田,在镇上开着粮行、槽坊,富甲一方。他兄弟三人,老二、老三都在镇上办团练,是正副长,随时可以打着绥靖地方的名义拿人,势压全镇,历任滁州知州都对他客气三分。在乌衣镇,穆守仁是跺一脚,镇街都要抖三抖的角色。谁要是得罪了他, 一准要你无法安宁。十年前,刘福彪在穆家粮行卖粮,见粮行管账克扣一穷苦百姓斤两,愤愤不平,把管账打伤。当晚,滁州官府就来捕人,刘福彪趁夜逃到南京,第二天,官府的人就追到南京。最后,刘福彪只好逃到上海,才躲掉追捕。十年下来,刘福彪在上海入了洪门,混得不错,但轻易还是不敢回乌衣镇老家。

前几天,他的弟弟刘福道突然带着妻子王秀英来到上海,找到刘福彪,说要在上海找点事情做,不愿意再回乌衣镇。

原来,几天前的一个傍晚,穆守仁从外面钓鱼回来,快到镇上时,突然看见镇外小路上走过来一位年轻女子,长得楚楚动人。忙问身边的家丁:“这个小女子是谁,我怎么不认识?”

家丁说:“是豆腐刘三新娶的媳妇王秀英。”刘福道平时在镇上摆摊卖豆腐,行三,所以镇上人都称他为“豆腐刘三”。

穆守仁看着王秀英婀娜多姿的身材,心里立刻升起一股淫欲。第二天一早,他趁刘福道上街卖豆腐的时光,也不带家丁,偷偷跑进刘福道家，拦着王秀英淫笑着说：“你简直就是仙女下凡啊，这么漂亮，乌衣镇上大姑娘、小媳妇没有谁能比上你的，真让人喜欢得心尖子疼。”说着，就要上来摸王秀英的脸，王秀英忙趔到一旁。穆守仁却趁势把王秀英搂在怀里，色迷迷地说：“靓妹子，以后和我好吧，我家有房、有地、有银子，吃香的、喝辣的，比卖豆腐的刘三强多了……”王秀英见他要解自己的衣服，猛一挣扎，挣脱出来，一溜烟跑到门外。

穆守仁见了，阴冷冷地道：“你真是不识抬举！”他冷笑着走出门，到了王秀英身边，在她的屁股上拧了一把，“我要叫你主动地送上门！”

第二天，刘福道正在街上卖豆腐，突然，有一个泼皮来到他的豆腐摊前，说昨天买了他的豆腐，吃坏了肚子，把豆腐摊踢翻了。刘福道自然不愿意，两人打了起来。结果，镇团练队的人来到，将两人带到团练队。到了团练队，穆老三不准刘福道说话，就判他出二十两银子，给泼皮治病，不交银子不放人。王秀英接到团丁送来的信，傻了，家里平时省吃俭用，就结余五两银子，还差十五两到哪去弄？

这一夜，王秀英一直无法入睡。到了半夜，外面突然响起敲门声，秀英警惕地问：“谁？”

“是我。开门。”

原来是刘福道。趁看守的团练睡着了，他扳断窗棂逃了出来。

“我什么时候得罪穆府了呢？”刘福道一边收拾东西准备逃走，一边嘀咕着。“秀英，你在家小心守着门，我到外面一旦找好落脚的地方，就回来接你！”

见丈夫要走，王秀英一下子跪倒在他面前。“你带我一起走吧！”她哭泣起来。那天穆守仁走后，刘福道回来，她没有好意思把事情告诉丈夫，现在，她知道再也不能隐瞒，哭泣着说了出来。

刘福道听了，当然不能再把妻子留下。趁着天还没有亮，两人稍稍收拾细软，逃出镇去。

听了弟弟和弟媳的遭遇，刘福彪怒火万丈，恨不得带领五行山的兄弟立刻杀回乌衣镇，新仇旧恨一起报。但他很快冷静下来，强龙不压地头蛇，要报仇雪恨得从长计议。他给弟弟和弟媳在小东门外租了一间房子，添置一些用具，让他们继续做豆腐，卖豆腐。这才去找陈其美。

刘福彪觉得,虽然五行山在上海十六铺码头有些势力,但要是拉到滁州去,这点人马未必是乌衣镇团练的对手。他思索了半天,想到了陈其美,他是浙江九龙山的二房老幺。九龙山在江浙一带,名气最响,要是有他们帮忙,两处合兵,一起杀到滁州,那乌衣镇团练肯定不是对手。

陈其美又被请进了爱春楼。听了刘福彪的话,他心里不由一紧。那天在码头上,因情况紧急,他用洪门暗号和“海底”化解险情,说自己是九龙山的二房老幺,是糊弄刘福彪的,他连见也没有见过竺绍康,怎么可能调来九龙山的人马呢？如果调不来,刘福彪肯定会觉得自己不仗义,将来在上海滩,想得到洪门的帮助,就难了。如果告诉他,自己的真实情况,并不是九龙山的人,不认识竺绍康,那刘福彪肯定会让自己尝尝“三刀六洞”的滋味。

来上海快一年了,听了很多关于革命的鼓吹,陈其美十分向往。章太炎说革命不是造反,那不过是在法庭上对清朝官吏和洋人的狡辩,很显然,革命就是造反。造反光嘴上说不行,得有人敢提着脑袋跟着干才行。洪门一直就是反清复明的秘密组织,在全国各地都有人马,他们之中有很多英雄豪杰,置生死于度外。要是能把他们掌握在手里,到时候就可以像太平天国、小刀会那样横刀跃马,席卷天下了。这个时候,如果能为刘福彪分忧,替他报仇雪恨,下一步要抓住他,就容易了。

“仇一定要报,恨必须要雪！但上海与滁州相距六七百里,即使有很多人马,到了那里,人生地不熟,也不好动手啊。要是一旦有闪失,这么多人,也不好安全撤回上海。”陈其美仿佛胸有成竹地说,“我看,我陪你去一趟滁州,找个机会,除掉这个劣绅不就行了！”

刘福彪叹了口气:“英士兄说的办法我不是没有想过,但穆守仁这个老贼,欺人太甚,不明不白地让他死了,太不解气。”

“除掉他未必不能解气。我们先到滁州,见机行事吧。”

雪一直下着,镇街上很少有人。陈其美对刘福彪说:“今晚我们不住在乌衣镇,还是到西葛镇住吧。”西葛镇是江苏省辖地,比乌衣镇安全。刘福彪点头同意。

皮阿六说："就住我家吧。这两天下雪，你们不要出来，我每天到这边来，打探穆府情况。"

10

穆府的梨花、海棠花早早地开了，馨香在暗夜中涌动着，让穆守仁感到春意渐浓。睡不着，他又想起了王秀英，这个袅袅婷婷的小女子，怎么突然就不见了，过年也没有见她回来。

突然，前面传来了一阵吵闹声。穆守仁赶忙起身，披衣来到前厅。两个家丁押着一个人走进来，"老爷，这个蟊贼在偷咱们家房上的瓦片。"

穆守仁上下打量一番，见这个贼三十不到，不太像种田人，坐在太师椅上问："你叫什么名字？哪里人？房上的瓦片能值几个钱？偷了能起什么用？"

贼人站在那里，不说话。

"我长这么大，还没有看见过你这样的小偷。你说，你偷这瓦片干什么？"

贼人冲穆守仁瞪了一眼，凶巴巴地说："你又不是官府大老爷，我为什么要告诉你？"

"嘿！"穆守仁乐了，"你还要见官府大老爷？好，我就让官府大老爷来问你。看是你的嘴硬，还是官府大老爷的夹棍硬！"他冲两个家丁挥挥手，"带下去关好了，明天一大早送到州里！"

第二天，穆守仁带着几个家丁把贼人押到滁州城。

知州乔荣泽看了穆守仁的状子，觉得很奇怪，一拍惊堂木，问道："大胆的盗瓦贼，你何方人氏，姓甚名谁？快把你的偷盗所为从实招来，不然就要大刑伺候！"

贼人这下乖了，连连叩头不止，答道："小人姓皮，叫皮阿六，住在西葛镇东街，家里要盖一间厨房，买不起瓦，就到穆老爷家偷了几片。"

皮阿六一说完，乔荣泽就哈哈大笑："皮阿六啊皮阿六，你编瞎话都编不圆，西葛镇和乌衣镇虽然田接地连，但两处镇街毕竟相隔二十来里，你跑这么远就是为了偷几片别人房上的瓦片？再说，瓦片哪里没有，非要到穆秀才家偷？我看你分明是醉翁之意不在酒！”

“回大人，昨晚吃饭时小人的确是喝了两杯，但没有喝醉。我到穆秀才家偷瓦片，是看他家的瓦片质量好，打不烂！”

“一派胡言，哪有打不烂的瓦片！我看不给你吃点苦头，你是不会说实话的。”乔荣泽一拍惊堂木，“给我打！”

两班衙役上来对着皮阿六就是一通棍棒。起初皮阿六还咬紧牙关挺着，十几棍子下来，他再也挺不住，大叫着求饶：“大老爷，别打了，我招，我全招！”

乔荣泽鼻子里“哼”了一声：“贱骨头，敬酒不吃吃罚酒！赶快从实招来，不然，叫你尝尝夹棍的滋味。”

皮阿六只好道出了事情的原委。

皮阿六有个叔父皮光春，当年是太平军英王陈玉成手下的军需官，专管军饷库银。陈玉成在寿州中苗沛霖奸计被捕解胜保大营后，皮光春觉得太平天国不会长了，就买来酒肉，在酒里下了蒙汗药，把和他一起守库银的两个副手蒙倒，带着大营里的三百根金条，跑了出来。

乔荣泽连连点头：“去年我刚到滁州上任时，就听人们这么说过，没想到这皮光春是你的叔父，那后来呢？”大概是三百根金条太诱人了，乔荣泽的眼睛有些发绿。

皮阿六说：“我叔叔带着三百根金条回来，不敢张扬，就盘下一座窑厂，把金条悄悄烧进三百片瓦片当中，又把这些瓦片藏在最里面的角落，时时看护。第二年秋天，我叔父突然得了急病，昏迷不醒。我的父亲立刻把他送到浦口，让医生抢救。等到他病好回来后，窑厂的所有瓦片都被乌衣镇的穆老爷买走了。穆老爷就是穆秀才的父亲。他不知道在哪里发了横财，一下子盖起了四十间大瓦房，那三百块藏有金条的瓦片，全被盖到了房顶上。叔叔连急带气，病又犯了，很快就不行了。他没有后人，就把这个秘密告诉了我父亲。我父亲为此多次到乌衣镇，站在金陵酒楼上看穆府的房子，但那么黑压压的一群房子，哪些瓦片才是藏有金条的瓦片呢？我父亲一直琢磨到死，也没有想出好办法。临终时，又把这个秘密告诉了我。我到乌衣镇看了几次，没有想出好办法。最近我婆娘得了重病，为了给她治病，我已经倾家荡产，只好铤而走险，潜入穆府，上房揭瓦，碰运气吧。”

“碰得怎么样？”乔荣泽的眼睛已经有些滴血了。

“我刚揭两片瓦，就被穆府的人逮住了，连金条的声音也没有听到。”皮阿六叹息一声，“可能我命该如此，生就是要受穷的吧。”

所有的人都惊呆了。穆守仁说：“大人，这个皮阿六疯疯癫癫的，再说他也没有偷到东西，我看就把他放了吧……”说完，也不等乔荣泽表态，带着家人就离开州衙。

11

关于皮光春和三百根金条的传说，滁州和南京交界处的人都知道，万没有想到，这宗财气早已落到自己家里了。穆守仁回到家，把家里所有人全部召集起来，兴奋得有些颤抖地说：“你们都给我上房，把屋顶的瓦片给我揭下来。记住，谁也不准弄碎瓦片！”

穆府家人众多，大家都来到房上，顷刻间将房子上的瓦片全部揭了下来。穆守仁坐在院子里的瓦堆中间，拿着一把锤子，“叮叮咚咚”地开始砸那些瓦片。

再说滁州州衙里面，乔荣泽见穆守仁离去，气急败坏地把皮阿六押进了牢房，自己坐在签押房里寻思对策，如何从穆守仁手中分得一部分金条？这时，有人来报：“外面有一位上海来的陈其美先生求见。”说着递上一张名刺。

乔荣泽接过名刺，见上面写着上海日清轮船公司买办陈其美，字英士。买办是替洋人做事的，来到滁州有何贵干？洋人势大，凡是和洋人沾上边的，都不能轻慢。

“有请陈先生。”

陈其美进来后，见过礼，递上一个红包：“其美来得匆忙，没有像样的礼物，一点小意思，还望乔大人笑纳。”

乔荣泽拿过红包一看，竟是两根金条。“无功不受禄。陈先生给了这么重的礼物，不知有何贵干？”

陈其美说：“乔大人真是爽快之人。你前面收监的皮阿六，是我的表弟，他昨晚在穆家，并没有偷到什么东西。穆秀才当庭已经表请大人把他放了。我来就是请大人高抬贵手,放了阿六的。”

“这……”乔荣泽嘴里含糊起来。

陈其美笑了笑:“大人,我还想跟你来个合作。”

“怎么合作?”

“穆府房顶瓦片里的三百根金条,是皮家长辈的宝物,理应归还皮家。现在,穆守仁正在家里砸瓦,肯定是想把金条全部占为己有。皮阿六出来后,就要具状子,状告穆守仁侵财。大人若是将金条判给阿六,到时候,可以分一半给大人。大人以为如何?”

乔荣泽听了,心里十分高兴,不过,他当婊子又想立牌坊,扭扭捏捏地说:“本官办案,一向秉公执法。穆守仁之流,仗着有些财势,妄想霸占百姓财产,本官是万万不能允许的。不过……”

“大人有什么指教,但说无妨。”

“金条我要是判给了皮阿六,他要是自己一个人……独吞,又怎么办呢?”

“大人,这还不好办?古人说:杀人的知县,灭门的知州。皮阿六要是不把金条分一半给大人,大人就说这三百根金条来自发逆,是逆产,全部收缴国库不说,还要治皮阿六死罪。我这位做表哥的知道阿六,再借一个胆子给他,他也不敢和大人耍赖。”

乔荣泽点点头:“谅他皮阿六也没有这么大的胆子。来人,把皮阿六放了。”

见陈其美和皮阿六走了,乔荣泽想:这三百根金条,在皮阿六手里是逆产,在穆守仁手里又如何不是逆产?何必要等着皮阿六来递诉状?现在就到乌衣镇,把金条拿来不就得了?

乔荣泽带着一帮衙役赶到乌衣镇,昔日气派整洁的穆府已经面目全非,房上所有的瓦片都已经揭掉,地上到处是烂瓦,仿佛这里刚刚经过一场强台风。乔荣泽走过一堆堆瓦砾,问穆守仁:“你找到的金条呢?那可是逆产,要收缴国库的!”

穆守仁哭丧着脸:“大人,我把四十间房子的瓦全砸了,一根金条也没有找到。那个皮阿六,到底是个什么人?”

乔荣泽冷笑一声,说:“你说没有就没有?你为何不等本官结案就急匆匆赶回来？为何要抢着砸碎你家房上的所有瓦片？你不把发逆的金条交出来，我就要移文上峰，灭你的门！”

“哎呀，大人，冤枉！我真的一根金条也没有看到。”

乔荣泽跺了跺脚：“看来你是要钱不要命！来呀，把穆守仁带回州衙，严加拷问！”

第六章

雨夜安魂英雄

12

提篮桥监狱的牢房里，章太炎和邹容都被剃成了葫芦头。他们每天都要和其他囚犯一起，到监狱设置的工厂里去干活。这里生产的是西餐餐具，金属刀、叉等，坯料是在外面工厂加工好的半成品，监狱工厂负责最后一道打磨抛光的工序。抛光打磨那些金属产品，会产生大量的金属粉尘，对人的身体损害极大。外面的工厂找工人做，成本极高，公司和租界工部局串通好了，就拿到监狱里来做。每天八九个小时的劳作，一日三餐粗粝的麦饭和发酸的菜汤，使他们的身体迅速虚弱下来。

为了鼓励邹容的精神和意志，一天，章太炎递给了邹容一张纸片。邹容接过，见纸片上写着：

狱中赠邹容

邹容吾小弟，被发下瀛洲。
快剪刀除辫，干牛肉做糇。
英雄一入狱，天地亦悲秋。
临命须掺手，乾坤只两头。

邹容对诗中表露的手足之情和视死如归的精神很感动，忙拿起笔，在纸片的反面写下《狱中答西狩》：

狱中答西狩

我兄章枚叔，忧国心如焚。
并世无知己，吾生若不文。
一朝沦地狱，何日扫妖氛？
昨夜梦和你，同兴革命军。

监狱里的狱卒，大多是从英国殖民地来的红头阿三，不仅身材高大，而且凶狠残暴。这些家伙经常无故殴打犯人，即便打死，也不负任何法律责任，还特别制造了一种叫“软梏”的私刑来折磨犯人。这种“软梏”是用帆布做成，上刑时把两手反绑着，加上木楔，很快能让人两手麻木，继而产生针刺一样的疼痛，再刚强的汉子，也会疼得号呼不止，声彻全狱，比拶指还要厉害。章太炎被狱卒拳打脚踢过两次，软梏过三次。生性刚烈的他，不愿受辱，每每和狱卒对打，而最后，狱卒又使用种种非人手段，将他打得不能动弹。

晚上从工厂归来，章太炎没有吃饭就躺下了。

邹容关切地问：“枚叔兄，怎么啦？吃完饭再睡吧。”

章太炎说：“你我身体都很虚弱，又不堪忍受凌辱，与其被白种人和印度红头阿三凌辱而死，毋宁早自为计。以监禁期而论，我三年，你两年，你当生，我当死！”

邹容听了，哽咽着说：“你我兄弟志同道合，枚兄要是死了，我也不愿活在这个世界上了。”

章太炎真诚地说：“你应该知道伍子胥兄弟的故事。无论生死，只要正义永存，邪恶消逝就行。现在白种人之间矛盾重重，外界对他们议论纷纷，如果我死了，他们必然惧怕外界舆论的谴责，从而善待于你啊。现在狱中没有刀索，也无法弄到毒药，我只好绝食了。”

邹容连忙说：“枚叔兄豪情万丈，鼓吹革命惊天地，泣鬼神，乃中国仅有，今后驱除满清，还要靠你继续鼓吹。岂能妄自菲薄，走绝食自戕之路？且饿死，亦不是大丈夫所为。”

章太炎说：“兄弟此言亦不尽对，对于饿死之行为，不能一概贬斥。

中国饿死之故鬼,第一是不食周粟而死的伯夷、叔齐兄弟,第二是汉光禄大夫龚胜,第三是唐朝著《诗品》的司空图,第四是宋代的谢枋得,第五是明朝的刘宗周。如果像前面的三类,我是不愿意的;但要是像后面两类,拒绝做异族高官绝食而死,倒也是大丈夫行为。"

邹容说:"在日本时,读法兰西、美利坚那些先哲的著作,其中说到的天赋人权,平等、自由、博爱,那是多么美好。我们都要活着,出去后继续革命,推翻满清,把中国也建设成平等、自由、博爱的国度。"

"蔚丹,你能这么想我最高兴。你年方弱冠,以后的路长着呢,革命要靠的就是你我这样的人。我虽死,也是为革命而死,虽死犹生。我想,在绝食之前,我们联联句,一是吐一吐胸中郁闷之气,二是做我绝食的标志。"

邹容说:"枚兄笑对死亡,正是英雄本色。我虽不赞成绝食,但我愿赞美英雄。请枚兄先出上联吧。"

章太炎说:"你是小弟,小的小,带头跑,还是你先来吧。"

邹容思索了一下,摸了摸光光的头皮:"有了——击石何须博浪椎,"

"好,有气势。"章太炎微笑着,点点头,从容接续,"群儿甘自做湘累。要离祠墓今何在?"

邹容听了,踱着方步转了一下身子,接道:"愿借先生土一抔。"紧接着又说,"我再起一句:平生御寇御风志,"

"近死之心不复阳。"章太炎马上续上。

"愿力能生千猛士,"邹容也才思泉涌起来。

"补牢未必恨亡羊。"章太炎诗情勃发,一时不能自禁,也不待邹容再续,紧接着道,"句东前辈张玄著,天盖遗民吕晦公。兵解神仙儒发冢,我来地水火风空。"

联句做完,章太炎就开始绝食。绝食到第七天时,章太炎的身体变得十分虚弱,而且体内出现病变,稍一咳嗽,就吐血不止。

邹容万分焦急,一有空闲,就守在章太炎的身边,劝慰他,放弃绝食。这时,一个老犯人走到章太炎身边说:"章先生,不要绝了,靠绝食而死是很困难的事。我曾经见过一个绝食的人,一直饿了四十二天才死,你才过了六分之一,受罪还在后面呢,就不要再吃这份苦了。"

"是的,枚兄,你这是自己折磨自己,令亲者痛,仇者快,太傻了。"邹容乘机劝道。

老犯人说:"这牢里是没有人性的,谁死了,他们都不在乎。"

在众人的劝说下,章太炎终于放弃绝食。

章太炎渐渐恢复过来,邹容却病倒了。他吃不下饭,时常高烧,长时间不停地自言自语。章太炎心急如焚,一面为邹容把脉诊断,并开出药方,托人从外面买来黄连、阿胶等药,一面找监狱当局再三交涉,要求保释邹容出狱就医。但监狱当局一再拖延,直到邹容病得已经无法站立,才勉强同意。

1905 年 4 月 2 日(光绪三十一年二月二十八日),监狱狱卒带邹容在工部局医院看病,医生给了他一包药。他回狱后服了药,便睡下。这一夜,上海风雨如晦,章太炎一直没有入睡。

天终于亮了,一夜没有入睡的章太炎,跟着狱卒来到邹容身边,看见的却是一具冰冷的尸体。原来,凌晨过后,邹容突然口吐鲜血,不一会,这位革命军中马前卒就离去了。这时,离邹容刑满出狱的日子仅差七十来天。

章太炎两眼一黑,跌倒在邹容的遗体旁,旁边的狱卒急忙掐他的人中,好半天,他睁开眼睛,号啕道:"蔚丹,你是被贼人害死的,一定有人投毒……"

夜幕沉沉,烟雨茫茫,一辆马车驶近提篮桥监狱后墙。马车停稳,身穿夜行衣的陈其美跳下,拧亮一只猫眼般的小手电,在雨中小心地寻找着。不一会,他停住脚,蹲下身子,把手电光定住,看见一张双目紧闭的面庞。长时间的雨水冲击,那面庞已有一些膨胀,但他端详了一会,依然能够认出,就是邹容。

陈其美回过身,冲马车晃了晃手电筒。高大健壮的刘福彪跳下车,掀开油布,将一口棺材移下来。陈其美上前,两人抬着,到了邹容身旁放下。两人一起对邹容鞠了三躬,便默默将邹容收进棺材。棺材被抬上马车,用油布蒙好,陈其美轻轻挥鞭,马车往北四川路疾驰而去。

北四川路上有一个四川义庄,是四川旅沪商人集资购买,用以掩埋无力安葬的四川客死者的。这里的守墓者是一个川籍老汉，刘福彪认识。白天的时候，陈其美得知邹容的遗体被狱卒扔到墙外，无人敢安葬后，就找到刘福彪，联系到了这里。

因为担心会有不必要的麻烦，也怕清廷鹰犬得知邹容葬处，英雄不得安身，刘福彪告诉四川老汉，这是一个川籍青帮人士，在械斗中死亡。为了以后便于辨认，陈其美事前已经请人刻碑，碑上只有两字："周镕"。树碑时，陈其美把坑挖得很深，碑身全部被埋在土中。

13

初冬时节，苏曼殊来到了上海。这两年来，他一会儿广东，一会儿上海，有时在南洋，有时在香港，闲云野鹤，行踪飘忽。上半年，他在长沙湖南实业学堂教书，总算是安定了一段时间。下半年，他在南京陆军小学做英文教师，同事刘三也曾留学日本，通过他，又结识新军标统赵声，这两人都倾心革命，和苏曼殊很谈得来。

苏曼殊是一个重情重义的人，前年码头上陈其美出手相助，他一直铭记在心。前两次路过上海，他都找过陈其美，言谈中，见陈其美已倾心革命，就在心中引为知己。这次来，他特地给陈其美带了一本《孙逸仙》。这本小册子，是章士钊编写，源于日本浪人宫崎寅藏的《三十三年落花梦》，介绍孙中山这些年来的革命活动。

苏曼殊告诉陈其美，孙中山是全中国乃至海外最有影响力的革命者。今年的8月20日，在孙中山、黄兴等人的倡导下，兴中会、华兴会、光复会等团体代表，共一百多人，在日本东京举行了同盟会成立大会，确定"驱逐鞑虏，恢复中华，创立民国，平均地权"为同盟会宗旨，公推孙中山为总理，黄兴为执行部庶务、居协理之职，总理缺席时，代行总理职务。其他职务，分别由田桐、汪兆铭、张继、宋教仁等人担任。根据《中国同盟会总章》的规定，在同盟会东京本部的统辖下，在国内外分设九个支部主持工作。国内设东、西、南、北、中五个支部；国外设有南洋、欧洲、美洲、檀香山四个支部。经黄兴提议，决定把宋教仁、田桐主办的杂志《二十世纪之支那》改名《民报》，作为同盟会机关报。

"现在，这个报纸已经出版，他们每一期都向国内邮寄。"苏曼殊说着拿出几张报纸，“你看，这就是《民报》。”他挑出一张，“这是创刊号，”指着上面的一篇文章说，“孙先生亲自写了发刊词，他的革命主张，这篇文章可以管窥一斑。”

陈其美接过，见创刊号是1905年11月26日的，发刊词果然是孙中山的。在这篇文章里，陈其美第一次读到“三民主义”这个词句：第一是民族主义，第二是民权主义，第三是民生主义。他为之耳目一新。

“太好了！”他小心地将书报收起，“到上海两年多了，听革命的鼓吹很多，但革命到底要干什么，我始终弄不明白。也许，曼殊师傅带来的这些书报，能让我明白。”

苏曼殊双手合十，作了一揖：“若果能如此，贫僧倒也功德无量了。”

“好久不见，我请你去喝一杯吧。”

“行，不过你一定要上红烧牛肉！”

两人来到酒馆，酒肉很快上来。陈其美斟满两杯，端起对苏曼殊说：“曼殊师傅，请！”

苏曼殊突然想起什么，摆手说：“且慢，我想有劳陈先生打听一件事。”

“请说。”

“邹容，就是著《革命军》的，你知道吗？”

陈其美心中一惊，随即镇定道：“那是一个盖世的英雄，上海滩谁不知道？”

“我的同事刘三刘季平，很想安葬邹容，但找不到他的尸体，不知道陈先生能不能帮助打听一下。”

陈其美望着苏曼殊，没有发现有什么异常，便说：“我可以让江湖上的朋友帮忙。只是不知道这位刘季平是什么人。”

“刘季平是上海县华泾镇人，别署江南刘三，前些年留学日本，毕业于成城学校骑兵科，和邹容十分相投。”

“既然是这样，你可以让刘三来找我。实不相瞒，邹容去世后，尸首被扔在监狱外面，风雨中无人安葬，我带人悄悄地将他掩埋了。”

“在哪里？”苏曼殊激动地站了起来。

“北四川路的四川义庄。我想，等以后有条件了，买一块好地，再迁葬他。”

“不要等了。刘三家在华泾镇有一块好地,在黄叶楼旁,安葬英雄最合适了。”

不久,刘三找到陈其美,秘密挖出邹容的遗骸,迁葬华泾镇了。此系后话。

临别时,苏曼殊塞给陈其美一个小包。陈其美打开,心中一阵惊喜,原来是一支手枪。苏曼殊笑着说:“这支手枪,是去年在南洋买的。当时我想刺杀保皇党领袖康有为,硬是被陈少白劝住了。其实,以我的身手,即使去了,也未必能杀掉康有为。还是送给陈先生吧。”

“谢谢曼殊师傅。我一定要好好练习,让打枪和打飞石一样准。”

第七章

美人沐浴救刺客

14

端方(端午桥)是满洲正白旗人,在清末督抚大员中,见识卓著。所以,清廷派五大臣出国考察时,两次都选定他。回国之后,端方总结考察成果,上《请定国是以安大计折》,力主以日本明治维新为学习蓝本,尽速制定宪法。端方还献上自己所编的《欧美政治要义》,后世认为此乃中国立宪运动的重要著作。作为一个旗人,正值少壮,又有作为,朝廷自然重用。从外国考察回来后,他没有再回任湖南巡抚,而是升任两江总督。

上海这些年一直不太平,从光绪二十九年的《苏报》案后,革命党人一直在此活动。令人恐惧的是,他们和内地那些人不一样。内地的会党等反叛分子都是偷偷摸摸的,不到起事时不敢公开。因为是秘密行动,附从者少,一旦起事,容易扑灭。而上海革命党都是读书人,他们著书立说,办报纸,倡导自由、排满,煽动推翻朝廷,全都是明目张胆的,唯恐天下不知。他们还和流亡海外的乱党互通声息,遥相呼应,气焰熏天,长此以往,大清天下怎么还能稳定?下车伊始,端方就赶到上海,一是要和驻上海的外国领事沟通交往,二是训诫地方官员,要他们为政清廉,治事勤勉,严惩鼓吹革命者,确保上海稳定。

招商局的江轮在傍晚停靠十六铺码头,前来迎接的上海道瑞澂行礼后,引领着端方一行在暮霭中下船。

端方的全套仪仗已经摆在码头上,再加上瑞澂带来的仪仗,和两人的戈什哈，共有一百多人。一时间，码头上牌匾林立，旗幡招展。待两位主官坐进大轿后，人马在暮色中浩浩荡荡向上海城走去。晚上接风的宴席安排在丹凤楼，这些人马就直接走向丹凤楼。

丹凤楼又称徽州丹凤楼，坐落在上海县城墙的东北角上，是著名的徽帮菜馆。徽帮菜是以徽州风味为主的安徽菜肴，特点是料多油重，原汁原味，朴素无华，经济实惠，很得端方的喜欢。听说端方要来上海，瑞澂三天前就让人把丹凤楼包下，扫洒尘除，内外收拾整齐，将徽菜原料备好。清炒蟮糊是端方最喜欢吃的徽菜。这道菜需要是徽州山区产的黄鳝，烧煮后拆骨划丝，入油锅爆，待水分去尽，鳝丝卷曲，再陪佐料烹调，旺火炒成糯香鲜脆出锅，极为爽口。为了确保这道菜地道，瑞澂特意给在徽州府任职的同窗发去电报，让他派专人从徽州送来三百斤黄鳝，确保端方在上海期间，每天都能吃到地道的清炒蟮糊。

夜幕已经降临，租界的路灯都已亮起，而华界这边则黑乎乎的。十多个戈什哈早已点亮灯笼，轿夫的脚下倒也看得分明。两顶八抬大轿鱼贯进入朝宗门，折向北，顺着东后街，一先一后停在丹凤楼下。丹凤楼下原先就挂着一盏煤气灯，昨天，瑞澂让老板在楼梯处又挂上一盏。两盏煤气灯的照耀，使得丹凤楼前亮如白昼。老板带着几个伙计，早已在楼下恭候。瑞澂先忙着下轿，顾不上老板的见礼，快步跑到端方的大轿前，亲自打起轿帘，扶着端方走下来。

端方走下轿子，看了看高高的丹凤楼，又看了看煤气灯，感慨地说："就这么一条马路之隔，租界灯火辉煌，华界夜幕沉沉，洋人的确比我们有办法。"他这半年多在外国考察，走了日、美、英、法、德等国，见到许多发达情景，从心里觉得大清要改革。不改革，不发展，革命党是消灭不了的。

"莘儒。"

瑞澂忙道："卑职在。"

"你在上海，得风气之先，要多思考我大清为何落后，如何改变，以为国分忧。不要学那些胸无大志，井底之蛙之辈，只知一味自大，全然不知道外面世界是何等模样。"

"卑职会谨记大帅教诲，勤加思量的。"

两人说着走上台阶。突然，对面阴影处蹿出一个戈什哈模样的人，"叭叭叭"连开几枪。端方一缩头，帽子被击落。他机警倒地，伸腿一绊，瑞澂跟着也倒了。枪又响了几声，子弹打到城墙上，击碎的碎砖片纷纷溅起，有几块掉到端方的脖子里。

"保护大帅！"

亲兵头目一声吆喝，十几个戈什哈冲上台阶，将倒在地上的端方、瑞澂围住。

"快拿刺客！"端方喝道。

周围的捕快们早已去追踪刺客，听端方一喝，上海道衙的戈什哈也追了过去。

刺客窜过东后街，在北城墙边突然跨上马，倏地冲上北大街，一路狂奔，很快出了晏海门。此时，由于县城外商业的发达，上海的城门早已不是晨启夜闭了，所以刺客能在晚间出城——他显然作了充分准备。上海县衙捕快的马队已经追过来，见刺客打马出城，也紧追出城。他们随着马蹄声紧追不放，穿过北城关，追到与法租界交界处时，见法租界的巡捕马队早把马拦下，但是，马上已经空空如也。县衙的李捕头看了看四周，判断刺客在路上发现法租界的巡捕马队后，坠马而逃了。这么短的时间，他不可能逃远。北城关就这么大，包围起来，搜！

这个刺客是陈其美。他已经决定去日本留学。一边学习，一边寻找孙中山，进一步弄清革命的道理，跟着孙中山，坚定干革命。船票拿到手时，他心里却觉得少了点什么，就这么两手空空去日本，拿什么拜见孙中山？午睡时，他随意翻着《申报》，发现了端方当晚抵达上海的消息。真是天随人愿！端方贵为两江总督，是满人中的佼佼者，要是杀掉他，做投名状，去日本，拜见孙中山是再好不过了。

设法弄清上海道瑞澂宴请端方的酒楼后，傍晚时分，陈其美扮作一个戈什哈，隐在丹凤楼旁边。不料，开枪时枪口稍高了些，只打掉了端方的帽子。

陈其美从马上跳下后，钻进一条小巷。对北城关这一带，他原不熟悉，后面的捕快紧紧追着，他只能胡乱钻着。不知钻了第几条小巷，他看见外面灯光闪着，听见有人说："这里没搜，进去看看。"陈其美只好往里跑，跑着跑着，他遇到了一堵墙。原来，这是一个死胡同。

外面的捕快正打着灯笼往里面跑来。陈其美爬上墙边的一棵树，跃到墙头上，纵身跳了下去。借着不远处射来的灯光，陈其美看出，这里是一座花园。正是绿肥红瘦的时节，园内树木丰茂，到处都是藏身之处。他舒了一口长气，在树丛中的一座长条椅上坐下来。他紧紧地握着手枪，机警地注视着四周。四周静静的，只有各种昆虫不时地飞过来，撞击他的头和脸。

"刚才好像有人从这里跳到对面去了……"

"对面是什么地方？"

"畹香留梦堂主公馆。"

"就是《申报》主笔黄式权的公馆？"

"是的。"

"包围起来，搜！这个黄式权，常在《申报》上发社论，诽谤朝廷，说不定和刺客是一伙的。"

议论间，外面人已经攀上墙头，举着灯笼往里面照。

"什么人，爬到墙头上干什么？"

"道台衙门的捕快，抓刺客的。"

"放肆！这是黄老板的私家花园，哪有刺客？"两个护院家丁模样的人来到墙边，和墙头上的捕快理论起来。

陈其美悄悄起身，借着树木的掩护，往花园外摸去。

黄式权是川沙高行人，名协埙，别署畹香留梦堂主。幼读诗书，习举业，长于古诗文辞。遗憾的是十多年科场无建树，三十三岁那年，决心不再参加科举考试，而是云游天下，遍访天下豪杰，秘密创立了沪上五行山堂，进行反清活动。第二年，他进入《申报》社，任主笔做掩护，一做就是二十年。做主笔期间，他兼做英国汇丰银行的买办，自己还开办恒丰纺织公司，业务越做越大，事务越来越多。《申报》主笔一职难以兼顾，不久前，便辞了，一边主持五行山堂务，一边经营商务。他主持《申报》期间，日作社论一篇，持论趋新而不激烈，平实而不保守，在上海滩很有影响。

捕快们围住了畹香留梦堂主公馆，骑墙与家丁争吵，很快惊动了主人黄式权。此时，李捕头已来到黄府正门口，对黄式权拱手鞠躬道："黄老板，实在抱歉。我的人不经府上允许，冒然翻墙，实在是有辱斯文。但他们抓刺客心切，还望主笔大人见谅。"

"真是抓刺客，倒也无妨。只是我不明白，我家里怎么会有刺客？"

"黄老板，刺客翻上贵府后墙，跳进了花园，是我的手下亲眼所见。他是刺杀端午帅的要犯，不抓住，我们众多兄弟的饭碗就砸了。还请黄老板多多谅解，成全我们才好。"

黄式权本是上海滩名人，又是买办、实业家，上海道台见了都要敬重三分的。不是事关重大，李捕头轻易是不敢打搅的。

"既然是这样，请你们的人进来搜吧。"黄式权倒也坦然。

三十多名捕快进入黄公馆，先是把各路口派人站定，将前后房屋、后花园等分割开来。然后按区域一一搜索。后花园、马棚、用人院落搜完后，都没有发现刺客的踪影。

李捕头来到黄式权面前，拱了拱手道："黄老板，我们搜查了后花园等处，没有发现刺客。为了以防万一，我们想进入公馆上房和内室搜查。"

"放肆！"黄式权气愤地说，"刚才你们说刺客跑进我的后花园了，我让你们搜。你们不但搜了后花园，还搜了马棚、用人院落，没搜到，现在又要搜查上房和内室。难道我会窝藏刺客不成？"

"黄老板，我们不是这个意思。这个刺客胆大狡猾，我们进黄公馆搜查，他早已知道，所以他不可能停在后花园坐以待毙的。其他地方都搜过了，除了公馆的上房和内室，他没有其他地方可去。"李捕头的口气硬起来。

"你就这么自信，刺客就在我家？"

"在不在，全搜索一遍就清楚了。再说，这个刺客胆大妄为，连端午大帅都敢行刺，要是真藏在府上，对你们黄家大小，也是一种危险。我们把他搜出来，岂不是对大家都好？"

黄式权无可奈何，摇着头说："搜吧，你要是搜出来，明天《申报》上肯定是一大新闻。不过，我也提醒李捕头，你要是搜不出来，明天《申报》上，也是一大新闻。”

“黄老板，我知道你和《申报》的关系，也知道新闻纸的力量。但我今天豁出去了。”李捕头说着一摆手，“进上房和内室，搜！”

十来名捕快在李捕头的亲自带领下，很快搜完了上房，没有发现刺客的踪影。一直陪着搜查的黄式权领着捕快们跨过一道月亮门，进入一个竹影婆娑的小院。他指着旁边的一幢小楼说：“这是小女的闺房。”边说边上前敲门，“雪鸿，开门。”

门开了，一个侍女探出头：“是老爷啊，小姐正在洗澡呢。”

“你让她洗。我带这些先生搜一下刺客。”

“刺客！”侍女吃惊地问，“什么刺客？”

黄式权不耐烦地挥了挥手：“这不是你问的。你把小姐照顾好就行了。”

这是一座上下两层的小楼。楼下是洗澡间和侍女的房间，楼上是小姐的卧室和起居间。捕快们先是搜了楼下，除了里面水声“哗哗”的洗澡间，其他地方连侍女的床下他们都搜了，没有。黄式权带着他们全来到楼上，将楼上全搜了一遍，什么也没有。

站在楼上窗前，看着小院内婆娑的竹影，李捕头想了想，飞快下楼。此时，洗澡间的门恰好打开，洗浴后的黄雪鸿正裹着一条大浴巾出来。见李捕头从楼上跑下，吓得她大叫一声，又缩回了洗澡间。

“雪鸿，别怕，爹在这呢。你出来吧。”

“你怎么带这么多乱七八糟的人进来？快让他们滚！”黄雪鸿气得差不多要哭了。

“雪鸿，李捕头他们来是有一桩重要的公干。”黄式权对侍女说，“给小姐递一套衣服进去，让她穿好出来。”

侍女将洗澡间门推了个缝，递了一套衣服进去。很快，黄雪鸿穿好，从洗澡间出来。

黄式权拉着李捕头：“来，看看里面有没有刺客！”

黄雪鸿气得直跺脚：“爹！你把我当成什么人啦？”

黄式权冷笑着说：“这位李捕头，他想制造新闻。”

李捕头有些尴尬，但还是到洗澡间里看了看。洗澡间里水汽氤氲，除了一只长形的木盆，和放着几件内衣的木凳外，剩下的就是洁白的墙壁了。

"还要搜吗？"

"不用了，不用了！"李捕头带人一边往外走，一边连道"得罪"。

看着李捕头等人走出大门，见家人将大门关好，上栓，黄式权急急来到女儿的闺房。

"你好大的胆！竟敢窝藏刺客！"

"爹，哪有什么刺客？"

"我说那位英雄，你连端方都敢杀，还不敢出来吗？"

侍女床下一阵响动，陈其美走了出来。

从后花园悄悄溜出来后，陈其美借着黑暗，往僻静处摸索着。不经意中，竟然摸进了黄雪鸿住着的小院。黄雪鸿差点被吓坏。当听完陈其美叙说的险情后，这个平时很少说话的姑娘不知该怎么办才好。外面嘈杂声不断，显然捕快们已经过来了。小楼里无处藏身，黄雪鸿焦急之中只好把陈其美藏进洗澡间。洗澡间是藏不住人的，捕快们一打开门就能发现。冷静下来的黄雪鸿让侍女打来洗澡水，捕快们刚进院子，她就脱光衣服，进洗澡间洗澡了。

果然，因为黄雪鸿在洗澡，捕快们没有搜查洗澡间。在他们上楼后，黄雪鸿让陈其美立刻出来，钻进捕快们已经搜查过的侍女的床下。

见陈其美出来，黄式权走上前，恨恨地说："胆大的刺客！你能躲过捕快的搜查，躲不过我的明察秋毫。来人……"

"爹！"黄雪鸿忙上前捂住黄式权的嘴，"我不管他是不是什么刺客，我只知道他在虾子潭救过我的命！"

"什么？"黄式权愣住了。

这时，外面又响起了敲门声。黄式权警惕地问："什么人？"

"师傅，是我。"门开了，进来的是刘福彪。

"福彪，你怎么来了？"

"听说李捕头带人包围了黄府，我不放心，带弟兄们赶过来了。"

"没什么大不了的。"黄式权淡淡地说。

刘福彪看到陈其美，忙作了一揖，惊叹道："原来是陈先生！"

黄式权纳闷地看着刘福彪："你们认识？"

刘福彪笑着点点头："我和陈先生是老朋友啦。"

第八章
留东传奇

15

黄浦江上晨雾迷蒙，外滩旁的高大建筑物隐约可见。十六铺码头边洋轮上的星条旗、米字旗、太阳旗在晨风中呼啦啦地飘拂。“呜——”一声汽笛长鸣，吐着浓烟的“长岛丸”号邮轮解缆起锚，启程返航日本。

邮轮徐徐而行，缓缓地向吴淞口进发。甲板上，陈其美手扶栏杆，望着船尾被涡轮犁起的滚滚浪花，心中依依不舍。

突然，甲板上一阵骚动，传来打骂和呼救声。陈其美忙转过身，注视着眼前发生的一切。原来有位中国乘客正被日本船员揪住辫子，又推又打，要把他甩下江去。陈其美正要上前问个究竟，却见一剑眉高挑的汉子抢先一步跨到面前：“住手！”

原来，被打的乘客上船时，因人群拥挤，钱包不慎被小偷摸去。钱和船票被窃。

剑眉汉子本已怒目圆睁，拳头也已攥紧，此时只好将拳头缓缓松开。不过，他对日本船员说：“不要推他，我来替他补票。”他拿出自己的舱座证扬了扬说，“等下我给钱。”

日本船员悻悻地松开手，恶狠狠地瞪了他一眼：“等一会儿你不替他补票，我要连你也掷下去喂鲨鱼。”

真是一波未平，一波又起。

剑眉汉子刚要回舱拿钱，船尾又出现骚动。陈其美转身一看，发现有一只小划子拼命从后面追上来，摇桨的人不停地高声呼喊：“喂——

请停一下……请停一下……”

这时，一位上海商人，对日本船长又是鞠躬，又是请求：“船长先生，我有一只重要皮箱，在匆忙中忘了带上船，皮箱中有我经商的重要单据，务请船长先生高抬贵手，让船稍停，一定重谢。”

“不行，全世界也没有这种先例。除非你去坐你们中国的船。”船长说完，拂袖而去。

那位商人急得恨不能跳下去。他跑到日本水手跟前说：“先生，能否请你用绳索套钩将皮箱吊上甲板，酬劳好说。”

“NO！NO！”日本水手学着美国水手样摇摇头。

“哪位朋友，哪位同胞能助兄弟一臂之力，我一定重重酬谢，铭感不忘！”商人抱拳作揖，向看热闹的中外旅客求援。

小划子已划到轮船的舷下，甲板上的旅客谁也没有办法。陈其美找到另一个日本船员：“你能不能想想办法？”

日本船员说：“船长不停船，我有什么办法？”

陈其美正要去找船长，却见那个剑眉男子走到船舷边往下一看，估摸着从甲板到下面小划子的高度。他飞速脱下长衫，束了束腰带，猛吸一口气，从船上一纵身跳了下去。

“啊——”船上围观的人一个个伸长脖子，惊叹地叫了起来。

那人跳到小划子上。提起皮箱，运起轻功提纵术“一鹤冲天”，还没等人们看个明白，已翻身上了海轮。

“哗——”人们纷拥向前，“神功！”“绝技！”

商人接过皮箱，一把抱住那人，泪如雨下。“壮士，有你这一番壮举，我就不虚此行啦。”他取出皮夹，数也不数，将一大沓钞票塞进那人手里。

那人也不客气，拿眼扫了扫周围，然后径直将钞票递给丢掉钱包的人说：“这些钱权当我为你赚的吧，你赶快去补票！”

丢钱包的人随便点了一下钞票说：“先生，太多啦，我原先的钱没有这么多！”他要把多余的钱退回。

剑眉男子说：“你就留着吧。下次你要是遇到无法买票的人，就替他补一张。”

“好,我一定的。”那人高高兴兴地补票去了。

“壮士,请问尊姓大名。”陈其美不失时机上前,恭敬一揖。

“在下嵊县仙岩镇金庭乡人,姓竺,叫竺绍康。”

“先生是不是被称做‘牛大王’的竺绍康?”陈其美问。

“正是。”

陈其美忙握住竺绍康的手说:“真是踏破铁鞋无觅处,得来全不费工夫。”

“这话怎么说?”

“我在善长典时,就听二师兄说你是九龙山堂的山长,一直想入到你麾下。可惜二师兄在那年起义中阵亡后,再也无缘相见。初到上海时,我还冒充过你的家门呢。”他把初到上海,码头上遇见刘福彪的事情说了一遍。

竺绍康哈哈大笑:“没想到,我这名头,在上海滩还管用。”

“天下洪门一家。竺兄,我们能在此相见,也是今生有缘。请受我一拜,让我规规矩矩入洪门吧。”说着就拜了一拜。

竺绍康忙还了一拜:“四海之内皆兄弟。现在,我们即将到达海外,不妨是四海之外亦兄弟。好,今天我就带你入洪门了!”

邮轮已经驶出长江口,进入茫茫太平洋了。

入夜,海上一片黑暗,陈其美在舱中难以入睡。他走上甲板,在船舷旁站立。阵阵海风吹来,吹走了他身上的暑热,但他依然觉得天黑得如同一块铅,压得他难以喘息。他遥望渐渐远去的祖国,觉得这块古老的土地此时也和他一样,备受压迫。

此时,他又想起了邹容。

7月3日,邹容墓纪念塔在沪上落成,蔡元培、黄炎培、刘三、严练如等出席了落成典礼。本来,蔡元培是不让陈其美去参加此项活动的。只是让他迅速作好赴日准备,一旦条件具备,立刻起身。他刺杀端方的事情,衙门里仍然在追查着。所以,蔡元培觉得他还是少抛头露面为好。

陈其美不听,他认为自己也应该像邹容那样,视死如归才不愧为革命者。纪念邹容,无论如何也得去。哪怕是慈禧那老女人亲自来抓他，他也无所畏惧。他约了健行公学的学生杨伯谦、赵伯贤、朱季恂等人一同前往。

令陈其美惊喜万分的是，黄雪鸿也来了。

典礼仪式结束后，他们来到一家茶楼坐下。黄雪鸿说："我知道，在这里肯定能够找到你。"

陈其美说："你找我有事？"

黄雪鸿的脸"刷"地红了。"没有事就不能找啦？"她有些嗔怒地道。

"我不是这个意思。我担心有什么事，会让你着急。"陈其美忙着解释，"请喝茶，请喝茶。"

黄雪鸿稍稍平静下来，从随身提着的挎包里拿出一把短剑，说："这是我外公用过的。他临死前交给了我妈，我妈走时又交给了我。宝剑赠与烈士，陈先生勇猛刚毅，将来定是国家栋梁，这把剑就送给你吧。别看它短小，但锋利无比，我外公用它，清兵清将和洋鬼子都杀过。"

陈其美接过短剑，只见剑柄是黄铜铸就，剑鞘是牛皮的。拔出剑来，果然是一把好剑，只见寒光刺目，凛凛间闪耀着杀气。

"好剑！你外公是什么人？"

"当年太平军李秀成麾下的一个将领。天国失败后，他出家了。"

"怪不得黄小姐那么机智勇敢，原来是天国将门之后啊。"

黄雪鸿知道他说的是洗澡救他的事，脸立刻又红了。陈其美意识到她的不好意思，忙晃了晃短剑："我一定不辜负黄小姐的厚望，用这把剑来宰割大清王朝。"

"你说去日本的，打算什么时候走？"

"快了，要不了几天啦。"

"唉！我要是男的多好，那我就也去留学。"

"据我所知，也有不少巾帼女子去日本留学的。像绍兴府的秋瑾女士，其威名不让须眉。"

"还是不行，我爸就我这一个女儿，我母亲早逝，我走啦，他怎么办呢？"黄雪鸿眼里突然涌出了泪水，"我三岁时母亲就去世了，爸爸至今没有再娶，我就是他的命根子。"

"其实，一个人能不能成就一番事业，也不在乎要不要去留学。你就留在家里,也有很多事可做。”

“我能做什么呢?我真不知道我能做什么。”停了停,她又说:“到了日本后,能不能给我……写信,把你在日本的情况告诉我。这样,我虽然人不在日本,但也能学习上海所没有的东西。”

“完全可以。”

“真的,你真会给我写信?”

“怎么不会?你救过我的命,是我的救命恩人,我一辈子也不会忘记你的。”

黄雪鸿的脸又红了,她低着头摆弄着垂到胸前的发髻说:“你也救过我的命,我一辈子也不会忘记你的。”

16

初秋时节,陈其美来到东京。

走在大街上,陈其美发现东京和上海气候差不多,只是街道比上海的整洁。高楼大厦的后面,隐着各种低矮的木质结构的小房,男人和女人多穿着和服,踏着木屐,半佝偻着腰,走路的脚步细碎而急促,像中国的小脚女人们的小跑。

有一点令陈其美相当感动,就是日本人特别讲礼貌,两人相见,总是双手下垂,相互鞠躬。尤其是女人们,彬彬有礼,而又不失落落大方。

陈其美先进的是东京警监学校,被编在第三班,学习警政法律。

这所新设的警监学校,是日本人特地为中国留学生开办的。当时,日本并没有警监学校,清朝驻日公使向日本文部省协商,请日本大学代办。清朝驻日公使所以热心警监学校,是因为清廷当时宣布预备立宪,开出新政项目,分九年陆续实行,而警察制度改革也被列为“新政”的重要内容。

这所新设立的警监学校,学生大多是官费生。学校初创,条件极差,连宿舍也没有,学生只好租民房居住。开始,学校是一年即毕业的警务学校,后来中国留学生学警察的越来越多,清政府觉得一年时间太短,很多人连日语也学不会几句,就再次商请日本当局办起两年制的警监学校。

陈其美是自费生，手边没有多少钱，租住的民房离学校稍远。他栖身之处是楼下的一间小房，只有四席宽的空间，原先是做储藏室用的。因中国留学生一年多似一年，主人萱野长知便把它腾出来，在地板上铺上"榻榻米"往外出租。每天清早，陈其美都要早早起来，稍稍洗漱一下，在外面小摊上随意吃些早点，匆匆跑过一座医院，再围着一家工厂跑半圈，才能见到学校旁教堂的尖顶。

萱野长知是东斌学校的校医，为人作风严谨，特别善于持家。他的小院里树花参差，被他收拾得一尘不染。深秋的早晨，陈其美尚在梦中时，总是能听见萱野先生打扫庭院的声音。听到这声音，陈其美就起床穿衣了。

萱野一家四口人，妻子及两个儿子，开始对陈其美倒有些戒备，后来见这个拖着辫子的清国留学生学习努力，为人质朴，便都消除了对他的戒备。傍晚时分，他们常常请陈其美到他们的客厅去，和他谈中国的诗歌和书法。萱野对中国的诗歌似乎情有独钟，经常和陈其美一起吟诵古诗。他还把自己的书法作品拿出来，请陈其美指正。

陈其美是个率真的人，对萱野对中国古诗的理解深表佩服，但对他的书法却不敢多加恭维。那是一个春天的黄昏，陈其美和萱野一起围坐在火炉边，萱野请陈其美评论他书写的一幅字，陈其美说："我对书法，是门外汉。我给你写一幅，两相比较吧。"

萱野一听，喜出望外，忙铺纸研墨。

陈其美悬笔在手，略一思索，便挥毫写道：

江碧鸟愈白，
山青花欲燃。
今春看又过，
何日是归年？

萱野看完，忙赞叹道："'江碧鸟愈白，山青花欲燃'，你的艺术感觉太好了，这种'反衬'经你一提醒，让我茅塞顿开。看来是春天来了，你也想起了你美丽的家乡，才发出了'何日是归年'的感慨。"陈其美忙解释道："这乃是我国诗圣杜甫所作的一首绝句，我不过借来草就奉献，书得草率，还望雅正。"

萱野不由得脸红了一下，这才仔细看陈其美的书法，但见其豪放洒脱，笔透素纸，确实有不浅的功力，便明白了他的用意。从此以后，他再也不向陈其美展示他的书法。

在陈其美离开他家时，他曾请陈其美题诗相赠，他的后人至今还保留着陈其美的这幅题赠：

十年游侠千金尽，
九世仇雠一剑如，
为问门前车马客，
还能杯酒忆当时。

樱花盛开的季节，是日本最美丽的季节，萱野闲暇之余，从屋里拉出陈其美，两人一起到上野去赏樱花。

上野真是樱花的海洋，到处都是亮丽的景象。徜徉在花海之中，陈其美感慨万千说："我的故乡此时也应当是'池塘生春草，园柳变鸣禽'的季节了。"

"中国有没有樱花？"

"樱花在中国内地很少见，但我读《樱花鉴》，见书中写道，日本的樱花相传最早是从中国的喜马拉雅山脉传过去的。在日本不断增加品种，于是，樱花开遍了日本列岛。若要追根溯源，樱花的故乡应该是中国。"

"其实，日本的很多东西都是从中国来的。比方说茶道，这种陶情冶性的东西，也是来自贵国。"

陈其美想起弟弟留学归家时在善长典和他说的那些话，点点头说："我知道。可惜，我们自己却把许多有益的东西抛弃了，举国男人都拖着一条绳索一般的辫子，惭愧呀！"

萱野忙说："这是民族习惯问题，陈先生不必哀叹！"

"不，我觉得要革除中国的弊端陋习，首先应当自剪辫开始。"

当天,陈其美到商店里买了一把剪刀,自己把辫子剪了。从此,他的制帽再也不高高耸起了。

第二天,陈其美就去找竺绍康。竺绍康已考入西京帝国大学,专攻农科。见到陈其美,他自然高兴异常。互道一些别后学习情况后,陈其美把制帽摘了下来,说:“绍康兄,你看我。”

“你的辫子剪掉啦?”

“对。我今天来,是想请你也剪掉辫子,我们一起去拜见孙中山,跟随他一起埋葬清廷。”

“实不相瞒,贤弟,我早有此意,只是无人引见啊。”

“不要紧的。革命只要自觉,不需引见。”

竺绍康觉得很有道理,当即也来到理发馆,把辫子剪了。

两人出了理发馆,都觉精神焕发,正打算找个地方小酌两杯,突然听见不远处传来一阵吵嚷声。

只见两个浪人拦住一个姑娘,又摸又捏,浪笑不止。周围有些人围观着,却不敢上前。竺绍康正要过去,只见一个中国人拨开围观的人丛,急步上前。“住手!”他对两个浪人喝道。

浪人一见,马上高声骂到:“从哪里蹦出来的支那猪,我要把你睾丸挤出来,让你用嘴再吞回去。”

他们上来就要抓那个中国人。中国人对姑娘说:“还不快跑?”然后向姑娘的相反方向跑去。日本浪人急追着骂:“支那猪孬种,有本事别跑!”

眼看日本浪人就要追上中国人,竺绍康纵身一跃,泰山一般立在两个浪人的面前。浪人还没有弄清楚怎么回事,竺绍康在他们肩上分别拍了一下,浪人顿时嗷嗷乱叫,烂泥一般瘫在那里。

“感谢义士相助。”前面的中国人回身冲竺绍康一揖。

竺绍康说:“先生不畏强暴,令我深感敬佩。”

那个中国人端详了竺绍康一会,突然说:“若小弟不曾看错的话,仁兄可是竺绍康先生?”

竺绍康大吃一惊:“先生何以得知在下贱名?”

那个中国人哈哈大笑:“小弟前些年去过浙东,仁兄为民除害,官府四处画像缉拿，谁不认得足下？”

竺绍康连忙抱拳一揖：“敢问足下尊姓大名？”

“在下姓宋，名教仁，字遯初，湖南桃源县人氏。”宋教仁指着陈其美，“这位是……？”

陈其美忙自我介绍道：“在下浙江吴兴人陈其美。”

“无为先生。”宋教仁立刻高声朗诵道：

国运丁阳九，狐兔不掩形。
而我在草莽，那堪震威霆。
烈士是以起，杀贼红尘里。
一击天地崩，余响复振耳。
偾车未及展，武士不暇威。
丑类四方窜，血肉风雨飞。
贼胆一已破，君躯一已殒。
不惜一士命，惟欲戒来转。
异族钳吾民，悠悠数百载。
日短心自殷，途穷辙将改。
彼美多芳华，及时正可采。
不图方就道，遽尔遭倾殆。
独夫一何愚，暮四而朝三。
用心良独狡，路人畴不谙。
我爱吴夫子，视死忽如归。
慷慨赴大义，初阳生光辉。
志士赫然怒，有家且不顾。
使吴君而在，执鞭所欣慕。

这首诗是陈其美在上海期间，听说安徽桐城义士吴樾在北京正阳门车站刺杀满清五大臣牺牲后，慨然命笔写下的《吊吴樾君》，以无为的笔名发表在《洞庭波》杂志上的。

由此，陈其美也与宋教仁相识。此后，两人逐渐成为革命的挚友。

宋教仁1882年（光绪八年）出生在湖南省桃源县的一个农民家庭，比陈其美小四岁。但当时，他已是东京同盟会中最有影响的人物之一。

桃源在离常德西八十里的沅江北岸，风景秀美，人杰地灵。晋时为武陵郡，曾被大文学家陶渊明描绘成一个与世隔绝、有着仙人一般生活图景的美妙去处。

可是，生活在这里的宋教仁却并非“怡然自乐”。他在十二岁的时候就失去父亲，一家七口人，有年老的祖母、母亲、两个哥哥、一个姐姐和一个妹妹，靠着一些薄薄的田产勉强度日。

宋教仁曾入桃源县漳江书院学习。当时一般读书人仍大都攻读四书五经，以求科场夺名、仕途有阶。同时，新思潮不断涌来，中国正在经历着巨变前夕的躁动。中国知识分子首先渐渐地觉醒了，康有为、梁启超的维新变法，孙中山的革命主张不断冲击着古老陈腐的专制王朝。

当陈其美辞去善长典的职业，来到上海时，宋教仁则考入刚刚成立的新式学堂——湖北武昌公学。在武昌，他结识了许多年轻的朋友，接受了新思想，并结识了革命党的重要领袖黄兴。这一年，宋教仁读到了邹容的《革命军》和陈天华的《猛回头》，身心受到极大的震撼。冬天，宋教仁专程到长沙，和黄兴等成立了秘密革命组织华兴会，并担任副会长，开始了他的革命生涯。

第二年，华兴会准备农历十月初十在长沙举行起义。宋教仁九月廿八日抵达长沙，他还不知道起义的秘密已于九月十五日泄露，长沙城内此时正到处搜捕革命党。幸亏在街上碰巧遇到一个华兴会员，他才及时离开长沙转回武昌。但学校却已将他开除。宋教仁被迫又逃到上海，随即赴日本留学避难。

来到日本不久，二十三岁的宋教仁就充分显示了他的杰出才干。他四处奔走，联络志同道合的留日学生组织创办了《二十世纪之支那》，并为刊物撰写了大量文章，宣传革命思想，矛头直指清政府腐朽专制制度，在留日华人中产生极大影响。

同盟会成立后，宋教仁成为其中重要骨干。同盟会决定将《二十世纪之支那》作为机关刊物。由于它鲜明的反清立场和感染力使日本政府感到极大恐慌，日本警察封闭了《二十世纪之支那》。于是宋教仁等又创办《民报》作为同盟会的机关刊物。《民报》开始由张继主编，宋教仁经理其一切事宜。

章太炎《苏报》案期满出狱，孙中山在同盟会总部派时功玖、仇亮等到上海接章太炎到东京。《民报》从第七期开始，由章太炎任主编。宋教仁认为，革命不能光凭理论，必须要有实践。他渐渐从《苏报》事务中脱身，投入到策划起义之中去。

17

陈其美剪辫的事被姚文甫发现了，姚文甫立刻找到他："你是不是不愿做大清的顺民？"

姚文甫是清政府派往日本的留日学生监督，在破坏留日学生运动中作恶多端。他稍觉得谁不顺眼，就向清廷驻日公使蔡钧报告，要蔡钧照会日本警方，对留日学生进行查办，或遣送回国。当年，邹容就是被他们遣送回国的。

陈其美平时就不把姚文甫放在眼里，对他与进步学生作对的言行常常给以嘲骂。这一下，姚文甫终于抓住了陈其美的小辫子——虽然他的辫子已经剪了。

"我要做一个堂堂正正的中国人，难道不行？"陈其美知道姚文甫也是汉人，又反问说："你的祖先原来也是扎一条辫子的吗？"

"岂有此理！你竟敢散布排满谬论，我要让你滚回去，尝尝大清木枷的滋味！"

陈其美哈哈一笑："你不要太迂腐了，没有看见遍地都是革命党吗？别人连头都不惜，我又怎么能惜一条发辫呢？"

"你不要神气，我这就去报告公使，开除你的学籍。"

"你去吧。"

姚文甫果然来到驻日使馆，把陈其美剪辫的事向公使蔡钧作了报告。蔡钧以为，这分明是"犯上作乱"，立刻着手照会日本外务省，要求向警监学校拿陈其美问罪。

姚文甫办完这件事，心里很高兴，就到妓院去叫来一个妓女，让她先陪着自己吃了一会儿花酒，然后灭灯睡觉。陈其美早已听人说过姚文甫好色，常常把妓女带回住处。剪辫风波一出现后，他便想出对策，好好治一治姚文甫。

姚文甫灭灯后，借着酒性忙得正欢。突然门被撞开了，几个打着火把的人跑进来。"不许动。"有一个人用一把短剑抵住了姚文甫的屁股。姚文甫回头一看，原来是陈其美。

"贤弟，不要开玩笑！"姚文甫马上变出一副笑脸。

陈其美冷笑一声："姚文甫，你这个不知廉耻的东西，你还配作学监吗？"

姚文甫一脸淫笑说："我老婆长期不在身边，饿极了，只好垫垫肚子。"

"呸！"陈其美冲他脸上唾了一口，"无耻至极。"

姚文甫依然满脸带笑，擦了擦脸上的唾沫，恬不知耻地说："其实，我这也是扬我大清国威，让小日本受受压迫。"

陈其美不愿再听他胡扯，用短剑在他的屁股上轻轻划了一下，顿时，姚文甫杀猪般地嚎叫起来："饶命，饶命呀！你让我还怎么坐着呀。"

"那好，今天饶了你的屁股，但绝不能饶你的辫子。"说完。陈其美抓住姚文甫的辫子，把短剑压在发根上，"嗖"地一下把辫子割了下来。

提着姚文甫的辫子，陈其美连夜在留学生会馆竖一旗竿，把辫子悬在上面，并在旗竿上悬一白旗，上写几个大字："禽兽姚文甫之辫。"

第二天，东京的留学生会知道了这件事，纷纷来看姚文甫的辫子。

蔡钧也听说了这件事。他既恨陈其美这帮胆大妄为之徒，又气姚文甫属猪大肠扶不起来，关键时刻怎么能闹出如此花花事，授人以柄呢？没办法，他只好把姚文甫打发回国。至于陈其美，他也打算把他遣送回国。但日本外务省的批文迟迟还没有下达，他只好等着。他想，反正也跑不了你。

蔡钧万万没有想到，陈其美竟然又捅出了更大的娄子。他在学校里广泛联络，组织起了"军事教育会"。他时时发表演说，听者无不热血沸腾，追随他的人很快多起来。

蔡钧并不知道，陈其美此时已加入同盟会了。

陈其美早就想一睹孙中山的风采，结识宋教仁后，他就对宋教仁表明自己的心愿。宋教仁说："我一定要为陈兄引见。"

很快，宋教仁来找陈其美，领着他来到小石川区的武藏野。武藏野在井之兴公园旁边，是个风景优美的地方，松柏青翠欲滴，鲜花四季次第开放。孙中山就住在一条清澈的小溪边的民居中。这是日本友人内田良平借给他的。

陈其美很快见到了孙中山。

这一年，孙中山已四十岁。他中等身材，脸庞端正，留着两撇八字须，眼眶微陷，但双目炯炯有神。孙中山穿着一套在日本极常见的黑西服，见陈其美到来，忙迎到门口，热情握着他的手说："欢迎！"

宋教仁说："总理，这位是陈其美先生，就是写'使吴君而在，执鞭所欣慕'的那位。"

"好，见到你很高兴。那首《吊吴樾君》我拜读过，有气魄，有见地。"

"先生过誉。"陈其美有些不好意思。

"陈君不用谦虚。"孙中山为陈其美倒了一杯茶，"古人说，诗言志，陈君的诗抒发了自己的心志，应该说是好诗。"

陈其美说："拙作何足挂齿。这几年，我陆续读到先生的许多文章，常常为先生的宏论所折服，极为仰慕先生，真像古人所云'生不用封万户侯，但愿一识孙逸仙'啊。"

"惭愧，惭愧！"孙中山真诚地说，"在下鼓吹革命十数年，也组织不少起义，可惜收效甚微呀。"

"不，中国所缺者，唯先生之革命精神也。有了先生这种精神，何愁革命不成功？其美不才，愿追随先生，为革命肝脑涂地。"

"太好了！"孙中山激动地站起来，"如今革命势头甚健，正需陈君这样的人才。欢迎你加入同盟会。"

"我就来做陈其美先生入盟的介绍人吧。"宋教仁说。

"这样最好。"孙中山高兴地说。

孙中山把陈其美带到里面的密室。陈其美举起左手，对着会旗宣誓道："联盟人，浙江省吴兴县人陈其美。当天发誓：驱逐鞑虏，恢复中华，创立民国，平均地权，矢信矢忠，有始有卒，如或渝此，任众处罚。天运丙午年十一月二十八日，中国同盟会会员陈其美。”

加入同盟会后，陈其美立刻投入到与革命党人广泛联络的活动之中。在宋教仁的介绍下，他又结识了黄兴。

公使蔡钧通过日本外务省，让警监学校作出开除陈其美的决定。但第三班的班主任却告诉校长，陈其美自己在一个星期前已提出退学了。

此时已是1907年（光绪三十三年），警监学校已办到第二年，学生达八百多人。学校每月收学费五元，收入共四千元。因教师挂名的多，到校授课的少，陈其美觉得，校方太缺德。当初入学时，校方说要延聘大学著名教师授课，现在却根本不是那么回事。生性耿直的陈其美，与校方当局争论起来。

学校无理，只好作缩头乌龟。陈其美见他们如此不负责任，便印发传单，要求同学们联合起来，另办学校。黄郛等同学积极响应。这样，陈其美便退出了东京警监学校。

蔡钧得知这一情况后，也觉无可奈何。孙中山这批震天撼地的革命党已经够他忙活了，他哪里还有工夫再管陈其美呢。

这年秋天，陈其美和黄郛转入东斌陆军学校，学习军事。

东斌陆军学校是孙中山委托日本友人寺尾亨博士出面创办的，旨在秘密训练革命干部。这个学校的开办费用是由孙中山筹措的。在这里学习的大多是自费学生。他们热爱祖国，思想进步，一心想学好军事知识，报效祖国。在这里，陈其美结识了很多爱国同学，他们朝夕相处，互相砥砺，学识大进。

18

陈其美在日本留学时期结识的所有人士中，特别知交莫逆的是日后成为他的得力助手的蒋志清。

遇上蒋志清，纯属偶然。秋天的晚上，陈其美外出散步，在一个小树林中听见一个男人和一个女人调笑。调笑中，男人竟说中国话，而且是浙江口音，陈其美便知是中国留学生在嫖日本女人。一向疾恶如仇的陈其美立刻来到林中，要教训这位同胞。

这个留学生正和女子闹得欢，见一汉子前来，立刻站起来。

“简直是我民族的败类！”陈其美上前就要打人。

那留学生一把抓住他的胳膊，说：“老兄此言差矣，想那外国人到我们中国，糟踏了中国多少女子？我们来到国外，为什么不能享受一下他们的女人？”

“混账！”陈其美大骂，“你这狗屁理论和狗学监姚文甫的如出一辙，你肯定不是什么好东西！”

陈其美从怀中掏出短剑，准备也在这小子屁股上划一口子。

那人一下就系起裤子，蹬起马步说：“我们革命党连慈禧太后都不怕，还能怕你？”

陈其美说：“你是革命党？”

“那当然。”

陈其美收起短剑，伸出手来，要和那人握手。这是孙中山为同盟会员规定的，凡入同盟会的都知道。那人却并不明白，看着陈其美的手，往后退了两步。

“何处人？”陈其美又用暗语问。

“浙江奉化人。”

“大胆！”陈其美又拔出短剑，“你敢冒充我革命党人，在这里胡作非为。”

那人说：“我就是胆大，不然还敢做革命党？”

“你是什么革命党？”

“我是革大清命的革命党。往后，我要是加入同盟会，就是孙文手下的革命党。怎么样，你还敢跟我较量吗？”

陈其美觉得这个年轻人很顽皮，虽说有些缺点，却也不失可爱之处。

“你叫什么名字？”

“蒋志清。”

“你真的愿意加入同盟会？”

“岂止是愿意，做梦都想着。”蒋志清连忙向陈其美行了一个大礼。“先生若能引见，蒋某将没齿不忘。”

“你这种德行的人，我怕孙先生看不上。”

“我一定改邪归正，从此再也不碰日本的女人了。”

“那好，你以后要参加些革命活动，如果确实倾心革命，我日后定会为你介绍的。”对于蒋志清这样的人，陈其美有些不放心，觉得介绍给孙中山，还是小心一些的好。

“我到哪里去参加呢？”

“东京留学生中，到处都是进行革命活动的，你自己去找。”

蒋志清从此与陈其美相识。一有机会，他就来找陈其美，很虚心地向他请教一些问题。陈其美对他的看法很快改变。

冬天的一个晚上，蒋志清急匆匆地走来，告诉陈其美：“不好了，蔡钧明天要暗害孙中山。”

“此话当真？”

“这种事，我敢开玩笑吗？”

“你这消息从何而来？”

“这……这……”蒋志清犹豫着。

“这什么，快说。”

“是……是眉子告诉我的。”原来，蒋志清依然在和妓女厮混。傍晚时，他去找老相识眉子调笑，眉子说：“明天，你们中国人又有好戏看啦。”

“什么好戏？”蒋志清一边扯她的内衣，一边心不在焉地问。

“有人要杀孙文。”

“谁？”蒋志清不由警觉起来。

“你们公使派的人。”

“你怎么知道？”

“昨天晚上的那小子告诉我的。他说，等杀了孙文，他得了赏钱，要包下我去游京都。这样，你可就很久都见不到我了。”

蒋志清立刻穿上裤子，推开门就要走。眉子一把扯住他：“你这人真下流，把我衣服都扯下了。”

蒋志清头也不回，掏出一块钱往后一扔，直奔陈其美的住地而来。

陈其美听完蒋志清的叙述，头皮直乍。的确，明天孙中山要给东京华侨界演讲,通知三天前就秘密下达了。现在要改,已不可能。他谢了一声蒋志清,径直来找竺绍康。

由于竺绍康肝胆照人,武艺高超,宋教仁保举他做了孙中山的保镖。

陈其美深夜来访,竺绍康知道肯定有事。

听完陈其美的话,竺绍康说:“谢谢陈先生,明天我定然叫他们有来无回。”

孙中山对日本华侨界的演说如期举行。

“……清廷之威信已扫地无余,有志之士都起救国之思。革命风潮自此萌芽矣。凡我会同志,务须矢忠矢信,遵守‘驱除鞑虏,恢复中华,建立民国,平均地权’之革命纲领……”孙中山的演说声调铿锵,响彻全场。

竺绍康在人群中,神情肃然,一面倾听孙中山先生演讲,一面警惕地四下巡逻。这时,有人向竺绍康耳语了几句,他随即走了出来。

离会场十步开外的场地上,竺绍康看到有几个小贩在交头接耳,几个乞丐和江湖艺人在东张西望。

竺绍康一看,心中已经明白:八成是清廷派来的鹰犬。他向一名可疑的乞丐走去。

那乞丐头戴一顶破旧帽子,帽子压得很低,只露两只贼溜的眼睛,见竺绍康走到他跟前,伸出手来:“先生,行行好吧!”

竺绍康见乞丐双手白净,猛地揪住他衣领,又一把撕开他的上衣,他胸脯上立即露出一条青龙。

乞丐见伪装已经败露,回身一拳朝竺绍康打来。竺绍康以掌格开,顺势劈面一拳,那乞丐惨叫一声栽倒在地。旁边装扮成小商贩及江湖艺人的纷纷拔出匕首等利器,一齐朝他扑来。

竺绍康一顿拳脚,打翻几个在地,其余人见势不妙,赶紧逃跑。这时,一个小贩从怀里掏出枪要打,陈其美眼疾手快,掏出一个飞镖,“啪”地一声,击中小贩手腕,手枪落地。竺绍康一个箭步上前,双手钢钳般地搭住小贩的两肩,痛得他哭爹叫娘,大喊救命。

“谁派你来的?”竺绍康大声吆喝。

小贩痛得无法忍受，连忙求饶：“好汉饶命，是蔡公使，蔡大人……”

这时，陈其美和另外几个同盟会员一起动手检查小贩们的货担，货担里都藏有炸药。

当天下午，陈其美就此事写了一篇文章，对蔡钧的丑行予以揭露。第二天《民报》刊出后，东京舆论大哗，蔡钧狼狈不堪。

蒋志清的报告，使一场灾难得以消弥。陈其美很高兴，带他去拜见了孙中山。一见面，蒋志清就递上自己的一首小诗，表明自己的心志：“腾腾杀气满全球，力不如人肯且休；光我神州完我责，东来志岂在封侯！”

“请先生赐教！”

孙中山见蒋志清为人机敏，满身阳刚之气，又胸怀冲天豪情，高兴地点头说：“年轻人热血澎湃，胸怀祖国，是个人才！”陈其美乘机介绍他入了同盟会，两人遂成为至交。

接着，陈其美又介绍黄郛给蒋志清认识。由于他们三人志趣相投，便结拜为把兄弟，并立下誓言：“安危他日终须仗，甘苦来时要共尝。”

陈其美最长，为老大；黄郛次之，为老二；蒋志清最小，为三弟。

第九章
东京大较量

19

1907 年夏天是一个炎热的夏天，陈其美的心如同在火中烧烤，似焦，欲碎。7 月 6 日，徐锡麟刺杀恩铭后在安庆牺牲了；7 月 15 日，秋瑾在绍兴遇害。他们是他去年来日本时在孙中山处结识的革命志士，大家多次在一起畅谈革命理想，谈到推翻满清，建立民国，每个人都是那样激情澎湃。为了革命，他们先回国了，东京码头上匆匆一别，竟是永诀。

陈其美一直沉浸在悲痛之中，但清朝驻日公使却容不得他这样悲痛。他们在公使馆中设立了悼念恩铭的公祭堂，在恩铭丧命一个月后的 8 月 6 日举行公祭，所有在东京的中国留学生要一律头戴孝帽前去参加公祭。

很多同盟会会员表示不去，哪怕被开除回国也不去。开始，陈其美也是这么想的。但前一天晚上，陈其美却改变了主意，恩铭丧命一个月也是徐锡麟牺牲一个月呀，他们能祭奠恩铭，我们为什么不能祭奠徐锡麟，祭奠秋瑾呢？

主意一定，陈其美便忙碌起来。他到街上买来二斤黄豆，在房东的锅上小心地炒，炒得脆崩崩的。当夜，他吃下好几把炒黄豆。早上起来，陈其美又吃着炒黄豆，喝冷水，把早饭也免了。

吃饱喝足后，陈其美便往驻日公使馆赶去。

公使馆里的灵堂早已布置好了。恩铭的遗像悬挂在正前方，下面立着他的牌位。一班在东京留学的王公贵族子弟在牌位下不停地烧纸，灵堂里面烟雾弥漫。

不一会儿，有两个披麻戴孝的人随着公使蔡钧走了过来。边走，边号啕大哭。原来，两个人一个是恩铭的侄子，一个是恩铭的外甥。蔡钧让他们在两边侧立，然后宣布开祭。很多官宦子弟大概是物伤其类，也都低低地哭泣起来。

蔡钧带领着学生们向恩铭的遗像拜了三拜后，开始致悼词。他刚刚读了几句，下面人群中响起了一阵笑声。原来陈其美放屁了。那屁似乎能呼之即来，蔡钧读一句，他就放一个，竟接连放了四个。旁边有一个小个子忍不住小声说："你要再能放三个，我就服你有本事。"

陈其美看看他，眼睛微微一闭，果然又放出三个，且一个比一个响。

周围的人再也忍不住，都笑起来，小个子笑得最响。

"岂有此理！"恩铭的侄子恩平立刻从前面跑过来，"你们想干什么，想找死？"这小子从小在行辕衙门里，跟着牙将学过十来年拳棒，力能劈石。平时，他就目中无人，谁要是和他在言语上有不和，他立刻就会捋起衣袖，抡起钵头大的拳头先打人一顿再说。在留日学生中，他是有名的混世魔王，有不少人都怕他。

恩平来到人群中，瞪大了眼睛指着小个子说："是你个杂种在笑吧？幸灾乐祸，一定是乱党徐锡麟一伙的，我要拧下你的脑袋来祭奠抚台大人。"

"误会！误会！"小个子冲恩平直拱手，"兄弟我是遇到可笑之事，忍不住才笑的。"

"有什么可笑之事？"

"他老是放屁，"小个子指了指陈其美，"让他放几个他就放几个。"

恩平瞪着眼看陈其美，似乎是问："是吗？"

陈其美两手一摊，"我肚子坏了。原想不来的，又怕公使大人怪罪，只好来啦。"说着，陈其美又放了一个屁，臭气熏得恩平直皱眉头。

"你为什么不忍一忍？"恩平扬了扬拳头。

陈其美斜了他一眼："你说得倒轻巧，肚子坏了，能忍住吗？"他又放出一串。

“混账！我看你是故意捣乱。”

“你这话怎么就和我的屁一样,这么臭？”

恩平一跺脚:“老子打死你！”

陈其美见他的大拳头打来,慢不经心地晃下身子,躲过了第一拳；往后一蹬,又躲过了第二拳。

恩平气得嗷嗷直叫,脚也用上了,陈其美在人丛中左闪右突,让他一点也沾不到自己。

转了一会儿,陈其美说:“不跟你玩了,我肚子难受得去厕所。”

恩平一听,马上加快脚步,几步冲到门前,守在了那里。“让开！”陈其美厉声喝道。

恩平有些得意扬扬地昂着头,把两手抱在了胸前。

“你让开不让开？”陈其美逼近恩平问。

恩平晃了晃拳头,“让开？你让老子打三拳,老子就让开。”

陈其美说:“那好,活人不能让屎憋死。”他回到灵堂中央,忽然拉下裤子,哗哗啦啦地拉了起来。

灵堂里的人立刻向四面退去,谁也没有心思去祭奠了。

陈其美的确是闹肚子了,地上拉的全是稀稀的屎糊糊。

“放肆！太放肆！”蔡钧气急败坏,忙着叫人去给日本警察打电话。

恩平见陈其美蹲在那,认为有机可乘,马上跑过来,抬脚就踢。突然,旁边有个人伸手抓住了恩平抬起的脚。恩平觉得被抓住的地方有些隐隐作痛,知道来人多少懂一些武艺,但他还是没有把此人放在眼里,嚷道:“快撒手！狗拿耗子,多管闲事,等会儿有你的好看！”他说着就要出拳头。

陈其美已让到一旁,擦好了屁股,正在系裤子。那人见恩平拳头打来,也不闪避,抓住他脚脖子的那只手突然用力一掀,恩平身子一歪,重重地摔到那摊稀屎糊糊上去。

灵堂里炸了锅一样,那帮贵族弟子纷纷上前,要围攻那人。那人没有退却,冲陈其美点了点头:“兄弟,你一旁歇着,我让他们都尝尝你拉的稀屎的味道。”原来是竺绍康。转眼之间,竺绍康已经和那群贵族弟子打在一起，他前后左右四面迎敌，其招式之凌厉，身手之矫捷，令围观的人目不暇接。顷刻间，秋风扫落叶一般，那帮贵胄子弟鼻青脸肿，纷纷倒在稀屎上。外面响起警哨声，竺绍康冲陈其美一拱手，一溜烟跑出门去。

陈其美正要追出去，日本警察却进来了。

恩平和那帮贵族子弟如同见到爹娘一般，一个个扑倒警察的脚下："大人，为我们做主！"

警察带走了陈其美。

在警察局，陈其美说："我闹肚子，原来不打算来的，但蔡公使一定要来，我只好来。屁忍不住，我有什么办法？"

日本警察对公使馆的祭奠看得很一般，马上把陈其美带到医院。医生检查了一番后，证实陈其美的确闹肚子。警察说："要当心身体！"然后就让他走了。

蔡钧找到警察局，表示抗议。他们说："人家是病人，你们不让病人休息，还想不让他放屁，太不人道了。日本没有这样的法律。"

陈其美出了警察局就去找竺绍康。在一个小酒馆坐定，竺绍康握着他的手哈哈大笑："陈兄真是机智过人，有庄有谐。今天这事，我本来以为你真是忍不住，后来才发现，你是要闹公祭堂。这里我要请教请教，你怎么能让那些屁召之即来呢？"

陈其美说："我吃了很多炒豆子。"

旁边的蒋志清和黄郛笑作一团，连腰都直不起来。

笑够了，蒋志清说："大哥，你这一招，是猪尿泡打蔡钧，不疼，但气死他，他还没办法。"

原来，听说蔡钧要祭奠恩铭，竺绍康也是准备借机闹一通的，未料到，陈其美早早就行动了。几个人不禁又回忆起徐锡麟和秋瑾，都对他们的牺牲表示惋惜。

"军歌应唱大刀环，誓灭胡奴出玉关。只解沙场为国死，何须马革裹尸还！伯荪真是一个血性男儿，他的《出塞》写得真是充满了豪放之气。"黄郛和徐锡麟常在一起喝酒，很佩服徐锡麟。

"伯荪兄固然是血性男儿。不过，要说诗之豪放，还得是鉴湖女侠秋瑾大姐。”蒋志清站起身，把手掌一翻，做了一个砍杀的动作，朗声道：“不惜千金买宝刀，狐裘换酒亦堪豪。一腔热血勤珍重，洒去犹能化碧涛。多好，就是男人又怎么样？”

“我也赞同三弟的观点。说诗歌豪气，鉴湖女侠当然是巾帼不让须眉，她的《宝剑歌》中的‘死生一事付鸿毛，人生到此方英杰’，除了谭嗣同‘我自横刀向天笑，去留肝胆两昆仑’外，当今怕是没有几个男人能赶上了。”陈其美望着窗外，眼中含满泪水，“秋风秋雨愁煞人，革命未成，女侠心中满是惆怅啊！”

“是的。”竺绍康点起一支雪茄，“这次起义失败原因很多，但准备不充分是一个重要的原因。我们会党内部有些人多疑，也是造成徐锡麟匆忙起义的原因之一。”

“谁怀疑什么啦？”陈其美问。

“陶成章。捐官的主意最早是他想出的，徐伯荪到安庆后，通过表叔俞廉三的关系，捐了官，加之他做事精明干练，深得安徽巡抚恩铭的信任，屡受提升。先是任武备学校副办，继任警察处会办，后又任巡警学堂堂长。陶成章怀疑伯荪有了高位，不想革命了，因而老是问他为什么还不动手。”

“是不是老是和章太炎搅在一起的那个陶成章？”

“不是他还能是谁？”

“章太炎老是怪怪的，是不是有些神经病？”

“他就那样。”陈其美说，“我在上海就认识他。《苏报》案时，他慷慨激昂，蔑视群凶，大义凛然，视死如归，让人敬佩不已。令我无法想象的是，到了日本后，他一下子变得刚愎自用了，凡事都自以为是，一点也不把孙总理放在眼里！看来，他虽然有革命热情，但没有一点革命策略，想到哪里就干到哪里，完全是感情用事。”

“文人做事情，有时候就是这样。”

“陶成章是什么人？”

“这家伙不足挂齿。”陈其美愤愤地说，“他跟在蔡元培、章太炎后面创立了光复会，但心胸狭窄，性情刁钻，很难和人共事。最近他又攻击孙中山啦。好像举我中华，只有他最革命。革命刚刚开头，一帮呐喊革命的人就如此内讧,这不是革命之福啊!”

20

陈其美和陶成章吵了起来。章太炎和陶成章做得太过分了,陈其美觉得,他们有时候比敌人还能坏事。

陶成章,字焕卿,也是浙江绍兴人。他自幼很聪明,十五岁时,即在故乡的陶氏义学执教。中日甲午战争爆发后,中国军队惨败,陶成章因此萌发了“投笔从戎”的念头。义和团运动中,他离乡北上,游历奉天、蒙古等地,并到北京,计划刺杀西太后,因无从下手而作罢。南返时,道经徐州,因缺乏旅费,步行七昼夜几乎饿死。和章太炎一样,他也是数次进入日本,开始是留学,后来是避难。

1907年1月4日,陶成章以光复会会员的身份加入同盟会。不久,他又回国内,准备响应皖、浙起义。他打算率领勇士数十人潜入南京,破坏军政机关,乘机发动军队起义。皖、浙起义失败后,他只好又一次东渡日本。

陶成章这一次来到日本,正是章太炎大发脾气的时候。

这一年,孙中山在5月和6月间分别发动了广东潮州黄冈起义和惠州七女湖起义,均以失败而告终。但孙中山屡仆屡起,决心再发动钦州、廉州起义。

为了作好起义的准备,孙中山让日本友人萱野长知在日本购买军械,准备大举。萱野长知原是陈其美的房东,和陈其美很熟。他很快把军械购妥,即将启运时,章太炎忽然在东京同盟会总部大闹起来。他对总部的人说:“孙大炮让萱野购买的军火是村田式,这种武器在日本老早不用了,拿到中国去,不是使同志们白白地丢了性命吗?可见,孙大炮实在是不讲道理,我们要破坏他!”

章太炎可不是说着玩的,他以《民报》的名义用明码向香港同盟会支部发电:另行定购军火。他这等于向清政府和列强告了密,萱野的军械全部被扣。

陶成章此前恰好来到东京,他和章太炎两人鼓动张继、谭人凤、白榆桓等集会,要罢免孙中山的总理职务,由黄兴接任。

东京总部代行总理刘揆一说:“孙先生正在策划钦、廉方面起义,如此作为,于起义不利。”

陶成章马上说:“孙大炮一向成事不足,败事有余,潮州、惠州他不也组织起义了,结果呢?白白牺牲那么多人,屁用也没有。”

陈其美坐在一旁,再也听不下去,猛地站起来,指着陶成章说:“你放屁!革命是小孩子过家家,那么容易?你怕死,怕流血就别干。”

陶成章冷笑一声说:“我当怎么这么臭呢,原来是个放屁虫,你也配说‘革命’?”

章太炎说:“焕章不要理会他,我们谈正事。”他指着刘揆一说,“不行,一定要开一次特别会议,让黄兴当总理。”

刘揆一说:“克强君一向光明磊落,素以实行革命为要务,他绝不会居此空虚总理之名。况且他正与孙总理共谋粤边举义,万一因‘总理’二字而有误会,使党军前途顿生阻力,非独陷孙、黄二公于不义,实不啻全体党员集体之自杀。”

“照你这么说,我们就不光明磊落啦?”一直没有说话的张继站起来,“你说,到底开不开特别会议?”

“不开!”刘揆一坚决地说。

“我看你是欠揍!”张继挥拳就打刘揆一。刘躲闪两下,张继仍不罢手,刘揆一只好与他对打。同盟会总部内一时乌烟瘴气。

“啪!”陈其美对着桌子就是一拳,“张继,你还像个革命党人吗?”

章太炎和陶成章也觉得张继太不像话,便制止了他。

刘揆一无奈之下只好把此事告知黄兴。黄兴立刻回电总部,说:“孙总理德高望重,诸君如求革命能获成功,乞勿误会,均应倾心拥护。”

其实,章太炎所说“这种武器在日本早不用了”的理由并不存在。甲午战争时,日本就是用这种村田式武器打败清军的;到了民国二年,讨袁各军用的也是从日本购买的这种村田式武器。

章太炎之所以发这股邪火,从根本上说,是他一向自视甚高,对孙中山的领袖地位,并不是倾心拥护的。又因为这年3月,孙中山被日本政府驱逐时,日本商人铃木久五郎给孙中山川资一万元,孙中山留给《民报》社二千元作为补助经费,其余作潮、惠起义军费。章太炎认为,孙中山留下的钱太少，曾想把他受赠一事公诸《民报》，暴露于保皇党和日本社会，幸亏黄兴听说，及时制止了他。

章太炎从上海出狱来到东京后，孙中山就让他接任《民报》总编，他却在《民报》上发表《代议然否论》的文章，驳难孙中山的民权论。一张革命的报纸，被他搞得非驴非马，竟发出许多谈佛理的文章，后来居然以首要篇幅刊登《大乘佛教缘起说》，有读者写信到报社，批评其不作“民声”作“佛声”。因而，《民报》很快销路锐减，窘迫得付不出印刷费和编辑人员的伙食费，章太炎有时也只能啃几块烧饼充饥。因而，他特别想让孙中山多留下些钱来。

孙中山离开日本后，章太炎竟然把挂在同盟会总部的孙中山像片撕下来，在上面写上：“出卖《民报》之孙文应即撤去。”他以为孙中山正在香港，就把像片寄到了同盟会香港分会，但孙中山已离开香港到了新加坡。

钦州、廉州起义前夕，钦州乡团有六七千人，革命军二千人，准备反正起义的赵声、郭人漳所率新军有六千人，只待萱野所购武器一到，先占防城，再取东兴沿海一带作为革命根据地。

东兴位于中国与越南交界处，仅一河之隔，桥南就是越南的芒街。孙中山在《建国方略》中说：“武器一到，则我党可成立正式军队二千余人，然后集合钦州各乡团勇六七千人，而后约合郭人漳、赵伯先二人所带之新军约六千余人，便可组成一声势浩大之军队。再加以训练，当成精锐，则两广尽可收入掌握之中。而后出长江以合南京、武昌新军，则破竹之势可成，而革命可收完全之效果矣。”但“不期东京本部之党员忽起风潮，而武器购买运输之计划为之破坏”。

由于没有武器，钦州、廉州起义无法进行。孙中山痛心疾首，因为军械没有来，他不但失信于前去接军火的同志，更失信于那些寄希望于他的乡团百姓。

第十章

夺回十六铺

21

上海滩总是多雨,春天细雨霏霏,夏天淫雨连连。从日本归来的陈其美如约来到南京路跑马厅茶室里,一个穿青布长衫的男子迎上来,打量了他一番,问:“何处人?”

“为汉人。”

“何物?”

“为中国物。”

“何事?”

“天下事。”

这一系列问答完成后,两个人都兴奋地点点头,热情地握手。

穿青布长衫的人是上海的同盟会员于右任,他和陈其美用孙中山亲自制定的联络暗号接上头后,就把陈其美安排进租界的一家旅馆。旅馆的老板也是同盟会会员。

陈其美万没料到,同盟会的骨干人物此时大多已离开上海,留下的一些会员对革命的前途都不乐观。去年间,孙中山一连举行了四次起义,全部以失败告终,徐锡麟、秋瑾举行的皖浙起义也以失败告终,同盟会元气大伤,有些人又纷纷出国。如蔡元培,一直以上海为活动中心,此时也去德国留学了。尤其是皖浙起义后,清政府加紧勾结租界的统治者,对沪上同盟会机关加紧破坏,人员加紧搜捕,沪上革命形势跌入低谷。

“右任兄,低潮是暂时的,你我携手,追随中山先生,上海的反清大业,一定会势如燎原的。”

“是的。”于右任捋了捋长长的胡须,“眼下这样的时候,我想办一份《民呼日报》,鼓吹革命。”

“以‘为民请命’为宗旨,大声疾呼,好!《民呼日报》好!我一定帮你。”

陈其美的心中一直牵挂着黄雪鸿。在日本期间,他们曾通过一段时间的信。她在信中提出一大堆问题,语气率真而亲切,若空谷幽兰,又似深涧清泉,让他感到芬芳而甘冽。他洋溢在一种莫名的幸福中,倾其心扉,把自己所见所闻全倾泻在纸上,解答她的问题。

因为被陈其美的诉说所吸引,黄雪鸿对到日本留学热情向往起来。她在信中问陈其美,有没有见到秋瑾。陈其美向她说起了和秋瑾的见面,并抄录了秋瑾的《黄海舟中日人索句并见日俄战争地图》给她:“万里乘风去复来,只身东海挟春雷。忍看图画移颜色,肯使江山付劫灰!浊酒不销忧国泪,救时应仗出群才。拼将十万头颅血,定把乾坤力挽回。”黄雪鸿读后,对秋瑾景仰万分,一心想着到日本去,拜秋瑾为师。但没过多久,她在上海却听到了秋瑾在绍兴牺牲的噩耗。当晚,她含泪草成一诗:“青春热血正当时,殉业殉情皆我师。三春感愤花溅泪,吟成忧国少陵诗。”

令陈其美不能理解的是,自从接到这首悼亡诗后,黄雪鸿再也没有给他写过信。陈其美多方打听,却因为路途遥遥,一直没有她的消息。夜深人静之时,他的眼前常会闪现出黄雪鸿的身影:一袭浅紫色长裙,黑皮鞋,戴着白色遮阳帽,面庞白嫩,整个人雍容大方,又不失娇艳和妩媚。说话时,语音柔甜,容颜俏丽,稍稍收敛笑容,眉宇间又会透出股股英气。当然,有时候,他的眼前也会出现氤氲的水汽,和水汽中丰腴白嫩的酮体、随着水花撩动飞扬的青春气息。

回到上海后,陈其美曾到北城关的黄府去找过黄雪鸿,但黄府早已易主。经多方打听,陈其美才知道,作为买办的黄式权,因为做棉花生意遭遇火灾,血本无归,焦急之中突发心脏病,抢救不及时,去世了。黄雪鸿无法还债,只好卖掉黄府。至于她现在身在何处,没有人知道。

杨季红已去美国留学,也没有黄雪鸿的音信。打听了很长时间,一直没有消息,陈其美来到十六铺码头,打算找刘福彪问问。有人告诉他,由于黄式权去世,沪上五行山群龙无首,刘福彪在码头上站不住脚,滚蛋了。

秋天到了,马路上整天枯叶飘零。陈其美的心也如同秋天一样阴郁,他常常在傍晚时分来到黄浦江边,看江上穿梭往来的船只,排遣胸中的郁闷。一天晚上,他从江边回来,在街上漫无目的地走着,忽然有人说:“先生,请喝茶。”

他抬头一看,原来不觉间已来到爱春楼。他不由想起,初来上海滩时,在十六铺码头上相遇刘福彪后,刘福彪就是在这里请他喝茶,盘他“海底”的。也许,在这里能找到刘福彪呢。怎么把这么一个重要的地方给忘了呢?

陈其美跨进厅堂,堂倌马上喊道:“楼上请!”

来到楼上,另一个堂倌迎上来:“请问客官,用什么茶?”

“请上红茶。”陈其美用手做了个手势,把堂倌招到面前问:“刘福彪先生在不在?”

堂倌上下打量了陈其美一下,问:“客官和刘大爷?”

“他是我的朋友。我是从日本来的。”

堂倌点点头,走下楼去。

不一会儿,刘福彪拿着铁骨折扇走了上来:“哪路朋友在此?”

陈其美忙抱拳一揖:“是其美在此打搅。”

“哎呀,是陈先生,哪一阵仙风把你吹来了?”刘福彪立刻把陈其美带进一间密室,摆上酒菜,边吃边谈。

原来,黄式权是遭洋人暗算气死的。去年,国际棉花行情大涨,黄式权抓住机遇,用三处不动产作抵押,向自己做买办的汇丰银行贷了三十万元,全部用于收购棉花。三大仓库收满后,日本三井公司的人找上门来,要求购买。日本人开价不高,黄式权没有答应。当他和一家英国公司签好协议,就要出售棉花时,三井公司买通的无赖夜里放了一把火,将三大仓库的棉花全部化为灰烬。

堂主黄式权辞世后,五行山堂也涣散了。原本靠十六铺码头吃饭的刘福彪，因不敌青帮势力，从码头上败下阵来，只好一边开茶馆，一边积蓄力量。

“这一次你不走了吧？”刘福彪问。

“是的，不走了。”

“好，你留下来，做我们的堂主。我们要重新夺回十六铺码头。”

陈其美哈哈一笑：“我行吗？”

“你是洪门兄弟，曾巧计教训穆守仁，只身刺杀两江总督，又去日本见过世面，有勇有谋有见识。我想，你一定能做好这个堂主的。我这人，胆子是大，但就是缺乏你这样的谋略。”

“我闲云野鹤惯了，不适合做什么堂主。这五行山的堂主，我看就由你来做。我在一旁，随时帮助你。你想夺回十六铺码头的事，我们认真谋划谋划。你放心，我们永远都是亲兄弟。以后，你要是觉得哥哥我可信，你和你的五行山就听我的。”

“行！”刘福彪猛拍了一下桌子，“一言为定，只要大哥能帮我夺回十六铺码头，今后我和我的手下唯你马首是瞻，哪怕上刀山，下火海也在所不辞。”

“老弟，言重了！”陈其美端起酒，与刘福彪轻轻一碰，一饮而尽。

临别之际，陈其美小心地问：“福彪，黄小姐现在在什么地方，你知道吗？”

刘福彪摇摇头：“我不知道。堂主下葬后，她就突然不见了。有人说她躲债去了，也有人说她到法国留学去了。到底是去了哪里，我一点也不知道。”

陈其美无奈地点点头。

与刘福彪分手后，陈其美陷入焦虑之中，如何夺回十六铺码头，他心中并没有底，但为了能争取刘福彪将来成为起义的力量，他投其所好说出了大话。真正要去夺回码头，可不是这么容易的事。

接连十来天，陈其美都到十六铺码头来转悠，他想根据实际情况，来寻找机会。功夫不负有心人，这机会终于让他找到了。

那天下午，一个满脸麻子，穿着法捕房制服的人来到码头，那些混混们一见，急忙上前请安问好，一个个点点头哈腰，比孙子还要恭敬。

“这几天有没有人捣乱？”麻皮问。

“没有。一提起大人您，谁还不吓得腿肚子发抖？”一个戴礼帽的小个子说。

“这就好。”麻皮四处转转，踌躇满志地离去。

待麻皮走远后，陈其美走到小个子面前，递了根法国大雪茄给他。小个子一愣，随即接过，连说：“谢谢！”陈其美忙划着火柴给他点上，问：“刚才这位大人是谁？这么威风？”

小个子舒坦地吐着烟圈，得意地看看陈其美：“你不知道吧，他是我们老头子黄金荣，法捕房的巡捕。在上海滩，可是呼风唤雨的人物。这十六铺码头，就是他从洪会那帮小子手里夺过来的。”

“看来，你小兄弟也是一方人物。”陈其美不失时机地恭维道。

“别的不敢吹，这码头上，有什么事，我是闲话一句。”

“以后，我要在上海常来常往，还望先生关照。”陈其美边说边把小个子拉进附近的一个小酒馆。

一场酒喝下来，陈其美终于弄清，黄金荣是青帮中的人物。不过，他没有投过师，是个“空子”，但他自称为“通”字辈人物。因为他在法捕房做事，也算是握枪杆子的人，别人也拿他没有办法。

对于青帮，陈其美很熟悉。因为湖州曾经是清代漕运的重要基地，那里有很多青帮人士活动。没来上海时，陈其美曾和他们多有交往，青帮的帮规、掌故，他都了解。为了制服黄金荣，他立刻回了湖州老家一趟，拜师入帮。

从湖州回来，陈其美找到刘福彪：“明天带上你的弟兄，去码头上占位，原来做什么的，依然还做什么。”

刘福彪兴奋地说：“你把码头夺回来啦？”

“明天你们尽管上码头，到时一切看我的。当然，为防万一，叫兄弟们都带上武器。”

刘福彪兴奋得一夜也没有睡着，他闹不清明天是凶是吉，但从陈其美刚毅的态度中，他觉得应该是吉多凶少。江湖上闯天下，很多时候就是要看能否在气势上压倒对方。

天一亮，手下的弟兄们都来了。遥想当初，他们占据着码头，吃香的喝辣的，那是何等逍遥。自从被逐出码头，他们便日渐艰难，心里早憋着一口气了。听说要重回码头，一个个都心花怒放。

刘福彪带着手下的人来到十六铺码头时，天刚亮，黄金荣手下的很多人还没有来。他们按照原先的分工，各就各位，该收保护费的就收保护费，该接包的就接包。

不久，黄金荣手下的人陆续来了，一见码头上的情形，马上吵闹起来。

"妈的，我看你们是吃了豹子胆啦，敢在太岁头上动土？"小个子来到后，大骂起来。

陈其美冲刘福彪使了一下眼色，刘福彪上前，抡起钢骨折扇，对着小个子的嘴就是一下。

"啊——！"小个子大叫一声，随即吐出一口血。"你……你……敢打老子！"他觉得说话关不住风，往地上一看，原来两颗门牙被打掉了，已吐在地上。

"好，你，你们等着。"他知道来者不善，仓惶逃去。

不一会儿，黄金荣带着一群人风风火火地赶来。陈其美发现，他没有穿制服。

黄金荣走到刘福彪面前："你真是不识相，胆敢卷土重来，我今天叫你卷土滚去！"

陈其美缓步上前，冲黄金荣一抱拳："黄先生息怒，以你的地位在此吵乱场合发脾气，实在有失身份。依我愚见，不如借个地方说话，有话好好说。好大事，不就一个码头？"

黄金荣见陈其美一身黑色西服，足蹬马靴，金边眼镜后，一双眼睛炯炯有神，便以为定然有来头。他冲身后的人摆摆手："你们先在外等着，我先会会这位先生再说。"

当下，陈其美、刘福彪及黄金荣和他的几个随从走进不远处的爱春茶楼。

正值早上九点左右，茶楼上茶客不多。几个人上了楼，在一个包厢里坐了下来。

"三壶碧螺春！"

堂倌应声点头下楼，很快又上来："三壶碧螺春，来啦！"

堂倌走后，陈其美操起壶，在自己的茶壶里沏了一盏，却并不喝，而是将茶盏盖取下来，戳在茶盏的左边。盖顶向外，盖口朝里。黄金荣一看，浑身不由燥热起来。

陈其美的这套动作，是青帮中见面向对方报家门的暗号，叫做挂牌。

黄金荣因是"空子"，最怕与别人盘"海底"，到此份上，却也不能不应答。便问："老大，你也是门槛中的人？"

陈其美不慌不忙，带着几分恭敬站起身，双手掸掸衣襟，拱手道："不敢，是沾祖师爷的光。"

"贵前人是哪一位？贵帮是何门号？"

"常言道，居家子不敢言父，外出徒不敢言师。敝家师姓黄名上伯下龙，是双溪首帮。"

黄伯龙是湖州的青帮双溪首帮的老头子，陈其美这次回湖州时现拜的，可谓是现炒现卖。

黄金荣没听过黄伯龙的名，但他心虚便不敢刨根问底。"请问老大尊姓大名？"

陈其美说："鄙人姓陈，名其美，字英士，浙江湖州人氏。"

黄金荣又问："老大一向在哪个码头发财？"

"一船漂四海，四海即为家。"

"敢问老大贵帮家庙源流？"

"左有青松绿柳，右有天竺海棠。"

"合家驾有多少船？"

"四十一只迎风巡海船，七十一只踏浪装粮船，二十一只泊港修理船，另有半只祭祖香火船。"

"船头打的什么旗？"

"进京绿凤旗，出京黄龙旗，一四七日月旗，三六九乾坤旗，当头一面迎风旗，断后一面顺风旗。"

"船有多少板？"

"板有三十六，谨按天罡数。"

"板有多少钉？"

"钉有七十二，谨按地煞数。"

"有眼无钉什么板？"

"有眼无钉是纤板。"

"有钉无眼什么板？"

"有钉无眼是跳板。"

问到这里，黄金荣不再问了。无疑，对方是青帮门槛中的人。他揭开盏盖，轻轻抿一口茶，又冲陈其美拱一拱手说："敢问老大，顶得哪个字？"

陈其美微微一笑，"在下头顶二十，身背二十一，脚踏二十二。"

黄金荣一听，不由吸了一口冷气。

原来，陈其美所云的"头顶二十，身背二十一，脚踏二十二"是说明自己是青帮中的"大"字辈。

青帮建立后，常用二十四个字作为帮内的"家谱"。这二十四个字是：

> 清净道德，文成佛法，
> 能仁智慧，本来自性，
> 圆明行里，大通悟觉。

到二十世纪初，上海各地以"大通悟觉"四辈居多，而以"大"字辈为最高。

黄金荣因常自称是"通"字辈，比"大"字辈要晚一辈，按说应叫陈其美师叔，他怎么能情愿呢？

见黄金荣半天都不再发问，陈其美说："听说黄先生头顶二十一，身背二十二，脚踏二十三，不知贵前人是我的哪位兄长啊？"

"胡说！"黄金荣把手中的茶杯"啪"地摔到地上，"老子'大'字头上横把刀，是'天'字辈。"他不打算用青帮的威风来与对方搞抗衡，把巡捕的恶象拿了出来。

"稍安勿躁，稍安勿躁！"陈其美摆摆手，"都怪师兄教徒不严，看来师叔我今天得告诉你点规矩了。”

“混蛋！”黄金荣暴怒起来，“你知道这是什么地方？”

“上海滩啊？”陈其美掏出一支雪茄，点上后说，“我虽然胡子短些，沪上的几位先长还是满给我面子的。去年，有个空子叫我遇上了，我闲话一句，结果他就吃了‘三刀六洞’。”

“我今天先让你吃一个洞！”黄金荣说着拔出手枪，对着陈其美抠动扳机。

“叭！”

“哐！”

黄金荣手中的枪炸裂开来。

人们这才看见陈其美手中枪的筒子里正冒着烟。原来，黄金荣的子弹还没射出，陈其美的子弹已射进他的枪膛，他的手枪因而炸裂。

黄金荣的手不住地颤抖着，炸裂的手枪掉到地上。

“法国领事费文礼先生是我的朋友。他这人的脾气我最了解，从来不喜欢手下人搞第二职业。”陈其美和费文礼原本不认识，在这之前他曾前往法国领事馆，打听黄雪鸿是否前往法国留学，给费文礼送过一笔厚礼。这是一个貌似傲慢的法国人，对中国人存有偏见，但见钱眼开，陈其美很讨厌他，现在却是能蒙就蒙。蒙完，他吹了吹枪管，把枪插进腰间。

“走！”陈其美站起身，对刘福彪说，“我们一起去拜访一下费文礼先生。”

“陈先生，请等一等，有话好说。”陈其美他们走到楼梯口时，黄金荣突然在后面喊道。

第十一章
网罗各路英豪

22

重新回到十六铺码头，刘福彪兴奋得到处向人诉说：“原先有人说陈大哥是口齿捷、主意捷、手段捷、行动捷，我还有些不信，这一次，真是让我长见识了。”

陈其美“四捷”的外号在上海滩很快传开。

刘福彪原先就佩服陈其美，经此一番风云际会，对陈其美更是五体投地。

陈其美告诉他，对码头上的弟兄要严加管教，收收保护费，做些力所能及的活路就可以了，绝不能再干抢劫之事。

刘福彪说：“如果以后再有这样的事，你看到后，就捣瞎我的眼睛。”

“这话有些恶毒，你我兄弟在一起，还是不说的好。”

一天晚上，两人在爱春楼小酌，陈其美突然问：“福彪，你说，你一辈子在码头上当个大爷好呢，还是干一番事业，让别人都敬仰你好呢？”

“那还用说吗？当然是像大哥这样，干一番事业好了。可惜我就这么大能耐。”

“你知道我是干什么事业的吗？”

刘福彪警惕地看看四周，压低声音说：“虽然大哥没说，但你敢刺杀两江总督，平时说话气势不凡，我已经看出，你是革命党。”

“是的，我就是革命党。你害怕吗？敢跟着我干吗？”

刘福彪叹息一声：“上海的革命党都是大学问家，大文人，我连字都不认识几个，这点能耐，能做革命党吗？”

“不，你很有能耐。革命要唤起民众，少不了大学问家、大文人，但革命也需要冲锋陷阵，只要你敢于拼命，就是有能耐！”

刘福彪憨憨一笑：“要是说拼命也是能耐，那我有。”

陈其美见机会成熟，乘热打铁道：“兄弟，实话告诉你，我在日本已经参加同盟会。现在受孙中山先生的派遣，回上海来是网罗力量，一旦时机成熟，就要在上海举行起义。”

“大哥，你放心，我一定跟着你干。”

“你可以为我多介绍一些江湖英豪，我们要把这些人联合在一起干。”

“我有一个朋友，不知算不算江湖英豪。”

“叫什么？”

“叫应桂馨。这半年来，他也很不得意。”

“为什么？”

“一言难尽。”

应桂馨，字夔丞，浙江鄞县人，是长江私盐贩子江枭帮的首领，所部大多是私盐贩子，因贩私盐屡屡得手，成为鄞县有名的暴发户。

此人有钱后就在上海开烟馆、戏园，后来到苏州花银子捐了一个候补知县，自我感觉良好。

两年前，应桂馨衣锦还乡，但家乡的士绅们全看不起他，因为他充其量还是个私盐贩子，不过是有两个钱，有什么教养呢？更谈不上德行了。应桂馨心中觉得十分窝囊，他决心要改变这种状况。回到上海，他拿出五千两银子，到宁波办了一座崇义学堂，让那些穷人家的子弟来免费读书。

谁知，学校刚办两年，附近一姓谢的财主就想吞并校产。

谢家有人在京城做官，在地方上一向仗势欺人，根本不把暴发户应桂馨放到眼里。他们向官府诉讼说，应氏建校处是谢家的祖宅地，在祖宅地上建校坏了风水，要应氏付巨额赔偿。官府明知谢家无理取闹，但又不敢不接诉状，案子接下后，就令学校停学，容慢慢处理。

陈其美一听，拍案而起：“真是欺人太甚！想我堂堂中华，就是读书的人太少,才使国民鲁钝到这种地步,大兴教育才能改变此情。今有人办义学,反受如此刁难,是可忍,孰不可忍?我一定要过问此事。”

应桂馨听说陈其美愿为其主持公道,立刻陪他一起上路。

赴宁波前,他们先来到杭州,找到主管学堂事务的朱学台,让其主持公道。

朱学台说:“听你的话,可知你很热心为学堂奔走,但外面人不明白,居然造谣说你拿了应桂馨的钱,在替他消灾。”

陈其美哈哈大笑说:“学台大人,外面也有人这么说,此案缠讼了半年多,是因为大人受了谢家的上千两贿赂使然。”

朱学台脸色大变,急忙问:“你从什么地方听到的?”

陈其美问:“大人是从什么地方听到的?”

朱学台说:“其实,我知道那是无稽之谈。”

陈其美说:“我听到的那也是无稽之谈,请大人不必再追究了。”

朱学台取出北京浙籍京官的来信给陈其美看,说:“朝廷教我兴学,我反阻止,实因京官之意,不得不然。”

“如此说来,大人不会阻止我们前往过问这件事吧?”陈其美试探地问。

“当然。不过我是什么也不知道的。”

陈其美说:“大人请放心,不会连累你的。”

到了宁波,陈其美在应桂馨的陪同下来到谢家。他把在日本留学期间看到日本人重视办学的情形说了一遍,希望谢家通晓大义。结果,谢家寸步不让。

“事情还是商量解决好。如今天下,可不是谁想怎么样就怎么样的。”临走时,陈其美对谢老太爷说。

“听你这话,你好像是革命党?”谢老太爷警惕地问。

“哪里,哪里,青天白日之下,革命党敢来吗?”陈其美对谢老太爷神秘一笑。

当夜,谢家的院子里“咕咚”“咕咚”响了两声。家人打着灯笼上前一看,竟是两颗炸弹,一时间吓得屁滚尿流。

那一夜,谢家一直闹腾到天亮。有人主张报告官府,但谢老太爷说:“你知道炸弹是谁扔的?抓谁?今天去告了,说不定明晚飞进来的炸弹就爆炸了。昨天我看他就像个革命党,他们这些人,连死都不怕,还怕你告官府?算了,算了,命里八升,不要想一斗。”

天亮后,谢家的人立刻来到官府,把诉状悄悄撤了。

23

1908年秋天,北京紫禁城越来越显示出一派衰朽之气。长期把持着朝政,妄想战胜衰老、疾病和死亡,把至高无上的权力长期保持下去的女独裁者慈禧太后终于躺倒了,她是被衰老与疾病击倒的。

但慈禧临死之前,却依然没有忘记光绪皇帝,她让心腹李莲英找一名高明的太医给光绪最后“诊治”了一下。

11月14日,皇后到瀛台去见皇帝,突然发现光绪冷冰冰地躺在床上,不知何时已气绝身亡。她又是悲痛,又是害怕,哇地一声哭了起来。她披头散发地跑去报告太后,太后睡在床上,有气无力地哼了一声,似乎早在意料之中。

皇后又跑回瀛台想去料理光绪的后事,刚走到半路上,一个太监气急败坏地追来叫道:“太后业已临危!”于是她又提起慌乱的脚步,跌跌撞撞地转回去护理太后。太后似乎极不愿意撒手,死去活来闹腾了一整夜,延至次晨才一命呜呼。

光绪之死是中国近代史上的一桩疑案。有人说是被太后毒死了的,也有人说是被袁世凯毒死了的,还有一说是出自太后与袁的合谋。至于继承皇位的问题,根据太后的遗命,以醇亲王载沣的三岁儿子溥仪为嗣皇帝,兼祧同治皇帝。嗣君年幼不能亲理朝政时,载沣以摄政王的名义代行皇帝的职权。

载沣摄政不到一个月,突然发表上谕说:“袁世凯患有足疾,着即回籍养病。”在这之前,满清贵族已采用明升暗降的手法,夺去袁世凯军权,让他空挂一个军机大臣的虚职。所以,这个“宫门抄”一出来,立刻引起全国各方面人士的纷纷议论,认为其中必有蹊跷。

当然,说袁世凯患有足疾,并非事出无因。他早年跟随嗣父袁保庆在南京时,曾经坠马伤足,一直没有治好,走起路来两脚高低不平。但这不是新近发生的事情。为什么几十年来——包括在朝鲜打仗时——足都没有问题，载沣一上台，老袁就有问题呢？明白人谁都能看出，这不过是一个借口。

当时纷纷传说，戊戌政变后，光绪对袁世凯恨之入骨。他在瀛台活受罪，终日无事，就在纸上画乌龟，每个乌龟上都写着“袁世凯”三个字。横是一个袁世凯，竖也是一个袁世凯。他把这些纸撕成碎片后，又放到火上焚烧，意思是对袁要碎尸万段，烧尽扬灰。

载沣是光绪的亲兄弟，对袁世凯出卖皇上，得宠于慈禧太后，权倾朝野，早就愤愤不已，此时大权在握，当然想杀掉袁世凯，替兄报仇。一个摄政王，要杀袁世凯，也是能够做到的，但为什么又不杀，仅仅是逐下台呢？

载沣怕杀了袁世凯会进一步激化矛盾。

他曾召见张之洞，商谈这件事。张之洞急忙跪下连连叩首道：“国家新遭大故，不宜诛戮旧臣。”

张之洞在很多方面与袁世凯有矛盾，但他从清朝统治的大局着眼，认为杀了袁世凯，朝中再无统兵大员。那些满族大臣，没有几个顶事。

载沣还不死心。他又用军机处的名义打密电征求北洋六镇统制的意见，第四镇统制吴凤岭、第六镇统制赵国贤会衔回奏说：“请将臣等先行革职，以免士卒有变，辜负天恩。”这等于是告诉载沣：“你要杀我们的袁头，我们的士兵就要造你的反！”

此前，满清贵族虽然费尽心机解除了袁世凯的兵权，但还没有来得及改造北洋军。这些军队从小站练兵时起，全是袁世凯一手训练起来的，其中各级军官又都是他一手提拔起来的，他们已经形成了一个以袁世凯为首的封建军事集团，这种关系始终没有割断过。今天袁世凯有难，他们岂能袖手旁观？

载沣的手被他们吓得软了下来。

就在紫禁城中闹得沸沸扬扬之际，陈其美来到了武汉。

和陈其美一道留学的徐锷此时也从日本归来。汉口英租界的一个朋友邀他去那里办报，他便来上海，邀请陈其美一道前往。

陈其美一向认为，国人思想未甚发达，办报不失为唤醒的一个好途径。上海这边，刘福彪、应桂馨都已纳入他的麾下，一旦起义，他们都可以成为重要的力量，这一点已没有什么怀疑的。中国幅员广阔，仅靠一时一地的胜利，是难以解决问题的，最好是同举义旗，全面开花。武汉为九省通衢之地，若能网罗一批力量，将来与上海上下呼应，其势必将不可遏止。发展武汉的力量，当为上上之策。

主意定下，陈其美和郭恩泽、王树懋、龚斌随徐锷来到汉口英租界，准备筹办《大陆新闻》。初步预算，报纸得投资金十万元，通过集股，已经得到四万元，同时又拟定了《招股简章》，以“鼓吹文明，代表舆论”为办报方针，继续集股。

很快，此事被两江总督端方侦悉。他发现，陈其美名为办报，实为反清，立刻发电鄂督赵尔巽查拘。汉口商会会长卢俊新结识陈其美不久，认为此人将来必成大器。听说赵尔巽要拘陈其美，连夜弄到一张船票，把陈其美送上一艘英国客轮，离汉去沪。

上船的前夕，陈其美听说光绪和慈禧相继而亡，宫中一片混乱。他对身边的人说：“机会来了。”

24

上海的冬天并不十分寒冷。陈其美每天都抽空去刘福彪那里，看他手下的那些人习拳练武。这些人中有不少骁勇善战者，但整体力量实在太小了。为了壮大力量，他又把竺绍康找了出来。

竺绍康从日本回国后，聚集散去的大通学堂的学生，准备效法秋瑾，再举义旗。由于事机不密，遭到朝廷通缉，他索性带领大通学堂的部分学生和其他革命党人，辗转山林，栖身草莽，过起了“绿林”生活。

夏天时，陈其美曾经派杨侠卿到嵊县仙岩镇竺绍康的家乡去寻找竺绍康的踪迹。竺绍康一家此时已全散入山中，村人也不愿透露任何消息。杨侠卿因听不懂当地的方言，与别人交际很困难，只好折回。

陈其美后来又想派应桂馨去找，但应桂馨上海事务太多，抽不开身。

正在陈其美焦虑万分时，一个合适的人选突然来到他的面前。蒋志清从日本回来了。他是回来过寒假的，从码头上一下船就找陈其美来了。

“三弟,你来得正好。”陈其美兴奋地说。

“什么事?”

“让你去请一个人。”

“谁?”

“竺绍康。”

“竺绍康,不也是在日本留学的吗?他现在在哪里?”

“具体地点我也不知道。在日本分手时,竺绍康告诉我,他们平阳党在仙岩镇上设了一个秘密机关,地点在东升客栈,你要去了,可以这么联系。”

陈其美掏出一张纸条,递给了蒋志清。

蒋志清看了看纸条说:“这还不容易,我一定把这家伙揪下山来。”

蒋志清扮作一位游乡串户的郎中,坐着乌篷船,沿着曹娥江往四明山中进发。澄江静如练,游鱼清晰可见。江边的沙洲、堤岸、村落、树丛,还有四明山黛色的山峰,都一一倒映在清碧的江水之中。

坐在船舱里,蒋志清默默望着江水出神。船上的船夫在另一头摇着橹,橹声吱呀,使行程显得更加寂寞。

几天来,蒋志清已经打听清楚,竺绍康从日本回来后,竟然以九龙山堂为基础,打起了杀富济贫的旗号,正式上山落草,过起了绿林好汉的生活。人们对他的各式各样的传说,使这个绿林好汉身上染满了神奇的色彩。他常常有一些杀富济贫的豪举,但是,蒋志清最感兴趣的还是他的放浪生活。

半个多月前,竺绍康手下的人扮作一个富翁的家人,来到嵊县县城的百花楼,要四个妓女,说是要招待客人。妓院老鸨看到他们扔下的白花花的银子,喜笑颜开,忙叫四个最漂亮的姑娘打扮一番,带上琵琶,坐上他们带来的轿子离去。

谁知,这四乘轿并没有把妓女们抬到那个富翁家,而是抬出了县城西门,一路往四明山中奔来。妓女们出了城后,见路径不对,慌忙问去哪里,那些家人们却一个一个拔出了匕首:“不要说话,到时候你们自然会知道。”

有一个妓女吓得哭泣起来，抬轿子的人说："你不要哭，到地方你就知道了，保证比你在县城里快活。"

据说，那四个妓女上了山以后，果然觉得比在县城快活。竺绍康虽置身绿林，栖身草莽，但本身却并非粗鲁之人，整个山头被他治理得井井有条，手下的弟兄做起事来都知道怜香惜玉，又舍得花银子，全是公平交易。这样的人，拼命反抗官府，为的似乎是荣华富贵，花天酒地。干革命党，吃辛苦，他能干吗？蒋志清心中一点把握也没有。

不过，蒋志清依然决心见到竺绍康，劝劝他。他觉得，一个男人寂寞穷愁中玩玩女人实在不能算什么错误，男人犯这样的错误说明他正常，除非是太监，他才不犯这样的错误。至于杀人越货、酗酒赌博，这些事只要洗手不再干，也没有什么。他又想到他自己，在日本常常和那些日本女人笑闹，从来也不躲避同学、朋友。他觉得，自己和竺绍康同那些麻木、腐化、伪善的人们比较起来，还是不失血性的。

一个人的一生，道路怎么走，实在没有定式，放荡之人，说不定就会做出浩荡之事。刘邦、曹操、李隆基，谁不是放荡之人，谁没有做出浩荡之事？竺绍康要走出山林，没准将来能叱咤全国呢？真到那时，他再放荡，谁还敢说什么？

经过一天的溯流而上，傍晚时，乌篷船停靠在仙岩镇的石码头旁边。从这镇子往东走，就是四明山的磨剑崖。有人告诉他，竺绍康在磨剑崖的诸葛庄中。

蒋志清早已就听说过诸葛庄，那是诸葛亮的后人从蜀中迁徙来后建的，整个村庄借地利呈八卦形，易守难攻。竺绍康把这里选作山寨，可谓是慧眼识珠。

借着暮色，蒋志清来到镇上。东升客栈在镇子的东面，他走过一条青石板筑成的大街，便看见了招牌。

"家乡人特来访竺老板。"蒋志清问明了店主就说。

店主望望他："我们这里只有黄老板，没有竺老板。"

"我不找竺老板，就找黄老板。"

"黄老板进山采药去了。"

"我就是来取药治病的。"

至此，接头完成。店老板热情地把蒋志清让到里边住下。第二天，他派了一个精悍的小伙计，带着蒋志清进山。

差不多走了半天，两人来到一道险要的山口。进了山口，便是一条约莫二里路长的阴森峡谷。山道两边尽是悬崖峭壁。悬崖之上长满了黑森森的老树，一些树桩突兀着，其状可怖。走过峡谷，又是一个山口，小伙计神情庄严地叫蒋志清站在一棵大松树下，等着他先去通报。

不一会儿，小伙计就带着两个提着鬼头大刀的汉子走来。那两人把蒋志清上上下下打量一番，拿出一条黑布头巾，把他的眼睛蒙住，往诸葛庄走去。

诸葛庄果然名不虚传，是一处极其精美、别致的庄园。蒋志清头上的黑布去掉后，如同置身于世外桃源一般。

一色的青砖大瓦房，里里外外的墙壁，全都用上等灰刷得雪白无疵。三合土锤就的地面，铺着比镜面还要平的青石，比日本的洋灰地面还要坚固。屋檐下的横梁立柱，楼阁门窗，一概都是用上等木料、上等油漆制作的，厚重结实，坚硬似铁。蒋志清长这么大，还从未见过这样的建筑物。

很快，他被带到大厅。

大厅上烛光辉煌，一字儿摆开三张大圆桌。桌子上摆满了整猪整羊，鸡鱼鸭鹅。围着桌子坐着的，全都是一些盘着辫子、歪戴着帽儿、后颈衣服上斜插着折纸儿、耳轮上夹着烟卷的汉子。蒋志清看得出，他们都是洪门中人。虽是冬天，由于狂呼乱叫，轮番痛饮，很多人脸上挂满汗珠，额头上直冒热气，还有人竟敞着怀，肥厚的肚皮直抖。

中间餐桌上，正中坐着一个三十来岁的汉子，白白净净的脸皮，一双微微向上挑起的剑眉使他脸色不怒自威。见他没有辫子，蒋志清便料定此人是竺绍康。此刻，他正和两个年轻的女子调笑，把嘴里含着的酒往她们的脸上、乳房上喷。女子则不停地躲闪着，嗲声嗲气地笑叫着。

“好快活呀！”蒋志清不由有些羡慕起来了。

竺绍康这才抬起头来，盯着蒋志清看了一会说：“你是什么人，敢如此大胆？”

“我是上海陈英士先生派来的信使蒋志清，来见竺绍康。”

“陈英士？他回上海来啦？”

“早回来啦。他一直想找你，可迟迟找不到。”

“哎呀，兄弟，我也想你们呀！”竺绍康推开两个女子，跳跃着扑过来，紧紧抱住了蒋志清。

“你一定很饿了，来先吃饱再说。”

蒋志清也不客气，坐在桌边就吃起来。当一个年轻女子过来陪酒时，蒋志清端起酒杯说：“绍康兄真似神仙一般，可惜这里不是久留之地啊！”

“怎么说？”竺绍康机警地侧过耳朵。

“英士兄让我给你带来了封信，想请你去上海，继续反清大业。”说着，他从内衣里掏出信，递给了竺绍康。

竺绍康很快看完信说：“在日本时，我与英士接触不少。他是一条真正的汉子，干大事的。没想到，他至今还这么牵挂我。”

蒋志清不失时机地说：“在日本见过你后，大哥就告诉我，你是一个豪杰，必能成大事。所以，他回国以后就想找你。”

竺绍康点点头：“革大清的命，我是永远愿意的。我也知道革命党不应该做‘绿林’，只是我们党人今天这里点火，明天那里煽风，老搞不出明堂，让人有些灰心啊。”

“竺先生说的有些道理。但革命哪里是一下能成功的？陈大哥让我告诉你，革命一是要矢志不移，二是要人人参与。所以，他在广泛联络各地志士，等待时机成熟，来他个全面开花。”

“的确，革命要矢志不移！这一点，我不如英士呀。”

当夜，竺绍康让人送了一个女子进入蒋志清的房间。蒋志清半推半就一番，便让那女子脱衣上床。

一夜云雨，蒋志清意犹未尽，还想下夜继续缠绵。

当朝阳升起时，竺绍康却来催促他下山了。

与二当家王金发握别时，竺绍康嘱他一定要带好队伍，认真操练，一旦时机成熟，他就回来率领大家杀出去。

第十二章
泄密了的天宝客栈

25

竺绍康来到上海,陈其美异常高兴。竺绍康虽然是帮会中人物,栖身草莽,但他在日本留过学,保护过孙中山,与刘福彪、应桂馨这些人还是有本质的不同的。陈其美总算找到一个可以通宵达旦谈论革命的人啦。接风酒喝过后,别人都散去,陈其美和竺绍康又秉烛夜谈。

既然要在上海活动,必须有个由头。竺绍康从诸葛庄出来时,带了不少钱,他拿出一部分,交给陈其美,让他相机行事。陈其美决定用这些钱开一个小商店。他在沪上租界兜了几圈,最后在美租界选中一家门面,开了一个木器店。

由于陈其美在上海已崭露头角,不便公开露面,竺绍康是朝廷缉拿的绿林大王,也不便公开露面,这家木器店就用一个日本朋友的名义进行了注册。

很快,这里又成为一处革命机关。

不便公开活动,竺绍康就从事秘密活动。如需要秘密联络或锄奸,他往往在两只靴筒里插上两支短枪,怀里揣上一把匕首,只身前往。在他重现上海的两个月里先后有三名奸细被他击毙在上海的闹市区里。同盟会中,人们送给他一个外号:聂政。

有一天,陈其美与青帮中兄弟聚会,有人告诉他,青帮中的另一位大字辈人物石山头,已沦为清政府的密探,他被两江总督端方聘为特别顾问,也同样利用帮会与社会的广泛接触,来侦察革命党人的活动,他已嗅到了陈其美的踪迹,想进一步接触,以便向端方密报。

陈其美将计就计,在粤华楼摆了一桌花酒,让刘福彪出面请石山头赴宴,把陈其美引见给石山头。

竺绍康也去陪客。吃过花酒,他和石山头一人搂着一个姑娘,玩到天色微明才离开粤华楼。石山头万没料到,他们正走在大马路(南京路)的闹市上,竺绍康从怀中掏出匕首,一下刺中他的心脏。他连哼也没来得及哼一下,便一命呜呼。

竺绍康在石山头的尸体上揩干净血迹,又从怀中掏出一张事先准备好的白纸盖在他身上,才从容离去。

爱看热闹的上海人很快围拢过来,只见上面写着:“密探之下场”。

木器店虽然能够接头,但不利于更多的人存身。此时的上海,由于陈其美的悉心经营,革命形势又有所回升,往来于此的同盟会会员较前一年明显增多。

陈其美思索很久,决定把木器店盘出,再筹集一批资金,开一家客栈,这样,南来北往的同盟会员们就可以名正言顺地住进来,轻轻松松地秘商大计。

竺绍康认为很有道理,就催促陈其美快办。

陈其美说:“还得等一等,我正在设法向沈缦云、王一亭、李平书他们这些工商业主募钱,等他们的钱一到,我们就盘店。”

“他们同意了吗?”

“他们都对办报纸有兴趣,我打算找于右任,看看能否以《民呼日报》的名义把钱弄出来。”

“这帮鸡巴人就是啰嗦,明明是二,他们非要说成是一加一。不要指望他们,我来想办法。”

竺绍康当天就化装成商贩离开上海。两天后,他出现在诸葛庄。王金发经营无方,诸葛庄上进得多,花得更多,日子仅够维持,他们没有多余的钱。

“要不这样吧,大哥,”王金发说,“今晚我带领几个兄弟去县城走一道,看能否劫一家财产。”

“算了,”竺绍康说,“用不着你们发财,只要你们把山头维持住就行,钱的问题我自己解决。”

竺绍康当晚回到家,把房产硬卖给了一户财主。财主不敢买,说:“你要用钱只管拿,以后还我就行了。”

竺绍康连连摇手:“我不会白要你的钱的。房产先卖给你,等将来我有钱了,再赎回来。”

有了这笔钱,陈其美很快把木器店盘了出去。把两笔钱合成一处,在法租界办了一处客栈,这就是著名的天宝客栈。

天宝客栈果然比木器店方便多了,从日本和其他地方来上海的革命党人,常常在此落脚。他们将四面八方的信息汇集在这里,再把四面八方的信息反馈到全国各地去。这里很快成为上海同盟会活动的中心。

革命志士纷纷来到,令陈其美欣喜万分。陈其美认为时机成熟,决定在浙江和上海同时起义。他把自己的想法告诉同盟会会员、龙华会首领张恭。张恭说:“我也正有此意,我们要先夺取浙沪,然后再顺江而上,寻求发展。”

夏天来到了,陈其美和张恭决定大暑这一天在天宝客栈召开浙江各府属革命党代表会。

接到通知,浙江各地的英雄豪杰大多在会前赶到。他们是杭州府的徐无生、熊碧潭,嘉兴府的褚辅成、蒋志清,湖州府的姚勇忱、杨谱笙,宁波府的庄之盘、周淡游、蒋著卿、董梦蛟,绍兴府的王金发,台州府的孙乃泰,温州府的张云雷,金华府的周华昌,处州府的吕逢樵、吕月屏。只有衢、严两州的代表尚在路上。

当晚,刘师培突然来了。陈其美不由一惊,自从东京别后,他一直就没见过这个人了,他来干什么呢?

刘师培,又名刘光汉,江苏仪征人。早年他在上海受章太炎、蔡元培爱国学社的影响,不满现实,同情革命,就把自己的师培之名改为光汉,以示他立志光复汉室的决心,深得章太炎的赏识。章太炎去东京主编《民报》后,也写信把他召往东京,做自己的助手。在东京,刘师培也加入了同盟会,陈其美在东京同盟会总部见到他好几次。后来,他和妻子何震自编了一本刊物叫做《天义报》,宣传无政府主义,陶成章为此和他辩论过。

陈其美对刘师培的了解只有这些，不过，当前正是用人之际，多一个朋友总是多一分力量，何况他也是同盟会会员呢？于是，他热情接待了这位“刘同盟”。

刘师培倒也落落大方：“英士兄不必客气。我知道你这里广交英豪，藏龙卧虎。我追随孙先生这些年，碌碌无为，心中一直觉得愧对他。此番我也投到英士兄麾下，共创大业，不知是否愿纳？”

“刘兄何出此言？你我革命一家不分彼此，你若来，更添一分力量，我欢迎还来不及呢。”

“那好，我们一言为定。”刘师培站起来，握了握陈其美的手。

“一言为定。”陈其美也握了握他的手。

“我有一个小小心愿，不知能否说出来。”

“但说无妨。”

“我有一伶界友人，今晚在大戏院的新舞台演出，送了我一些票，要我找人捧场。我想把这些移送给你，请我们会党同志前往一瞧，既捧了场，也使他们得以休息，岂不两全齐美？”说着他把一沓戏票递给陈其美。

大戏院新舞台就是南市九亩地游乐场里的新舞台，它是黄楚九请张聿光、刘艺舟等人出国考察戏剧后，回来设计建造的新型戏院。这种新型戏院和上海的传统戏院截然不同，舞台会转动，可以轮番更换布景，舞台上方还有各式灯光，使不同的角色处在不同的亮度下，很有层次感。剧场的顶部有着许多细密的小洞，能消除回音，音响效果特棒。当年在上海，这是极新鲜的去处。

陈其美想，众多豪杰从浙江各地栉风沐雨赶来，辛苦异常，去见识一下新舞台倒也不错，便满心欢喜地把票发给了大家。

晚饭后，竺绍康、王金发带着大家往新舞台走去。陈其美因要去《民呼日报》社于右任那里讨论一篇稿子，就没有陪同大伙。张恭因要翻译日本界利彦林所著的《社会主义纲要》，就在天宝客栈中没有动。褚辅成、周淡游二人觉旅途劳累，懒得再跑，早早躺下。

竺绍康、王金发一行人很快来到剧场。戏还没有开场，大家依次找到自己的座位坐下。

竺绍康四周观察一下,发现情况不妙,有些人老是往他们这一块盯。他碰了碰身边的王金发,说:“情况有点不对。”

王金发说:“我也感觉到,老是有人在注视我们。”

“走,我们出去看看。”

他们两人离开座位,往楼梯口走去。到了那里,有人拦住了他们,说:“今天有要人光临剧场,任何人进来后,都不准外出。”

竺绍康随手掏出一个金质烟嘴,递上前说:“从者来报,家有急事,望请方便。”

“不行。”阻拦者严厉地说,“快去老老实实地坐好,不然,就先把你们抓起来。”

竺绍康往他身后一看,只见七八个膀大腰圆的家伙,一个个虎视眈眈。

王金发拉了一下竺绍康的衣襟,两人回到里面。突然,竺绍康发现对面厕所那里无人把守,忙和王金发疾步走了进去。

果然,这里没有把守的人。竺绍康往外面看看,墙很高,难以翻越。好在墙上有一个大窗子,只有玻璃,没有窗棂。他拔出匕首,砸烂玻璃,扶着王金发,让他先跳了出去。

接着,竺绍康收起匕首,从靴筒里拔出手枪,对着戏院墙上方的玻璃,“叭”“叭”“叭”!连开三枪,戏院里顿时乱起来。收起手枪,竺绍康从容跳窗而出。

戏院里的革命党人都看见竺绍康他们进了厕所的,一听那里响起枪声,都知道情况不妙。此时,人群已骚乱起来,人人都争着往出口拥,各个出口一下被堵得严严实实。那些暗探全部被人群挟裹着,丝毫也不能动弹。

革命党人都一起涌向厕所。他们搞不清竺绍康他们出了什么事,若有不测,就得出手相救。进了里面,才发现厕所里空空如也,有一面窗子洞开,不用说两人已经逃掉。他们这才明白,那三声枪响,既是制造混乱的,也是为他们报信的。安排两个人持枪守住门,其他人一个接一个从那窗子跳了出去。

到了外面,竺绍康就对王金发说:“一定是刘师培这个贼子设下的圈套。”

“肯定是的。”王金发掏出怀表看了看时间,说:“我在这里接应后面的人,你立刻回天宝客栈,通知张恭他们马上转移。”

这一切的确是刘师培设下的圈套。

刘师培半年前被清政府收买,让他暗中侦察同盟会的活动,一有情况,即向两江总督端方告密。

天宝客栈作为同盟会的秘密机关,刘师培一个月前就已注意到。他很快把这一情形向端方密报,端方让他不要打草惊蛇,最好选定会党齐集的时机,把他们一网打尽。同时,端方又照会法国领事馆,希望法国人能给予方便,一旦时机成熟,能让中国警察进入法租界,搜查天宝客栈。

刘师培前一天终于得到情报,浙江各地会党将会集天宝客栈,密商起义大计。他与妻舅汪公权密谋一番,决定邀集会党人众前往新舞台看戏,四周布上暗探,待戏上演后,再去按座位号把他们一一逮捕。没想到,竺绍康发现情况不妙,略施小计,使会党人众全部逃脱。

刘师培布置暗探们在新舞台行动的同时,上海道也发出命令,让警察与工部局的巡捕一道包围了天宝客栈,然后突然闯入,进行搜查。

褚辅成、周淡游听到前面的吵嚷声,立刻装扮成商人,从容走出来。警察们摸不清情况,搜查他们一番,见没有什么异常的东西,便放了他们。

张恭的房间不是客房,里面堆着很多书,大多数是进步书刊。警察们不容分说,立刻拘捕了他。

竺绍康从新舞台赶回天宝客栈时,张恭已被带走。一些警察和巡捕还在那里活动,他知道,他们是在等待自投网罗者。他在街上的一处黑暗中藏了起来。

不一会,陈其美赶了回来,下了黄包车,正要往里走,竺绍康在黑暗中轻声喊道:“‘四捷’兄,借一步说话。”

陈其美一愣,停下来。竺绍康又说:“先别问,你跟着我走。”

陈其美意识到情况不妙,马上跟上去。

走过一条小巷，竺绍康说："天宝客栈已被搜捕，哪些人被抓，还不清楚。不过，去看戏的可能都逃出来了。"

两人来到清和坊琴楼别墅，果然见到了王金发。他说："所有看戏的人都逃出来啦，这里有一部分，还有一部分在粤华楼。"

清和坊琴楼别墅和粤华楼都是妓院，是陈其美布置下的秘密机关，供紧急情况下革命党人接头和藏身的。

"刘师培这个狗杂种，这一切一定都是他设下的圈套。"竺绍康愤愤地说。

"此仇不可不报！聂政，这个事情就由你来办了。"

竺绍康点点头，"我不会饶他的。"

陈其美说："我来最后核实一下，再看看他们抓去了哪些人。"

他叫出妓院的一个大茶壶，让他马上去找刘福彪。

半夜时分，刘福彪赶到了清和坊琴楼别墅。陈其美吩咐他："今夜就要弄清，他们从天宝客栈抓走了谁，是谁告的密。"

刘福彪本来醉意朦胧，一听说天宝客栈遭到破坏，惊得酒意全消。他只好连夜敲开了黄金荣的家门。那一次码头争夺战后，黄金荣对陈其美心服口服，再也不敢对抗，和刘福彪算是不打不相识，成了朋友。当然，当时的黄金荣刚刚出道，和后来的"帮主大亨"无法相比。

黄金荣告诉刘福彪，今晚上在天宝客栈只捕去了一个人，叫张恭。告密者是刘师培和汪公权。

竺绍康天明后即开始行动。傍晚时分，他找到了汪公权。

汪公权知道陈其美等人大多漏网，肯定不会饶他。因而躲进了一家旅馆。未料竺绍康从天而降，他跪在地上，百般求饶，竺绍康说："你真不是一条好汉，还求什么呢？"一刀结果了他。

收起刀，竺绍康蘸着鲜血，在墙上写道："杀叛徒者竺绍康也。"

几天后，陈其美听说张恭要被移往南京监狱。他通过刘福彪，得知上海道将要从水路把张恭押解南京。和竺绍康、王金发一合计，他们决定在镇江劫船。因为镇江码头上有刘福彪的一些兄弟，他们可以帮忙。狡猾的端方在上海道即将押人上船时，一纸电令，让他改从陆路押人。待陈其美得到消息，张恭已被送上火车，押至南京。

陈其美无论如何也放心不下张恭。他印了一盒名片，把自己印成《新闻报》记者刘无为。在张恭解宁后的第三天，他也来到南京。

《新闻报》为美国人福开森所办，在上海及东南影响巨大。一听说是《新闻报》的记者来采访，南京的政要们对陈其美都十分客气。

两天后，陈其美终于来到关押张恭的狱中，和张恭秘密交谈了一阵子。临走时，他告诉张恭："你一定要坚持住，我们会想尽一切办法营救你的。"

到了外面，陈其美找到牢头，送给他一张银票。"这位张恭，是我的兄弟。他的盟友五湖四海全有，你要多关照，将来，这帮朋友不会亏待你的。"

牢头收起银票，讨好地说："你放心，对于这些革命党硬汉子，我们能方便时一定会方便的。"

以后，张恭在牢里果然没有吃什么苦头。

陈其美回到上海后，对竺绍康说："刘师培一定要找到，不过，不要杀他。"

"为什么？"竺绍康十分不解。

"你告诉他，让他去找端方，保证张恭的姓命。不然就杀了他。"

竺绍康说："这还差不多，用他的狗命来保张恭，值！"

刘师培和他的老婆何震这一段时间如同丧家之犬，每天都在战战兢兢中度过。他们一直躲藏着，十几天之内换了三处住宅，但最后还是被竺绍康找到了。

见竺绍康提着枪进来，刘师培马上跪下来："竺兄饶命，看在我们相识多年的份上，你就高抬贵手吧。"

"张恭不也是和你早就相识吗？陈其美不也和你早就相识吗？这帮会党的弟兄们有多少是和你早就相识的？你为什么要置我们于死地呢？"

"我也是不得已，端方逼我呀。"

"是的，不是端方，我们怎么会得罪竺大哥呢？"何震也跪在一旁，边说边递媚眼。

"那好，我今天可以饶你们不死。不过，你得去南京，告诉端方，让他不要杀张恭。他要杀张恭,我就要你们的狗命!”

“这……这……”刘师培若筛糠,“端方怎么会听我的?”

“既然端方不听你的,留你也没什么用了,我现在就送你上西天。”竺绍康用手枪抵住了刘师培的脑袋。

“别,别,我去,我去求他。”刘师培尿屎齐下,屋内顿时弥漫起阵阵臭气。

“你要是耍滑头怎么办?”

“我不敢,我真的不敢啦。”

竺绍康说:“你先去,让她留下。”他抽出匕首,在何震的屁股上狠狠捅了一刀,何震杀猪般地号叫起来。

“你想跑也跑不掉,去医院里住着吧。他要是一去不回,我就对准这再来一刀。”竺绍康把刀指向了何震的胸脯。

刘师培乖乖地去了南京,三天后,又回到上海,向陈其美报告说:“端方那里,我去过了,他答应暂且不杀张恭。不过,你们也不能杀我,只要我一死,张恭必死。”

陈其美说:“你的命没有张恭值钱,我们会留着你的。”

张恭一直被关在南京的监狱里,辛亥革命后,他被放了出来。

第十三章
筹组中部同盟会

26

蔡元培离开上海，前往德国留学后，同盟会又派江苏金山人高旭为江苏分会会长，上海分会和江苏分会合二为一，并在上海建立两处秘密机关。

第一处是“夏寓”，在西门外宁康里，门口挂着写有“夏寓”二字的牌子，后来迁到八仙桥鼎吉里四号，仍挂“夏寓”牌子。

第二处是中国公学，地点在吴淞镇上。

但是，1907 年皖浙起义失败后，清政府大力搜索革命党人，上海的两处机关被迫取消。机关中的人也四散各地。从那时起，同盟会在上海的活动几乎完全停顿，连长江沿岸各省的革命工作也无所进展。陈其美回上海后，虽然屡屡为革命奔波，但重建上海同盟会机关的事一直未能够着手进行。

同盟会的情形在这两年中很不容乐观，东京总部已形同虚设。

陶成章、章太炎在 1907 年秋发难第一次倒孙（中山）风潮后，又于 1909 年 9 至 10 月发动了第二次倒孙风潮。

孙中山去南洋后，陶成章也于 1908 年 9 月到达南洋，要求孙中山拨款三千元给他，做办报经费。孙中山手边无任何经费，只好把手表卖掉，给了他几百元。陶成章很不高兴，会中的经费为什么只有你一人把持？

过了半个月，陶成章又找到孙中山：“我要回浙江举行起义，请总理为我筹款五万元。”

孙中山很为难地说：“近期南洋的经济很不景气，华侨生计艰难，难以筹款。”

陶成章愤愤地离开。他来到槟城、坝罗等地，向华侨筹款。很多华侨都陷在经济危机中，难以捐钱。再说，陶成章位低名微，很多人并不了解他，见他夸夸其谈，很不放心。

“这一定是孙大炮从中作梗！”陶成章对南洋的光复会员说。“我饶不了他！”

陶成章开始发表演说，说孙中山排斥外省人，打着革命的幌子，把筹到的款全部寄回家里。他家钱财万贯，在九龙建起了一座气势不凡的洋楼。

为了与同盟会南洋支部对抗，陶成章在爪哇泗水又成立光复会。

1909年9月，陶成章来到香港，以驻英、荷属地浙、闽、江、鄂、广、湘、川七省同志名义，写了一份《孙文罪状》书，对孙中山进行诽谤诬蔑。“罄南山之竹，书罪无穷，决东海之波，流恶无尽”，这样的语句连清政府和海外保皇党人也未用过。

《孙文罪状》共十二条，其中“残贼同志”五条、“蒙蔽同志”三条、“败坏全体名誉”四条。文中要求“开除孙文总理之名，发表罪状，遍告海内外”，令各埠将孙文所筹去之款，令其自行报告总会，加给凭单，以为收拾人心之具”。文中还说“孙文者，其在前岁于香港、上海汇丰银行贮款二十万”，“其兄在九龙造屋宇，用款不足，电致乃弟，旋电汇款项”。最后，陶文说“开除了他，发表罪状，事必大有可为”。

陶成章和李燮和等人把《孙文罪状》印刷后，向南洋各同盟会机关发放。很多机关认为是不实之词，纷纷销毁。

陶成章又折回东京，进行煽动。章太炎立即响应，大骂孙中山。

陶成章把《孙文罪状》交给黄兴，要求寄发各地支部并召开总部会议讨论罢免孙中山总理职务。黄兴拒绝了他，并把《孙文罪状》扣押下来，陶成章来索要，黄兴说：“这种不实之辞，你还要它何益？”

为揭露陶成章等人对孙中山的诬谤，促使南洋华人明白真相，黄兴、谭人凤、刘揆一联名向南洋同志及李燮和等致函，逐条为孙中山辩白。

有个叫陈威涛的，在爪哇又印刷《孙文罪状》百余份，分寄中外各地，喧嚣海内外报刊。保皇党人如获至宝，以《南洋革命党人宣布孙文罪状传单》为标题，在新加坡的《南洋总汇报》上，分三期连载刊登。

章太炎为配合陶成章对孙中山的攻击，也写了《伪<民报>检举状》，并和陶成章一起印成传单，分发美洲、南洋各支部。保皇党人手舞足蹈，又将此文刊登在《南洋总汇报》上。

虽然孙中山本人和黄兴等人都对陶成章、章太炎等人的分裂活动进行了痛斥，但它还是造成了部分党人的思想混乱，给孙中山在各地开展活动和筹款工作增加了困难。

南洋的华侨有的很认真，他们根据陶成章说的孙文汇款给其兄在九龙造楼房和章太炎说的"怀挟巨资，而用之公务者十不及一"，就组织人到香港九龙调查孙中山家中的情况。

情况很快调查清楚：1905年，夏威夷政府改订租地条例，孙中山的哥哥孙眉的农牧场土地被收回。1907年，孙眉向法院起诉失败，数十年经营的产业破败。

当年春，孙眉赴河内找到孙中山，希望在财力上给以帮助。孙中山因钦、廉起义在即，急需用款，未能尽力。于是孙眉只留其侄、孙中山的长子孙科在檀香山上学，带其母杨氏、弟妇卢氏、两侄女孙娫、孙婉等全家迁居香港，在九龙牛池湾租了几间房，借了一笔钱，经营小农场，从事种植果菜饲养鸡豚等谋生。的确新盖了房子，不过是几间草房。

调查者回到新加坡后，公布了调查材料，南洋革命党人和广大华侨才长舒了一口气。

1910年2月，由设在香港的同盟会南方支部领导的广州起义又告失败。这是革命党组织的第九次起义。这些起义全是在南方边省发动的，有人对这种做法产生了怀疑。

在日本的同盟会员谭人凤、宋教仁、赵声等人邀集在日本的十一省区同盟会分会长，在东京小石区开大会，讨论今后发展方向。

宋教仁说："过去的九次起义都在边省，对内地影响很小，所以，在边地起事为下策。为今之计，若在长江流域起义，为中策；若能在北京或北方起义,当为上策。”

大家认为很有道理,最后认定:“下策太不济事,上策太不容易,还是取中策为好。”

宋教仁很快回到上海,找到陈其美,商量成立中部同盟会之事。

不久,谭人凤也来到上海。他是1910年9月从日本去香港征求黄兴意见的。对于筹建中部同盟会,黄兴说:“我没有意见,只是你们要设法筹款才行。”黄兴和赵声正在忙着筹划广州起义,时间特别紧。谭人凤向黄兴建议说:“两湖地处全国中枢,据两湖,可震全国,抗清廷。而广东地处边陲,即使我们占领,也不能算是真正的占领。今后,我们应当注重在中部起事。”“石屏兄,你的话很有道理。我这里有五千元经费,你先拿着,去长江流域各省运动,以便他们响应广州起义。”黄兴说。

听完谭人凤的话,陈其美说:“上海应当说没有问题,各方面的力量我都联系了,下一步,应该做武汉的工作。”

“是的,”宋教仁说,“武汉九省通衢,全国的中央,举事影响最大。”

三人商量了一下筹建中部同盟会的具体步骤,并就《宣言》的内容进行了讨论。三人一致认为,中部同盟会应该有武汉地区的革命党人加入进来。

1911年2月23日,谭人凤乘船抵达武汉,向革命党人孙武、居正、杨士杰等人介绍了上海的情况。

“我们正准备在上海发表中部同盟会《宣言》,希望武汉地区的革命党人也加入进来。我们这个中部同盟会,目的是联络长江上下游,其性质与东京同盟会的一样。”

共进会、文学社的领导人有些不解地问:“东京同盟会总部不是已经有了吗?”

“这些年,孙中山、黄兴都已离开东京,会内无人主持,形同虚设。上海交通便利,组织这个机关,等于把东京同盟会搬到上海。武汉的同志一加入,长江沿岸就能联成一气,一致响应广州。”

谭人凤随即交给孙武二百元,居正六百元,让他们作活动经费。接着,谭人凤又奔赴长沙,约集曾伯兴、刘文锦、焦达峰、谢介僧、邹永成等人开会，讨论组织革命机关事宜。最后，他拿出七百元交给曾伯兴，以作筹备费用。

谭人凤自鄂湘归来后，陈其美、宋教仁都很高兴，三人准备马上拟定名单，通知沿江各省代表，赴沪集会，正式打出中部同盟会的旗帜。

3月底，徐忍恕从香港来到了上海。他是黄兴派来的信使。

徐忍恕告诉陈其美："广州起义即将发动，黄兴请诸位速速南下，最后商定有关事宜。"

陈其美和宋教仁、谭人凤一碰头，决定把成立中部同盟会的事先放下来，一起奔赴广州。

4月初，陈其美和宋教仁、谭人凤随着徐忍恕踏上去香港的轮船。同船抵港的还有王金发等人。

第十四章

广州闯虎口除奸

27

1910 年 11 月 13 日，孙中山在南洋槟榔屿召集黄兴、赵声、胡汉民等同盟会重要骨干举行会议，决定集中同盟会的精英，在广州发动起义。计划取得广州后，军分两路，由赵声率东路军经江西向南京进攻，黄兴带领西路走湖南往武汉进攻。

同盟会总结了过去多次起义失败的教训，决心改正事前准备不周，临阵慌乱的弱点，竭力加强起义的准备工作。

会后，同盟会在香港设立“统筹部”，黄兴为部长，赵声为副部长。针对过去起义时不易统一指挥的教训，决定从南洋和国内各地抽调一部分党人，定名为“先锋”，作为骨干力量。

4 月 8 日，“统筹部”会议推定赵声为起义军总指挥，黄兴为副指挥，预定 4 月 13 日在广州起义，起义军分兵十路进攻广州城。赵声亲自率江苏、安徽党人近百人，进攻清军水师提督李准驻地。黄兴率一路人马，进攻两广总督衙门。

就在这一天，忽然有事发生，新从南洋来的党人温生才刺杀了广州将军孚琦；接着又有党人吴镜在广州轮船码头因携带炸药而被捕，粤督张鸣岐和提督李准严加防范起来。

原订的起义日期被迫推迟。赵声因在广州当过军官，不宜过早露面，所以改由黄兴任总指挥，并决定 4 月 26 日发难。

4 月 23 日，黄兴由香港入广州，在两广总督衙门附近的小东营五号设立了总指挥部。

这时,广州官府已通过叛徒王镜水,得知革命党人即将举行起义,各关卡把守很严,军械在27日才能运到。黄兴便打电报通知"统筹部",决定再延期一天,改在27日起义。

24日夜晚,赵声、胡汉民又收到黄兴电报,说:"省城疫发,儿女勿回家。"意思是叫还在香港的革命党人暂勿来。

26日夜,"统筹部"又接到黄兴的电报说:"母病稍痊,须购通草来。"

赵声、胡汉民接电后,立刻通知党人奔赴广州。由于他们在香港居住分散,人到齐后,27日白天抵广州的船已开出。胡汉民又给黄兴打电报,要求起义再延迟一天。

黄兴认为,此次起义,全党全力以赴,志士们从各地不远千里而来,任何推迟起事的行动,都可能意味着前功尽弃。再则,军火弹药已经运入,万一缓期而不能起义,必然会被资金的主要资助者海外侨胞们当作是欺骗行为,这会对革命事业产生严重影响。他考虑再三,决定还是如期举行起义。

由于起义日期一变再变,有些人来了又走,原定的十路进攻只得改为四路,但陈炯明等人却临阵脱逃,实际行动的只有两路。

4月27日下午4点多钟,黄兴在总指挥部集合起义队伍,作了慷慨激昂的动员。每个起义者发给枪支炸弹和一块银元,臂缠白巾,脚蹬黑胶鞋,精神抖擞地整装待发。

这时,谭人凤气喘吁吁地进来,向黄兴报告了香港方面人马弹药不能及时抵达的情况,建议推迟一天起义。

黄兴摇了摇头,急切地说:"老先生,你不要乱我军心了。"

年过半百的谭人凤二话没说,立即要求加入作战队伍。

5时半,黄兴带领一百三十八人直扑两广总督衙门。刚走出东辕门,起义队伍就与清军遭遇。林文马上上前说:"弟兄们,同志们,我们是革命党,大家快起来起义,推翻专制……"

敌人一排子弹打来,林文不幸倒下。黄兴的右手中指和食指第一节被子弹打断,但他忍痛用手指第二节扣枪机射击。

敌我双方开展了激战。黄兴见优势的清军渐渐围了上来,便把人马分作三路突围。他自己带领一队，冲出南大门，且战且走。为了掩护战友，他用肩头撞开街旁一家已歇业的小店，从店内伸出两支枪，左右开弓，击毙清兵七八个人。

等到夜幕低垂，清兵退却，枪声沉寂时，黄兴用凉水冲洗了伤口，稍事包扎，化了装，乘艇奔向暗设在珠江南岸的秘密机关。

翌晨，赵声和胡汉民率二百余人赶到广州，见城门紧闭。知事已败，无法参加战斗。胡汉民只好带人撤回香港。

赵声独自一人去寻找机关。随队而来的陈其美说："我和你一起去！"

到了珠江南岸的机关，黄兴和赵声抱头痛哭。

陈其美说："克公不要悲伤，此次未竟，我们下次再搏。"

黄兴心灰意冷地摇摇头："此次失败，我党精英损失殆尽。"

赵声当晚回归香港。

陈其美离开黄兴，却没有离开广州。

广州起义失败后，许多同盟会会员匿居城内，清朝兵吏布满羊城，形势极其危险。

陈其美决定化装成上海来的记者，去会一会李准和张鸣岐。

来到两广总督衙门，递上自己的一张名片给守门的衙役："快去通报一声，本人从上海来，要立刻拜见张帅。"

衙役见名片上写着《新闻报》记者，知道是耍笔杆的，不好惹，马上进去通报。

水师提督李准此时恰好也在两广总督衙门，与张鸣岐商谈如何处置一些被捕的革命党人。

见到陈其美的名片后，张鸣岐和李准马上放下手中的公务，对衙役说："立刻有请陈先生。"

陈其美进了总督大堂，与张、李二人抱拳见礼，便进行采访。

"前一天革命党起义，两位大帅吃惊不小吧？"

张鸣岐说："惊是惊些，好在我们提前侦知消息，有惊无险。"

李准牛皮哄哄地说："小小数名乱党，料也成不了气候，他们想和张帅与李某较量，实在是螳臂挡车，不自量力。"

“李帅此言差矣。革命党现在可不是小小的数名，据本报创刊以来所发表的报道显示，全国各地革命党人这十余年来发动起义已有十几次了，若加上暗杀、爆炸，次数就更多了，虽未成大气候，影响也不能算小。”

张鸣岐忙说：“乱党的确猖獗，这几年叛乱大有愈演愈烈之势。所以，我等要不惜一切力量，对这帮乱党分子坚决铲除。”

“恕我直言，大帅，自从革命党兴起以来，朝廷屡令铲除，结果呢？是越铲越多，朝廷越来越难以控制局面。”

“依陈先生看，该用何法对付革命党呢？”

“陈某久居租界，染开化之气久，口无遮挡，若有言语不当处，还望二位大人海涵。鄙人以为，对于革命党一要怀柔，二要顺应。所谓怀柔，就是不要动不动就杀头。自戊戌以来，革新人士屡屡被杀，还不是越杀越多？这一次，林觉民负伤被捕，你们杀了他，但他的《绝笔书》却感染了无数人。这样的人，你能杀掉他的肉体，能杀掉他的精神吗？以德待之，以仁待之，使其感化，才为上策。所谓顺应，是对大人们说的，就是要顺天应时，人间无不散的宴席，天下无永远的王朝。天下者，天下人之天下，唯德者居之。而今朝廷，昏庸无道，任列强宰割，涂炭生灵，何德之有？改朝换代，当在所难免。”

“放肆！”李准不由得拍了一下桌子。

“大人息怒！小可已有言在先，不过是客观陈述天下大势。古人云：‘天行有常，不为尧存，不为桀亡。’大清亡与不亡，不在于小可的几句话，而在于天下之势。小可不过是提醒二位大人，适可而止，对待革命党，切切不可操之过急。前些日子，温生才枪击孚琦将军，两位大人应当记忆犹新，孚琦死了，温生才也死了。谁能料到就没有温生才再生，就没有哪个倒霉大人再作孚琦？”

“这……”张鸣岐额头上全是汗，“这话怎么像革命党的口气？”

陈其美哈哈大笑起来：“大人是有些风声鹤唳，草木皆兵了吧。陈某姑妄言之，大人姑妄听之。”

天色向晚，张鸣岐在督府中摆开酒宴，他与李准两人轮番把盏，对陈其美敬酒频频。酒宴中，张鸣岐反复地对陈其美说：“我等身为朝廷要员,革命党起事,不得不予以平息。其实,我们并不想与革命党作对。这点请陈先生回沪后,务必在沪上报纸中说明。”

陈其美说:“这其实很简单,大人手中,定有新捕到的党人,只要不滥施刑杀,即可表明态度也。”

当晚,有人来到水师提督衙门,向李准报告说:“大人,那个上海来的陈记者,根本不是什么记者,是大名鼎鼎的革命党人陈其美。”

“本帅也看出,此人苗头不对。”

“今夜是否将他抓起?”

李准想了想说:“不必,派人盯着他再说,明天他到哪里就跟到哪里。明日再与上海方面联系一下,若的确是革命党,再抓也不迟。”

清早,陈其美从容起床,从旅馆中出来后决定继续去“采访”一下其他官员。出了门走不远,他便发现后面有两个贼头贼脑的人在盯梢。他知道,自己肯定引起张、李之流怀疑了。他们只要将电报打到上海,自己就会彻底暴露,得考虑脱身了。

陈其美预计“采访”的人中,有一个是他在日本学警察时的同学夏寿华,此人现在广州警察署担任巡警教习。原先,陈其美打算最后到他家,让他在警察署内通融一番,使他们倾向革命,设法营救革命党人。现在情况有变,他决定立刻去夏寿华家。

夏寿华正在用早点,见陈其美来到,异常惊恐。这几年在广州,他多次听人说陈其美在上海进行革命的事, 未料到他会突然在广州出现。

夏寿华用狐疑的目光打量陈其美半天后, 装出热情万分的样子说:“哎呀,是哪阵仙风把英士兄吹到这里来了?”

陈其美说:“是广州起义之雄风。”

夏寿华不由暗暗吃惊。

“前天的广州起义失败了。我们又重新布置一批枪手和掷弹手,准备在广州全城搞暗杀,让广州的大小官吏不得安宁。”

夏寿华颤颤地说:“像我这样混一碗饭,养家糊口者,当不在暗杀之列吧?”

“怎么不在?凡清朝鹰犬,统统在列。不过,你不用担心,我已对他们说过,你是我的同学,倾向革命,不会有事的。我下午要回香港,特来告诉你一声,让你不用惊慌。”

“有劳英士兄大驾,日后定当重谢。”夏寿华眼睛转了两圈,又说:“现在去香港,可不好走啊。你可持我名片,去码头买票,乘船过去。罗浮桥那里,是万万走不得的。”

“谢谢老同学。”陈其美揣起夏寿华的名片,出了门,往夏府的后面走。

“英士兄往哪去?”

“我从后门出去。免得别人发现我,对你不利。”

夏寿华一听,忙把陈其美送到后门口,陈其美只身离去。

送走陈其美,夏寿华返回前厅刚刚坐定,就听前门口吵闹起来。

“你们不可放肆,这可是巡警教习夏老爷的府第。”这是家人的声音。

“张帅、李帅有令,捉拿上海革命党陈其美,谁敢阻拦,格杀勿论。”

夏寿华一听,忙奔到前门口,把门外的人让了进来。

领头的是水师提督衙门的一个管带,平时和夏寿华熟悉。

“夏教习,陈其美在你的府上吧?”管带问。

还未待夏寿华回答,那两个跟踪的密探说:“准在里面。我们一大早跟着陈其美到此,亲眼见他进了院子,一直还未出去。”

夏寿华忙说:“各位容夏某慢言。陈其美以前是我东京的同学,今早突然来访,说在广州钱包被扒,无钱回沪,向我借了些钱,刚才已从后门出去。”

管带直跺脚说:“追!”

夏寿华忙说:“且慢。夏某已发现这小子不够地道,特意做了一下手脚。”他从怀中掏出一张自己的名片说,“我给了他一张这个,让他拿着去码头买一张去香港的船票。他必然乘船去香港无疑,只要他上了船,不怕他长翅膀飞掉。”

管带听了,连连点头:“夏教习,请拿上你的武器,我们一起去擒拿陈其美。”

夏寿华说:“他就是化成灰我也能够认出他的。”

28

夏寿华带着那群清兵来到码头，在售票处和轮船上都没有发现陈其美。夏寿华不死心，在码头上找遍各个角落后，又在轮船上一个船舱接一个船舱地找，接连找了三遍，还是没有找到。

“也许，他还在城中没出来。”夏寿华侥幸地说。

“我们上当了，陈其美肯定走罗浮桥了。”管带突然醒悟过来，带兵向罗浮桥赶去。

此时，陈其美已走过罗浮桥，大摇大摆地进了九龙。

在夏府中，陈其美已觉察到夏寿华心怀鬼胎，出了后门不久，他就把夏寿华的名片扔进了垃圾箱里，然后直奔罗浮桥，顺利进入港九地界。

陈其美来到跑马地三十五号的统筹部，众人一下子围了上来。

“英士兄，你还活着！？”宋教仁激动得泪雨纷纷。

陈其美进入广州几日没有消息，香港的同盟会会员们都以为他牺牲了。见他精神抖擞地回来，众人当然激动不已了。

与众人叙说了广州脱险的情况后，陈其美急切地询问黄兴和赵声的情况。宋教仁告诉他，黄兴现已转移到九龙，正在一处秘密地点养伤，赵声住在附近，不过正卧病在床。

陈其美来到赵声家。数日不见，赵声已瘦得小了一圈。

陈其美忙扑到他的床前，握着他的手说：“伯先兄，你怎么瘦成这样？”

赵声的妻子严吟凤在一旁说：“他早就病啦，一直不愿治疗。自从广州归来，他一粒米也不曾吃下。”

赵声说：“我有愧于总理，有愧于全体盟员。广州起义，我们筹备时间最长、用款最多，却不料损失最惨重，令我痛心的是，我竟未及亲执干戈，歼一国仇。环顾党内人力财力竭尽，来日再举事难矣。”

说到这里，赵声泪流满面：“广州失败，责任在我啊！”

陈其美忙说：“伯先兄不必哀伤，胜败乃兵家常事，总理在，克强在，你在，还有众多志士仁人在，革命断无不成功的道理。就广州失败来说，绝非哪一个人的责任，说到底，乃同盟会之战略错误。自同盟会初创时起，发动大小起义十余次，次次均以失败告终。如果我等不从根本上检讨失败原因，以后起事，必将重蹈覆辙。”

“依你之见，失败原因何在？”赵声坦率地问。

陈其美说：“窃以为，同盟会有共同的宗旨，却没有共同的计划；有切实的人材，却没有切实的组织。细想想看，我们哪一次起义前计划不泄密的？哪一次下达命令集结力量，不是拖拖拉拉的？盟中不乏英雄豪杰，但毫无全局观念，均以自身的热忱和勇敢，图一爆发而快乐，往往成事不足，败事有余。要取得革命胜利，不改变这种状况，是断然行不通的。”

“你说得对，同盟会中，人员太复杂了。章、陶等人闹分裂，使东京总部，形同虚设，哪里还有号召力？几个月前我在上海，你和遯初筹划成立中部同盟会的事，现在如何了？”

“各方面工作都进行得差不多了。等我们从广州回去后，就召开成立大会，把旗帜公开亮出来。”

赵声听后，兴奋不已，他握了握陈其美的手说：“英士，你这几年为了积聚力量，在上海锐意经营，默默做了大量工作，实属不易。中部同盟会这面旗帜，必须要打出来，而且越快越好。我想尽快和总理取得联系，要求和你一起去上海经营，你同意不同意？”

“赵兄若能去上海最好不过。我这个人，亦庄亦谐，冒些风险，戏弄戏弄满清昏官在行，真作群龙之首，确有力不从心之感。你一去，上海定将会出现一派新气象。”

“上海我一定要去。不过，去之前，我一定要把叛徒王镜水除掉。这一次起义失败，他是最大的祸害。”

陈其美愤愤地说：“杀鸡不用宰牛刀。这个叛徒，交给我吧。”

为了保证这次广州起义的成功，东京同盟会总部由吴玉章主持，在日本购买了一批短枪、子弹和制造炸弹的原料，用四只大皮箱装着，派老乡曾宝森、李功照运送到香港，交给了赵声和黄兴。黄兴见后大喜，立刻指令武器储备课长胡汉民，尽快设法把武器运往广州。

胡汉民见曾宝森和李功照都是四川人，不懂粤语，到了香港、广州就像到了外国一般，语言不通，交际困难，容易暴露，便找了一个新近入盟的粤籍香港商人王镜水和他们同行，带路兼翻译。船到广州码头，由于军警检查严格，皮箱都要打开来看，所以，王镜水找了一个熟人，将四只皮箱藏在码头上的一个小兄弟罗阿宝处。然后，和曾宝森、李功照一起顺利通过检查口。

曾宝森、李功照急着去找黄兴联络，与王镜水分手。

不料王镜水第二天却被罗阿宝引诱进入妓院，一下子被一个叫白雪儿的妓女迷倒，在东亚宾馆开了一个豪华包间，尽情享乐了两天。原来，罗阿宝正和妓院里的妓女乔月儿打得火热，想给她赎身，但差百把两银子。得知王镜水带来的四只大皮箱里全是枪支弹药，供革命党起义用的，便动起了心思，声言做东请客，将王镜水带入妓院，享乐过后，向王镜水摊牌：把四大皮箱的枪支弹药交给两广总督署密探长，领上一笔赏钱继续逍遥快活。不然，就出不了东亚宾馆大门。白雪儿也极尽缠绵，王镜水又正在兴头上，眼一闭，头一摇，什么革命、起义、枪弹、保密、战友生命，全他妈的见鬼去吧，一切就随着罗阿宝去办了。

献出了枪支弹药，出卖了起义计划，总督署奖励了他们三千两银子。罗阿宝拿走了一千，王镜水得到两千。他花了二百两给白雪儿赎了身，匆匆带她离开了广州。此时，广州起义已经失败，七十二烈士被安葬在黄花岗，他们的英雄气概感染了许多人。尤其是林觉民，受伤被捕后，从容就义，写下的《绝笔书》，于国于家，均感情至深，中外各报章都竞相刊载，反动分子惶恐异常。身为叛徒，王镜水知道革命党人不可能饶过他。所以，他和白雪儿过了罗浮桥后，没敢回香港，而是跑到九龙，在一家外国人开办的旅馆中，包了一个房间，整日躲在房中寻欢作乐，不敢露面。

陈其美事先已经查明了王镜水住房的号码。他很容易地就找到了那个房间，轻轻地敲了敲房门。

里面王镜水吃过了午餐，洗过了澡，正光着屁股在席梦思床上与白雪儿胡闹。听见了敲门声，他立即警觉起来，推开粉团子一样的白雪儿，从枕头底下摸出一把左轮手枪，坐起身来，侧耳细听。

陈其美隐隐听见里面有响动，却没有人应声，心里明白，便又嘭嘭地敲了几下。里面王镜水低声问道：

“谁呀？”

“是王先生吗？劳驾请开开门，有点要事相扰。”陈其美尽量装出商人的口吻，和悦地说着。

王镜水一听口音有些生，心中更狐疑了。他缓缓地下床，让白雪儿给他拿来衬衫、西服和领带，一边忙乱穿着，一边在心中暗暗思忖：这来人是谁？

他把手枪藏进衣袋里，让白雪儿也穿好了衣裙，才去开门。

门开了。陈其美迅速瞥了一眼室内的情景，又盯着王镜水看了几秒钟，才佯装惊异地叫道：

“啊呀呀，王先生，原来是你！”

王镜水仔细打量着来人。他想起来了，前一阵子，在胡汉民家里，曾经见过这个上海来人，听人介绍，是上海同盟会的骨干分子。他来干什么呢？他心中不禁暗暗吃惊。他为何知道我这个秘密住处？王镜水心中疑问连连，但仍然强作镇定，装出若无其事的样子问道：“先生面生得很，不知来找王某有何贵干？”

陈其美也不等他邀请，老熟人似的自动向室内走去，有些嗔怪地笑道：“镜水兄，你开什么玩笑，难道连革命兄弟都不认识了么？”

王镜水听了，仍然佯装不识，说道：“先生有没有搞错，我实在不认识先生！”

陈其美却大大咧咧地往沙发上一坐，呵呵笑道：“镜水兄，你不要再作假了，自己同志还有什么信不过的？上次你同曾宝森、李功照去广州前，在胡先生家里，我们不是还碰过面的么？”

王镜水心中有鬼，一听人提到与曾宝森、李功照同去广州之事，便浑身一颤，失去了镇定，拔出手枪，指着陈其美，厉声喝道：“你是什么人？你说，你怎么知道我住在这里？”

陈其美仍然不动声色。他从西装上衣口袋里掏出一支雪茄来，点燃了，慢慢地吸着，喷了几串烟圈，然后微微一笑，直视王镜水的眼睛，说道：“我哪里知道你住在这个地方？我们有新的任务要同你联系，找你好多天了，到处都找不到你的下落。今天，我本是来找先施公司的王协理的，偏巧找错了人，才碰上了你，这也算是机缘巧合，万幸万幸的了。可是，你这个革命同志也太不像话了，完成任务后，既不回香港向统筹部汇报，也不同组织联系，竟一个人躲到这儿寻欢作乐来了。我问你，你还有一点纪律没有？自己同志都不认识了，动刀动枪的，是什么意思？还不快点把枪收起！”

王镜水睁大双眼，一边注视着陈其美，一边仔细地品味着他的话语。他发觉，陈其美神情自然，说的话也都很合理，似乎并不知道自己的叛卖行径。他也知道，先施公司的王协理，的确是住在这旅馆里的。看来陈其美事先似乎并不知道自己住的这个地方，这次邂逅，只不过是偶然的巧遇罢了。这样一来，他悬着的心才落下来。他心中暗想，这小子既然还不知道我的底细，又自动找上门来，我何不一不做二不休，将计就计，再做他一笔买卖，到总督衙门里再捞他一笔大赏钱受用受用？于是，他便收了手枪，改换笑脸，嘻嘻地笑道：

“陈先生请不要见怪。起义失败之后，到处抓人，四处都找不到组织，我能不躲吗？不像你们，屁股一拍就躲到日本、上海去了，可我们是本地人，怎么办？眼看就有杀头的危险，只好一个人躲到这里来，暂时避一避风险。不瞒陈先生，在胡汉民家见过你后，我一下子就记住了。可是，自从起义失败后，人心险恶，变幻莫测，我不能不多长一个心眼啊！刚才也是不得已才试探试探你老哥的，请陈先生千万不要在意。”说着，他一边重新请陈其美坐下，一边又把白雪儿当作夫人介绍给陈其美。白雪儿是乖巧惯了的，此时装烟、送茶、送瓜子、点心忙个不停，一时间，气氛变得融洽了。

陈其美不失时机地赞美白雪儿漂亮能干，一副大家闺秀风范，说得王镜水不禁得意洋洋，和陈其美的交谈很快热乎起来。等白雪儿不在旁边的时候，陈其美便附在王镜水耳边悄声对他说道：“最近，我们又在广州设立了一个专门筹划暗杀水师提督李准的秘密机关，很快就可能得手，亟需钱用，现在正好有一大批经费从南洋汇回，都是现钞，需要尽快送往广州城内，作活动经费。组织考虑，只有你镜水兄对广州最熟悉，上次掩护曾、李二位送枪弹进广州就完成得很好，又从未暴露身份，是最适宜担负这项任务的。所以这几天，大家都因为找不到你而着急哩！现在可好了，突然碰到了你老兄，真是天助革命也。事不宜迟，希望你一定勉力完成这次送款的任务，为革命再立一次大功。"

王镜水听说有大批款项，而且都是现钞，要他转送，心里暗暗欢喜，但他心有戒备，仍然假意推辞道："陈先生，我是个商人，入盟又不久，没有什么能力，如此重任，恐怕完成不好，请你转告组织，还是另找一位能人去吧。"

陈其美拍着他的肩头，笑道："镜水兄不要过谦了。钱钞不比枪支弹药，不会有什么风险的。你们商人携带巨款，更是名正言顺，便利得很，请你不要再推辞了，成功后，总部会给你记上两次大功的。我们现在就去取款，等这笔款子全部交到你手里后，我再告诉你到广州去联络交款的地点和暗号就行了。"说完就起身要走。

王镜水见陈其美说得真切，且马上就有大批现钞到手，怎不动心？也是他求财心切，利令智昏，经不住陈其美一再催促，终于答应了陈其美的要求，同意立刻一同去取款。

他到内室去取礼帽，更衣，白雪儿搂住他的脖子，苦苦央求道："傻哥哥，这是什么时候，你跟一个生人出去做什么？我真为你担心。"

"不要紧，我的小心肝。这人我认识的，只出去一下，很快就回来，不会有什么事情的。等到明天，我又有了一大笔钱，就可以给你打一套你最心爱的赤金首饰，满足你的心愿了。"

出了门，陈其美叫了一辆马车，同王镜水一道坐上去，朝那车夫说了一声："去英雄湾。"车夫提了提缰绳，吆喝马儿迈开了脚步，马车急速向郊外驰去。

王镜水怀疑地望了望陈其美一眼，问道，"为什么到乡下去？"

陈其美道："那可不是一般的乡下，是英雄湾，长满了木棉，四周僻静，不容易被巡警发现。快走吧，到那里你还能吃到新鲜的椰子呢。"

马车走了约莫二十来分钟，出了九龙市区，到了郊外，陈其美指着不远处海岸边一片森森的树林，对王镜水道："那里就是。时间还早，我们取了款回城去，到粤海酒楼喝两杯正好。"

王镜水虽然心中有些狐疑，忐忑不安，但是身已至此，只能是既来之，则安之了。

马车在离树林不远的大路旁停下了。陈其美先让王镜水下了车，自己给马车夫付了钱，然后在王镜水后面向刚才看见的树林走去。

这是一片高大的木棉林，红色的木棉花早已谢去，但高大挺拔的树干和枝头的绿叶，使木棉仍然不失英雄本色。走了不到半里路，就进入了树林。小径从木棉林中弯弯曲曲地穿过。开始，那些树木还比较稀疏，越往前走，那木棉便越大越密，两边都是几人合抱的大树，枝叶繁茂，蔽日遮天，就好像进入了一片原始森林一般。

又走了一会儿，豁然开朗，到了一片大空地上。这里的周边生长着一些高大的椰子树，树上结满了硕大的椰子。一棵倒地的椰子树干上，坐着赵声，宋教仁在一旁扶着。还有一个人手插怀中，目露凶光，站在一旁，王镜水不认识。这个人是随陈其美一同从上海来的王金发。

王镜水心中觉得不妙，回头看了一下陈其美，陈其美得意地笑了一下，对前面的人道："伯先，我把王镜水带来了。"

瘦弱的赵声在宋教仁的扶持下，撑着站起身，手指点着王镜水道："王镜水，你还认得我吗？"

赵声的声音虽然很低，但隐隐地含着杀气，王镜水顿时心中一颤，踉跄了一下停住。他望望身后的陈其美。陈其美也正站在他身后，正蔑视着他。

王镜水不知该说什么，正在犹豫。赵声又道："我问你，向总督署密探长告密的是不是你？"

王镜水被击中了要害，顿时心慌意乱，面色惨白，全身都颤抖起来。他一边惊惶支吾着："你，你们，这是怎么回事……"一边便动手到衣袋中去掏枪，却早被陈其美从后面抓住了他的手腕，把左轮手枪缴走了。

王金发逼近了一步，怒视着王镜水："快快招供！"他愤怒的目光，就像两把利剑，直刺得王镜水胆战心惊，屁滚尿流，不由得扑通一声跪倒在地，哭丧着脸，连连打着自己的耳光，哀求道："是我该死，是我该死，请各位大爷饶命。"

赵声见了他这副丑态，眯了一下眼睛，朝陈其美一挥手："把这个叛徒毙掉，给死难的烈士们报仇！"

王镜水听了，吓得魂飞魄散，涕泪满面，急忙趴在地上，抱住陈其美的小腿，连声哀求饶命。却被陈其美一脚踢翻在地。王金发过来，抓住他的衣领，提了起来，拖往树林深处。在一棵椰子树旁，王金发飞起一脚猛踢了一下椰子树干，树干一震，几只青涩的大椰子从树上掉落，砸在王镜水的脑袋上、身上。王镜水倒在地上，不停地号叫。王金发上前，抱起一只最大的椰子，对着王镜水脑袋猛砸一下。顿时，他的脑袋开花，脑浆四溢。

“你们看，他的运气怎么这么差？活活被椰子砸死了”。王金发踢着王镜水尸体，作着鬼脸说。

宋教仁举着手说：“别……”他想制止王金发，却没有来及。他叹息一声，说：“这样做，有些太残忍了！”

陈其美忙说：“遯初，你这是妇人之仁。对待敌人，怀妇人之仁是要吃亏的。”

29

赵声却没有能够去成上海。

赵声的病情越来越重，他却一直不肯住院。妻子严吟凤和副官李竞成都力劝他住院治疗，他却说：“过些日子就会好的。过两天，我们就要和英士一起去上海了，怎么能住到医院里呢？”

陈其美每天都来看望赵声，见他这样，便告诉他说：“去上海必须等你的病好了才能去，否则，去了还得住院。”

“用不着的。我哪里会这么娇气？不过是胃炎犯了，吃些消炎片，过几天一定会好的。”赵声对自己的身体总是很执拗。

赵声腹部的疼痛越来越厉害，后来竟然疼昏过去。

陈其美、宋教仁等七手八脚地把他送往医院，医生诊断是急性阑尾炎，要立即动手术。

赵声被推进手术室，剖开腹部后，医生发现阑尾已经穿孔，腹腔中溢满脓血，连忙进行消毒止血，可惜血已止不住了。

从昏迷中醒来后，见陈其美等战友均立在床前，赵声明白自己回生无望，微微叹息说：“出师未捷身先死，常使英雄泪满襟，真没想到，天夺我志。我负死难诸友,唯君等雪耻矣!"说完,赵声撒手西归。

陈其美悲愤异常,在茄菲公园的一个高地上买了一块坟地,和严吟凤、宋教仁、王金发把赵声暂时埋葬了。

在九龙养伤的黄兴,听说赵声去世,心中悲愤异常。他的伤还未好,由于悲愤,伤情又有所反复。陈其美、宋教仁赶紧来到他的身边,一边安慰他,一边把除掉叛徒王镜水的消息告诉他。黄兴听了,心情好了一些。他赞许地望着陈其美说:"你为我们革命党人雪了恨。王镜水死有余辜。他的死,对那些混进革命队伍,贪生怕死想发财的人,一定会有所触动。"

"是的。"宋教仁说,"没有谁强求你革命,但你既然来了,就不能贪生怕死想发财。"

黄兴告诉大家,这几天,他还弄清一个情况,这次起义中有一笔购买武器的款项,被经办的先施公司的王协理吞没了,使那批武器没有能够买到。以后,切切不可再和那个王协理合作。他身边的人暂时抽不开,一旦抽开,就要来找王协理算账。

站在陈其美身边的王金发说:"这点小事, 不要再劳克强兄大驾了。我来香港一趟,原是要参加起义的,未料什么事也没做,真是窝囊透了,这个王协理就交给他这个本家了。"

陈其美说:"季高出马,一定能让那小子把钱吐出来的。"

王金发在这一天的下班前来到先施公司。

王协理正要准备回家,王金发跨进了他的办公室。

"你找谁?"

"我找王协理。"

"我就是,先生你有什么事?"

"一笔买卖上的事,想找你王协理洽谈。"

王协理一听有买卖,把已拿到手上的包又放下来,热情地招呼王金发说:"先生请坐。"

王金发说:"听说王协理能买到军火,我想请你购买一批。"

王协理一听"军火"二字,不由紧张起来。

"你到底是什么人?"

王金发掏出一支雪茄点燃后说:“想买军火的人。王协理不愿做这笔生意吗?”

公司的人此时差不多走光了,王协理有些胆怯起来:“敝公司从来不做军火生意,请先生另找别处吧。”

说完,王协理站起身夹着包就要走。

王金发站起身抓住王协理的领口:“王协理请先坐下。”又把他塞进了椅子中。

“你想干什么?我要叫人啦!”

王金发指了指门口道:“你叫吧,此时,别人都下班啦!”

王协理拿过电话机,正要摇,王金发却一把扯断了电话线。

“你,你到底是什么人?”

王金发掏出匕首说:“老子是革命党。上次让你买武器,你买的武器呢?”

王协理马上装着一副极其为难的样子说:“不是我没尽力,实在是不好办呀。这种买卖,能赚大钱,可不好赚呀?”

“那我们的钱呢?你把它弄到什么地方去啦?”

“我一直放在银行里,动也不敢动。这几天风声紧,我想等风声一平就把钱送过去的。”

“你的存折呢?拿来我看看是什么银行。”

王协理说:“放在家里了。”

“那好,我现在就跟你去拿。”

王协理很不情愿地带着王金发走出办公室。

此时,天色已暗,路灯已亮起,街上的人不多。王协理走出办公楼,来到大街的一个电车站,王金发也跟着他一起站在了等车的人群中。

“有抢劫犯!”一辆电车缓缓驶来,王协理突然高叫着往马路对面跑去。王金发紧紧追着,电车却把他和王协理隔开了。

绕过电车,王金发见王协理已跑到对面的楼房边,正要往一条巷子中跑。他掏出手枪,在王协理即将进巷口的当儿抠响了扳机。王协理应声倒下。

王金发走到尸体旁,见子弹击中后心,王协理已死,便踢了他一脚，扬长而去。

先施公司的吴经理接到王协理被枪击的报告后急忙赶到现场，与警察讨论了半天，也不知道他为什么被杀。

半夜时分，吴经理卧室的电话响了起来。拿起电话，只听一个陌生的声音问：

“你知道王协理是怎么死的吗？”

“不知道。”

“他吞没了革命党人购买武器的钱款，死有应得。这件事，不论你参与没参与，你都得把他吞下的钱吐出来。”

“这不公平，”吴经理说，“我压根儿就不知道这件事，怎么能让我来还钱呢？”

“我不管，钱是你公司的人吞没的，就得你来还。不然，王协理的今天就是你的明天。”

“别，别，你千万不可意气用事。那笔款子我一定设法还上。”

“明天下午把钱送到茄菲公园门口，交给一个马车夫。你要是报警，我就让你全家吃炸弹。”

吴经理只好自认倒霉，把那批钱如期送到。

正当陈其美等人准备去上海时，陶成章也来到了香港。他是应李燮和电召赶来，欲参加广州起义的，不料船误了期，一直到现在才赶到。

孙中山主持召开槟榔屿会议时，黄兴电邀李燮和参加，并和他一起筹备广州起义。李燮和出席会议后，认为革命党人的确应该联合行动，马上派出胡国梁、柳聘农等光复会会员赶到香港，向起义指挥机关报到。

陶成章来到香港，见起义已经失败，心中很不高兴。有一个光复会员告诉他，赵声死得很奇怪，生了一个小小的阑尾炎就死了，可能是胡汉民下毒所致。

赵声早年在南京未加入同盟会时，曾参加光复会，陶成章很看重他，一直想把他拉到重新成立的光复会中来。听说赵声有可能是胡汉民毒死，不由得怒气冲冲。但这种事情，没有真凭实据，又不好往外说，他只好憋在肚子里。听说赵声辞世前的那些天，陈其美一直在他身边，他便想从陈其美那里了解些情况，看看胡汉民到底有没有投毒。

陶成章让李燮和在一家粤菜馆订了个包厢，又令光复会机关人员王竹卿拿着他的名片去请陈其美前来赴宴。

陈其美一听王竹卿说话，马上问："你是不是湖州人？"

"是啊，陈先生也是湖州人吧。"

"是的，是的。"老乡见老乡，两眼泪汪汪，谈话顿时投机起来。

陶成章与章太炎反对孙中山的事，陈其美早有耳闻，因而不愿和他搅在一起。无奈王竹卿软磨硬泡，一定要他赏光，他只好随王竹卿前来。

陈其美与陶成章已有相当日子没有见面，见了后，都觉有些别扭。

"古人云，无功而不受禄，今天陶兄盛情宴请英士，英士心中不安呐。"

"哪里，"陶成章说，"你我老朋友啦，分别多日，恰巧都来香港，相聚小酌，叙旧话新，是应该的嘛。"

陈其美说："恭敬不如从命。不过，我这个人喜欢小胡同赶猪——直来直去，陶兄有何见教，敬请直陈。"

陶成章给陈其美斟了一杯酒说："听说伯先去世前，你一直陪同在他的床前，我有些不明白，他到底是怎么死的？"

陈其美警觉地问："你是什么意思？"

"没什么意思。我只是觉得奇怪。伯先这个人，身体一向结实，怎么得一小小阑尾炎就丧及性命呢？"

陈其美又想到了赵声那因疼痛而痛苦万分的面孔，心中不由悲愤异常："这有什么好怀疑的？赵声是一条铁骨铮铮的汉子，一直不愿治疗，最后再动手术，晚了。"

陈其美瞪了陶成章一眼又说："那些天和赵声在一起的还有严吟凤、王金发等，谁不清楚？"

"误会，误会，老弟，"陶成章说，"我绝对没有怀疑你什么。我不明白的是，胡汉民和伯先同为副指挥，怎么伯先生病后他一次也没来看望呢？"

"胡汉民自起义失败后，就躺在床上，大有心灰意冷，万念俱灰之感，他根本没想到赵声的病会如此急迫。”

一直在旁边没有说话的李燮和此时举起酒杯说：“这事都怪孙大炮。不是他孤注一掷，想侥幸成功，哪里会死这么多人？”

“革命难免要死人，怕死就不要来革命。纵观西洋之国，哪国革命是一帆风顺的？没有孙中山先生这种屡仆屡起的精神，革命永远别想成功。当然，起义失败，牺牲同志，的确给革命造成了损失，但我同盟会精神尚存，这总比那些拿着大宗捐款，不举手，不投足，隔岸观火，指手画脚要有意义得多。”

陶成章说：“陈先生不要动气，我们革命，各人有各人的方法，不必强求一致，非走孙中山的路不可。不管怎么说，我们都是要推翻大清的，不必伤了和气。”

“据我所知，陶先生在南洋，章太炎在东京，指责孙中山、抨击同盟会，闹腾得不小啊！”

“我反对孙中山个人，不反对同盟会，更不反对革命。”陶成章激动地站起来说，“你不要以为就你们革命。告诉你，下一步，我们也要去上海，以锐进学社为基础，以光复会为主体，在江浙大干一场。”

陈其美说：“但愿如此。”

王竹卿见陈其美要走，忙拉住他说：“我们都是为了一个共同的目标走到一起来的，团结为重。”

陈其美执意不愿再和陶成章他们谈下去，硬走出酒店。王竹卿一直拉着他，却拉不住。

到了外面，王竹卿说：“陈兄，我久仰你的大名，一直无缘相见。今日相见，真从心眼里高兴。说真的，我虽入了光复会，但对陶先生的很多观点和做法，实在有些想不通。要是我再入同盟会，不知行否。”

陈其美高兴地说：“同盟会的大门是永远敞开着的，欢迎你随时来。”

第十五章
海阔天空

30

天蓝莹莹的，海蓝湛湛的，同样地明净，同样地辽阔。陈其美、宋教仁倚在船舷上，漫不经心地眺望着远处的海天，交谈着回到上海后的打算。中部同盟会成立的事情，在来广州之前已基本就绪，但他们在上海能掌握的力量还是有限的。这一点，是陈其美一直顾虑的。同盟会领导的那么多次起义，都失败了，原因固然很多，但是每次起义的力量小，响应者少，是一个十分重要的原因。

"听说张謇、马相伯、汤化龙这些立宪派人物在上海很有实力，我们搞革命他们是反对的？"宋教仁问。

陈其美说："是的。这些人代表的是新兴的工商实业阶层利益，他们注重发展实业，害怕打仗。"

"这些人是有实力的，我们要设法争取。革命成功了，各种实业都会突飞猛进地发展。"

"是的，工商界的实力派人物我们一定要设法争取。在上海，帮会的势力也不可小视。我现在所掌握的刘福彪、应桂馨这些人，关键时刻，可以拉出来冲锋陷阵的。现在最可靠的力量是竺绍康掌握的精武学校。为了办好这个学校，为起义培植力量，这次广州起义，我都没有让竺绍康参加。"精武学校是陈其美以习武健体为名创办的准军事学校，也是为了将来举行起义积蓄力量的。竺绍康是总教练。

"绍康机智勇敢，谋略过人，的确是不可多得的将才。只是他手下的那些绿林中人,能接受革命的约束吗?”宋教仁有些不放心地问。

“没有问题。绍康威信高,办学也有办法。那些年轻人,经过学校几个月的教育,都很有长进。”

宋教仁还是摇摇头:“这些人,打杀一通可以,真正让他们搞革命,就难了。”

“遯初,我不同意你的说法。帮会的、绿林的这些人不行,读书的、留学的就行?章太炎这样的人倒是大学问家,当初我倾心革命也是受他的鼓动。可他现在又如何呢?还不是想到什么就做什么?他鼓吹革命,就只有他是最革命的,其他人都不行,这是典型的文人自恋情结。他和陶成章在上海又重新打出光复会的旗号,分明是和同盟会搞分裂。去年陶成章以七省代表的名义,弄了个《孙文罪状十二条》,要总部印发,被黄克强狠狠驳斥了一通。党内要是多了章太炎、陶成章这样的人,革命岂不是南辕北辙,离成功越来越远?当然,要是多一些像黄克强这样的同志,革命成功的把握就大了。”

“克强兄是一个完美的革命者,他是最顾全大局的,这一点一直令我敬佩。不过,我说实话,对孙逸仙先生,我也有一些意见。他有时候未免太固执了。去年在东京,我找他商量改良党务,他说:‘同盟会已取消,有力者可以另树一帜。’我感到很惊奇,问他何出此言。他说:‘党员攻击总理,无总理安有同盟会?经费由我筹集,党员无权过问,何得乱肆抨击!’我因为尊重他是党的领袖,当时并未同他辩论。可是,后来谭人凤等老同志知道了,都是很有意见的。”

陈其美听后,连连摆手,说道:“遯初,不要讲了。孙先生是个血肉凡人,怎能没有缺点?但是,我们要看到,他为了推翻专制,建立民国,艰苦奋斗,数十年如一日,屡仆屡起,这种坚持精神本身就是伟大的。他创立的三民主义学说,在当今中国,谁能比得上?”不待宋教仁回答,陈其美又说:“是人都会有缺点。但是,通过这些年的了解,孙先生对待权力与金钱完全是大公无私,光明磊落的。他有一种伟大的人格,我们不要轻信那些流言,对孙先生乱生怀疑之心。特别是目前广州起义新败,更需要孙先生这样的领袖和精神。遯初,你说对吗?”

暮色已经降临,宋教仁握住陈其美的手说:“英士先生,你说得对。

对中山先生,我一直是敬佩的,但我是一个坦率的人,今后遇见他,有些想法,会开诚布公地和他交流的。”

“是的,我知道,留日结识的这帮革命者中,唯有你最天真、最坦率。你和陶成章他们,有着本质的不同。”

“谢谢英士兄的信任。不过,陶成章他们,毕竟也是革命者,我想,还是和为贵!”

“是的,和为贵!”

“两位雅兴真高,难道不饿吗?”王金发从船舱里找了过来。

陈其美拍拍肚子,“你这一说,还真饿了。走,吃饭去!”

31

陈其美刚走进餐厅,迎面一个装束入时的女子愣怔了一下,轻启朱唇问:“请问,你是陈……英士先生吗?”

“啊……”陈其美惊叫一声,“雪鸿!”他张开双臂,黄雪鸿一下扑到他的怀里。

这几年,黄雪鸿先是到法国留学,后来又到了美国。在美国,她加入了同盟会。这一次,她原本打算回来参加广州起义的,由于邮船误期,起义早已结束了。在香港呆了两天,她转轮回上海。未料到,在船上,竟然邂逅陈其美。

转眼离别五年了,黄雪鸿已经脱掉稚气,长成了一个亭亭玉立的大姑娘。吃完饭,他们来到黄雪鸿的舱房。这是一等舱,只住她一个人,起居很宽敞。

黄雪鸿为大家准备了茶点,四个革命者,围着茶几,海阔天空地聊了起来。

陈其美是有名的“四捷”,又和思念多日的雪鸿相遇,说话自然是口若悬河。宋教仁一向勤于读书,严谨治学,谈起话来逻辑严密。黄雪鸿早已不是当年的那个羞于启齿的豆蔻少女了,这些年走得多,见得广,加上法国的自由思想和美国进取意识的影响,谈起问题来,自然巾帼不让须眉,也是滔滔不绝。只有王金发对诸多理论问题不感兴趣,坐在那里当一个忠实的听众。

因为黄雪鸿从美国归来，大家自然谈到了美国。

陈其美说："我一直想到美国去看看，一直没有机会。在日本时，我读过日本人翻译的托马斯·佩因的《常识》。据说，他这本小册子印行了几千万册，成了激励全体美利坚人投身革命的号角。比如他说：'啊，你们这些热爱人类的人！你们这些不但敢于反对虐政而且敢于反对暴君的人，请到前面来！旧世界遍地盛行着压迫，自由到处遭到迫害。它（自由）早已从亚洲和非洲被逐出，欧洲也把它当作异乡之客，而英国又已经对它下了逐客令。啊！接待逃亡者，及时地为人类准备一个避难所！'你们看，他这些话说得多么明白，多么通俗，多么有力啊！所以我至今都还背得。"

宋教仁说："的确，民族的兴盛，国家的富强，既需要有伟大的启蒙思想家，也需要有有思想的民众。在美国，它的革命的胜利和经济的勃兴，托马斯·佩因那样的宣传家和启蒙思想家，是起了很大作用的。在中国，伟大的启蒙思想家少，有思想的民众更少。我们有的就像王镜水这样的一些没有政治头脑、醉生梦死、唯利是图、寡廉鲜耻的人。如此情况，实在是很令人痛心的。"

黄雪鸿道："两位说得对，美国革命的那些杰出领袖也都是思想家，如像托马斯·杰弗逊执笔撰写《独立宣言》，就有着很伟大的新的思想。它指出政府的目的必须是为了保障民众的'生命、自由和对幸福的追求'。'如果遇有任何一种形式的政府变成是损害这些目的的，那末，人民就有权改变它或废除它，以建立新的政府。这新的政府必须是建立在这样的原则基础之上，并且是按照这样的方式来组织它的权力机关，庶几就人民看来那是最能够促进他们的安全和幸福的。'我们中国的政治家，又有谁能说这样的话来，并且照这样去实行呢？"

"是的。还有华盛顿和富兰克林，也都是实行了他们的思想的。华盛顿就曾经坚决拒绝戴上王冠和拒绝再次连任总统。"宋教仁激动地站了起来。

陈其美叹息道："但是，中国却没有。"

一直没有说话的王金发插话道："谁说中国没有？尧、舜和大禹不是禅让，伯夷、叔齐不是不愿继承爵位而逃亡吗？"

陈其美一愣，随即笑着指着王金发说："季高，你倒是很能较真啊？你说的这些，不过都是传说。而我们说的美国的这些，都是真实发生和正在发生的。"

王金发哈哈一笑，说："我哪里是和你们较真。你们说话，我一直插不上，这好不容易遇到一个机会，随口就说了。"他冲着黄雪鸿一抱拳，"黄小姐，我是粗人，说的是笑话，你可别见笑！"

"哪里哪里，王大哥说得很好。我泱泱中华，优秀传统很多，现在是被满清这伙败类弄糟了。"

王金发连连冲黄雪鸿拱手："黄小姐真是善解人意，这样我也就不难看了。好吧，我见好就收，出去转转，省得在这里滥竽充数，闹笑话。"

见王金发出门，黄雪鸿说："这位王大哥，真是一条直性汉子。在中国，这样的人要是多一些，革命也就容易了。"

陈其美说："季高的确直率。"

宋教仁却说："直率不等于有思想。中国的民众改造，是一个长期的任务。"

"改造民众，还是要从改造政局开始，政局不改变，民众是难以改造的。"黄雪鸿从床头拿起一本托马斯·杰弗逊的传记，翻着说："从美国回来之前，我特地到杰弗逊的墓地去了。他去世的那一天，正好是他撰写的《独立宣言》发表五十周年纪念日。他的墓碑上刻着他亲自为自己撰写的墓志铭：'这里埋葬着托马斯·杰弗逊，他是《独立宣言》的作者，弗吉尼亚州《宗教信仰自由法案》作者，弗吉尼亚州立大学之父。'他甚至没有提及自己曾经是美国的总统。在他心里，官位没有意义，天赋人权、自由、平等、博爱的思想和追求才是最重要的。"

"而中国恰恰相反，做官是人生的最大追求，人人热衷于做官。官位不是为成就事业、思想服务的，掌握些学问、闪烁些思想，往往是进入官场的敲门砖。严格的意义上，中国是没有知识分子的。"宋教仁感慨万端。

三个人都沉默了。

停了一会儿，宋教仁又叹道："美国是一个特殊的国家，它和我们的国情是很不相同的。也许再过五十年、一百年，我们也很难出现像他们那样的局面。”

陈其美听了，笑道：“遯初，你也未免太悲观了。革命不过就是推翻专制，驱逐鞑虏嘛，哪里需要那么多的时间啰！”

宋教仁笑道：“不是我悲观，恐怕是你想得太简单了。我们今天革命固然是为了推翻专制。可是，要怎么样才能实现这个目的呢？是不是只要推翻了满清朝廷就算是消灭了专制呢？推翻满清专制政府后要建立一个什么样的国家，才符合民众的愿望呢？这些问题我们都是不能不考虑的。如果我们只是起义、暴动，而没有一个正确的主张与目标，那与历史上的许多草寇和老百姓常说的那些土匪强盗又有什么分别呢？”

陈其美忙说：“正是因为这样，我们才都要拥护孙中山。在众多的革命者当中，孙中山先生是最有思想最有眼光的一位。我可以断言，革命成功后，孙先生绝对是不会贪图高位、尸位素餐的。他的三民主义，是中国历史上任何一个朝代都没有人提出过的，民权、民族、民生，把天赋人权、自由、平等、博爱都包含进去了。我们都真心地去践行它。三民主义一旦实现，中国就会像美国一样繁荣。”

“英士兄，你有这样的信心，我非常佩服。当今同盟会组织涣散，思想消沉，我们的确要高举三民主义的大旗，才能把思想统一起来，把力量凝聚起来。一句话，我们要跟着中山先生，一直坚持，奋斗到底！”

“其实，以前我是很幼稚的。听了章太炎的演说，把革命看得很简单，以为革命嘛，只要一番呼号，搞一个组织，就可以成功了，许多事都是很容易的。现在，经过了七八年的磨炼，听得多了，看得多了，才懂得革命的艰难了。在我们中国，尤其是积弊如山，认真办成一件事都难，不要说革命了。原来以为只有清廷腐败、贪官污吏可恶，把他们除掉就行了。可是，如今革命党刚成立两年，在革命党内部也有了内讧，有了小人和坏人了。像王镜水这样的败类，自然很可恶的，不过对这样的人还比较好治，锄掉他就完了。另外还有一些人，像广州起义时临阵脱逃的陈炯明，就很难对付了。还有像陶成章、章太炎这样的，老是挑孙先生的刺，他们到底是革命的，还是反革命的，真是说不清楚。说真的，有时候想到这些事，我就感到寒心！”

“怎么说着说着又泄气了？”黄雪鸿“扑哧”一笑，陈其美熟悉的那两个酒窝又出现在她的笑脸上。

陈其美心中不由一动，感到万分亲切。他不由想起那年刺杀端方，她把他藏进她的浴室，为了蒙蔽那些捕快，她赤裸着胴体在他面前洗澡的情形。她那美丽的裸体，他一直藏在心中，美玉一般。今天她这样一笑，一切又都活了。

黄雪鸿似乎感觉到了什么，站起身，正了正衣襟：“我们去吃点夜宵吧。”

三个人正要出门去找王金发，他却推门进来了：“我来给你们介绍一对姊妹花。”跟着，两个年轻的女性也走进舱来。

32

跟着王金发进来的姊妹花，是一对双胞胎，姐姐叫戚志锐，妹妹叫戚志峻。

戚氏姐妹仪态端庄，英姿飒爽。姐姐戚志锐温煦而沉稳，妹妹戚志峻聪慧而热情，她们虽然年轻，却有一番其他少女甚至男子汉所不及的惊人经历。

她俩是嵊县人，与王金发是同乡。十四五岁时节，一天秋瑾来到嵊县，与王金发会晤。两人正在县城内的一处秘密联络点接头时，在爱华女校学习的两姐妹恰好从这里经过，她俩忽然发现附近有人在鬼鬼祟祟地向一间小屋窥探。那种贼头贼脑的举动，顿时引起了她们的警惕；想到也许在那小屋里有人将遭毒手时，姐妹俩便假装游戏，嘻嘻哈哈，跳跳蹦蹦地奔进小屋。

一见到王金发在里面，她们立刻说：“外面有密探，赶快离开。”

王金发站起身，推开后面的窗户，让秋瑾在戚氏姐妹的掩护下越窗而出，自己却若无其事地来到门口。果然，有一个叛徒在不远处站着，还有两个暗探模样的人站在更远处。

王金发招招手，叛徒以为王金发有事找他，就走了过来。一进小屋，王金发就扼住他的脖子，一刀捅进他的心脏。收起刀，王金发旋风一样冲出门，跃身骑上秋瑾骑来的黑马。密探尚不清楚怎么回事，王金发已风驰电掣而去。

戚氏姐妹急忙中护送秋瑾离开嵊县后，方知道这位年轻的女子，就是大名鼎鼎的鉴湖女侠、绍兴大通学堂校长秋瑾。她们要求秋瑾带她们一起去绍兴，进大通学堂。

秋瑾从心里欢喜这对清纯而又勇敢的姐妹，便欣然答应，但希望她们要得到家长的同意。

姐妹俩即在半途上与秋瑾告别回家，还未到县城，就听到人们纷纷传扬有两个女孩勇敢地帮助秋瑾逃脱密探追捕的新闻。她俩怀着兴奋的心情，毫不隐讳地向父亲坦言传说中的女孩就是她俩。

不料，父亲又气愤又惊惶，认为女儿闯了大祸，竟将她们禁锢在屋里，亲自日夜看守，不许出家门一步。两姐妹没想到非但不能实现进大通学堂的志愿，还因此失去了自由。更使她们不安和焦急的是，母亲竟要将她们早日婚嫁，以防再发生意外，断送终身。

两姐妹向父亲恳求、论理，对母亲哭诉、哀告，总无法使双亲动心。她们被禁闭在狭小的楼房里，像笼中小鸟，有翅难飞。两人置身斗室，打碎了吃饭的碗，然后用碗碴挖墙，想在墙上挖个洞，以便逃生。一层石灰刮掉后，里面却全是结实的砖，碗碴挖不动。

王金发铲除叛徒，外出奔走，辗转来到绍兴，又和秋瑾相见。秋瑾关心戚氏姐妹，要王金发设法探询。他悄悄回到嵊县，才知道两姐妹已被父母禁闭在小楼中。王金发派手下的一名弟兄把戚父骗到街上酒馆，自己只身走进戚家，在戚母的惶恐中砸掉楼上门锁，恢复了姐妹俩的自由。

戚氏姐妹进了大通学堂，加入了光复会，成为年龄最小的女会员。但是，她们的志气和勇气却受到年长会员和同学们的敬佩。秋瑾对她俩更是爱护备至，并寄以厚望，予以重用。她们在学堂里，刻苦学习，还练就一身武艺，一起加入“女国民军”，人称姊妹英雄花。

皖浙起义前夕，秋瑾派戚氏姐妹回嵊县与王金发联络，她俩奔走于浙江四乡，在途中忽闻徐锡麟遭害、大通学堂告急的消息，速即返校。然而，待她们披星戴月、马不停蹄赶到绍兴时，秋瑾已经被杀害了。秋风飒飒，两姐妹伫立在秋瑾被害地轩亭口，满怀悲愤，仰望苍天，立下重誓,要为秋瑾报仇雪恨!

在一个月黑风高的夜晚，绍兴府知府贵福的妻子突然被声响惊醒,只见贵福的胸口已被利刃刺穿,热血汩汩外流,白眼珠直翻了。贵福因捕杀秋瑾等革命党人有功,朝廷已赐他二品顶带,要升他为户部侍郎了,眼看成行在即,却一命呜呼了。

整个绍兴以及浙江的群众听到贵福被刺丧命的消息,都说是他杀害秋瑾的报应。可是,“凶手”是谁,神秘莫测。

据知府衙门传出的消息说:“在贵福被杀的十天前,有一个少女到贵福家去当丫环,侍奉夫人。贵福死后,这个伶俐丫环突然失踪。还有传说:贵福猝死当夜,有人见到两条身轻如燕的黑影,翻墙进入府内。在贵福妻子惊醒后的刹那间,她似乎看到有个身材苗条的影子在床前一闪而过,还听到一个女声向同伴低唤“快走!”顿时,两人像仙女一般消失得无影无踪。

正当绍兴府派出暗探衙役四处缉拿凶手时,上海法租界平济利路良善里的一幢石库门房内,飘然来了一对年轻的姐妹,她们是来此投奔光复会首领李燮和的。

李燮和与陶成章、王文庆前不久一起由香港来到上海,重新打出光复会的旗帜。他们租了这幢石库门房子,设立锐进学社,实际上是光复会的秘密机关和联络地点。戚氏姐妹一到,就在李燮和领导下,和章在民、于雄、吴印秋一起,发起成立中国女子国民会,会址也设在此。他们以“改良家庭柔靡之习俗,启导女子尚武之天职”为宗旨,招集来自各地的有志女子,加以培训,同时出版《锐进学报》,宣传革命思想。

出入锐进学社的人很多，许多同盟会会员也到这里来秘密活动。一些人忽然发现多了两位清纯少女，不免好奇地询问她们的来历,姐妹俩总是莞尔一笑,避而不谈。李燮和也只是简略介绍:她们是王金发的同乡、嵊县爱华女校学生、光复会会员,因自己和陶成章经常外出,便约请她姐妹二人来上海主持锐进学社的社务。有些人不禁纳闷,光复会如此重要的社务,竟让两个妙龄少女来承担,这李燮和搞的什么名堂?

有人带着这一疑问问王金发,王金发说:“秋瑾若来承担如何?”

"那还用说吗？"

"她们就是一对小秋瑾。"

广州起义前，戚氏姐妹吵着要跟王金发同去，王金发觉得，枪林弹雨中冲锋陷阵，女性是不行的。所以，他没有答应，随同陈其美离开上海时，是悄悄的。姐妹俩发现时，已经是一个星期后了。她们一边恨着王金发，一边搭上去广州的邮轮。她们还在海上航行呢，广州起义已经失败了。到了香港，她们没有找到组织，只好又怏怏而归。令她们兴奋的是，在船上，她们竟然巧遇了王金发。

戚氏姐妹早就听说了陈其美的大名，只恨无缘相见。本来，她们以为陈其美一定是个膀阔腰圆、满脸威严的人，一见面才知道是一个干练而潇洒的书生。陈其美也早已听说过姊妹英雄花的传奇故事，见她们稚气未脱，一副清水出芙蓉的模样，心中更加喜爱，忙说："今天是群雄聚首，群芳荟萃。走，我们去痛饮几杯！"

第十六章

陈其美教训“陈其美”

33

陈其美一回到上海，就直奔望平街的《民立报》报馆，他要查阅这一段时间的《民立报》，了解一下他离开上海后，上海发生的一切事情。

《民立报》的前身是《民呼报》，是由于右任、陈其美等人于 1909 年 5 月在上海创办的。该报出版发行不久，报上有篇关于湖北政界的新闻中出现了“丫姑爷”三个字，触怒了湖北提督张彪。

张彪曾是湖广总督张之洞的马弁，惯于献媚取宠，被总督大人视为心腹。后来，张之洞将自己的一名贴身丫头赏给张彪为妻，从此，张彪官运亨通、青云直上，从一名小小的马弁一直爬到湖北提督的宝座。但是，湖北人却对他十分鄙视，都戏称他为“丫姑爷”。张彪恼羞成怒，视“丫姑爷”三字为弥天大忌。

当张彪得知《民呼报》上提到“丫姑爷”时，恨不能将办报人全部生吞掉。无奈上海不在他管辖之内，大发雷霆后，只好密奏清廷，说《民呼报》是革命党人的机关报，还派人到上海向租界会审公廨控告《民呼报》“侮辱长官”，要求逮捕主笔，禁止发行。张彪甚至扬言：今后谁再敢当《民呼报》的主笔，就挖掉他的眼睛。

在清廷的迫害和当局的压力下，同年 8 月，《民呼报》被迫停刊。

但是，于右任等人并不怕被“挖掉眼睛”，仅过了一个多月，又办了一份《民吁报》，由谈善吾主编。汉字“吁”比“呼”少两点，意为眼睛不用你挖，我自己先挖掉，看你张彪怎么办？但是，《民吁报》出了四十几期又被迫停刊，原因是报上登载了一篇详细介绍日本前首相伊滕博文遇刺的文章，文中不乏反对日本对外侵略之意，触犯了日本人的神经。

日本驻沪领事立即责成上海道台追究，上海道台唯恐得罪日本，慌忙要求租界当局将《民吁报》查禁。

过了一年，在沈漫云的大力支持下，于右任、宋教仁、陈其美又创办了《民立报》。

不一会儿，宋教仁也来到《民立报》社，他们邀请叶楚伧等南社同志，把赵声和黄花岗之役死难烈士的事迹，介绍给他们。那几天，《民立报》上天天发表黄花冈死难烈士的传记。

5 月 22 日，陈其美在《民立报》上发表了《吊黄花岗殉难诸先烈》一文。在文中，他这样写道：

> 我庄严伟大之中华民国得一跃而为世界之产物，公等实为之母体哉。公等播其因，同胞获其果，美以马前走卒，俨然步公等后尘，获享后死者一分子之幸福，将拜谁之赐，而公等抱经文纬武之全才，具震古铄今之伟略。
>
> 公等虽死犹生，虽败犹成，死生成败，岂英雄之真相？据生死成败而为英雄道悲愉，抑重负我英雄矣。

陈其美在文中还写道，甲午广州起义以来，起义失败十七次，但"死事最烈最盛者，则莫如黄花岗诸公"。最后，他表示，不仅为先烈悲，而且"为民国前途悲"，决心将悲化为"甘露祥云"，"以福我国民"。

在《民立报》社连续奋战数日，陈其美终于抽出了空余时间。傍晚，他来到闸北王家宅的精武体操学校，看望心中一直牵挂的黄雪鸿。黄雪鸿是陈其美安排在这里当老师的，她一边积极地为培养有思想的学生诲人不倦，一边在抓紧翻译托马斯·佩因的小册子《常识》。陈其美也不时鼓励她，等翻译完成，就立刻出版，争取发行到全国各地，以期用它来培养更多有思想的民众。

进了黄雪鸿的屋，陈其美突然觉得有些异样。黄雪鸿没有像以往那样热情地迎上来，只见她神情漠然地坐在里面的窗前，木头人一样。陈其美心里怔了一下，不由得生出几分惶恐。自从邮轮上邂逅，他们彼此的心中就燃烧起了爱恋，但带着秘密成分的革命工作，和没有任何规律的奔波操劳，使陈其美总是忙忙碌碌，连坐下来喝一杯茶的工夫都没有。好在黄雪鸿对他从心底里理解，不在乎花前月下，卿卿我我，只要能够心有灵犀，就心满意足了。

"雪鸿，怎么啦，身体不舒服？"

"不是身体，是心里！"说着，黄雪鸿站起身，拿出一张报纸扔在了他的面前。

陈其美拿起报纸，原来是当日的《时报》，头版头条有一通栏标题：《英雄气短自古皆然，革命志士也爱风流》。报纸的中部，登着一幅大照片，他仔细一看竟然是自己在和一个女子饮酒。浏览了一下里面的内容，他不由得叫苦连连。

原来，报上文章写的是这几天从广州来了一个人，嫖妓豪赌，一掷千金。此人自称叫"陈其美"，浙江湖州人，兄弟三人，他居其中；曾东渡日本留过学，后来加入了同盟会，两年前奉孙中山先生命令，回国组织武装起义。"陈其美"认为，人生苦短，干什么也不能忘记及时行乐。广州那些英烈，死得固然惨壮，然生前少享乐，未免有些愧对人生，现在手上有了些革命经费，便要充分地享受女人。

陈其美十分奇怪，怎么会又有一个"陈其美"呢？他的姓名、籍贯、家世、经历全和我一模一样，报上登的照片也和我一样，怎么可能呢？难道会有人在冒充我？他冒充的目的何在呢？显然，是在败坏我的名声，给革命抹黑。的确，连黄雪鸿都被这种假相所蒙蔽，更不要说其他人啦。

放下报纸，陈其美点燃一只雪茄，说："这几日，我一直在《民立报》社，连院门也没出一步。你可以去问问于右任、宋教仁他们便知。"见黄雪鸿依然有些气鼓鼓的，陈其美又盯着报纸上的照片仔细看。看了一会儿，他释然地放下报纸，说："雪鸿，你看，报纸上的这个人的确和我长得很像，但还是有区别。你看，他的耳朵比我小，嘴巴却比我大。当然，不细看是看不出来的。"

黄雪鸿立刻抓过报纸。对着那照片端详起来。端详了半天,她又抬头看陈其美的耳朵、嘴巴。

“差点被他们骗了!耳朵不一样,嘴巴不一样,眼神也不一样!”黄雪鸿扔掉报纸,不知是哀伤还是欢乐,泪水泉涌,“你不生气吧?”她摇着他的肩膀,孩子一般。

“我怎么会生你的气呢?这只能说明敌人太狡猾了。”陈其美站起身,满含眷念地看着黄雪鸿。雪鸿不由把脑袋贴到他的肩头,整个人倒在他的怀里。陈其美不由抱住黄雪鸿,轻轻地抚摸着她的头发。“你真美!你救过我的命,你就是我的天使!这一辈子,我最眷念的人是你。”他随即推开她,摇着头,盯着她的眼睛说:“可是,我早已经有妻子了。这些年我在外面奔波、革命,她在家中操持家务,担惊受怕,我不能够抛弃她。”

黄雪鸿小嘴一噘:“谁叫你抛弃她了?”

“那你叫我怎么办,妻妾成群吗?”

“谁说要做妾了,你和她离婚不行吗?”

“离婚还不是抛弃?”

“离婚不是抛弃。离婚是爱情赋予婚姻的权利。结婚是为了爱情,离婚更是为了爱情。德国有一位哲学家说过,没有爱情的婚姻是不道德的婚姻。”

“爱情是什么,应该就是喜欢吧?的确,我不喜欢她。但是,我不能离了她,因为那样才是真正的不道德!”

黄雪鸿狠狠地瞪了陈其美一眼,愤愤地道:“你们这些人,口口声声喊革命,要天赋人权,要自由、平等、博爱,但连自己的婚姻桎梏都走不出,连爱情都不敢追求,又怎么能启蒙民众,救济苍生?”

“这……”陈其美说不出话来。

34

陈其美得知杨庆和银楼的小开杨雨辰将设花酒宴,请一帮喜欢拈花惹草的朋友前来饮酒寻欢,“陈其美”也在被邀请之列。

“这一下,我要戳穿他的画皮!”陈其美立刻出门,找了沈缦云、刘福彪等人,进行了一番布置。

杨雨辰的花酒宴设在融芳馆里,杨雨辰、"陈其美"等四个男人找了四个妓女,一人搂着一个,一边喝酒,一边打情骂俏。"陈其美"不停地和妓女猜拳,妓女总是输,输了以后又不愿喝酒,"陈其美"便把她的上衣解开,把酒倒在妓女的两个大乳房上,并说:"这叫琼浆玉液醉白鸽。"淋过妓女的乳房,他又把酒往她的裙子上倒,说:"这叫血色罗裙翻酒污。"

一边闹着,"陈其美"一边在妓女身上揉捏着,妓女放荡地叫着、笑着,房间里显得乌烟瘴气。

突然,有一个人闯了进来,贴在杨雨辰的耳朵上说:"外面有人找杨爷。"

杨雨辰说:"我出去就来,你们继续玩。"

杨雨辰到了外面,被一个人迎面打了一拳。他眼冒金星,差点跌倒。待站稳后,才见面前站着一个彪形大汉,手里拿着一把钢骨铁扇。

"你凭什么打人?"杨雨辰气愤地问。

"我想打你。"大汉扬起拳,晃了晃,"你有什么办法?"

里面的人听说外面打架了,都忙着跑出来,"陈其美"也跑了出来。

站在门前的台阶上,"陈其美"正在张望,想弄清到底发生了什么事,有两个人却上前来对他说:"陈先生,你真让我们好找,刘大帅在广和楼等着你呢。"

刘大帅是指上海道台刘燕翼——他是继蔡乃煌之后任上海道台的。按说道台是不能称大帅的,但刘燕翼喜欢人们这样称呼他,上海人就都这么称呼起来。

"陈其美"一听刘大帅有请,顾不上杨雨辰被打,忙跟着那两个人上了车。

车子七弯八拐,却并没有驶向广和楼,而是在望平街停了下来。"陈其美"正要说地方不对,那两个人已把他拖下车,硬扯着走进一道大门。"陈其美"并不知道,这里是《民立报》报社。

来到一个大厅,"陈其美"抬眼一看,满屋子坐的都是人。

只见一个长相儒雅的四十来岁的男子站起来说:"我给大家介绍

一下,这一位就是受孙中山先生差遣回国的‘陈其美’先生。陈先生是湖州人士,近来在华界相当地活跃。”

众人望着“陈其美”,热烈地鼓起掌来。

开始,“陈其美”有点摸不着头脑,见大家热烈地鼓掌,不由有些得意起来。只是那掌声持续不停,一直鼓着,震得他耳膜发胀,他才感觉到情形不妙。

“用这种方式请你来,确实有点失礼。”儒雅男子上前来拉住“陈其美”的手:“好在我们是老朋友啦,随便一些也无所谓。”

“我不认识你”。“陈其美”警惕地抽回自己的手。

“真是笑话,你竟然不认识我了,谁不知道我沈缦云和陈其美是刎颈之交啊?”沈缦云指了指旁边的人说,“难道此陈其美非彼陈其美?”

陈其美从里间走出来,对沈缦云说:“彼陈其美在此。”

众人先是一愣,继而报以热烈的掌声。陈其美摆摆手,掌声停了下来,不少人笑个不停。“陈其美”脸色苍白,手上拿着的礼帽也落到地上,原先他还想摆潇洒状,结果狼狈不堪。有人举起相机,把这场面摄了下来。

门外响起一声呐喊,刘福彪一阵风似的冲了进来,“陈其美”一见,正是在融芳馆门前打杨雨辰的那个人。

“你胆子不小,胆敢冒充我大哥!”刘福彪抡起拳头就要打,“陈其美”两腿一软,瘫倒在地上。

陈其美上前制止住了刘福彪,对“陈其美”说:“你为什么要冒名顶替?说给大家听听!”

“我就叫‘陈其美’,没什么说的。”“陈其美”说。

“你说不说?”刘福彪一把拉住他的手腕,用力一攥。

“啊——!”“陈其美”叫了一声,讨饶道:“我说,我全说……”

原来,不久前,两江总督衙门破获了一起伪钱币的大案。两江总督张人骏的师爷看到罪犯和正闹造反的陈其美长得很像,于是献上一计:先让这罪犯扮作“陈其美”,吃喝嫖赌毁掉陈其美的名声,然后再胡乱发布消息,如同告密者一般,此举既可败坏革命党人的声誉,又可引起革命党人的内讧,甚至还可让革命党中的暴躁之徒愤而杀死陈其美，一石数鸟。

第二天，《民立报》、《时报》等报刊均以头版篇幅刊登了这一情形，陈其美会见“陈其美”一时间成为沪上奇谈。

35

戳穿了假陈其美的画皮后，上海的革命党人精神都为之一震。陈其美找到宋教仁，继续商讨建立中部同盟会的事。对于陈其美在赵声病榻前指出的同盟会过去“有共同之宗旨，无共同之计划；有切实之人才，无切实之组织”，宋教仁很赞成，他决心和陈其美一道，把中部同盟会的组织工作做得扎扎实实，争取在长江流域同时发动起义，把行将就木的满清政府拦腰斩断。他们打算再和武汉地区的会党进行联络，争取统一行动。

此时，谭人凤突然又来到了上海。陈其美一见，十分高兴：“石屏兄，这些天想煞我了。我真怕你从此就回家种地了。”

原来，此次广州起义失败后，同盟会内一片消沉，香港的同盟会机关很不景气。香港统筹部甚至发表宣言，指示各地革命党人要干只可采取个人行动，因为统一的行动再也难以组织了。黄兴也对起义发生了动摇，他闭门谢客，专意准备暗杀，并对盟员说：“革命与暗杀二者相辅而行，其收效至丰且速。”在他的支持下，一部分同盟会员很快组织了“东方暗杀团”。见此情形，年过半百的谭人凤决定回老家种地，再也不参与同盟会的事。因而，当陈其美和宋教仁回上海时，他依然留在香港。

谭人凤毕竟是一个痴迷革命的人，在香港逗留一段时间后，见孙中山在北美依旧继续为革命奔波，便又树起了革命的信心。

年初去鄂、湘联系，是谭人凤独自一人去的。这一次陈其美以为谭人凤再也不会来，于是决定自己一人去武汉。宋教仁必须留下来，起草各项文告、宣言，并负责接待各路同志。见谭人凤突然回沪，陈其美马上决定两人一起奔赴武汉。

打点好行装，正待出发，应桂馨却突然找上门来。

“英士兄，现在有一件十分棘手的事，必须你出面才能够摆平。”

“什么事。”

“说来话长，是两帮渔民械斗的事，他们找我想办法，我想来想去，上次崇义学堂的事，是你摆平的。这次的事，也非你出马不可。”

第十七章
干戈玉帛

36

事情是这样的。

今年春汛时节，宝山吴淞帮的渔船和往年春汛时节一样，七十二艘渔船在总舵王佳伟的率领下，鱼贯驶出长江口，向外海渔场进发。

难得的一个好天气，艳阳高照，波澜不惊，碧蓝的大海上，鸥鹭阵阵，把海天装点得宁静而秀丽。王佳伟伫立船头，不时举起单管望远镜向远处瞭望，挂在腰间的双枪蓝光四射。

由于年月不太平，海上和陆地一样，盗贼蜂起，海盗们神出鬼没，一有机会就袭击渔船。所以，渔民们出海捕鱼除掉成群结帮外，还必须带上枪支弹药以便自卫。连续很多年下来，渔船帮中英才辈出，王佳伟就是其中一个。他两手左右开弓，一气能击落十几只海鸥，海上的海盗见了他的船，没有不快速避开的。

到了近午时分，吴淞帮的船队终于接近渔场。这片渔场，历来归吴淞帮捕捞，每年春季鱼汛期间，他们都要在此连续作业一个多月。虽然没有官府的文告或契约规定，但在宝山、川沙、南汇这一带却已早成规矩，别的渔帮从不染指。

见目的地快要到了，大小船上的渔民们便纷纷整理渔网，准备投向大海。

"总舵，你看！"一个船工往右侧一指，"那是些什么船？"

王佳伟往右一看，只见右前方黑压压的一片，樯桅林立，气势雄浑地往这边扑来。他举起单管望远镜，仔细看了看，是一支规模庞大的船队，船上的人个个荷枪实弹。他心里“咯噔”一下，可能是遇上海盗了。他并不惧怕海盗，但他担心和他们遭遇。

“老少爷们，抄家伙！”王佳伟喊了一声。

“抄家伙！”他身边的船工往后叫道。

“抄家伙！”

“抄家伙！”

命令依次往后传递，渔民们立刻放下网具，纷纷拿起枪，“哗哗哗”将子弹推上了膛。

过了一会儿，右前方的船驶近了，王佳伟舒了一口长气，这些船不是海盗船，是长兴岛凤凰帮的船队，有二百多条。不过王佳伟也很奇怪，凤凰帮的渔场在南面，船根本不应往北边来，到这里来干什么？他们个个手持着枪，难道是那边的鱼汛不兴，他们要到这里来扎浪头？

正在王佳伟思索间，凤凰帮的船队驶得更近了。对方总舵钱国风双手卡腰立在船头，他脸上的棱角分明，明丽的阳光下，呈现着一派杀气。

王佳伟一下想到自己的弟弟王佳岸，分明是佳岸的事令钱家动怒了。钱国风今天带人来不是扎浪头，而是要挑起流血事端。

王佳伟倒吸了一口凉气。对方的船有二百多条，黑森森的，如同是一个巨大的漩涡，而自己身后只有七十二条船，力量太悬殊了。可是，事已至此，不迎上去与对方较量一番，万万是不行的了。不然，吴淞帮以后在这大海上就无法混了。

眼看对方就要靠近，王佳伟让船工拨转船头，迎了上去。他双手抱拳，对钱国风作了一揖说：“今天是哪阵仙风把钱兄吹到这里来了？失迎，失迎，在下船上还有陈年绍兴老酒，钱兄若有雅兴，请过来共饮几杯。”

本来，吴淞帮的渔民们对凤凰帮的人闯到自己的水域来是十分生气的，但一见总舵王佳伟如此笑脸相迎，便都明白凤凰帮今天来此意不在鱼。二少爷王佳岸的事情，他们都知道，因而个个都装出了笑脸。

王佳岸是吴淞帮之主王宾堂的二儿子，二十来岁，仪表堂堂，精通武艺，饱读诗书，是一个闻名长江口南岸的英俊少年。王佳岸本人一表人才，其父又是吴淞的帮主，想把女儿嫁给他的人自然大有人在。这一带的媒婆们三天两头上门，各种姑娘介绍了好几十，王佳岸却一个也看不中。

忽然有一天，宝山、长兴岛一带传出一条爆炸性的消息，王佳岸带着钱国丹私奔了。

钱国丹是长兴岛凤凰帮之主钱文化的小女儿，虽然不到十七岁，却早已出落得亭亭玉立。一张鹅蛋脸，一双丹凤眼，人见人销魂，尤其是她的身子，发育得好，丰乳挺拔，肥臀滚圆。在一次庙会上，王佳岸见到了她，便再也不能忘怀。

钱国丹见到王佳岸后，也爱慕不已，觉得此人就应该是自己的郎君。

本来，王、钱两人俊男靓女，都生在渔帮帮主之家，可谓是鱼谐水和，门当户对，谁也不辱没谁。问题是钱国丹还在母亲腹中时就与江苏按察使的儿子指腹为婚了，三媒六证俱在，再过一年，便要去苏州完婚。这一下子，让钱文化老脸往哪里放？

按察使当年是宝山县令，对这门亲事很满意，升作按察使后，觉得有些门不当，户不对，屡有退亲之念，但碍于情面，一直未好开口，未料将就到现在，儿媳妇却跟着别人私奔了，十分丢面子。因而一连发函数封至长兴岛，要求钱文化活要见人，死要见尸。

王佳岸带着钱国丹私奔后，来到上海租界，悄悄租下一处房子，过起了小日子。为了不让家人找到，他们切断与外面的一切联系，王佳岸则进了一所小学，做国文教员，以便养家糊口。

不幸的是，钱国丹十个月后在难产中猝死。王佳岸只好通知钱家人来上海。钱家人来了几十口子，一心要抓王佳岸回去生吞活剥，王佳岸见势不妙，脚底抹油溜到天津去了。

从此，王、钱两家结下仇怨。

钱国凤丝毫也不理会王佳伟的那一套，说："若是识相的，带上你的人，统统滚蛋！"

王佳伟不由愤怒起来，你钱国凤也未免欺人太甚，便说："若是不识相呢？”

“不识相就叫你下海喂鱼！”钱国凤说着抬起手，一枪打掉了王佳伟头上的草帽。跟着，凤凰帮的人纷纷举枪射击，吴淞帮的人一下倒掉一大片。

王佳伟虽然率众拼命抵抗，终究寡不敌众。加上对方早有准备，先发制人，哪里能抗对得了？只好调转船头，往回逃命。

凤凰帮似乎见好就收，也不追赶，高高兴兴地打起鱼来。

这一场械斗，吴淞帮被打死了二十五人，伤三十六人，王佳伟本人也左手负伤。而凤凰帮则一人未伤。

吴淞帮的人怎么能咽下这口恶气呢？你放了我的血，我一定要拔掉你的牙！于是，他们在长兴岛人进入上海的黄浦江口设立游动船哨，见有长兴岛的船路过，一律捕捉。不几天，就捕捉了五十七个人。

这样一来，两帮谁也不要出海打鱼了。宝山县衙为之大震。宝山鱼商公所经理刘一飞见此情形，忙跑来跑去进行调解，吴淞、凤凰二帮谁也不愿意理他，从春至夏，双方一直就那么对峙着。

宝山县衙署见事情闹得很僵，又没有办法解决，为了好对上海道交代，便把刘一飞作为替罪羊软禁起来。

刘一飞被关在县衙后面的伙房中，急得团团转，每天绞尽脑汁寻思对策，终于想起了老朋友应桂馨。他们都是青帮中人，不如给他写封信，让他在上海想想办法，来摆平此事，救自己出苦海。

37

陈其美急着要和谭人凤一起去武汉，对应桂馨的请求极力推脱。

应桂馨说：“你不是要聚积力量吗？要是你这一次去能把吴淞、凤凰两帮的事摆平，那就等于争取了一股巨大的力量。那些渔民，全都是骁勇善战之辈，里面的英雄好汉比比皆是，将来把他们拉出来，连武器都不需配备，这也是一个不可多得的机会呀。”

宋教仁在一旁听了，不由得点点头，说：“要真能为这些人化干戈为玉帛，将来起义时，让他们兵发上海，倒是一支出其不意的力量。”

陈其美说：“这些渔民平时常受官府欺压，一旦争取过来，让他们抗击官府,肯定是行的。只是我已决定去武汉,联络武汉可是大事啊。”

“没关系,武汉我一人去也完全可以。”谭人凤说,“你现在就可以去长兴岛,我们分头行动,力争把所有的力量都争取过来。”

陈其美说:“这样也行。待我从长兴岛回来,再具体商讨成立中部同盟会的事。”

谭人凤告别陈其美,独自一人去了武汉。

陈其美来到精武体育学校,叫上总教练竺绍康,然后和应桂馨、刘福彪等一道奔赴长兴岛。

已是酷暑时节,陈其美一行从长兴岛码头上岸后,顾不上休息,冒着炎炎赤日赶往凤凰镇。关于这次械斗风波,陈其美在一路上已经进行了充分的考虑,只有先说服凤凰帮,让他们先低头赔礼,抚恤此次死难者家属,然后才能去吴淞帮那里让吴淞帮放人,双方和解。很明显,吴淞帮这一次死的人太多了。王佳岸带走钱国丹,若是从人道的本身出发,有什么错?他们双双是为了爱情才远走高飞的,行为本身惊世骇俗。至于钱国丹在难产中身亡,那是天灾人祸,绝非王佳岸所愿。怎么能因为这一点事情,就在海上杀死那么多无辜的人呢?

陈其美思考得十分在理。钱国凤在海上打死打伤了吴淞帮六十多个人,意气风发地回到长兴岛,当他眉飞色舞地把事情经过告诉钱文化后,钱文化心惊肉跳,好半天说不出话。这叫什么事,打死二十五,打伤三十六,自己这帮主成什么人了?简直和杀人魔鬼差不多啦。过了好一会儿,他才摇晃着站起来,指着钱国凤说:“你是糊涂还是中了邪?怎么能打杀那么多人呢?”

“不是你让我多带些船去教训教训他们的吗?”钱国凤振振有词。

“我是让你去教训的,”钱文化老泪纵横,“我没叫你杀人啊?就是杀,也只能杀他王家的人,杀其他人不是造孽吗?”

“这……”兴致冲冲的钱国凤顿时凉了半截。

“你快去通知帮中的人,让他们谁也不准再带枪外出,碰上吴淞帮的人要远远地躲开。”

“我们怕他们什么?他们敢动动我们的人一根毫毛,我就扫平他吴淞帮。”

“混账！”钱文化猛地拍了一下桌子，“你还嫌死人不够多？这两帮的人要是再刀枪相见，死伤的可不就只是吴淞帮了。”

钱国凤只好去告诫众人。

不几天，有消息传来，吴淞帮在黄浦江口一连抓了五十多个人，作为人质扣押下来。有的说吴淞帮要杀掉这些人祭奠死者，有的说吴淞帮要把这些人当人质，让凤凰帮人支付抚恤金，同时还要钱氏父子抵命。钱文化知道事情闹大了，想收场，已经不容易。

果然，那些人质被抓的人家，纷纷找到钱文化，向他要人。钱文化平时有财有势，连县官大老爷见了也都客客气气，何曾被人无端抢白过？心里不由地越来越充满怒火。火归火，他还是要克制自己，这些人家的人被抓走，毕竟是因为钱国凤的海上屠杀，如果把他们惹火了，激起争端来，这长兴岛上可能就会枪林弹雨，血流成河了。

刘一飞来说和时，钱文化也有就此向吴淞帮道道歉，给对方一点抚恤金了事的想法。无奈吴淞帮得理不饶人，硬要让钱文化提着钱国凤的人头，到吴淞帮祠堂去祭奠死者后，才谈其他事情。钱文化当然不能答应。

正当钱文化焦头烂额时，刘一飞让人送来了口信，说上海滩要来几位革命党，要把两帮械斗的事摆平。

钱文化心中升起一丝希望，同时也产生几分担忧。革命党这些年来一直在各地闹腾，势力越来越大，他们出面来摆平这个事，或许会有别人没有的办法。而这些人均非等闲之辈，有些又是亡命之徒，连京城大员都说杀就杀的，最喜打抱不平，要是一定让钱国凤抵命怎么办？

他还没有想出对策，陈其美等人已经来了。

令钱文化意想不到的是，为首的陈其美竟然是个文弱书生，开口说话很和气。双方在钱文化安排的酒宴上吃完饭后，陈其美便言归正传，说：“钱帮主，你愿不愿意真心和吴淞帮化干戈为玉帛？”

“愿意，当然真心愿意！”

“只要你真心愿意，这事情就好办。”

“陈先生，有何高见，敬请赐教钱某。”

“我请钱帮主明天召集贵帮渔民、鱼贩和附近开鱼厂、鱼行的人到宗祠开会,我来想办法,让他们筹款,以供抚恤之用。当然,你必须到会,认一大头。"

"应当,应当。"钱文化连连点头道。

第二天早饭刚过,凤凰帮的渔民、鱼贩及附近开设鱼厂、鱼行的一千多人都赶到宗祠内。

陈其美走上台说:"各位父老兄弟,在座的人中肯定有家里人被吴淞帮作为人质抓走的。现在,父母见不着儿子,妻子担心着丈夫,孩子思念着父亲,一家人还有没有心思过日子?"

"没有啦。"

"这日子还怎么过呀?"有人痛哭起来。

"是的,吴淞帮做的实在可恶。冤有头,债有主,怎么能随便抓人作人质呢?"

"对,吴淞帮不能这么做!"

"大老爷,你要为我们做主!"

陈其美抬起双手往下压压说:"你们想不想让你们家里被抓的人放回来?"

"想啊。"

"做梦都梦见他们回来啦。"

"这就好。"陈其美突然抬高了声音,"可是,你们想过没有,吴淞帮有二十五个人永远也不能回家了,他们的父母再也见不着儿子,妻子再也见不着丈夫,孩子再也见不着父亲,他们的家庭还能过下去吗?"

下面立刻变得鸦雀无声了。

"冤有头,债有主,这些吴淞帮的人哪里得罪过你们,伤害过你们?你们就这样,顷刻间要了人家的命,凭什么?"

下面静得连苍蝇的嗡声都没有了。

"休得在此一派胡言!"钱国风从外面突然闯了进来,"大家别听他的,他肯定是吴淞帮派来的说客。"说着他掏出双枪。

只见两道白光闪过,钱国风双枪同时落地。台上一道黑影飞过,钱国风的双手已被一个人擒住,原来是随陈其美而来的竺绍康。他先飞出了两颗铁弹,然后人落在钱国风背后。

“都站着别动，听陈先生把话说完。谁要是敢搞小动作，我就先要他的命。”竺绍康又从口袋里掏出一颗铁弹，在钱国凤眼前晃了晃问：“看清楚了吗？”

“看清楚了。都别乱动。”钱国凤气急败坏地说。

坐在一旁的钱文化看着钱国凤，气得什么也说不出。

陈其美接着说：“凤凰帮、吴淞帮都是中国同胞，都在长江口一带出没，共饮一江水，理应当团结互助，不应当互相残杀。现在，既然发生这桩巨大的人命案件，就要妥善处理，不然，他报仇，你复仇，冤冤相报何时了？若是那样，不幸的家庭就会不断出现，大家在这种事上空耗精力，吴淞帮不能出海打鱼，凤凰帮打了鱼不能进入上海卖，到头来害的都是谁？”

下面有人小声议论起来。

“现在，你们有人质在吴淞帮手中，我们就要去调停他们，让他们把人质一个不少地放回来。”

下面人热情地鼓起掌来。

“不过，吴淞帮死了二十五人，伤了三十六人，凤凰帮不能就这么算了。钱帮主和钱公子首先要登门道歉，还要带上一笔抚恤金，抚恤死伤者，这事才有可能和解。所以，今天请诸位来，一是要向大家说清道理，二是要大家慷慨解囊。”

“这不公平！”一个鱼行老板叫起来，“这段日子，没有货，我们已亏大了，还要我们出钱，是什么道理？”

“我知道你们亏大了。但你想想，要是双方再这样相持下去，都不出海打鱼，你亏得不更大吗？大家都出些力，把这事化解掉，赶快放船出洋，恢复渔业生产，眼前的亏损就会补回来。”

钱文化此时站起来说：“陈先生从上海特地赶来，为两帮的事奔走，说得在理。事情是由我钱文化引起，我定当带孽子前往谢罪。钱款之事，我拿出一万银洋，余者还望各位鼎力相助，就算是帮我钱某一把。”

钱文化深深地鞠了一躬：“我对不起诸位乡亲！”

下面的人一见，纷纷认捐起钱费来。到下午，捐款总计达一万五千余元。

吴淞帮那边，帮主王宾堂这些日子一直被悲伤笼罩着。本来，他的确是想组织人马与凤凰帮拼个鱼死网破的。经过一夜的反复思索后，他明白那样只会让死亡的人数继续增加，即使能够打死凤凰帮几十个人，对吴淞帮又有何益？不过，下面的人闹得十分凶，一定要钱氏父子抵命。他们还自动到黄浦江口设流动哨船，抓过境的长兴岛人作人质。对此，王宾堂不赞成，却也不便反对，他拿不出更好的办法来安慰死伤的人家。

陈其美和应桂馨从长兴岛来到时，王宾堂早已作好迎接的准备。不一会儿，帮中头面人物和死伤者家属就来到祠堂中。陈其美把钱氏父子将要亲来谢罪，并带来一笔抚恤金的事跟众人一一说明，希望大家能够相互忍让。毕竟人死不能复生，解决眼下的问题是关键。

死者家属中有人则仍然坚持要钱国凤人头祭奠死者，不能就这么便宜凤凰帮。

陈其美说："我并不是偏袒凤凰帮。如果要了钱国凤的命能够让你们的亲人复生，我无须多言，手下人立刻就能拿他的头来。只是杀了钱国凤，一点用也没有。你们是抓了不少人质，可他们也是有家有口的，你们就忍心看到他们的父母妻子也像你们一样悲伤？"

下面的人不再争辩。

"凤凰帮已经筹集了一万五千余元的抚恤金，虽说不多，但你们各家拿到手后是能起不少作用的。何必再作无意义的争斗呢？"

经过这几番陈说，众人基本上赞同了陈其美的意见。

陈其美亲书一函，让应桂馨亲自送到凤凰帮。

钱文化事前就对陈其美说过："一定要保证我们父子的安全，不然我们不能去。"

陈其美答应了他，所以先和应桂馨过来调和。

见到陈其美的信函，钱氏父子随应桂馨、刘福彪和竺绍康一起上路。路上，钱文化还是有些不放心。竺绍康说："有我在，谁也不会伤到你们。你们千万要真诚地向人家谢罪。"

"这个自然！"钱文化说。

吴淞帮的祠堂里重新进行了一番布置，在一进门的大厅内，摆上了此次海上死难者的牌位，牌位前面设了香案和瓦盆。这是在陈其美主持下，钱文化和王宾堂就如何举行谢罪仪式而达成的协议。因为祠堂里面有王氏列祖列宗的牌位，谢罪仪式放在里面显然不妥。双方协商的结果，是放在祠堂刚进门的大厅中。

谢罪活动在第二天上午进行。

钱氏父子披麻戴孝，打扮得如同孝子，来到牌位前，在香案上点上香，在瓦盆中烧着纸，便跪在瓦盆前，恭恭敬敬地叩起头来。

钱文化叩完头先站起来，对着围在身后的吴淞帮的众人说："小儿国风，年轻气盛，挑起此次械斗，致使二十余人死于非命，我是万分伤心。钱文化我上对不起贵帮列祖列宗，下对不起各位父老乡亲。各位请受我三拜，宽恕犬子。"

说着，钱文化跪倒在众人面前，"咚""咚""咚"叩了三个响头。

钱文化叩完头，一直还那么跪着。王宾堂走上前，说："钱兄请起。"

钱文化站起，立在一旁。

钱国风从牌位前站起，转过身来，也面对吴淞帮的人跪下，"咚""咚""咚"叩了三个响头，说："国风处事鲁莽，造成这次不幸，万望众位父老乡亲宽恕！"

"钱国风，你说得轻巧，一句处事鲁莽就能把责任开脱吗？拿你命来。"

一个十六七岁的少年从人群中跳起来，举着手枪对准钱国风连连射击。这一切发生得是那么突然，竺绍康本来是捏着铁弹在手的，无奈那少年藏在人群中，开枪时只是枪口伸到了人群外。不能发射铁弹，他只好纵身一跃，让自己像一面盾牌一样护住了钱国风。

少年的一串子弹全射在了竺绍康的身上。

祠堂里顿时大乱起来。

刘福彪跨前一步，护住陈其美，同时，铁扇一扬击中王宾堂的肩膀，把他抓到自己的面前，高声叫道："谁要再动，我就杀了他！"

"肃静！肃静！"王宾堂高叫起来。

吴淞帮的人身上带枪的全掏出了枪，刘福彪、应桂馨等人也都掏出了枪，双方僵持在那里，大有一触即发之势。

陈其美顾不上危险，猛扑上前，抱住了倒在血泊中的竺绍康。“竺先生，竺先生！”他不停地叫着。

竺绍康渐渐醒来，血从他的身上不停地往外流，想开口说话，嘴里也冒出血，“让他们别……别再争了，都……是自家兄弟，和为贵。”说完，撒手归去。

“竺先生！”陈其美大哭不止，“都是我害了你呀！”

吴淞帮的人见此情形，有不少人背过脸去。

“我要和你们拼啦！”钱国凤吼叫着站起来，要向吴淞帮冲去。幸亏来之前，陈其美没有准许他父子带武器，要不然，定会又大打出手。

“混蛋！”陈其美大骂一声，“你在旁边老实站着。”

钱国凤的一声吼，似乎把陈其美吼醒啦。他放下血泊中的竺绍康，擦了擦脸上的泪水，对刘福彪和应桂馨说：“收起你们的武器！”

刘福彪、应桂馨把枪插入腰间。

“放开王帮主。”陈其美又说。

“这……”刘福彪有些不情愿。

“放开王帮主。”

刘福彪只好把王宾堂放了。

王宾堂脱身后，陈其美说：“王帮主，请让你的手下收起武器。”

王宾堂连忙说：“谢谢陈先生宽洪大量！”他冲帮中人划拉一下手臂，“把枪全收起来！”

吴淞帮的人此时心情复杂极了。本来许多人是要报仇雪恨的，见竺绍康被他们的人打倒后，依然毫无怨言，叫着“和为贵”死去，心中都受了不同程度的震撼。陈其美强忍悲伤，制止钱国凤，释放王宾堂，更让他们受到震撼，人家这是为什么？

“陈先生，对于发生这样的事我深表痛心。我定会让四虎子偿命的。”

四虎子就是刚才打冷枪的少年，王宾堂把他叫出人群，说：“你自己看怎么办吧？”

四虎子此时已没有了先前的锐气，“扑通”跪倒在竺绍康的尸体前，泪水横流，“我不是故意伤他的。我真不是故意的！”

陈其美走到他的面前蹲下，抚摸着他的脑袋说；“我知道你不是故意的。我也知道你想报仇，可这种冤冤相报何时能了？这次海上械斗，说穿了是封建思想的毒素在作怪，要是王佳岸和钱国丹有情人早成眷属，不走私奔之路，哪会有这些情形？孩子，你要记住，做人，该宽容时要宽容。”他一边说，一边拉起四虎子，让他回到吴淞帮的人群中。

“各位老少爷们，竺先生是革命健将，为了调和你们两帮的械斗，今天死在这祠堂之中，你们还要继续死人吗？”

吴淞帮的人再也说不出话来。

“竺先生临死时还说和为贵，大家一定都听见了。如果吴淞、凤凰两帮从此能够罢除干戈，竺先生也算不枉一死。你们愿意不愿意满足他的遗愿？如果愿意，请你们就此退出祠堂，余下的事，我和王、钱二位帮主商量解决。

一个人退出去了，两个人退出去了，三个人退出去了……渔民们都退了出去。

第二天，陈其美让刘一飞出面，约齐了吴淞镇、长兴岛两处“渔商公所”的所有老板，并报禀帖请宝山县衙派官吏到场。双方约定给吴淞帮每个死者抚恤费五百元，伤者每人医药费一百元，总共一万五千一百元整。钱由凤凰帮当场支付，吴淞帮具总领据，并同时释放被扣押的长兴岛人质五十七名。

两帮的事情调解完毕，陈其美和刘福彪便筹买棺材将竺绍康入殓。在两帮渔民沉痛而不舍的送别声中，他们将棺材运上轮船，返回上海。

第十八章
成立中部同盟会

38

这两年来，武汉三镇一直处在风雨飘摇之中。

1910年，沙洋大堤溃决，襄河横溢，天门等县成了一片泽国，几十万灾民流离失所，无家可归。武穴饥民抢了米店。崇阳饥民包围了县衙门，捣毁衙署。沔阳一千多饥民聚众抢粮，与驻军展开了激烈的搏斗，湖广总督瑞澂十分害怕，忙令驻军镇压。

1911年春夏之交，江河满溢，湖泊泛滥，潜江、钟祥、监利等县的二十余万灾民涌进武汉。他们无家可归，露宿街头，破衣烂衫，面黄饥瘦，心中积满了悲愤和怒火。

夏天时，汉阳城内外发生了一场大火，烧了一天一夜。腾天的烈焰烧毁了八千多家房屋，一千多条大船。在大火中烧死、淹死的船民达一千多人。无家可归的难民近十万。

这时，摄政王载沣批准了邮传部尚书盛宣怀的奏请，向日本正金银行和英、法、德、美四国银行借了一千万元的贷款，颁布了铁路国有的政策："干路均归国有，支路准商民量力酌行。从前批准之铁路各案，一律取消。如有抵抗，即照违制论。"同时，颁布了川粤汉线路收回的详细办法。

四川、湖北、湖南、广东四省为川粤汉铁路所经之地，群情激愤。四川人反对得特别厉害，整日集会。川督赵尔丰惶恐万分，竟制造了杀死三十多人的成都惨案。惨案发生后，四川保路运动掀起了更大的高潮。

四川形势大有一触即发之势，赵尔丰眼看难以支持，急电朝廷派军队入川。

摄政王载沣想来想去，只好起用被革职的前两江总督端方。

端方历任封疆大吏的要职，对诸省形势和各地民情是比较熟悉的。在清末满人大臣中，他是比较有学识、政声较好的一员。1905年，端方作为五大臣之一，赴欧洲各国考察政治，长了不少见识。回国后，他历任两江总督、直隶总督、南北洋大臣，曾极力主张立宪，倡议推行宪政，在当时的新派人士中，也颇有一些人望。

可是，由于端方同袁世凯是儿女亲家，有同党之嫌，因而遭到载沣兄弟的忌恨。慈禧死后，载沣刚当权，就立即以他护送慈禧、光绪梓宫奉移山陵时曾在隆裕皇太后行宫外面照相为由，指斥他"恣意任性，不知大体；下部议革职"，撤掉了他的直隶总督的职务。他心里明白，口里却说不出，只好从此闭门谢客，以金石自娱，还刻印了两部书：《匋斋吉金录》和《藏石记》，弄得一家人衣食用度都成了问题。

这一次，保路风潮涌起后，朝廷下旨让他出任督粤汉川汉铁路大臣兼钦差大臣，他内心极不情愿，但又不敢违令。到武汉后，他向湖广总督瑞澂借了一协又一营的新军，急速开往四川。

湖北是革命党人最活跃的地区之一。早在1906年，湖北革命党人就成立了日知会。同年该会会员集体加入了同盟会。此后，孙中山派乔宜斋偕同法国武官欧吉罗到武汉视察。那位武官口没遮拦，在日知会的欢迎会上公开发表激烈言论，引起了官方注意，因此日知会被查封，大批革命骨干被捕入狱。

革命党人是捉不尽杀不完的，不久，他们又成立了群治学社，以研究学术为掩护，在汉口办《商务报》鼓吹革命，又派大批社员投入新军发展组织。1910年，长沙发生抢米大暴动，抚台衙门被焚，清政府从湖北调兵到湖南去镇压，群治学社拟乘武汉防务空虚之际策动新军起义，不料事机败露，同时《商务报》又因为大声疾呼反对铁路国有政策被封，因此会员纷纷走散。

1911年1月30日，蒋翊武、詹大悲、刘复基等人在武昌成立了文学社，加强发展新军中的组织，所吸收的对象遍及步、马、炮、工、辎各营。半年下来,武汉新军一万五千人中,文学社会员就达二千余人,同情革命者达五千余人。

除文学社外,孙武、刘公、焦达峰等人组织了共进会,意在联络两湖会党起义,相约湖北先动,湖南响应;湖南先动,湖北响应。

共进会与文学社虽同属革命组织,但先因保密之故,彼此不相联系。后来,有些革命者既参加了共进会,又参加了文学社,双方不再保密,但双方领导者却谁也不愿意从属谁,均各自为政。

谭人凤就是在这种形势下来到武汉的。

孙武、焦达峰等人见谭人凤来到,十分高兴。共进会这阵子正在研究,乘四川保路风潮正火、端方带兵入川、武汉兵力空虚之际,进行暴动。他们对胜利充满了信心。共进会会员李作栋对谭人凤说:"广东虽然失败,我们湖北却更好革命了。清政府以为这回把中国革命党杀光了,再没有革他命的人,他一定不大防备革命党。他不知道广东死的,都是些有名的革命党,我们湖北还有这些无名的革命党。如果乘他不备,出其不意,革起命来,那一定是可以成功的。"

"李先生言之有理。中山先生组织的起义多在边境地区,清廷对内地的情形不是很清楚,但他们鹰犬太多,大家都要提防些。"

谭人凤接着说:"上海的同志也都在积极谋划打算把中部同盟会的牌子正式挂出来,使长江一线的会党组织联合行动,相机共同起义,让清政府无法顾及,不知诸位意下如何?"

焦达峰说:"若能如此最好。"

孙武说:"谁来做领导者呢?"

谭人凤明白,孙武是怕一旦联合,他要受别人指挥,忙说:"中山先生、克强先生一直是革命的领导,上海的英士先生、遯初先生也可以领导,至于武汉,共进会和文学社联合起来,选举领导也行。"

孙武说:"但愿文学社的人能够同意。"

谭人凤很快又去会见文学社的蒋翊武等人。在联合的问题上,蒋翊武、刘复基都表示欢迎,态度异常诚恳。谭人凤这才放下心来。

在谭人凤的极力促合下,共进会的人和文学社的人终于坐在了一起,初步达成联合起义的决定。

处理完武汉的事，谭人凤乘船东下，回上海向陈其美报告。

1911年7月31日，陈其美和宋教仁、谭人凤等在上海北四川路湖北小学召开同盟会中部总部成立大会。到会者共有二十九人，其中湖南籍七人、浙江籍七人、四川籍四人、福建籍五人、江苏籍三人、安徽籍两人、云南籍一人。大会决定在上海设立总机关，各地设分机关。并决定以海关造册处潘祖彝的办公处为“通讯机关”，以浙江路八百二十一号杨谱笙寓所为“秘密接洽机关”，以湖州旅沪公学为集合地点。机关的创办经费由与会者捐助，最少的一元，最多的十五元，共计一百一十九元。

大会推举陈其美为庶务，管理一切不属于其他各部的事务；潘祖彝为财务，管理筹款事务；宋教仁为文事，管理参谋、立案、编辑及其他一切事宜；谭人凤为交通，管理联络各省会党，及选举、会籍、纠察、赏恤等事；杨谱笙为会计，管理会计收支事务。

会议通过了《中国同盟会中部总会成立宣言》和《中国同盟会中部总会章程》。

在《成立宣言》中，他们强烈地抨击了清政府：“现政府之不足以救中国，除丧心病狂之宪政党外，贩夫牧竖，皆能洞知。”同时指出以往同盟会失败的原因：“有共同之宗旨，无共同之计划；有切实之人才，无切实之组织。”针对广州起义后的情况说：“同人等激发于死者之义烈，各有留心，留港月余，冀与主事诸公，婉商善后补救之策，乃一以气郁身死，一以事败灰心，一则宴处深居，不能谋一面，于是群鸟兽散，满腔热血，悉付诸汪洋泡影中矣！虽然，党事者，党人之公责也。有倚赖性，无责任心，何以对死友于地下？返沪诸同志，迫于情之下不能自已，于是有同盟会中部之组织。”

《宣言》还强调，在组织上，中部同盟会“奉东京本部为主体，认南部分会为友邦”。总机关设在上海，“取交通便利，可以联络各省，统筹办法”。各省设分部，“收揽人才，分担责任”。机关内部实行“合议”制，“救偏毗、防专制”。各团体对于总部，必须“同心同德、共造时机”，不可有“省界情感”之宿见，“举义”必须“由总部召集各分会决议，不得怀抱野心，轻于发难”。

会中总理之职，暂不设立，“留以待贤豪”。

《中国同盟会中部总会章程》计二十三条。它宣布自己的宗旨是：“以推覆清政府，建设民主的立宪政体为主义。”发展对象为同盟会会员。它还强调指出：“会员皆一律平等。”会员在法律范围内，“保持身体、财产、职业、居住、信仰之自由”。会员得按法律“陈清保护利益，及陈诉冤案”，“有选举、被选举之权”。会员须“保守本会一切秘密”，“不得入反对本会主义之他团体”，有“纳捐项、出劳力”的义务。

得知中部同盟会成立后，黄兴曾从香港发来贺信：

> 欣悉列公热心毅力，竟能于横流之日，组织干部，力图进取，钦佩何极！迩者蜀中风云激发，人心益愤，得公等规画一切，长江上下自可联贯一气，更能力争武汉。老谋深算，虽诸葛复生，不能易也。光复之基，即肇于此，何庆如之！

不久，黄兴又致书陈其美，要他以过去的失败为教训，“严剔内部之人。用一人必深悉其底蕴，绍介者尤宜负其责任”，“用人不可不择”；并告诫陈其美：“吾党发难之组织，不可不以军律成立。”他特别提醒陈其美：“沪上虽仅有机关，其乞丐侦探甚多，亦当注意。”

对于中部同盟会的成立，孙中山先生当时没有直接发表肯定的言论，但他后来曾说：“先是陈英士、宋遯初、谭石屏、居觉生等既受香港军事机关之约束，谋为广州应援；广州既一再败，乃转谋武汉。”

褒贬态度，其间自明。

第十九章
黄鹤楼头战旗红

39

在同盟会中部总会的推动下，文学社和共进会终于于9月14日在武昌正式召开联席会议，商谈两团体联合，成立领导起义的统一机构及武昌起义的计划。会上推蒋翊武为总指挥，孙武为参谋长。并设政治筹备处，举刘公为总理。

9月24日，驻扎在武昌南湖的炮队八标三营部分革命党人发起暴动，没有成功，这件事发生后，湖北武汉地区的各级衙门都警觉起来。文学社和共进会的人全都加强行动。他们原定在10月6日的中秋节起义，因筹备不及，把日期改在了10月11日。

10月3日，两江总督瑞澂召集荆州将军连魁，督署军事参谋官、湖北督练公所总办铁忠，湖北布政使连甲，第八镇统制张彪，第二十一混成协协统黎元洪，武昌知府陈树屏，汉阳知府双寿等文武官员，举行紧急会议，商讨如何镇压革命党人的办法。

经过一天的商讨，会议决定，调水师巡防营驻守总督衙门和督署附近的各重要通道；命令张彪、黎元洪严厉督率所部军队日夜巡城；派工程第八营驻守楚望台军械库；派楚威号、楚同号等军舰日夜在江面上游弋，以便应急。同时，还命令巡道和各级衙门，派出大批军警、捕快和密探，严密稽查户口和各种可疑之人，发现革命党机关，要立即包围捣毁，对革命党人，一律格杀勿论。

且说革命党人，早已派居正、杨玉如赴上海购买手枪，并邀请黄兴、宋教仁、谭人凤赴武汉主持大计。陈其美拿到购枪款后,一面四处联系,一面手书一函,派吕天民急赴香港,与黄兴联系。

居正、杨玉如迟迟不归,蒋翊武接到消息,黄兴将派人到岳阳,在那里和他接头,他在9月份时就赶赴岳阳了。

刘公、孙武、刘光澄、彭楚潘等面对敌人的调兵遣将,认为不能再等待了,必须尽快举行起义。他们决心自己动手制造炸弹,以此袭敌。

孙武等人在俄租界完善里十四号租了两间楼房,在后楼的小房内设立了一个小小的秘密炸弹作坊。他们广开门路购买了大量材料,日夜赶制各种各样的小型炸弹。可惜,10月8日这天,孙武喝多了酒,不小心将桌上的炸弹碰炸。刘公等人急忙把被单盖在被炸伤的孙武脸上,伪装病人怕风,把他搀扶下楼,雇人力车逃走。

听见了爆炸声,俄国巡捕很快来到。余下的人只来得及把制成的炸弹和各种药料转移出去。他们再回来想转移各种旗帜、印钤、名册、文件时,却已经来不及了。俄国巡捕将所有的文件印信都搜洗一空,一起运进捕房。

党人李自贞等见机关已被破获,只好四处逃散。他们分别到总指挥部和各分机关报信,以便让大家有所准备。

孙武负伤后,被送入一隐蔽地点养伤。他传出口信给李自贞等人,让他们赶快找到蒋翊武,立刻发动起义。

10月9日晨,蒋翊武从岳阳回到武昌。当天上午,他就在武昌小朝街起义总指挥部召开紧急会议,决定当晚立即起义。具体时间定在当夜十二时正,由湖南炮队第八标首先开炮,作为这次起义的信号。由于信没有及时送达,湖南炮队没有接到命令,起义没有如期举行。

当夜,清兵按照搜索到的名册,包围了小朝街起义总部,抓获了彭楚藩、刘光澄和杨宏胜。

瑞澂为了显示他的威力,打击革命党如火如荼的气焰,决定当天晚上,即10月10日凌晨,立即对彭楚藩、刘光澄、杨洪胜三人举行公审。

公审在总督衙门会议大厅举行。

主审官是督署的督练总办铁忠。他先问彭楚藩:“你们同党究竟有多少人,从实招来,可以免死。”

彭楚藩厉声回答说:“狗官休问，全国四万万同胞都是我们的同志！要杀便杀,不必多言！”

铁忠等人目瞪口呆,只好惶恐地将彭楚藩、杨宏盛、刘光澄三人枭首示众。

10月10日,清朝官吏下令紧闭武昌城门,封锁新军各营房,不许士兵外出,并调旧军在重要街口施行紧急警戒。困守营内的新军士兵人人自危。

晚7时许，第八镇工程第八营前队二排排长陶启胜前来查夜,看见士兵金兆龙正忙着把子弹装入枪膛,厉声问道:“这是为了什么？你想造反吗？”

金兆龙是前队革命党人的代表,平日最憎恨这个作威作福、官气十足的小军官,他见陶启胜气势汹汹,盛气凌人,早已怒火中烧,对准陶启胜就是一拳头:“老子就造反！你能怎么样？”

陶启胜一跺脚:“混账！”他对身后的两个护兵说,“把他带走,军法从事！”

两位护兵见金兆龙等人多势众,不敢动手。陶启胜骂了一句“废物！”上前来就要亲自抓金兆龙。金兆龙旁边的程正瀛骂道:“滚开！”他举起枪托,对准陶的后脑勺,狠狠砸了一下,陶启胜眼冒金星,脚步踉跄,连滚带爬地逃下楼去。

此时,金兆龙突然清醒过来。他知道事情已彻底暴露了,再不动手,只能束手就擒了。

“弟兄们,起义啦！”他举起长枪,振臂高呼。

金兆龙往楼下冲去。

此时,楼下传来一声枪响。原来,工程营革命党总代表熊秉坤刚刚从驻在楚望台对面右旗的第二十九标和第三十标联络后归来,见陶启胜逃跑,向他开了一枪。熊秉坤虽未打中陶启胜,但这一枪却如同一声命令,让整个营中的革命党人立刻开始行动。

熊秉坤来到楼上,聚拢起义的士兵,要他们不要乱动,先守住楼头要紧。

这时,工程营代理管带阮荣发、右队队官黄坤荣等,听到枪声,都已带兵赶来镇压。他们堵住了楼门,并且向楼上的起义士兵喊道:“你们的父母妻子都在这里,这等叛逆之事是做不得的,要灭九族的,赶快回棚,不许胡闹!”

上面一排子弹下来,阮荣发、黄坤荣顿时被击毙。起义的队伍欢呼起来。他们纷纷反扣肩章,臂缠白绷带,向楚望台军械库进发。守卫楚望台的士兵是工程第八营左队,立即起而响应,公推左队队官吴兆麟担任革命军临时总指挥。

军械库被打开了,里面有汉阳兵工厂制造的山炮三十门,德国造的新旧毛瑟步枪一万五千余支、汉阳造步枪二万支、马枪二千余支,各种弹药不计其数。因而,后来赶到的各路起义军都得到了充足的补充。

此时,城外炮兵营听见城内枪声,知道工程营已首先发动,立即拖炮入城,占领高地,对准督署等地连连发炮。炮声如同催征的号角,步、炮、工、辎各兵种纷纷向楚望台集合,革命的风暴席卷了武昌全城。

吴兆麟整顿了一下队伍,便带领人马向总督衙门进攻。总督瑞澂惶恐万分,只好从后墙打洞逃走——清代督署不设后门,他们由文昌门出城,登上楚豫号军舰。

“丫姑爷”、第八镇统制张彪率残部在望山门一带顽抗,忽见督署中狼烟滚滚,不由大惊。因为炮声隆隆,电话也不通,他也不敢恋战,由文昌门渡江逃往刘家庙。

第二十一混成协协统黎元洪跑到第四十一标第三营“坐镇”,妄图抵抗革命。吴兆麟派传令兵周荣棠持函劝他参加革命,被他亲手拔刀砍死。当他听说满城文武均已逃走,总督衙门已被革命军攻下,他的部队也都弃暗投明参加了革命军,才屁滚尿流地带着参谋刘文吉离营逃走。

10月11日,武昌全城已无敌踪,革命军在蛇山和黄鹤楼上升起了十八星旗,改元称黄帝四千六百零九年。

革命军迫切需要组织革命政权来领导革命。此时,同盟会领袖孙中山在美国,黄兴在香港,陈其美、宋教仁在上海,同时,他们资望尚浅,赶去武汉也未必能统领大局。起义前湖北各革命组织公推的领导刘公、蒋翊武不知去向,孙武负伤,革命军一时群龙无首。

有人建议推革命军临时总指挥吴兆麟为鄂军都督。吴兆麟说:“本人官卑职小,压不住众。”坚决不肯承担。

各标营的起义军代表,都集中在阅马厂湖北省咨议局的大厅里。大家都要求尽快成立湖北省军政府。

想来想去,众人抬出了前咨议局议长汤化龙。汤化龙数年来极力鼓吹君主立宪,在湖北乃至全国都极有名望。但汤化龙心中却认为,革命初起,胜负未卜,自已还不能太露头角,不然,清军一打回来,那可是入地无门。他灵机一动,推荐由黎元洪出来做军政府都督。

此论一出,反对者纷纷,都说黎元洪不是革命党,而且公然反对革命,岂能推这种人来领导革命?

吴兆麟却说:“推一个非革命党人做都督,表示我革命军大公无私,不争权力,可以鼓励一般革命党人消除顾虑,共同参加革命,这样,就可以减少革命前途的阻力。”

令后来人哭笑不得的是,这种重视资历而敌我不分的论点,竟无人再反对而决定下来。

但是,黎元洪已经躲藏起来,一时难以找到。事有凑巧,黎元洪打发一个伙夫回家拿行李,因其行迹可疑,革命军便严加盘问。那人说:“黎统领现在躲在黄土坡的谢国超家中。”谢国超是黎元洪手下管带,吴兆麟知道其名。他马上命令马荣、程正瀛二人带队前往迎接。

黎元洪躲在谢家内室中,听见外面人喊马嘶,急忙钻进放马桶的一个布帘后面躲起来。马、程二人搜了半天,才将他搜出来。

“黎协统,我们来请你到咨议局议事大厅去。”

黎元洪以为革命军要在那里枪毙他,吓得他泪水涟涟:“我自问平素带兵并不刻薄,你们今日为何这样待我?”

马荣说:“我们是特请你出来主持大计的,你不要婆婆妈妈好不好?”

黎元洪将信将疑跟着他们走了。

在由黄土坡到楚望台的一路上,不少人看见这身躯高大的协统,身穿灰色呢袍,愁眉苦脸地骑在马背上,像被押解的犯人一样,也以为他此去凶多吉少。可是到了省咨议局门前,吴兆麟立即传令号兵吹号,士兵排队相迎，吴兆麟也站在队伍前面行甩刀礼，黎元洪悬着的心终于落下。

黎元洪原来认识吴兆麟，见他并无恶意，便用长官关心部下的口吻连骗带吓地说："你们为什么要革命？革命是要杀头充军的！你们都有身家性命，依我之见，赶快归队回营，否则悔之晚矣。"

他的话还未说完，只见一个人面带怒容，提着一把明晃晃的大刀跳了出来。

"马荣不得无礼！"吴兆麟大喝一声。

马荣愤愤地说："不要不识抬举！"

黎元洪不敢再说什么，只好在吴兆麟的引导下进入议事大厅。

议事大厅里黑压压地挤满了咨议局议员和武昌绅商人士，见汤化龙也在其中，黎元洪不由一怔："难道这些人都是前来参加造反的吗？"

此时，革命军同各界人士早已协商好，通过咨议局选举，把黎元洪的都督人选定了下来。所以，他一进来，议员刘赓藻就提议推举黎协统元洪为鄂军大都督，大厅里响起一阵热烈的掌声。

"你们不要抬举我，我不是革命党，不够资格。"

接着，大家你一言我一语都劝黎元洪要顺应潮流，接受推举，共伸大义。黎元洪却说："我平日谨慎做人，勤恳视事，诸位切莫害我。"

"你要再甘心当满奴，就吃我一枪！"率领测绘学堂学生参加起义的李翊东握着手枪跳起来说，吴兆麟急忙摇手制止了他。

汤化龙走近黎元洪身边，向他咬了咬耳朵，叫他不要再推辞了。

这时候，大厅里突然变得鸦雀无声，大家的眼睛不约而同地都集中在黎元洪那张胖嘟嘟的脸膛上。只见他有气无力地说："武昌靠近大江，海军那么厉害，怎么守住呢？"

邓玉麟说："守得住就守，守不住我们退湖南。"

"湖南，能退过去？"

"那边有我们的同志，他们会来打接应的。"

"饷呢？"

"打开藩库，用了再说。"

此时，革命军已攻占藩库，所获得的库银，及攻占银元局、铜元局、官钱局时所获得的硬币、台票等，总计有四千多万元，其中现银二百二十万两、现洋一百万元、铜元六千万枚、官票二百八十多万张。可惜，这些充裕的资金，后来落入一些新的贪官污吏之手，被贪污挥霍掉了。

黎元洪认为，革命军无险可守，无援无饷，绝无成事之理。但他又怕吃眼前亏，便装起哑吧来，不再开口说话。而大家也就认为他已默认担任都督，会议宣告结束。

当天，湖北军政府就在咨议局内宣告成立。

可是，大都督黎元洪接连两天却如醉如痴，不进饮食，也不开口说话，似乎想用绝食的办法来“尽忠尽节”。据警卫员报告，他有两次企图逃跑未遂。他这种阴阳怪气的态度，激怒了性情暴躁的张振武，主张一刀把他砍作两段。

张振武，原名光鑫，字春山，湖北罗田人，生于1877年，早年曾入湖北师范学校学习，后东渡日本，求学于东京早稻田大学。在此期间，加入同盟会。1907年，张振武回国参加徐锡麟领导的安庆起义。失败后，逃亡日本。不久，他又冒险回国，在湖北以教师为职业，暗中进行宣传和革命组织活动，利用职业之便在教学中启发学生的反满革命思想。他是共进会的重要领导人，负责会中财务。为了筹措革命经费，他不惜卖掉罗田和竹山老家的财产。

“此人不杀，必有后患！”张振武几次想杀了黎元洪。

可是，吴兆麟等人一再阻止他。他们认为“庙有了，菩萨也有了，菩萨本来就是不言不语的，庙里的事情，自有和尚来管”。于是，革命党人推举蔡济民、吴醒汉、陈宏诰、邓玉麟、高尚志、张廷辅、王宪章、徐达明、王文锦、梁鹏等组成“十人谋略团”，负责主持军事，对外则用都督之名义施行。因此，府中人员背地里都称黎元洪为“黎菩萨”，不久，“泥菩萨”之名传遍武汉三镇。

12、13两日，汉阳、汉口两镇相继光复。湖北各府州县接到省里的电报，也纷纷赶走清朝官吏而宣布独立，全省革命形势大定。

在那些日子里，武汉三镇人心沸腾，千千万万的市民都把革命的胜利当作自己的大喜事，彼此见面打招呼，都抱拳拱手互道恭喜。大街小巷到处可以听到人们高谈阔论地说：“这一下子压在我们头上的清朝皇帝和狗官们都倒下了，从此我们四万万同胞都是一品大百姓，都成了国家的主人翁了。”

“从此四万万人就是四万万个皇帝，而今天担任国家公职的官员，都是人民的公仆。”

在这种民主思想的指导下，社会风气立刻为之一变。首先革除了“大人”“老爷”这类不平等的称呼，所有磕头、作揖、打扦等旧礼节都被废止，而代之以握手、脱帽或鞠躬。

男人们忙着剪辫子，女人们忙着放足，社会风气日日大变。

40

武昌起义爆发后，上海的《民立报》《神州日报》《申报》等报刊以醒目的标题、重要的版面进行了报道。

陈其美积极行动起来，他以最快的速度帮着居正办好购枪事宜，并把居正从十六铺码头送上船，让他赶回武汉。

送走居正，陈其美又给在南京的谭人凤发电报，让他直接从南京上船，与居正会合后直赴武汉。10月12日，谭人凤在下关码头与居正会合，两人共赴武汉。14日他们到达武昌。

武昌的革命军政府成立初期，倒也打破了往日官场中界限分明的等级制度，从大都督到一班的文书，一律月支生活费二十元。军政府也没有清朝总督衙门那种森严气派，如有要事，任何人都可以自由出入，要求面见都督而能畅所欲言。黎元洪住在府中大楼东头的一间，吴兆麟的革命军临时总指挥部设在西头的一间。不过，开始几天，黎元洪不过是名义上的大都督，军事由十人谋略团主持，来访人士也由他们出面接待。

都督府成立最早的直属机构是外交部。部长胡瑛原名宗琬，别号经武，湖南桃源县人，早年进过长沙经正学堂。黄兴在湖南组织华兴会时，他首先参加，后来又到汉口加入了日知会。日知会被查封时，他被捕入狱，清政府判他终身监禁。他在狱中宣传民主革命，使狱吏谈国华深受感动，把女儿许给了他，还掩护他跟外面通信往来。因此，胡瑛在狱中又先后参加了振武社和文学社，还经常与湘西会党密切联系。武昌起义一打响,他就立即跨出牢门,奔向都督府而自立为外交部长。

在武昌起义及其后与北洋军队的战斗中,胡瑛和后来从上海赶来的宋教仁把驻武汉的各国领事馆都跑了一遍,反复向他们说明革命军的宗旨和保护外侨外商的决心,使外国人安下心来。他们均表示,在清军和革命军之间严守中立,决不支持清兵。在外事活动这一方面,胡瑛的确是功不可没的。

虽然黎元洪不愿视事,但都督府成立后,民主革命派和君主立宪派却展开了尖锐的斗争。立宪派想把革命政权从革命派的手中夺过来,于是策划了两个活动:一是建议鄂军大都督举行祭告黄帝典礼和革命军誓师大会,二是主张制定湖北军政府的组织条例。立宪派企图以此树立黎元洪的形象, 抬高他这个非革命党人在革命中的地位,以抑制革命党。

整天愁眉苦脸的黎元洪,此时见武汉三镇全部光复,湖北省各府州县也纷纷宣布独立,觉得天下大势真的要变了。他也就满脸多云转晴,开始粉墨登场。

谭人凤来到武昌后,革命党人为之一震。因为他来自中部同盟会,是革命领袖孙中山、黄兴直接领导的人,在这种特定的历史时刻,人们就把他看作上级派来的代表。

整个武汉,群情激愤,每一个人都以革命的形象出现。谭人凤被强烈感染着,但对其中的混乱和无秩序又感到有些惘然。10月15日,武昌的有关人士为他举行了欢迎会,会上不容他考虑,就决定让他第二天代表中部同盟会授剑、授旗。

10月16日,鄂军都督府门前广场上搭了一座高台,举行革命军誓师典礼。谭人凤在汤化龙等人的簇拥下来到台上,把一口宝剑和一面十八星旗授给了黎元洪。

黎元洪身穿上将制服,站在台口中央,口中不停地咕哝着。由于他嗓门太低,台下人只听见一句活:“请中山先生来鄂领导革命。”

即使这样,人们的热情依然高涨。黎元洪誓词完毕,军乐大奏。随后,他走下台来,骑上鄂军中最高大的一匹马,绕场检阅军队。他所经之处,军官一律行甩刀礼,士兵行举枪注目礼。

看热闹的百姓人山人海，都不停地称赞说："这个都督人高马大，真是威风极啦。"

接着，都督府又邀请武汉各界人士在教育会开会，宣读湖北军政府的组织条例。汤化龙首先对外宣称，这个条例是由孙中山先生制定，派居正带到湖北来的。所以未经讨论，大家便一致举手赞同。

条例规定：都督为一省军民两政的最高长官，下设军政、民政两部。军政部设战时总司令一名由都督兼任，下设参谋、军令、军务三部。民政部设部长一人，由咨议局推选，下设内务、外交、交通、财政各司，各司司长由民政部长提名选举产生。

条例通过后，除由黎元洪兼任战时司令外，又推杨开甲、吴兆麟为参谋部正副部长，杜锡钧为军令部部长，孙武、张振武、蔡绍忠为军务部正副部长。

同一天，湖北省咨议局选举汤化龙为民政部长兼法制局长。

由于都督府有了规章制度，都督直接总揽兵权，十人谋略团被取消了。

其实，军政府组织条例是由汤化龙起草制定的，孙中山先生根本不知道。立宪派耍了个花招，便轻易地把革命领导权移到反革命军阀和君主立宪派的手上了。

10 月 18 日，革命军在刘家庙对岸青山、红关之间布置炮兵阵地，向停泊武汉江面的清朝军舰进攻。这些军舰有炮舰楚豫、建威、江元三艘和鱼雷艇飞鹰、湖隼两艘。湖广总督就躲在楚豫舰上。革命军拂晓攻击，共计开了三炮，一炮击中楚豫舰尾部。楚豫舰忙向岸上对射一炮，马上拨转船头向下游驶去。其余各舰并未随它下行，而是纷纷举出白旗投降。

第二十章

袁世凯出山

41

武昌起义的消息传到北京后，清廷上下急得如同热锅上的蚂蚁，十分慌张。

摄政王载沣召集王公大臣们商讨进兵讨伐之事。派什么样的军队去呢？载沣的弟弟载涛所练的禁卫军，虽初具规模，但需要留在京城保驾。八旗兵、绿营兵已全变成废物，没有一点作用。能够迅速调动而又具有战斗力的军队只有北洋军。北洋军是袁世凯一手建立起来的，三年前载沣上台时，已将袁世凯赶走，现在北洋军无人统帅。庆亲王奕劻建议重新起用袁世凯，理由是北洋军是他建立起来的，派他去督帅，可收"指挥若定"之效。

这个建议立即受到以恭亲王溥伟为首的满族王公大臣的强烈反对。袁世凯心术不正，前年好不容易才把他赶下台，怎么现在又要将刀把子递到他的手里去呢？载沣当然是知道袁世凯的，他决不想让此人东山再起。

商量来商量去，载沣最后决定派新任陆军大臣荫昌督兵赴鄂。

荫昌做过北洋武备学堂的总办，跟北洋诸将既有师生之谊，又有推荐之恩，要代替袁世凯没有比他更适合的人选了。即使这样，载沣还不十分放心，北洋军是汉族的军队，用汉人打汉人，他们愿意？经过深思熟虑，载沣最后决定从北洋各镇中挑选精锐部队组成战时混合军，利用他们互相牵制，以防发生意外。

载沣这办法，其实是跟袁世凯学的。以前袁世凯每次建立新军，都从原有的各镇中抽调军队混合组成。

10月12日，清政府降旨派荫昌督师，并从北洋军第二、第四、第六三镇中各抽调一协组成战时混合军，以冯国璋为军统，开往武汉作战。这种混合组织是根据兵力部署情况决定的。此时，第三镇远在东北，第五镇驻防山东，一时均不便调动，而第一镇为铁良会同袁世凯训练的军队，其中有不少满族子弟，也要留在北方看守老家。用冯国璋为军统也经过一番考虑，他经常表现忠心王室，同时又与良弼是好朋友，清政府认为他在北洋诸将中是比较可靠的。

在调遣陆军的同时，载沣又令海军提督萨镇冰率领长江水师开往武汉助战。武汉地跨长江，革命军没有海军，而陆军兵力也远比政府军为少。水陆并进，强弱悬殊，所以清政府对于武昌革命虽然感到惊慌失措，却又认为并不难以一鼓荡平。

命令发表的当天，冯国璋就急匆匆地往彰德赶去。

彰德在太行山脚下，是京汉铁路经过的地方，交通十分便利。袁世凯被载沣赶下台后，并没有回到原籍项城县，而是在河南卫辉府停下来，次年又迁到了彰德府。

袁世凯在彰德城外洹上村建了一座大宅院，宅院前临洹水，他在洹水上架一小桥，以便往来。宅院大门首，他亲笔题了“圭塘”二字。

刚来时，袁世凯才刚刚五十，却倚老卖老自称“洹上老人”。他经常跟一批亲朋幕僚饮酒赋诗，并以此刻了一部《圭塘唱和集》。每一天早晨，袁世凯都着村野装束，穿过一片小树林，到洹水边垂钓。这种情形，他令人拍了一张照片，并题了一首题为《烟蓑雨笠一渔翁》的诗。他把照片和诗集广赠国内的亲朋故旧，一时间，有不少人与他往还唱和。

袁世凯并不长于作诗，也并不喜爱作诗，下台后却雅兴大发，是有深层原因的。

原来，袁世凯下台后，清政府派了一个叫郑伯龙的人“随身保护”。他知道这“保护”实质上就是监视，因此特别加以款待，平日大鱼大肉自然不说，年节还多有红包。郑伯龙受了他的许多好处，在打报告时少不得美言几句，说他如何安于隐居生活，如何感激天恩等等。但袁世凯觉得，载沣等人对自己忌恨太深，仅那么做还是不行的，就大变戏法，一会儿装诗人，一会儿又装渔翁，以示闲云野鹤之身，并无政治野心。

其实，袁世凯一刻也没有放下再振雄风的野心，他无时无刻不在眼观四面，耳听八方。他跟庆亲王奕劻、北洋军各级将领以及英国公使朱尔典等人的关系，始终保持不断。他的把兄弟徐世昌以及谋臣策士杨士琦、杨度之流，经常跟他暗通消息。他的大儿子袁克定在北京农工商部挂了一个右参议的官衔，事实上是他的“驻京办主任”。他家中设有电报房，经常跟各省督抚通电往来。他身边还豢养着一批幕僚清客，明里陪他饮酒赋诗，暗中替他出谋划策。当时，内阁问题、国会问题、铁路国有问题等一波未平，一波又起。袁世凯早已看出，天下汹汹，大变在即，他东山再起的时机已为时不远。

果然，武昌起义爆发了。

北洋军中有三杰，俗称龙、虎、狗。龙是指王士珍，虎是指段祺瑞，狗就是冯国璋。他们都是袁世凯的心腹。

冯国璋领兵上前线，自然忘不了袁世凯。所以，军列路过彰德时，他来到洹上村，把京中调兵的情形一一向袁世凯汇报，问袁怎么办？

袁世凯说：“慢慢走，等着瞧。”

冯国璋顿时明白，很快回转。

冯国璋刚走的第二天，荫昌又来到洹上村。他和袁世凯本来有些老交情，此次路过彰德，一来看望，二来请教。

老奸巨滑的袁世凯哪里理会他这一套，凡事都打哈哈，荫昌请教了两个时辰，也没有请教出所以然，只好拜别而去。

荫昌在湖北孝感县扎下大营。他原打算一鼓作气打下汉口，向清廷邀个头功。不料冯国璋的先头部队开到刘家庙与“丫姑爷”张彪的残部会合后，借口兵力尚未集中，不肯开展攻势。

同时，北洋军的后续部队走一站停一站，武胜关以南各站挤满了兵车，摆成了一字长蛇阵，前面的车子不开走，后面的车子过不去。荫昌连下数道命令，谁也不执行。

此时，英国公使朱尔典在北京大造舆论说，袁世凯是当代精通军事的大员，而北洋军又是他一手练成的，必须起用他才能克敌制胜，否则夜长梦多，只恐前途不妙。美国公使嘉乐恒也在公使团会议上，主张促使清政府起用袁世凯。

庆亲王奕劻这几年对载沣兄弟专权早就忌恨在心，一心要打击他们。他乘机说，朱尔典的意见不能不考虑了，再拖，就会失去机会。

载沣本来能力不济，到此紧要关头，更加不敢决断。他向隆裕太后请旨定夺。隆裕太后不是慈禧太后，哪里有什么主意？她召开御前会议，征求满族王公大臣的意见，奕劻乘机在会议上极力称赞袁世凯忠心耿耿，才足戡乱。大家只好同意有条件地起用袁世凯。

10月14日，清政府下诏起用袁世凯为湖广总督，叫他会同荫昌指挥前方各军。

很明显，载沣虽然起用了袁世凯，但不过是作为荫昌的助手起用的。

袁世凯在洹上村养寿堂接到圣旨，不由发出阵阵冷笑。这种玩小孩子的把戏，来玩我老袁？做梦！

当天，袁世凯上奏朝廷，说自己足疾未痊，一时尚难启程。

袁世凯的这番表演，把本来是糊涂虫的奕劻弄得更糊涂了。他把徐世昌找来悄悄地问："这究竟是怎么一回事？叫我保奏一本，好容易上头批准了，却又拿架子不肯出来。菊人，请你辛苦一趟，到彰德去问个明白。"

10月20日，徐世昌从彰德跑了回来。他气急败坏地对奕劻说："咱们甭找他了，难道少了他这出戏就唱不下去不成？"

奕劻焦急地问："他怎么啦？你快说！"

徐世昌也是一个会做戏的人，而且功夫极深，总是表演得不温不火，恰到好处。他装出要说而又说不出口的一副窘态，等到奕劻问急了，他才气鼓鼓地说："袁慰庭另提了六个条件，不答应他这些条件，仗不可能打好，他出马不出马都是一样。"

奕劻问："哪六个条件呢？"

徐世昌说："他的六个条件，我看纯粹是瞎胡闹。一是明年召开国会；二是组织责任内阁；三是开放党禁；四是宽容武昌起事人员；五是宽筹军费；六是授以指挥前方军事之全权。"

其实，这是袁世凯和徐世昌两人串通一气合演的有真有假的双簧剧。袁世凯所提出的六个条件是真的，徐世昌说话时的冲冲怒气是假的。

袁世凯所提的六个条件，归纳起来只有三条：一是早日实行君主立宪；二是用和平手段麻痹革命党；三是要把兵权交给他。

载沣等人一见袁世凯的六项条件，心都要碎了。如果统统接受下来，不但荫昌交出兵权，载沣等人也要卷铺盖滚蛋，怎么能接受呢？但也不能一点样子不做。

当天，清政府下了一道“上谕”，对于“从乱者”一概不究既往，嗣后官方如再查获革命党人名册，一律予以销毁，以示概不株连。此时，清廷的一些官员已经明白，革命党是杀不完的。当此星火燎原之际，只好挂出一副慈善、宽容的面孔，企图用欺骗政策来缓和革命危机。这一措施跟袁世凯所提的三、四两个条件基本上是合拍的。至于此外四条，他们实在是不愿答应了。

可是，形势的发展令载沣等人不得不败下阵来。

10 月 19 日，汉口前方发生接触。此洋军没放几枪就败下阵来，退守滠口。萨镇冰所率的军舰也退往武汉下游。

10 月 22 日，湖南宣布独立。陕西也于同一天宣布独立。继而，江西、山西等也宣布独立。

清政府被这些消息吓破了胆，只得又接受袁世凯的第六个条件，于 10 月 27 日降旨将荫昌调回，命袁世凯以湖广总督兼任钦差大臣，节制前方各军。

袁世凯此时不再装聋作哑，决定粉墨登场。受命为钦差大臣的第一天，他就发电报给冯国璋，要他组织进攻，给革命军一个下马威，以抬高自己身价。

冯国璋随即在 28 日令第二镇第三协协统王占元率部沿铁路线向刘家庙反攻。

在这以前，清政府所属的建成、江元等舰已向革命军投降，由刘家庙江面开回汉口江面停泊，但是革命军既未派人接收，也未妥善处置，它们便又自动地开往武汉下游，对时局采取了观望的态度。此时，他们受了清政府的劝说，又开回丹水池江面，配合北洋军反攻。军舰上的炮弹打在革命军的侧翼和后方，使革命军处于腹背受敌的境地。

屋漏偏逢连阴雨，革命军前敌指挥张景良受敌人收买，放火焚烧了军火库，革命军军心大动，连连放弃刘家庙、大智门等阵地，到下午退守至汉口市区。

29日，冯国璋下令猛攻汉口。

汉口人烟稠密，房屋鳞次栉比。为了扫清射界，冯国璋竟然不顾人道，命令炮兵用重炮轰击市区。炮弹所落之处，立即腾起浓烟烈火，成堆的房屋被火焰吞没，成千上万的老百姓葬身于熊熊烈火之中。很快，冯国璋占领了汉口。他随即下令，士兵可在汉口大索三日。汉口的钱庄、商店和百姓很快被洗劫一空。

冯国璋火烧汉口之日，正是袁世凯启程南下之时。

10月31日，袁世凯的南下车与荫昌的北上车在信阳车站相遇，他们就在火车上办理了交接手续。

11月1日，袁世凯的专车继续南行，在孝感县属萧家港车站停车，就地扎下前线指挥所。

这时候，前方将领纷纷跑来谒见。新官到任，旧主重逢，自有一番悲喜交集的热闹场面。他们争先恐后地报告前方的军情，并且侈谈自己的战功。

袁世凯听了，却并不高兴，大家便不再多言。待众人都汇报完毕，他才站起身，踱着方步说："我不担心南方，担心北方啊！"

42

袁世凯在信阳和荫昌交接时，接到京城发来的两封电报。一封是北洋第二十镇官兵于10月29日在滦州举行"兵谏"，向清政府提出了最后通牒，大有挥戈直捣幽燕之势。另一封是山西新军管带姚以价领兵起义，宣布独立，并推举士官生出身的代理标统阎锡山为都督。山西巡抚陆钟琦被革命军杀死。

第二十镇也是北方的新军，但它不是袁世凯所练的北洋军。

清政府建立新军之初，规定全国共建立新军三十六镇，首先由北洋大臣建立六镇，其余三十镇则由各省分别建立。清政府对于新军的番号，事前早有统一规定，如湖北为第八镇，江苏为第九镇，福建为第十镇等。各省建军数量视其面积大小、财赋收入多寡和国防需要而定。大体上大省或边省成立一镇或一镇以上，中等省成立一镇或一混成协，小省成立一协或一协以下。各省因情况不同，建军也有先后。

截至武昌起义时止，有不少省区尚未完成建军任务，因此新军番号留下不少空白点，有的番号在前面尚未建立，有的番号在后面已先建成。

东三省为清皇的发源地，又是日俄两国的角逐之场，所以规定的驻军数量远较各省为多。1907 年，徐世昌外放东三省总督时，除将北洋第三镇调驻吉林外，又从北洋第五、第六两镇中各抽出一部扩编为第一、第二两混成协，由参将王化东、王汝贤分任协统。

1911 年，锡良继任总督时，又将第一混成协与奉天巡防军的一部分编为第二十镇，以陈宧为统制。

袁世凯建立北洋军，对于各级军官只用北洋武备生而不用日本士官生。锡良打破了这个成规，起初用与北洋派并无历史渊源的陈宧为第二十镇统制，继而派陈宧赴德国考察军事，让士官生出身的张绍曾继任。王汝贤调职后，又让士官生出身的蓝天蔚继任第二混成协协统。这样一来，在北洋派的基础之上发展起来的新军第二十镇和第二混成协，就由非北洋派打进来，做了它们的统兵大员。

此外，另一士官生出身的吴禄贞，因同学良弼的推荐，也奉派到东北办理延吉边防事务。吴禄贞、蓝天蔚和第二十镇参谋长刘一清都是湖北人，在东北军界有“湖北三杰”之称。

吴禄贞，字绶卿，湖北云梦县人，1880 年 3 月 6 日生于一个贫苦教师家庭。幼年时聪慧好学，喜好运动与武术。1897 年考入湖北武备学堂，受到湖广总督张之洞的赏识，于次年被派往日本留学，入陆军士官学校骑兵科，为中国留日第一期士官生。

当时，孙中山正在日本宣传革命，吴禄贞曾与友人去拜访孙中山，听孙讲解时事与革命，民主思想开始产生。

1902 年 4 月，吴禄贞从日本士官学校毕业，回国在军界谋职，开始秘密从事革命活动。后来，他加入同盟会。1910年12月，吴禄贞为了进一步掌握更大的权力以便发动革命，向友人黄恺元借了二万两银子，馈送庆亲王奕劻，谋出任一省巡抚，结果，在当月23日被任命为陆军第六镇统制。

这样，非北洋派又打进了北洋派的嫡系部队之内。

武昌起义前，清政府每年都要举行一次秋季大会操，以检验新军各镇的成绩。

1911年秋，第六、第二十两镇奉命在永平举行会操。第六镇驻防保定至石家庄一带，镇本部设在保定。第二十镇由关外乘火车到达永平附近滦州时，武昌革命突然爆发，清政府下令中止秋操，打算调第二十镇到南方打革命军，暂驻滦州待命。

吴禄贞、张绍曾两人密谋，在北方响应革命。

此时，奉天运出一批军火接济在汉口作战的北洋军，火车经过滦州时，第二十镇革命派军官予以截留。他们决定一不做二不休，打算大干一场，接着宣布独立，出师直捣北京。但张绍曾是个过于谨慎的人，认为本镇内部还有反革命派，害怕引起分裂，主张分作两步走，先以“兵谏”的形式敲清廷一棒，要求皇族放弃特权，即日实行君主立宪。他估计清政府一定不会答应，那时激怒军心，势成骑虎，反革命派也将被逼上梁山，只能跟着革命派走。

张绍曾担心孤掌难鸣，就把驻防东北的第三镇代理统制卢永祥和第二混成协协统蓝天蔚统统拉进来，以便到时共同起义。

10月29日，张绍曾、卢永祥、蓝天蔚等联名致电清政府，提出十二项条件，主要是要求于年内召开国会，由国会起草宪法，选举责任内阁，并宣称皇族不得充当国务大臣。这个电报名为“兵谏”，其实是一道最后通牒，威胁清政府要把多年来拖延未办的大事，在两个月之内全部办完，如果敢道半个不字，他们马上杀奔北京，绝无讨价还价的余地。

这份电报把北京城的王公大臣们吓得胆战心惊。他们急忙把京奉线上的火车全部开回北京，以阻止第二十镇运兵前来，一面满脸堆下笑容，满口甜言蜜语，嘉奖张绍曾等“忠勇为国”，对于他们所提的十二项条件不折不扣全盘接收。次日，朝廷颁布明旨，撤销皇族内阁，命资政院起草宪法。赏给张绍曾侍郎衔，授为宣抚大臣，派往长江一带宣示朝廷之意。

清政府还发表“罪己诏”，把自己痛骂一通，并明令释放自戊戌变法以来被捕入狱的一切政治犯。1910年行刺摄政王的黄复生、汪精卫、罗树勋三人也在赦免之列。资政院日夜加班，于11月3日制定了宪法信条十九条。清政府连讨论也未讨论，当天就批准公布，并称即将宣誓太庙，以资信守。

清政府除采取以上措施外，还因吴禄贞与张绍曾、蓝天蔚等人颇有交情，特地派他到滦州抚慰第二十镇官兵。

武昌起义刚刚爆发时，吴禄贞曾致电清廷，愿率所部第六镇南下讨伐叛军。清廷还没来得及回答，他又改变了主意，说自己是湖北人，与武昌起事诸人多属旧交，愿意单骑到敌营，凭三寸不烂之舌，说服他们悔罪归降。清廷对他早已有所怀疑，于是将计就计，叫荫昌先调第六镇第十一协带往武汉作战，叫吴禄贞在保定布置后续部队候令出发。这是一种明奖暗防的阴谋，不动声色地夺去了他的一半兵权。

吴禄贞接到圣旨后，却不知是计，洋洋自得地打着“奉旨抚慰”的幌子，立即乘车到滦州，向第二十镇官兵作了一番鼓动军心的讲话。他和张绍曾、刘一清及第二十镇革命派军官举行密谈，商定了两路出兵的计划：第二十镇由京奉路，第六镇由京汉路，同时并举，会师北京。

吴禄贞等以为他们做得秘密，却不知早有奸细飞报北京。

清廷更加恐慌，令他们心碎的是，离京城不远的山西也闹起了独立，火就要烧到了他们的屁股。他们只好打算迁都热河，以避兵锋。另外，他们又急忙发表明令，提升吴禄贞为山西巡抚，叫他带兵去打山西。这是既调虎离山，又釜底抽薪，并且想用高官厚禄把革命党人收买过来。真可谓是一石三鸟。

清廷并授张绍曾、吴禄贞二人的官职，当然都是表面文章。

同一时期，清廷又用统制的地位勾引第二十镇第四十协协统潘榘楹，叫他取张绍曾而代之；又以实授协统的地位勾引第六镇第十二协代理协统吴鸿昌，叫他不必等待吴禄贞从滦州回来，先行出兵正太路向山西进攻。

单是清廷的阴谋诡计,还不足以扭转北方的危局。

袁世凯一接到电报,就清楚,他必须亲自运作,才能解决北方问题。此时他和清廷还是依附在一起的,如果清廷马上完蛋,他就什么也不是了。仅凭手边的一点军队,在前后受敌的情况下,也难成气候。

袁世凯手下的“三杰”中,王士珍跟在他身边担任随营参赞,冯国璋在前方指挥战事。只有段祺瑞留在北方替他看守老家。因此,安定北方的责任自然落在段祺瑞的肩上。袁世凯在电报中授以锦囊妙计,叫他照计而行。

第一个计策是令段祺瑞迅速把北洋军第三镇从东北调回来,调到廊房一带,以切断第六、第二十两镇的联络线。

第三镇是北洋军中的王牌军,段祺瑞屡任统制。现任代统制卢永祥是段祺瑞的忠实走狗。他列名于滦州兵谏的通电是由别人代签的,他并没当一回事。所以,他接到段祺瑞的密电后,立即率部乘火车入关。当第三镇的兵车经过滦州时,有人主张加以截击。张绍曾却认为是友军而任其通过。袁世凯的第一条计策得以顺利实施。

第二条计策是从吴禄贞的内部收买叛徒以瓦解第六镇。

11 月 4 日,一列军火辎重车由北京开往汉口,经过石家庄的时候,吴禄贞下令予以扣留。当天,吴禄贞与所部李纯、吴鸿昌两协统发出联名通电,警告清政府必须下令停战,大赦革命党人。他在这个电报中又一次表示愿往武汉说服革命军停战议和。电报中还大骂冯国璋火烧汉口,惨无人道,应将冯军调回北方,并将荫昌拿问治罪。电报最后警告说:以上请求,政府如不能接受,则“将士忿激,一旦阻绝南北交通,妨碍第一军后路,禄贞不能强制”。

有人提醒他说:“现在的问题在于袁世凯。”

吴禄贞咬牙切齿地说:“袁世凯算个什么东西!如果他敢于路过石家庄,看我一刀把他挥为两段!”

吴禄贞的确不失为气慨激昂的革命军人。他的一举一动都是开门见山。但令人痛惜的是,他竟没有丝毫注意到革命的警惕性和机密性。他的电报比张绍曾等人的兵谏通电又进了一步,只差没说造反的话。

其实，第六镇也有革命派与反革命派两种势力并存，甚至反革命派的势力远远大于革命派。他手下的两个协统，第十一协协统李纯在汉口作战，正是火烧汉口的主要帮凶；第十二协代理协统吴鸿昌未奉统制之命而擅自出兵正太路，也是一路货色。这两人在电报上列名，都是吴禄贞代签的。

吴禄贞在石家庄放了一炮后，当天乘火车到娘子关，在车站上与山西革命军代表会谈。当时决定，山西革命军与第六、第二十两镇联合，三路进攻北京，推吴禄贞为燕晋联军大都督，晋军首领阎锡山为副都督。

会议结束后，吴禄贞又匆匆赶回石家庄，把第十二协由井陉撤回京汉线，并欢迎晋军进驻石家庄，派人犒赏酒肉。

当晚，吴禄贞给清廷发了一封假情报："山西匪军业已就抚。不必用兵。"

但是，吴禄贞在那几天里马不停蹄地东奔西跑，一切活动都暴露在敌人的眼里。他自己却丝毫也没察觉到，而认为清政府和袁世凯的命运都已掌握在他的手中了。

此时，清政府正如一个奄奄一息的百足之虫，他们已经撤消了皇族内阁，想组织一个强有力的内阁来给自己打一针强心针。张之洞已死，魏光焘已老，徐世昌是个水晶球，举国之中，强有力的汉族军阀只有袁世凯一个。当御前会议讨论组阁人选时，虽然有人仍然反对袁世凯，但又举不出其他人。在那些日子里，袁世凯频频来电，迭表对清皇的忠诚，北洋军又在前方打了胜仗，连汉口都攻下了，第三镇也日夜兼程来到北京。力挽狂澜，匡扶大清，舍袁世凯还能有谁？

所以，11 月 5 日的御前会议，争论竟日，最终还是决定任命袁世凯为内阁总理大臣。

至此，袁世凯在彰德所提的六个条件，除召开国会而外，全部都已实现。而召开国会只不过是陪衬之举，他根本不需要国会这种东西。

袁世凯在前方接到京报后，惊喜得大叫了一声。此次出山后，他就知道这一天定会来到，没料到竟然这么快就来了。他不由得暗笑起吴禄贞等人，他们本来是在他脖子上加了一根绞索，想要把他绞死的，不料却真成全了他，拿到了清政府的全部大权。

放下京报，袁世凯立即发出了一份电报，极力谏阻清政府迁都热河。他认为迁都意味着垮台，而清政府一垮台，他这个内阁总理大臣将成为无本之木。他一边准备迅速回京，一边等待着另一件事的到来。

吴禄贞的司令部设在石家庄正太铁路车站。11月6日，他的卫队营管带马惠田口称有机密大事，要面见统制，不待通报就走进了统制的办公室。

马惠田神色慌张，并从腰间拔出手枪。

吴禄贞大喝："不许动！"

但马惠田枪响了，吴禄贞应声倒下。接着，伏兵从车站周围冲杀出来，镇本部副官周维寅和前来作客的奉天陆军小学总办张世膺都被乱兵打死，吴禄贞的首级也被割去。

马惠田为什么要刺杀吴禄贞？

原来，袁世凯授给段祺瑞的第二条锦囊妙计，就是叫他设法收买吴禄贞的部下，进行暗杀，以除心腹之患。段祺瑞是安徽人，他找到了同乡人周符麟，此人是被吴禄贞革职的前任第十二协协统，对吴禄贞恨之入骨。

段祺瑞以二万元的赏格购买吴禄贞的头，并许以事成之后官封原职。周符麟又去找到了另一个同乡人马惠田，他原任第六镇直辖骑兵营管带，深得吴禄贞的信任，调为卫队营管带，所以很容易得了手。

血案发生后，石家庄陷于一片混乱之中，革命派官兵纷纷逃散，吴鸿昌于次日率领残部退往滦城。已经开到石家庄的晋军一营也撤回到娘子关去了。

11月8日，段祺瑞率领第三镇进驻正定，命周符麟招回第六镇散兵。次日，吴鸿昌又回到石家庄来，退居第十二协二十三标标统，周符麟回任第十二协协统。

石家庄血案使北方革命势力受到了一次不可估量的损失。在此以前，北方军队因为受到革命潮流的冲击，形势非常不稳，就是袁世凯的王牌军第三镇，也有革命派打进来。该镇开抵石家庄后，段祺瑞进行了一次大整肃，马标管带黎本唐、步兵第九标第一营管带张学颜、第三营管带孙兵均被清洗去职。

再说第二十镇，张绍曾被调职后，在革命派管带冯玉祥、王金铭、施从云的鼓动下，曾以该镇全体军官的名义，电请清政府收回统制调职的命令。清政府正在无计可施。石家庄血案一起，张绍曾认为大势已去，灰心地弃职避居天津。清政府又在第二十镇内进行了一次大整肃，清洗了不少革命派军官，并将该镇分散调开。

滦州兵谏以虎头蛇尾而告终。

11 月 9 日，资政院进行了形式上的选举，清政府正式任命袁世凯为内阁总理大臣。

袁世凯装模作样说自己才疏学浅，不足堪此大任。清政府嘉奖他一番，他便含笑进京了。

第二十一章

黄兴挥戈武汉

43

在武汉的隆隆炮声中，陈其美在东南各地奔波着。

10月12日，陈其美到达杭州，约集顾乃斌、褚辅成、吕公望、朱瑞、黄元秀、吴恩豫等人，在西湖白云庵曼殊禅室密议，商讨杭沪联合起义计划。当时军界的革命党分为急进、缓进两派，意见不能一致，只好先决定分头着手进行，七日后再集会商议具体办法。

七天后，会议在城隍山举行，陈其美因上海事务繁忙，便派姚勇忱去参加。

从杭州归来，陈其美又马不停蹄地赶赴南京，筹划南京起义。

此时，陈果夫正在南京陆军第四中学读书。他热切盼望自己也能投入到这一滚滚革命洪流中去，但又不知如何行动。二叔陈其美的到来，让他眼前一亮。陈其美告诉陈果夫，他打算在南京策划武装起义，以策应武汉。受二叔之命，陈果夫把四中的同盟会会员联合起来，成立了陆军四中同盟会分部，筹划在南京发动武装起义。

在陈其美叔侄二人的宣传鼓动下，四中同盟会会员们，群情振奋，斗志昂扬，决心为争取南京光复竭尽全力。

随着愿意革命的人数日益增多，教室已经容纳不下这么多人。以后开会只好改在操场。几乎每晚都在开会，做组织工作、宣传工作，联络工作等。

由于人数越多，保密工作越难做，终于引起了两江总督府的注意。

总督张人骏派人加强了对四中的防范。四中原来储藏的枪枝弹药也被秘密运走和藏匿起来；镇守南京的江宁将军铁良、江南提督张勋拥有重兵；而同情革命的南京新军第九镇也被调往城外。南京起义已不可能了。

在这种情况下，陈果夫与另外两名同学只好又去上海找陈其美。

由于连日的奔波。陈其美此时病倒了，卧在病床上。从香港刚刚赶到的黄兴正坐在他面前，两人就武昌起义后的形势在作种种估计。

黄兴是10月24日从香港来到上海的。他即将奔赴武汉前线，指挥革命军与北洋军队作战。

陈其美见了陈果夫，立即把他介绍给黄兴。

“这是我的大侄儿果夫，现在在南京陆军第四中学读书，对革命十分热情。克强兄以后可要多多指教他。”

介绍完陈果夫后，陈其美又转过头来对陈果夫说：“这是我常给你提起的领袖黄兴同志，是我党中最卓著的军事家，你以后可要多多以他为楷模。”

陈果夫垂着手答应道：“是，我一定向黄先生多多请教。”

不一会儿，宋教仁也来了。

听陈果夫说南京清军防范甚严，不易行动，黄兴说：“既然清军防范甚严，南京起义就暂时推迟，可以抽出力量先支援武汉。”

宋教仁说：“克强兄所言极是。武汉现在正遭受清军重兵攻击，形势严峻。一旦作为革命中心的武汉失守，全国各地就难以举义响应了。”

陈果夫点点头说：“听了两位前辈的话真令我茅塞顿开。我不再回南京，就从上海直接去武汉了。”

黄兴说：“你先走，我们与令叔把有关事情定夺后，即刻赶赴。”

陈果夫离开后，陈其美找来范鸿仙，让他把前几天买到的三百支手枪交给黄兴，一起运往武汉。

黄兴是多年遭受通缉的要犯，在华界无法露面。此时，上海通往内地的各轮船码头都有西捕会同清廷密探严加防守，黄兴当然无法通过，三百支手枪及弹药等更无法运送。

陈其美和宋教仁想了很多办法，最后都行不通。

前方的战事十分紧急，武汉方面不断有电报到上海，黄兴说："真不行，我就冒险一闯吧。"

陈其美说："不行，现在不是冒险的时候。昨天，我表妹杨季红说要去武汉为革命军伤员疗伤。看从她那里能不能想出办法。"

杨季红去年从美国留学归来，创办了柔济医院，一边救死扶伤，一边传播追求自由、平等、宪改的革命思想。有时候，她也邀请陈其美、宋教仁、黄雪鸿等人喝下午茶，说海外见闻，谈国家前途，个人命运。

陈其美、宋教仁和黄雪鸿一起来到星坡路的杨季红寓所。"季红，你这个白衣天使，去武汉时能不能带上黄兴？"

黄兴的大名对杨季红早已如雷贯耳，心中充满崇敬。听了陈其美的话，她略思片刻，豪爽地说："表哥，能护送黄先生去武汉，是我的荣耀。我这就想办法。"她打开抽屉，拿出一沓材料翻了翻说："明日即可起程，由我一路保送到武汉。"

第二天，杨季红举着"红十字救伤队"旗帜，以中外人士结队往汉口救伤为名，先与公共租界工部局打通关系，然后亲自带着队伍，浩浩荡荡地直奔船码头。

杨季红着一身西服，扮作洋妇；黄雪鸿穿戴黑袍白帽，扮成一女教士；黄兴、宋教仁和一些由朱家骅领队的中国公学学生，乔装队员，抬着装有枪弹的医药箱，从容踏上十六铺码头，顺利登上舷梯。

在焦急的等待中，轮船的汽笛声终于鸣响。站在船舷旁的黄兴、宋教仁、黄雪鸿等对着陈其美不停地挥手，轮船很快驶出黄浦江。

44

10月28日，黄兴赶到汉口。

黎元洪听说黄兴到来，立即派人迎接他过江相见。

此时汉口炮声隆隆，武昌人心浮动。黎元洪在鄂军中挑选了一个又高又大的士兵，骑了一匹鄂军中最高最大的马，手持一面大旗，旗子上写着"黄兴到"三个大字，在城里城外飞马高呼，用以安定人心。

和黎元洪匆匆见过一面，黄兴就渡江指挥作战。此时汉口市区在强烈炮火下已化为一片瓦砾场,革命军失去掩蔽,伤亡非常重大。黄兴只好在汉阳对岸满春茶园一带布置最后一道防线。

黄兴亲自督战,虽然起了一定的鼓舞军心的作用,但此时各省援军尚未到达,军火、军饷两俱缺乏,加以袁世凯用封官悬赏的办法鼓励北洋军疯狂进攻,革命军很难稳住阵脚。黄兴手刃临阵退缩的军官数人,仍无济于事。

11月2日,革命军放弃汉口,退守汉阳。

革命军领导人在都督府召开紧急会议,讨论今后的战守问题。有人认为,黄兴并无正式名义,因此各军不听指挥。黎元洪愿将本人所兼的总司令一职让出来。

11月3日,阅马厂都督府门前高搭将台一座,举行了极其隆重的"登台拜将"典礼。时间一到,黄兴、黎元洪二人并肩走上台来。

黎元洪把一面旗帜和一方大印授给黄兴,并对黄兴作了简短的介绍,称赞他多年来从事革命,功勋卓著,请他出来担任总司令,是人心所向。勉励官兵一致服从。

黄兴接着致答词。过后,军乐大奏。

黄兴骑了鄂军中的那匹大马,绕场检阅军队,所过之处,军官行甩刀礼,士兵举枪致敬。

当天,黄兴渡江到汉阳,在昭忠祠建立了总部,并电催独立各省迅速出兵来援。

傍晚,革命军在琴断口阵地捕获"奸细"一名,解往都督府审问,才知道他是吴禄贞派来的联络参谋王孝缜。他带来了北方第六、第二十两镇决定会师北京的消息。这一大好消息驱散了都督府中因放弃汉口而产生的悲观情绪,认为袁世凯已属瓮中之鳖,革命军的最后胜利指日可待。

黄兴任王孝缜为总部副官长。

革命军与北洋军隔汉水对峙,一连几天无战事。11月9日,吴禄贞被刺的消息辗转几天后传来,军中的乐观空气又被吹散了。

再说陈果夫来到武汉时,冯国璋正率领大军向汉口发动猛烈进攻,起义军奋勇抵抗,死伤无数,汉口岌岌可危。

陈果夫在民军军务部找到了代部长张振武，要求参战。张振武估计汉口已难守住，而汉阳必须死守，他希望陈果夫等前往汉阳。陈果夫欣然从命。

陈果夫到汉阳报到后，被分到炮排，当了一名士兵。尽管他来自军校，本应担任一名下级军官，但他毫无怨言。炮兵排长是从南京来的，姓邱，他对陈果夫很信任，常带着他到江边巡逻。由于军心涣散，一些士兵已逃离，阵地上到处是有炮无人放，陈果夫到这里正好派上用场。

战时的生活是很艰苦的，晚上没地方睡觉，大家就穿着衣服挤在一起，随地躺下。有时战事紧急不得不睡在阵地上，本来身体就很弱的陈果夫难以支持，时常咳嗽、吐血。有一天晚上，他与部队一起运子弹到黑山，回来时又摇铁道上用的手摇车，非常吃力。他坚持了一阵后，忽然觉得天旋地转，倒地不省人事，三个多小时后才苏醒过来。醒来后，他没有去休息，而是拖着虚弱的身体，继续投入紧张的工作。

汉口失守后，汉阳便成了战斗的前沿阵地。陈果夫受命守卫设在汉阳兵工厂的一个小指挥分部。

清军攻击汉阳的同时，还派出大量奸细潜入汉阳城内，到处鸣枪、放火、制造混乱。指挥分部人员有的深入各部队加强领导，有的出去组织救火，也有些竟临阵脱逃。主持工作的官员走光了，只剩下陈果夫与几名士兵。

有的士兵见此情形，也提议大家一走了之。陈果夫坚持不愿离开，并说服其他人也留下来。他认为，司令部指挥官虽然走光了，如果有卫兵守着这儿，还可以唱唱空城计。如果卫兵都走了，人们一定以为指挥部已经完蛋，这样军心必然大乱。他选了一支最好的手枪，带足子弹，坚守在司令部大厅里，随时准备应付一切突发事件。

不一会儿，民军和市民陆续将奸细抓获，带到司令部。他们以为陈果夫是指挥部的指挥官，便把奸细交由他处理。陈果夫一时不知如何处置，只好把奸细关在大厅旁的房间里。

几小时后清军攻势减弱，着火的地方已被扑灭，指挥部的人陆续回来。他们听了陈果夫的报告后，对他这种临危不惧、机智勇敢的行为大加赞赏。

这一天,陈果夫又见到了黄兴,黄兴发现陈果夫只是当了一名士兵,颇感委屈了他,便将他调入汉阳府军政科,协助科长招募和训练新军。

陈果夫到任后,工作认真负责,深受上级好评。他经常到民众中进行革命宣传,强调保卫汉阳的重要性,动员群众踊跃参加作战。功夫不负有心人,果然许多市民和郊县农民前来报名参军,很快一支近千人的防城营和巡城营便组织起来。陈果夫负责对这支新兵进行训练,使其掌握了一些军事知识,基本上能应付战争的需要。

11 月 11 日, 武昌江防部队发现江面有一艘悬挂英国国旗的小火轮,蹴着白波向武昌驶来。船靠码头后,有两个清朝官吏走出来,口称有机密大事要见黎都督。

这两个官员是袁世凯派的代表刘承恩和蔡廷干, 他们持有袁世凯的亲笔信函及汉口英国领事葛福的介绍信,为接洽两军停战议和而来。

黎元洪召集孙武、张振武、吴兆麟、胡瑛等人讨论,应不应该接见袁世凯的来使。孙武认为袁世凯是北方唯一的实力派,来使持有英国领事的介绍信,应当接见一下,听取他们的来意。胡瑛赞成这个意见。张振武、吴兆麟二人却不以为然。他们认为:接见北方来使,足以动摇军心,引起各方的误会。

正商谈间,突然有三个人闯进来,举着大刀厉声道:“谁主和谁就是汉奸!”原来是督府的职员朱树烈、范义侠和萧鹤鸣。

这样一来,大家就不再讨论。

黎元洪只得派人护送刘承恩、蔡廷干出城过江。

那两个人走时留下了袁世凯的信。信上说:“朝廷已经实行君主立宪,从此不必大动干戈,希望革命党人悔罪投诚,保证既往不咎。”

黎元洪和黄兴二人看完信后,决定各写一封回信。黎元洪在信中劝袁世凯倒戈反正,革命军可以推举他为汴冀大都督。黄兴则进一步鼓励袁世凯做新中国的华盛顿,万勿失此千载难逢之机。

这次诱降未成,袁世凯认为革命军还没有受到足够的打击。因此命令冯国璋继续进攻汉阳。在汉口失守后的几天内,革命形势在东南方面有了重大的发展,上海、苏州、浙江先后光复。陈其美一再发电报并且派人前来,催促黄兴速回上海组织革命军中央政府。黄兴打算等各省援军到达后,一战而夺回汉口,把武汉三镇的局势稳定下来,然后抽身东下。

各省援军到达最早的是湘军王隆中、甘兴典两协。他们一开到就要求上阵杀敌,反攻汉口。根据此时的形势,北洋军在数量上处于绝对优势,革命应当厚集兵力才能发动反攻。但是黄兴对敌情重视不足,而且他本人也急于要摆脱局部战事的牵制,东下主持全局,因此同意了湘军速战速决的意见。

11月16日,黄兴下令分三路反攻汉口,第一路由武昌渡江向谌家矶、刘家庙进攻,第二、第三两路均由汉阳强渡汉水,分别向龙王庙、玉带门、桥口等地进攻。

第一路为佯攻,由鄂军担任,目的在于扰乱北洋军的后路,使之首尾不能相顾。

第二路也由原阵地的鄂军担任。

第三路以生力军湘军为主攻,黄兴亲自统率指挥。

是日天雨路滑,对于进攻极为不利。第三路渡河后,第一、第二两路均未按照命令出发。因此北洋军得以集中力量对付一面。湘军作战非常勇敢,在敌人的强烈炮火下,从拂晓战至午后,王隆中的一协死伤过半,仍坚持不退。

由于北洋军不断增兵加强压力,甘兴典首先骑马退下来,引起军心动摇。黄兴立即率领督战队,手持大刀拦阻。甘部败兵竟向督战队开枪反击,夺路而走。黄兴只好命令第三路全部撤回汉阳。

反攻失败后,甘兴典不向总司令请示,擅率所部退回湖南。王隆中也借口该协牺牲太大,不顾黄兴劝阻,自己率部退回武昌。

黄兴电请湘鄂两省都督按军法制裁违抗命令和作战不力的各级将领。鄂军第一路协统成炳荣被撤职,第二路标统杨选青被处死刑,甘兴典回长沙后也被捕正法。

这时,湖南又派来援军刘玉堂一协。

11月22日,北洋军偷渡襄河占领蔡甸,即向花园、黑山等阵地进攻。黑山炮兵谭森林被敌人收买,所布地雷均未爆炸。刘玉堂在争夺仙女山的战斗中力战阵亡，北洋军乘势直扑龟山。

11月27日，革命军放弃汉阳，退守武昌。

黄兴在这一天与杨季红红十字救伤队一行离开了武昌，乘外国轮船前往上海。黄雪鸿、陈果夫也随黄兴回到上海。武昌很混乱，革命军内部各自为政者很多。黎元洪、汤化龙等人处处压制革命者，而孙武等人也排挤打击文学社的同志，使革命军内部壁垒重重。黄兴觉得，武汉难求更大发展，只好转而求东南了。

第二十二章

上海起义

45

武汉的革命军处于不利境地后,湖北革命党人迫切希望长江下游迅速开辟新的战场,以分北洋军的势力,缓解武汉的压力。

10月31日、11月2日,宋教仁两次从武昌发电报给陈其美,告诉他武汉前线战事吃紧,希望上海快速响应;并希望陈其美能够设法购买枪弹,运往武汉。

2日这一天,黄兴也发电给潘训初、杨谱笙,说革命军已退出汉口,他自己虽然亲冒矢石,挥戈上阵,依然未挽颓势,急盼宁、皖响应。

南京方面,由于两江总督张人骏等已有所察觉,戒备森严,一时之间难以行动,陈其美决定,上海先动,杭州响应,然后再合力攻打南京。

11月1日晚,陈其美在上海城自治公所召开会议。会上,陈其美就近期发动上海起义的事与商团领导人李平书等进行了讨论。

吴怀疚说:"上海兵备道在松江有左营衙门,在苏州有右营衙门,如果上海首先起义,松江、苏州两地的清军肯定会速来增援。我认为,此时在上海举行起义条件还不成熟。"

钮永建立即站起来说:"苏州混成协协统刘之浩已赞同起义,我即刻到松江去响应,切断清廷援军,起义应如期举行。"

陈其美说:"钮先生说得对,起义应如期举行。革命行动,有时就得冒险、拼命,当断不断,反受其困。"

李平书等人都赞成,就在这两天举行起义,具体时间待陈其美与光复会首领李燮和联络后再定。

钮永建握别陈其美等人，只身前往松江。

李平书邀请陈其美去九亩地操场，检阅商团团员。

上海商团为李平书前些年发起建立，是一个准军事武装团体。它的成员来自不同阶层，有工人、学生和工商企业职工，也有少数工商界上层人物，社会关系涉及面广。他们受过一段时间的军事训练，拥有部分武器。起初，各业商团之间组织涣散，派系成见较深，不能团结一致，并一度为上海道台刘燕翼所掌握。李平书通过总商会，做了大量的工作，才把商团纳入上海城自治公所的领导下。

对于这样一支力量，陈其美早就看在眼里，他认为上海起义一旦爆发，这将是一支极其重要的生力军。辛亥革命爆发后，陈其美通过沈缦云，和李平书会面。李平书虽同朝廷有较多的联系，但他痛恨清政府祸国殃民，因此，在清政府的假立宪面目暴露后，他便同情革命了。武昌起义的发生，也令他感到鼓舞。

一天，沈缦云忧心忡忡地来见他，说："刚才我获得一个消息，汉阳已经难保了。万一失守，武昌也就危险啦。这一次起义如果再失败，我们汉人还有什么办法呢？"沈缦云边说边唏嘘不已。

李平书说："武汉九省通衢，地势开阔，不便御敌。且一处发难，孤掌难鸣，若是我东南之地起而响应，武汉就有依靠了。"

沈缦云高兴地跳起来说："你也有这个意图啊？近来沪上党人正在谋划此事，担心先生不愿意。我今天给你引见一些同盟会的同志，你愿意见吗？"

李平书说："怎会不愿意？"

傍晚，沈缦云带着李平书来到中国国民总会的秘密会址，与陈其美、范鸿仙、叶惠钧、叶楚伧等人见面。大家一见如故，决定把联络商团，沟通士绅作为上海起义工作的重心。

这样，商团便被陈其美争取过来。

此时，南京第九镇统制徐绍桢派李英石来上海，找同盟会领导人，洽谈南京起义之事。

李英石是李平书的族侄，为李平书所信赖。他是同盟会的会员，又是第九镇的军官。陈其美灵机一动，商团虽是准军事组织，毕竟没有经过正式的军事洗礼，打起仗来肯定会有很多不足，让一个真正的军官来指挥商团，能够弥补不少不足。起义在即，李英石来指挥是再合适不过啦。“东南命脉，朝不保夕。目下的上海，正需要你这样有为之士，你何不留下来，直接指挥商团起义。上海事成，东南局势就能定夺一半啦。”陈其美恳切地说。

李英石把陈其美的建议密电徐绍桢请示，徐绍桢同意。李英石便留在了上海。

陈其美和李平书来到九亩地操场时，二十三个商团计二千余人已在操场上列队站好。初冬的阳光下，他们一个一个昂首挺胸，显得虎虎有生气。

李平书上前宣布：“从现在起，由李英石担任检阅官，带领大家操练！”

李英石上台，先行了一个甩刀礼，然后即席介绍一些初步的军事知识，并作了一些动作示范，团员都觉得获益非浅。

检阅完毕，李平书宣布任命李英石为商团临时总司令，统一指挥训练。

11月2日，陈其美接到紧急谍报，说清军的五艘军舰从汉口驶来，已停泊在吴淞口，准备装运江南制造局的枪枝弹药，以接济冯国璋所统率的北洋军，用来进攻汉阳。他给李燮和打了一个电话，约他到《民立报》馆商讨对策。

光复会的章太炎、陶成章、李燮和等人，与同盟会的矛盾一直没有消除。李燮和是湖南安化人，在光复会中的地位仅次于章太炎、陶成章。黄花岗起义后，他见陈其美在上海建立中部同盟会，便也从香港来到上海，和戚志锐、戚志峻姊妹重新经营光复会秘密机关。武昌起义后，李燮和利用湖南同乡的关系，先策反了吴淞巡官黄汉湘、闸北巡逻队队官陈汉钦，然后通过黄汉湘、陈汉钦的介绍，联络了驻沪巡防营管带章豹文、巡防水师营管带王楚雄、海巡盐捕营统领朱建燎、吴淞警务区区长杨承溥、济军督队官徐占魁等人。沪军营和江南制造局附近的炮兵一营的士兵，经过联络，也表示听命于李燮和。

这样，吴淞、闸北等处的军警基本上被李燮和所掌握。所以，李燮和认为此时上海的革命党中，他是最有力量的。

接到陈其美的电话，他犹豫了一会儿，最后还是决定前往《民立报》报社。他明白，虽然他目前很有实力，但如果单独在上海发动起义，肯定不行。见陈其美一面也不妨，先听听他怎么说再看。

到了《民立报》报馆，陈其美告诉李燮和："现在武汉的形势特别紧张，武汉方面希望上海能立刻发动，以缓解武汉的压力。"

李燮和对这种局势是清楚的，不过，他不知陈其美手中到底有什么力量，有些不放心地问："要想占领上海，必须攻下江南制造局。江南制造局的情形，你我都清楚，不殊死力战，要拿下谈何容易？即使能一时得手，苏州的江苏巡抚程德全，手下水陆军和警察也有相当力量，他若兵发上海，不要半天就到了，我们怎么办？"

陈其美说："苏州方面你不要担心，我已经派人去策反程德全了，他不会轻易出兵。只要我们能速战速决，上海一光复，苏州就会跟着光复。"

李燮和很不以为然地说："说大话谁都会说，可打仗真得凭真刀实枪地干。我请问陈先生，你们中部同盟会有多少人马？"

陈其美立刻明白，李燮和是担心他手下没有兵，不由哈哈一笑，"我们同盟会的力量肯定要比你们强大，我算给你听听，首先，李平书的商团已经愿意听我们调遣了。他们有二千多人，武器也不错。"

这是李燮和没有想到的，看来，不可小视陈其美。

"还有呢？"他忙问。

陈其美接着又说了其他几路人马。

第一路是由刘福彪以帮会为基础组织的手工业工人、城市贫民参加的敢死队，有一千多人。

第二路是由应桂馨率领的宝山、川沙的私盐贩子、海边渔民组织起来的敢死队，也有两千多人。

第三路人马是武昌起义后，迅速从日本归来的留学生。中部同盟会在留日归来的学生中成立军国民联合会，组织返国的日本士官学校以及其他学校的学生参加各项准备工作，这其中有蒋志清、潘印佛、张国成、李愍、刘基炎、张群、田璧臣、王书云、夏述唐、陈星枢等人，虽然只有二百多人，但他们军事基础过硬，血气方刚，无不以一当十。

还有精武学校的师生、中国国民总会的模范体操团近两千多人也是陈其美手下的一支重要力量。

除此之外，陈其美对上海的军警做了大量的策反工作，吴淞巡防营统制梁敦焯已经被陈其美策反。

与此同时，陈其美又派吴鑫田到吴淞运动济军黎天才部，让他参加起义。黎天才不愿意，但表示同情革命，不与革命军为敌。

通过商团，陈其美还说服了海军舰长林建章依附革命。

通过周南陔，陈其美也使吴淞炮台总台官姜国梁完全接受同盟会的调度指挥。

上海的警察力量虽然不强，打起仗来没有什么力量，但在革命党人未集合时，还是能够阻碍革命党人的活动的，甚至能逮捕革命党人。前一天，陈其美到南市上海警察厅同厅长徐国梁谈判，要他不要干涉上海起义。

徐国梁说："武昌已起义，我是汉人，革满洲的命，我有什么不赞成？"

陈其美说："厅长先生深明大义，难得啊！"

"不过，上海是华洋杂处的地方，动辄惹起外交事端。你们革命党我信得过，只是发动时，帮会匪类难免不乘机抢劫，杀人放火。维持治安一事，又是我的职责所在。"厅长显得有些左右为难。

陈其美站起来，指着窗外，激动地说："我们就是为着华洋杂处，动惹外交，希望彼此少流点血，才来和你谈判。你纵有为难处，我们要干的总要干。"

坐在对面的李平书也说："革命党的力量是很强大的，并不是怕什么。不过，为市民计，还是和平想办法的好。"

徐国梁有些尴尬地说："贵党的实力我是相信的，我只是怕出乱子。你们放心，上海起义前革命党的活动，我可装作不知道，不予过问。上海起义时，我的警察决不参加战斗，只负责地方治安。"

经过这次谈判，革命党人现在已经可以毫无顾虑地携带手枪，在华洋交界地大胆进出了。

听完陈其美的叙述,李燮和脑门子上有些汗津津的。本来,他以为中部同盟会不过喊喊口号而已,没想到竟然暗中积蓄这么大的力量。他知道,以这些力量投入起义,起义是有把握的,但是,他心里却有些酸溜溜的。

“目前各方力量都还不太稳定,我看宜少安毋躁,观察一段时间再说。”李燮和说。

“不,”陈其美坚决地说,“现在吴淞口就泊着五艘军舰,它们是从武汉开来的,要从江南制造局启运枪弹去给北洋军,上海若再不发动,武昌就危急了!”

“真的?”

“这是我今天早上收到的谍报。”陈其美把谍报递了过去。

“这样,的确不能再等下去了。”

“燮和,是时候了,我们联合行动吧!”

“好,就听你的,行动!”李燮和终于痛下决心。

两人铺开地图,商量了一会儿,决定11月3日下午4时发动上海起义。陈其美负责领导进攻上海县城,然后自南而北;李燮和负责组织进攻闸北和吴淞,自北而南。双方会师后联合进击江南制造局,共同光复上海。

当晚,陈其美赶到上海城自治公所,和李平书一起布置次日上海起义。李燮和也连夜赶回住所,部署闸北和吴淞方面的起义。

46

11月3日上午,负责闸北起义的总指挥陈汉钦传达起义的消息时,走露风声,被巡警道汪瑞闽和巡警总局局长姚捷勋获悉,他们马上布置手下人抓捕革命党。李燮和立刻打电话给陈其美,问怎么办?

陈其美说:“容不得多考虑,提前起义。”

上午10时,上海起义全面爆发。

在闸北、吴淞,参加起义的巡警和商团团员人人身缠白布,向警察总局进发。汪瑞闽、姚捷勋一见,慌忙逃进租界。由于驻军保持中立的保持中立,反正的反正,闸北和吴淞未经战斗先后顺利光复。

以敢死队为主的进占上海城厢的战斗也比较顺利。10时左右,刘福彪、应桂馨率领敢死队抵达城门时,守城的警察都已臂缠白布,列在两旁迎接。进了城门,敢死队直赴道台衙门。

上海道台刘燕翼、知县田宝荣听到枪声后,忙布置手下抵抗,然后拿上关防和库银清册,夹着尾巴逃进了租界。手下的人谁还抵抗?全作鸟兽散。

刘福彪、应桂馨等人冲进道台衙门时,只见里面空空荡荡。二堂、三堂及内屋,各处灯光明亮,各种器具等均和以往一样摆放得整齐,刘燕翼办公桌上的一杯茶还在冒着热气。

在庶务处,放着几听煤油。刘福彪上前用马刀将铁皮砍开,令手下把煤油洒到大堂的门窗板壁上,点起火来。顷刻之间,道台衙门火光冲天。上海城宣告光复了。

陈其美走到街上,只见到处是欢呼的人群。很多茶楼酒肆都悬挂起了白旗和革命军旗,白旗上都写着斗大的"光复"。社会治安良好,未出现趁火打劫之事。

在西门外斜桥西园,陈其美、于右任、沈缦云、李平书等召开会议,凡是与革命党有关的重要人物都到了。会上决定成立上海军政分府,并决定下午4时所有参加革命的团体和个人都到九亩地广场举行誓师大会,攻打江南制造局。

会后,陈其美即让人起草告示,广贴城内外,以安定人心:

照得武昌起义,同胞万众一心。
凡我义旗所指,罔不踊跃欢迎。
各省各城恢复,从未妨碍安宁。
上海东南巨埠,通商世界著名。
一经大兵云集,损害自必非轻。
今奉军政府命,但令各界输诚。
兹已纷纷归顺,具见敌忾同仇。
惟愿亲爱同胞,仍各安分营生。

洋人生命财产，切勿乘此相侵。

转瞬民国独立，人人共享太平。

下午，陈其美、李燮和等人率领着一支支队伍，准时来到九亩地广场，列成方阵。陈其美登上主席台，朗读了上海军政分府的独立宣言。宣言全文是：

窃自满清为虐，盗我中华，同胞之深仇巨耻未报者，二百余年矣！屠杀之惨，历历在目，卧薪尝胆，未敢或忘。讵意满清今复狠毒，假立宪之好名，行防汉之谲计，涂我四百兆神明子孙之肝脑，以供养彼五百万之犬羊贱种；犹复颐指气使，视汉人若牛马，苛税则无不加，而彼满奴则不耕而食，不织而衣；权利则无不削，而彼满奴则握大权执大柄；而日横死于满清虐政下者，尤不胜屈指，又何一非黄帝子孙，我亲爱之同胞也。

以是我军政府起光复之师起于武昌，不旬日而克复三镇，天下响应，共起义兵，誓讨北虏，同兴神州，自兵兴以来，皆为救我同胞于异族虐政之下，拯我同胞于水深火热之中；以故市民安堵，鸡犬不惊。盖我军政府以爱种爱国为心，故不惜冒矢石为同胞请命。凡我同胞，均须共体此义。满将荫昌，屡战屡北。今我秦晋革命军，已分兵直捣幽燕，逆酋逃亡，将不崇朝，即可全复天下。我苏浙各省，据长江下流门户，形势重要。故我江东革命军，于9月13日（农历），起义于上海，以安商业，以宁民居，各守生业，勿相惊恐。急于大义者，其各来归，盖满恶昭彰，已白于天下；胡运已绝，汉族方兴。凡吾三吴健儿，均当效忠于祖国，以建共和之基；不当尽力满洲，以贻万世之辱。而满洲将士，其有弃逆投顺者，亦概不加诛，视之同等。

我苏浙等省，民困已久，暴征苛税，皆满清施虐；而江南水荒，收获寡少，谋生不易。今特将江浙皖闽境内一切恶税，尽行豁免，以纾我父老之难，而免奔亡之苦。其条例谨列如左：

一、除盐、酒、糖各税捐外，所有统税关卡，一律永远裁撤；

二、除海关外，所有税关，一律永远裁撤；

三、本年夏忙丁漕，概行蠲免；

四、本年以前秋欠丁漕，概行蠲免；

五、各属杂捐，除为地方所用者处，概行蠲免。

凡我江浙皖闽人民商贾，均宜竭力助饷，以裕军实。盖本军政府成败利钝，系于四省之民之生死存亡，汉口满兵屠杀之事，可以前知。今日共助义师，则我人民商贾，即可同享安宁；不然则思日后之惨祸，亦当寒心。凡各界同胞，俱属深明大义，谅能慷慨运输。将来共奠中华民国共和，则自由幸福，实无涯际。而上海一埠，华洋杂处，关系尤属重要。人民俱宜极力保卫治安，敬礼外人，以辅本军政分府之不逮，幸勿相扰乱，以取罪戾。

风云正急，爱国男儿当速兴起，举北伐之师，讨将亡之虏，勿怀观望，致失事机。

上海军政分府宣言

宣言赢得了雷鸣般的掌声。从此，上海独立了。

革命党人立即扯下了广场正中旗杆上的黄龙旗，升起了同盟会制定的青天白日旗。

集会以后，陈其美把自己拿来的两只箱子打开，把里面所藏的手枪、步枪、炸弹分发给起义军。他自己拿了一面白旗，率敢死队二百余人，从南市出发，向江南制造局挺进。

江南制造局始建于1865年(同治四年)，为清政府规模最大的军事工厂。所以它是上海特等军事要地，防卫极严。通常它驻有一个巡防营，两个炮兵营，还有各一营的护卫亲兵、护厂警士。上午，江南制造局总办张士珩听说闸北民军起事，急调巡防二营、四营，分驻高昌庙及斜桥等处，并在黄浦江边置备六尊排炮，各要道口还增设机关枪、小钢炮。

令张士珩无可奈何的是，陈其美带着队伍经过巡防二营、四营的阵地时，双方均举手加额为礼，并没有交火。他不知道，这两个巡防营已经被陈其美策反了。

下午5时许，陈其美的人马来到制造局前，恰巧赶上工厂下班，大门敞开。待工人都走出后，陈其美一马当先，从西栅栏潜至门前，连连掷出几颗炸弹。随着几声“轰轰”巨响，浓烟四起，刘福彪等敢死队员趁乱冲进了大门。驻局清兵急忙关上二道门拒守，敢死队被堵截在院内，卧倒射击。

制造局中的清兵上了楼房，居高临下，开枪还击。双方对射了一会儿，互有伤亡。陈其美见久攻不下，考虑到民军均是轻武器，弹药有限，被动挨打会牺牲过多，便下令退出门外，另谋良策。

望着制造局高大的铁门，陈其美心中暗想：制造局久攻不下，周围的清军并不稳定，如果程德全再从苏州发兵，民军腹背受敌，后果就不堪设想了。他把手臂上的白绷带扯下，连同手枪一起交给刘福彪说：“福彪，这里由你来指挥，我进去找张士珩谈判，劝他放下武器，归顺民军，一个钟头不见我出来，你速与后门的杨谱笙合兵一处，拼力攻打。”

“万万使不得！”刘福彪一把拉住他，“张士珩是有名的顽固分子，你去谈判，不等于孤羊投群狼？”

“不入虎穴，焉得虎子？谈判成功，最好；不成功，牺牲了，也能显示我革命党人视死如归的精神。”

“英士，你不能去！”

黄雪鸿拿着一支小手枪，冲到了陈其美的面前。

“雪鸿，你怎么来啦？”陈其美焦虑地问。

精武学校的人组织队伍出来时，黄雪鸿就要跟着出来的。她的身体很弱，陈其美让她留在中部同盟会总部。那里要起草各种文告，也极需人手。黄雪鸿拗不过陈其美，留在了那里。但她的心一直想着制造局这边，听说制造局久攻不下，她就提着陈其美送她的小手枪赶来啦。

“你不能进去。这个时候进去，不是犯傻吗？”

“没关系的，我这人傻人有傻福，命大。如今举国上下，到处是起义者，上海城厢已被我们拿下，谅他张士珩也不敢把我怎么样。”

“万一张士珩狗急跳墙呢？”

陈其美深情地望着黄雪鸿，充满爱怜地说：“不能顾虑太多，要相信我们自己的力量！如果一个小时后我不出来，你就跟着福彪他们勇敢地往里冲。”

陈其美轻轻抚摸了一下黄雪鸿的头发，道了声“保重！”只身举起一面白旗，向大门口跑去。“弟兄们，我们都是汉人，不要打了，快去通报总办，民军代表要来谈判。”

片刻以后，制造局大门闪出一道缝，有人探出半个头问：“谁是谈判代表，总办有请。”

“我就是！”陈其美走到门边，侧着身子钻了进去。

守门士兵在门内把他上上下下搜查一遍，确信他没有带武器，才带他往里面走去。

张士珩端坐在总办大堂上，满脸憔悴。大堂两边站满了全副武装的卫兵。陈其美刚踏进大堂，卫兵们就“唰”的一声从鞘里拔出东洋刀，高高举起，交插着架成一条甬道。陈其美微微一笑，大步穿过甬道，对坐在公堂后面的张士珩拱手道：“本人受民军之托，来与总办谈判。”

“你是何人？报上名来。”张士珩仔细地打量着陈其美。

“本人姓陈，名其美，是《民立报》记者，现任上海军政府民军总司令。”陈其美不卑不亢，朗声回答。

“民军总司令？”张士珩不由一惊，又上下打量他一番，“真的吗？”他不相信，眼前这个文弱的书生，就是犯上作乱的民军总头子。

“这有什么假呢？”

“你这是犯上作乱，要砍头，灭九族的，知道不知道？念你是个读书人，想法天真，为乱党所利用，作了出头鸟，姑且饶你不死，快去喝散众人，回家各务本业。”继而他双眼一瞪，“若不听本总办好言相劝，休怪本总办不客气！”

陈其美如闻耳旁风，只顾侃侃而言道：“满虏昏庸无道，对内滥施暴政，对外认贼作父，激起天怒人怨。武昌首义，一战而捷，全国响应，各省相继独立。我上海军民亦已举义起事，众志成城，民意难犯，城厢、闸北、吴淞均告光复。外面我大军兵围十重，本欲一举扫平制造局，念你我均是汉族同胞，交起火来，骨肉相残，有何意义？故本司令亲冒矢石，求见总办，盼总办能顺天应时，与我军政府共襄义举，作共和功臣。”

“好啊，你小子伶牙俐齿，想劝本总办造反？”张士珩冷笑两声，“本总办系朝廷命官，深受皇恩，岂愿为贼蛊惑？来啊，把这个狗屁总司令拉出去砍了！”

众卫兵一拥而上，把陈其美按住反缚双手，推了要走。陈其美仰天大笑说：“人称张总办久经战阵，气壮如牛，今日一见，不过胆小鼠辈懦夫罢了。”

“此话怎讲，难道本总办怕你不成？”张士珩示意卫兵松手。

“两军交战，不斩来使，古有明训。我只讲了几句，总办就气势汹汹喊杀，难道不是胆小？本人乃一介文弱书生，只身与总办谈判，生死早已置之度外，就是砍头，又能奈我何？”陈其美转向卫兵，大义凛然地说：“来吧，一刀了结，做得利索些，皱一皱眉头不算好汉！”

“好，佩服。”张士珩说，“把他拉出去，先让他尝尝大清刑具的厉害，然后再一刀一刀割了他，我看他皱不皱眉头！”

陈其美刚被拉走，李平书进来了。他本是制造局的提调，故守门清军不加阻拦。一上大堂，他就焦急地问：“听说民军代表入局谈判，此人现在何处？请总办把他放了。”

“放了？”张士珩怒气冲冲地说，“他是乱党头目，与提调是亲？是故？”

“非亲，亦非故。”李平书近前一步，“武昌起义以来，各省继起，势不可挡，总办也是汉人，何不效法黎元洪等……”

“一派胡言！”张士珩厉声斥责，“前几天，你要我勿向前线运送军火，今又劝我释放乱党头目，难道提调也加入了乱党？果真如此，可不要怪我不客气！”说罢拂袖离座，以示逐客。他知道李平书是沪上有名望的人物，不能够轻易动。要不然，定然将他拿下。

李平书愤愤而出，刚到大门外，只见王一亭满头大汗而来。原来王一亭听说陈其美被拘，急忙赶来营救，两人计议一阵以后，复又入内。对着总办，王一亭抢先说：“被拘之革命党，系《民立报》记者，该社全体同仁请求将其开释。”说着递过一纸具保文书。

“自治公所、商团公会所有议董，亦愿保释陈其美。”李平书接口道。

“你们敢为乱党头目具保？”张士珩将具保书扯作两片，“本总办决不放人，来啊。将陈其美就地正法。”

"总办,你不能这么做!"

"本总办主意已决,不必再言!"张士珩说着走进后堂。

张士珩来到后堂,一个卫兵跟了进来。此人叫张杏村,曾与刘福彪有过联系。他已跟随张士珩多年,颇得张士珩信任。

"总办,卑职有句话,不知当说不当说。"

"这种时候啦,有什么话你就说吧!"

"此人虽系什么总司令,却乃文弱书生,有何本事?杀不杀都无济于事。但他们党人极多,均不怕死,今若杀他,异日他的同党专来找总办谋报复,那可不得了。"

张士珩哈哈一笑:"这有什么?我如果怕他们,就不当这个官了。谅他们也奈何不了本总办。"

"总办当然是没有多大事啦。只是总办家眷少爷小姐均在外居住,城厢、闸北都已光复,他们的身家性命及财产也当考虑。我等在此,自当同总办出力,设若革命成功,他们必不饶恕我们。请总办三思,何不等到大事平定,再来杀他不迟,横竖他在那里,还能跑了?"

张士珩想了想,说:"你说的倒也有道理,此人暂且就不杀,把他关起来,不要让他太好过。"

李平书、王一亭回到商团公会,商议对策,沈缦云急不可耐地说:"英士先生冒险入虎穴谈判,实为上海全城免遭涂炭,若不及时救出,何以对同盟会诸君?"正在这时,李平书的好友,上海道署总账房朱葆三送来信札一封,大意说:南京督署电示上海道,上海起事,商团尽叛,已令江宁、松江两地进兵,无论乱党、商团、擒获者悉数正法。

"事已至此,进或不死,退则必死;与其引颈待戮,不如调集全部商团,作拼死搏!"王一亭对李平书说。

众人都很赞同王一亭的话。于是,公推王一亭起草反攻令,其余的人分头四出,通知各部与商团合力攻打制造局。

47

为了筹备上海起义,11 月 2 日戚志锐与光复会会员杨哲商、平智础在法租界华格臬路一幢小洋房里制造炸弹。由于操作不慎引起爆炸,杨哲商当场被炸死,平智础也受伤。此时,戚志峻已去了吴淞,戚志锐想到租界当局马上会来查看,急忙背起杨哲商尸体,搀扶受伤的平智础,冲出迷雾的房屋,雇车返回锐进学社。

陈其美身陷制造局时,戚氏姊妹正在为杨哲商料理后事。听说陈其美生命危险,他们急忙找到李燮和,要求他也向制造局进兵。李燮和从九亩地广场回来,就忙于欢庆胜利。陈其美身陷制造局后,李燮和心里也很着急,他担心进攻制造局失利会影响全局。不过,他在心中也直骂陈其美,这是什么时候,怎么能这么做呢?未免太贪功冒进了。

正在他迟疑不决时,沉浸在战友牺牲悲痛中的戚志锐一反平时的沉静,跳了起来,拔出手枪,大义凛然地对李燮和厉声道:"陈其美虽不是光复会会员,可他是革命同志,你怎么可以见死不救?如果你为了私心而将同志置于死地,我就先杀了你!"

李燮和忙说:"你别开玩笑,我正在考虑进攻路线呢!"

围攻制造局的反攻令,由李平书、李英石签署发出,李平书亲自坐镇救火联合会掌握联络,攻坚组织指挥由李英石实施。4日凌晨1时许,商团各部奉命到达,沈缦云、王一亭至队伍前,宣读了反攻令。李英石率众宣誓说:"我全体团员不避生死,奋勇不顾,誓夺制造局,誓夺上海光复全胜!"一时,群情激奋,声震寰宇。

王一亭备受感动,他向大家痛哭陈词:"愿我团全体成员,在此千钧一发之际,抱破釜沉舟之志,即夕奏功,则合城无数生灵,我团员数千家室得保安全,大家努力奋进,我们等待你们成功归来,给你们摆酒庆功!"

凌晨3时,商团队伍全部进入制造局外部阵地。

李燮和也带领光复会人马及反正后的军警赶来,进入阵地。

江南制造局被箍桶一般箍住了。守局清军往外一看,只见到处是火把,到处是刀枪,不由得胆寒阵阵。

3时一过,攻击江南制造局的战斗再度打响。商团的精锐部队一千余人立即从正面发起进攻,冲在最前面的仍是刘福彪的敢死队。

制造局的大门系铁制,后护铜板,又高又厚,敢死队抛出十余颗炸弹,竟未能炸开。刘福彪一见,把手枪往腰间一插,带着十几个大汉,抱着一根大木头，匍匐行至大门前，抱起木头一起站起，齐声吼叫着，冲撞大门，连撞数十下，大门仅仅是稍微抖动了几下。

清军见了，在楼上转动枪口，对着他们猛烈扫射。敢死队不断有人倒下，却依然冲锋不止。

李英石令商团加强火力，压制守敌火力。

正在这关键时刻，应桂馨带领的一路，炸开枪厂后墙，从制造局后部冲入。与此同时，刘福彪手下的民军则由海军栅潜入船坞，一时间，制造局内炸弹声、枪声、喊杀声响作一团。

刘福彪在敢死队中，听说兄弟部队已从后面攻入制造局，精神为之一爽，他想起：下午跟着陈其美攻入制造局大门时，见西侧有许多木材，系供制枪托之用，何不放他一把火呢？他急忙去附近的货店，问店主要煤油。店主是洪帮中人，认出了他，马上给了他一桶。制造局的围墙高有丈余，如何攀得上？只见刘福彪往后退了几步，然后猛跑，纵身一跃，双手扒住了围墙顶。他双手再一用力，身子轻松地吊了上去。

骑在墙头上，刘福彪解下腰间的绳索垂下，吊上煤油，接过皮阿六递上来的木棍，饱蘸煤油点上火向木堆抛去，紧接着又将煤油泼向木堆。

霎时间。火舌乱窜，风助火威，很快燃成冲天大火，映红了半边天。制造局中的清兵更加恐慌了。

此时，商团团员许奇松等从炮兵营推来一门大炮，对准大门、围墙连发数炮，打得砖瓦纷飞，敌兵胆寒。他们只好放弃大门，退守二门。响应起义的局兵梁得意及时打开大门，民军呼喊着冲进了制造局。

民军把大炮推入大门，对准二门内敌人盘踞的楼房发炮，爆炸声中，数幢楼房房顶被掀去，清军纷堕如落叶。

张士珩急得像热锅上的蚂蚁，一面严令坚守，一面请求海军开炮助战，谁知，海军已暗中归顺民军，根本不理睬他。局外到处是民军的喊杀声，局内四处火光冲天，局兵已乱作一团，很明显大势已去。张士珩只好带上几名亲兵，匆忙跳上预先备下的小火轮，仓惶逃往法租界。临行前，他还没有忘记陈其美，咬牙切齿地说："立刻把那个革命党枪毙！"

局兵群龙无首，或悬起白旗投降，或俯首就擒，或夺路逃命，作鸟兽散。

经过彻夜战斗，至 11 月 4 日上午 8 时许，民军占领了制造局，李英石令扑灭大火，在局内设民军司令部。至此，上海全境光复。

黄雪鸿随队伍冲进制造局后就去寻找陈其美，她搜遍了车间、厂房、办公室乃至马厩、厕所，都没有发现他的踪影。突然，她发现一个清兵提着手枪往最后边走去，马上小心地跟了上去。

那个清兵来到后墙边一间铁皮搭成的小屋前，推开门，躬身走进。此时天已蒙蒙亮，黄雪鸿看不清屋里，却听哪个清兵说："张总办临走前交代我，要结果了你。我是奉命行事，你可不要怪我心太狠！"

"张总办跑啦？我说你们守不住吧，不识时务。要杀你就杀吧，我的同志是饶不了你们的！"

黄雪鸿一听，正是陈其美的声音，握着手枪就往屋里跑："我来啦！"她边跑边喊，"英士，我来啦！"

那个清兵忙转过身，对着门就是几枪，黄雪鸿倒在门槛上，但她手上的枪也响了，那个清兵也倒在地上。他的枪掉在陈其美的脚下，陈其美飞起一脚把枪踢出门去。

黄雪鸿爬过门槛，蜗牛一样一点一点地爬近陈其美，她爬到了陈其美的脚下，双手抓住了陈其美的脚，想站起来，却怎么也不能。陈其美的双手被捆绑在背后的柱子上，怎么也挣脱不掉。

"不要忘了，我是你的小乖乖！"

黄雪鸿的脸贴在陈其美的脚背上闭上了眼睛。

"啊——！"陈其美悲愤地怒吼起来。

张杏村带着刘福彪等人赶来了，陈其美号啕大哭。

是日午后，全体民军开入江南制造局，一人领了一支新枪，然后整队而出。上海各地全是写满"光复"二字的白旗和同盟会的会旗，街道两旁的男女老少皆欢呼雀跃，共庆光复。

上海的光复，不仅在财政、经济上打击了清政府，牵制了武汉的清军，而且为攻取杭州、南京等地奠定了坚实的基础，从而加速了长江流域各省的革命进程。

孙中山为此给予陈其美以高度评价，他在《致邓泽如函》中说："陈其美为吾党健者。第一次革命，于沪上握东南之锁钥，其功最大。"如果没有陈其美在上海独立，那么汉阳一失，"革命的成功，又危险了"。后来追述上海光复的意义时，他又说："时响应之最有力而影响于全国最大者，厥为上海；陈英士在此积极进行，故汉口一失，英士则能取上海以抵之，由上海乃能窥取南京。后汉阳一失，吾党又得南京以抵之。革命之大局因以益振，则上海英士一木之支者，较他着尤多也。"

第二十三章

杭州苏州光复

48

武昌起义爆发后,陈其美急电蒋志清,要他立即回国参加革命。

当时,蒋志清在日本北海道新渭县高田镇的炮兵第十三师团第十九联队实习。接到陈其美的电报后,他立即向师团长长冈外史打了个请长假回国的报告。

长冈外史一口拒绝了蒋志清。他说:“你们这些留学生是清政府陆军部委托我们管理的,没有清政府的许可,你们不能擅自归国。”

蒋志清只好又去找联队长飞松宽吾请假。

飞松宽吾在蒋志清的再三要求下,同意了他的请假。但他又提醒蒋志清说:“如果你在四十八小时内不归队,就要被当作逃兵,宪兵就要缉查你!”

因为在当时日本的军队里,联队长的职权范围,最多只能给士兵四十八小时的假。

蒋志清说:“我明白。”他出了军营,渡过海,从高田乘火车到了东京,向设在东京同盟会浙江省支部领取了回国的路费,随后脱下军装,换上和服,和张群一起登船回国。

10 月 30 日,蒋志清抵达上海,立即去见陈其美。此时,陈其美正在积极筹划上海起义,也希望杭州能够同时起义,就派蒋志清、黄郛、陈泉卿等人去杭州,了解当地新军的发动情况。

蒋志清等来到杭州,在顾乃斌家参加了一重要会议。武昌起义后的第三天，陈其美曾来过杭州。当时，他在白云庵意周和尚处召集过一次会议，谋划杭州起义。意周和尚是苏曼殊的挚友，苏曼殊来杭州，经常住在白云庵。因为对革命很有热情，他也成了陈其美的好友。参加当时会议者，这一次又都参会了。会上，蒋志清了解到，朱瑞等人已经把新军基本发动起来了。最后，会议决定：(一) 推童保暄为临时司令。(二)葛庆恩等人为参谋。(三)朱瑞为一标司令。(四)顾乃斌为二标司令。(五)定11月3日至7日为起义时间。

蒋志清和黄郛、陈泉卿同与会者商定，由上海方面提供炸弹五十枚，七米厘九子弹三万发、手枪五十枝、银洋四千元，还有告示、旗帜及掷弹手若干人。事情谈定后，蒋志清等人即返回上海，向陈其美汇报。

在积极筹备上海起义的日子里，陈其美让王金发抽出身来，专门为支援杭州起义物色人马。蒋志清从杭州回来后，王金发已经选募了一百余名敢死队员。11月3日清早，上海起义在即，蒋志清、王金发告别陈其美，和陈泉卿、王文清、董梦蛟、孙贯生、张伯岐等人率领一百余名敢死队员乘上火车，奔赴杭州。庄之盘扮作商人，同时把枪弹和银洋运上火车。

敢死队员们到达杭州后，蒋志清把他们带到奉化会馆住下，等待时机。

11月4日，上海光复的消息传到杭州，所有的革命党人都异常振奋，大家对杭州起义充满了必胜的信心。顾乃斌、童保暄等人决定5日凌晨二时发动起义，起义军临时总指挥部设在杭州火车站。起义时各部以左臂缠白布为识别标志，以“独立”为联络号令。

是日凌晨，八十一标代理标统朱瑞率部从北方的笕桥出发，八十二标管带顾乃斌率部从南方南里桥出发，合击杭城。驻扎城内的宪兵、工兵打开城门接应，各部顺利进入杭州城。

革命军占据有关目标后，分队夹击浙江巡抚衙门和一些重要据点。

蒋志清和王金发带来的敢死队被编为先锋，各路义军随敢死队在后冲锋。

敢死队共分为五队，以蒋志清为指挥官。

第一、二两队由队长张伯岐率领，第三队由队长董梦蛟率领，合击抚署。第四队由队长王金发率领,攻打军装局。这四队每一队十五人,十名手枪手,五名炸弹手。其余人为第五队,作为总预备队,由陈泉卿率领,策应两边。

战斗打响前,蒋志清突然发现敢死队员中多了两个年轻的姑娘,忙上前道:"小娘娘,开什么玩笑,你们来这里干什么?"原来她们是戚氏姐妹,上海战事一完,她们就马不停蹄地赶往杭州来啦。

戚志锐说:"你别用这种口气教训人,我们刚从上海战场下来,呆会儿你就会知道,男人会打仗,女人也会打仗。"

总攻的时间已到,蒋志清顾不上再和她们打嘴仗,指挥着敢死队向前冲去。

第一队敢死队员掷弹手很快来到抚署的头道大门边。大门紧闭着,里面漆黑一片,四周寂无人声。

"投弹!"

蒋志清一声令下,几个投弹手一连串扔出八枚炸弹,里面的门卫还在睡梦中,头道大门就被炸开了。手枪手们一阵呐喊,全都冲进了大门。跟在敢死队后面的新军士兵冲进大门。

此时,二道门里面的卫兵已被惊醒,他们纷纷提枪进入掩体,往外面射击。蒋志清一边命令手枪手与之对射,一边组织第二队和第三队的掷弹手匍匐前进。

突然,二道门内接连响起了爆炸声,里面的清兵被炸得晕头转向,哭爹喊娘,射击停止下来。第二、第三队的掷弹手飞身上前,连连投弹,一时间,声震天地,火光冲天,二道门也被燃着,很快化为灰烬。

蒋志清带领人冲进门内,却发现戚志锐和戚志峻正在门内向里面射击。原来,她们二人冲进头道门后,见二道门一时难以打开,就在里面找到了一张竹梯,悄悄攀上墙头,对里面接连扔了几颗炸弹,此时,又从墙头上下到里面。蒋志清不得不对这两个小女子刮目相看。

眼见两道大门被接连打开,抚署内的清兵都无心抵抗,投降的投降,躲藏的躲藏,革命军很快冲上抚署大堂。

有人往大堂内扔了两颗炸弹,大堂很快燃烧起来,火光把巡抚大院照得通明。火光中,蒋志清见戚氏姐妹如同两只精灵,倏地往后院穿去。他急忙命敢死队员往后搜索。

不一会儿,戚氏姐妹押着浙江巡抚增韫走了过来。

此时天色已明,蒋志清集合敢死队员,一点名,所部三队人马全在,连受伤的也没有。

第四队敢死队在队长王金发的带领下,趁着黑暗向军装局摸去。军装局是杭州城各敌军据点中最险要之处,从进攻地点起,到军装局的头道大门口,道路有三千米长,巷道深奥,门栅重叠,城池坚固,守备森严。

王金发带着敢死队员手提大刀,隐蔽前进,遇到门栅,就派人越墙而进,先收拾掉守卫人员,再打开门,让后继人马进入。

一路之上,他们悄无声息地越过了三道关卡,顺利接近军装局。

此时,抚署那边已经打响,炸弹声隐隐传来,军装局中的守敌已被惊醒,纷纷进入掩体。为了察看外面的情形,他们用棉团蘸上煤油,点燃后扔到墙外面,很快发现了敢死队员的身影。双方交起火来。

军装局中的清兵训练有素,装备精良,强大的火力压得敢死队员抬不起头。

这里地势狭窄,大部队无法展开,小部队也无法隐蔽,王金发万分焦急。

清兵依然不停地从围墙里面扔出火球来照明,王金发灵机一动推开附近百姓家的门,拿来一床厚棉被和一桶煤油,他要顶着被子冲到大门前去放火。

"队长,这里不能没有你!"

敢死队员周吉尧,夺下他手中的棉被往头一顶,提起煤油就往大门冲去。

"射击掩护!"王金发一声令下,旁边的长短枪一起射击,周吉尧终于得以冲过封锁线,接近了大门。

在大门边,周吉尧放下棉被,把它拥在大门底下,把整桶煤油淋在了门上和被子上。

很快,大门被烧着了。

里面的清兵一见,忙居高临下往门口射击,周吉尧倒在了血泊中。

烈火熊熊地燃烧起来，整座大门成为一座火门。不一会，有“噼噼啪啪”的声音传来，那是大门木头烧裂开来的声音。

“投弹！”王金发一声令下，掷弹手接连扔出几枚炸弹。借着爆炸后的浓烟，王金发高呼：“冲啊！”

敢死队员们随着王金发一气冲到了大门边。王金发举起大刀，对着仍在燃烧的大门用力砍了几下，几块门板落叶般掉下，大门露出一个大洞，王金发屈身从洞中钻进去，其他敢死队员也钻洞而入。

守局清兵被革命军的气势吓傻了，扔掉枪，纷纷逃命。

拂晓，军装局被王金发等人占领。

青天白日旗飘起后，王金发走出大门，在周吉尧的尸体前跪下，轻轻托起他的头，擦去他脸上的血迹，热泪滚滚。

上午，顾乃斌、童保暄等人通电全国，宣布浙江光复。

接着，浙江革命党人和各路民军首领在浙江咨议局开会，商讨推举浙江都督。

不知为什么，许多人都推举原咨议局议长汤寿潜为浙江都督。

王金发说：“我们革命党人冒着枪林弹雨打下的天下，怎么能推立宪党人来坐呢？”

朱瑞说：“革命就是为了推翻满清。现在满清巡抚被我们抓获啦，革命已经成功，谁做都督不行？再说，浙江境内，从威望资历来说，除了汤寿潜没有别人。”

其他人也都附和：“这个问题不用再争，就由汤寿潜做好了。”

王金发气愤难当，只身离开了会场。

汤寿潜此时在上海，沈钧儒等人便派陈时夏去上海，请汤寿潜回来督浙。

49

上海光复，深深地震撼了苏州。

苏州的江苏巡抚程德全这一下怎么也坐不住了。武昌起义爆发后，全国各地纷纷响应，消息传到苏州，程德全依旧处之泰然，除联络当地绅士并令新军严加防备外，又电邀南通张謇到苏州商议请清廷速颁立宪诏书的电稿，让清政府迅速解散现任的皇族内阁，处分酿乱祸首以谢天下。他认为，革命党起事尽管势头不小，最终还是成不了气势的。

程德全久在东三省任职，自己对自己要求严谨，在清末的众督抚中，算是较有作为的一个。他既痛恨奕劻这帮贪污腐败之徒，又感激皇恩浩荡，使他位及封疆大吏；既为满清官兵的软弱无力而悲哀，又想在任上一振雄风，澄清吏治。所以，武昌起义后他并不惊慌。

没几天，两江总督张人骏，因宁库空虚，无法走饷，向苏库电借三十万以应急需。江苏藩司左孝同已同意拨付，但程德全听说后，却把钱全部截留下来，并且当面斥责左孝同自作主张。

此时，程德全并不是想限制张人骏，而是对清政府心怀私怨。这年夏天时，江苏藩司出缺，程德全奏请委应德闳署理，却被御史陈善同参劾，受降三级留任的处分。在这件事上，程德全曾请张人骏联衔合奏，张人骏未肯，所以程德全怀恨在心。

不管程德全出于什么心理，截住这三十万，对南京张人骏等却是一个经济上的打击。

10 月 31 日，陈其美派同盟会员徐文斌来到苏州，运动新军起义。

徐文斌与驻苏州的第二十三混成协步兵四十五标二营的军官孙筹成有见面之交，便把他约出营房密议。

“筹成兄，武昌起义后，全国各地竞相响应，苏州也应闻风而动。你若能率领所部起义，我愿率上海的革命党在城里作内应。”

孙筹成听了徐文斌的话，半天没有反应，

“你如果赞成，请即照办。若反对并想立功，现在就可以把我抓住拿去请赏。为了革命，我虽死无憾！”

“文斌兄，你也太小看人了。自武昌起义以来，各省响应，凡有血气之汉人，莫不欢欣鼓舞，你说不赞同而把你拿去邀功，那是奸人行径。”

“有筹成兄的态度我就放心啦。苏州能否尽快行动呢？陈其美等人准备很快就要在上海发动。”

徐筹成摇摇头，说：“苏州可能不行。”

“为什么？是程德全阻挠？”

"倒也不是,是环境不允许啊。苏州的新军只有四十五标、四十六标,而张勋的江防营则有四营。它西接宁镇,南连浙江,距沪甚近,水陆交通,都很便利。兵力既甚薄弱,地势又非险要,倘布置未妥,贸然从事,南京、镇江、杭州都驻有旗兵,张人骏、铁良、张勋均系顽固分子,一旦联合夹攻,则腹背受敌,非但起义不成,而且糜烂地方,为害不堪设想。若上海、杭州先能光复,苏州定会响应。"

徐文斌了解这些状况后,连夜赶回上海回复陈其美。

11月4日,上海光复的消息传来,孙筹成立刻找到标统刘之洁。

"上海已经光复,我们不可再等待了。"

刘之洁说:"我已去过抚署,面见了程抚,他说不可贸然从事,待将江防营调出城再说。"

果然,这一天,程德全下令调派江防营驻扎郊区,防御外来军队。同时又令打开弹药库,给新军广发弹药,借口是以防革命党进城攻打抚署,劫夺藩库,并派一部分军队保护署库,一部分驻守城内重要地区。为了监视江防营,程德全又派一部新军驻郊区。

到了深夜11时,督练会所军官的一切准备工作已经完成。刘之吉等人前往晋谒程德全。程德全已经就寝,闻报又穿衣出见。刘之吉等介绍了准备的情况后说:"反正的步骤,一应就绪,请都督于黎明宣布江苏独立。"

程德全依旧谨慎地说:"南京张勋提督有紧急密电,嘱我死守苏州,如兵力不敷,即派兵来苏。如果我们一旦独立,兵力能抗拒他吗?你们是不是已有确实的把握?"

刘之吉说:"张勋的军队就是来,他也过不了镇江。我们已和镇江的林述庆取得联系,南京以下,他们节节布防。况且第九镇主力还在秣陵关呢,张勋不敢动。至于郊区的江防营,我们已经把他们包围,所以,我们是有把握的。"

看见前来的诸人手臂上都已裹上了白布,程德全知道一切都只能这么运行了。他说:"天亮后,我宣布独立。"

这时,传达处报进:"上海派来两位代表要见巡抚。"

呈上名片后,程德全见是沈缦云和虞洽卿,忙道:"快请!"

沈缦云和虞洽卿是以上海总商会的名义，携带上海军政分府陈其美总司令的公函，请苏州宣布独立，以便沪苏取得一致，进攻南京。

程德全看过公函后说："苏州明晨就宣布独立，请两位返报陈总司令，我不再复函。"

接下来，程德全介绍刘之吉等人和沈、虞二位一一相见。

"上海起义后，租界情形如何？"

虞洽卿说："秩序很好，领事团也称赞革命军有纪律。"

程德全又问："浙江现在怎么样啦？"

沈缦云掏出怀表，看了看说："再过半个钟头，进攻杭州的战斗就要全面打响。浙江明天就会光复的。"

沈缦云、虞洽卿说到这里，便起身返回，上海还有许多事情等着他们做。

这一夜，苏州军民通宵进行准备，决定了如下事项：先命城内外地保通知各商店住户，明早一律门悬白旗，都督府门前旗杆上于破晓升起巨幅白旗。有人建议旗上写上"兴汉反满"四字，程德全权衡了半天，还是决定写上"兴汉安民"。写完后，交给体操教员陆佩萱届时鸣炮扯升。改抚署为江苏都督府，由沈思敬写成一尺见方大字，连夜命油漆店在木牌上漆成白底黑字，同时高高挂起。

最重要的是"江苏都督府"的大印，所有独立宣言、传檄文告、委令、告示等等，立待盖印颁发。程德全正在着急时，宪兵学堂毕业的革命党人张友石把大印送来了。前几天，章驾时等革命党人已令张秘密刻成。

一切准备就绪后，便连夜召集全城文武官吏，宣告反正意旨。

程德全当即打电话给藩司左孝同，说北京有急电来，让他快来抚署议事。

左孝同是左宗棠的孙子，他自以为是清廷的功臣后裔，应该毋忝尔祖，能世其家，所以性情极刚愎顽固。决定召集全城文武官吏宣告反正时，大家都担心左孝同不会赞同，万一他愚忠殉清，骤然自杀，那么藩司所存的一切，难免短缺。为了责成左孝同明白移交，程德全便引诱他来。

左孝同深夜接到程德全电话，并不怀疑，立刻乘轿而来。轿子经过胥门学士街，进入通衢时，只见商店都扯起白旗，甚为惊疑。轿抵抚辕，又见辕前卫队，臂缠白布，以为是太后驾崩，举行国丧，所以深夜召他来。迂腐的左孝同，竟然悲伤地流下泪来。

进了抚署，程德全迎上左孝同说："实话告诉老兄，我已经赞成革命，决定宣告独立。老兄意下如何？"

左孝同惊得目瞪口呆，半天说不出话来。

程德全说："你我共事有年，私交感情很好。我会尽力保护你的安全，送你携眷回乡。不过，离苏之前，你必须把任内一切有关国帑的造册点交清楚。"

左孝同低着头，流泪不止。他好半天抬起头说："尔等皆是朝廷命官，程抚尤受故慈禧太后之赏识，连得擢升，更当感恩深重，不应辜负朝廷之盛意而脱离政府，请从详考虑。"

巡警道吴肇邦说："左藩台此言极是！"

督练会所科长章驾时掏出手枪，"叭" 地放在桌上："举国形势如此，我们汉族子孙应从全民族的利益去着想，怎么能老是顾念自己的私人恩怨呢？"

"章君不必动怒。"提学使攀恭煦劝道，"人各有志，左藩司既然不愿，请交割清楚走人就行了，我等是均赞成独立的。"

左孝同无可奈何地说："我当在三天内办理移交手续。"

左孝同离去后，程德全正式宣布江苏独立。

宣读过宣言后，程德全令卫兵拿着一根长竹竿，在院子里把抚署大堂屋顶上的瓦挑了几块下来。

"革命吗，就是要除旧布新。"程德全望着落在院子里的碎瓦，洋洋自得地点了点头。

天亮后，许多老百姓走出家门时，发现不少商店都挂上了白旗，才知道，江苏已经宣告光复了。苏州人称这次光复为"插白旗"。

第二十四章
三雄争都督

50

杭州、苏州的同日光复,为东南的底定奠定了基础。陈其美觉得应该趁势扩大战果,一举攻下南京。不过,上海滩此时系统林立,群龙无首,这种局面下是难以行事的。光复之前,他虽然是最重要的领导,基本上领导了上海起义,但起义胜利后,各方都自恃为有功之臣,他的话有些人不愿听了。当务之急,要成立都督府,自己名正言顺地行使都督职权,才好调动各方。

1911 年 11 月 6 日下午,小东门旧海防厅大门口及附近,站了不少肩背步枪、腰挂手枪的商团士兵,他们是来担任“沪军都督推选大会”的警戒的。2 时左右,出席会议的人员陆续来到,身着学生装的陈其美也准时来到。他的身后跟着刘福彪和四十来个敢死队队员。接着,商团司令李英石身着商团军服,拎着指挥刀,在两个卫兵的护卫下,骑着雪青马也来到会场。

选举大会如期开始,李平书主持会议,首先讲话。李英石、陈其美继其后也一一发言。

整个会议上发言时间最长的是同盟会会员朱少屏,他从头至尾不厌其烦地介绍了陈其美领导上海起义的种种努力,并且介绍了如何支持、运动杭州起义、苏州光复的情形。“这些事实告诉我们,陈其美先生不但在上海起义中功劳最大,在底定东南中功劳也是最大的。”朱少屏最后说。

这以前,会场内一直很安静。

接下来,立刻发生了争执。因为推选都督了。

商团代表说,这一次上海光复,李英石军事学识渊博,指挥得当,功劳最大,都督理应由李英石担任。李平书也认为,应该由李英石担任都督。

同盟会会员和会党代表一致反对,陈其美一直领导着上海革命,都督非他莫属。

双方争执起来。

黄郛争着争着拔出了手枪,猛击了一下桌子说:“都不要吵了。要说功劳,整个起义期间,陈其美第一个闯入制造局,这是最大的功劳!”

商团军官也纷纷拔出手枪,说:“别拿枪吓唬人!陈其美是第一个进制造局的,进去又怎么样呢?还不是英石司令指挥商团和民军把他救出来的?”

黄郛说:“冲在最前面的是敢死队!”

“没有商团,敢死队有多大力量?”

“你们还有完没完?”刘福彪突然从后面冲出来,站在桌旁,高举着已开了盖的手榴弹说:“攻打制造局,陈先生吃了这么大的苦头,都督非选陈先生不可,否则我手榴弹一甩,大家同归于尽!”

“刘……刘先生,你可不能开玩笑。”李平书颤颤地说。

“谁跟你们开玩笑,我说到做到。”刘福彪晃了晃手榴弹。

“福彪,不可造次,有话好好说。”陈其美冲他挥了挥手。刘福彪把手榴弹收了。

王金发走上前,点了点桌子说:“诸位,请大家都把武器收了,这不是动武的地方。我想提醒大家,上海是个藏龙卧虎、鱼龙混杂的地方,当都督,可不能光凭一时之功。就拿这次起义来说吧,谁媾和了商团?谁联合了会党?谁策动了军警?谁让各方人士都站到了革命的旗帜下?无疑是陈其美先生。往后,我们还要攻打南京,还要兵发北京,谁当了都督,谁就得更加操心,都督可不是好当的。”

王金发说到此,却突然停下,坐到一边去了。会场顿时静下来。

良久,沈缦云碰碰李平书说:“我看还是英士做都督比较合适。”

虞洽卿也说："是的。都督不但要治军，还要治政，没有两手八面玲珑的本事不行。"

李平书说："我们不是在讨论吗？既然英士先生更合适，那我们就推举英士先生。"

傍晚，陈其美正式当选中华民国军政府沪军都督。

第二天，《民立报》报道了陈其美被举为都督的消息。

> 昨日下午，本埠推举要职。众以上海交通大埠，应另行举一沪军都督，召集大队雄军北上，以定国是，并为我东南门户之备，业已会推陈英士为沪军都督。因陈君于此事最为出力，经营惨淡，出入险地，力任劳瘁，众士归心故。……沪人闻讯，无不额手称庆。

同一天的报纸上，还发布了陈其美的就职通告，表示对于都督一职，自己"才疏望浅，不克担承，惟当军务倥偬之际，一再思维，与其推诿误事，负罪国民，何如勉策驽骀，共扶大义。夙仰军队诸同胞，志切同仇，心存救国。"因此决定就任。"至祈戮力同心，亟图进取。"

"这个沽名钓誉的骗子！"李燮和看完报纸后，气愤万分。上海光复后，李燮和便在江南制造局中办公，负责处理善后和组织"光复军"，没想到陈其美等人竟然背着他，悄悄地在小东门开了会，把都督选了出来，来个既成事实。不但如此，整个督府人员中，李燮和只当了个参谋。

沪军都督府人员名单，也是登在同一天的《民立报》上的：

> 中华民国军政府沪军都督：陈其美。
>
> 参谋：李燮和、陈汉卿、钮永建、章梓、李英石、王熙普、叶惠钧、黄郛、俞凤韶、杨兆金、沈翔云。
>
> 顾问官：虞洽卿，沈恩孚、曹雪庚、温朝诒、许葆英、许继祥、姜国梁、梁敦焯。
>
> 司令部：部长陈其美，副部长盛典型。
>
> 参谋部：部长黄郛，副部长刘基炎。
>
> 军务部：部长钮永建，副部长李英石。

都督府还配置外交总长伍廷芳，民政总长李平书，财政部长沈缦云，交通部长王一亭，海军部长毛仲芳。

不管怎么说，这次上海起义，李燮和统率光复军浴血奋战，还攻打制造局救陈其美，是功不可没的。落到如此局面，的确尴尬透了。

特别是跟随李燮和起义的黄汉湘等人，更是大吵大闹："我们参加上海起义，相信的是燮和先生，拥戴的自然也是燮和先生，良臣择主而事，我等怎么甘心隶属陈其美这种沽名钓誉之徒呢？请李先生不必犹豫，赶快发布命令，我们一气荡平小东门，把都督的位子夺回来。"

"对，李先生，你下命令吧！"光复军兵士纷纷叫道。

李燮和紧握拳头，牙关咬得格格作响。他把锋利的目光移到了戚志锐的脸上，狠狠地瞪了她几眼，才后悔不迭地说："我早料到此人必成心腹大患。他自己贪功、冒进，陷入制造局中，我们又何必看戏掉眼泪，替别人担忧？吴王不杀勾践，结果国破身亡。项羽在'鸿门宴'上不杀刘邦，结果落了个被困垓下，身首异处的下场。这些故事我们都知道，却没有记住教训。"

戚志锐明白，李燮和的这些话是冲自己来的，她心中不由感到有些悲哀，革命尚未成功，怎么就争起功来了呢？她镇定了一下情绪，尽量克制着自己说："李兄的心情我理解，但我至今还认为，那次我们顾全大局，发兵救陈其美是完全正确的。要是我们隔岸观火，按兵不动，贻误战机，置上海起义于功败垂成，我们就是千古的罪人了。至于假敌人之手，杀掉陈其美，居心就更加叵测了。我们革命是为了什么？就是为了争一都督吗？"

"你怎么处处替陈其美说话？他背后搞阴谋诡计，抢夺都督之位，你为什么不说？"

"的确。这一次陈其美境界是很低。本应让光复会也参加的会议，他却偷偷摸摸开了。不过，我认为，就是李先生去参加会议，沪军都督还是陈其美的，这是一个不争的事实。"

"何以见得？"

"我请问，举世之间，同盟会的影响大，还是光复会的影响大？"

李燮和说："这要看在什么地方。在大多数地方，还是我们光复会影响大的。"

"那么武昌起义后，为什么全国各地的革命党都要求孙中山和黄兴回国来领导革命，而没有人要求章太炎、陶成章回来领导革命呢？"

李燮和回答不出来。

戚志锐说："我再请问，在上海，是中部同盟会影响大，还是我们光复会影响大？"

"这也要得看从哪方面说……"

"李先生，你不用说了。我本人是光复会会员，也决不轻看光复会。但事实就是事实，此次上海起义，同盟会发动的人可比我们多多啦，而且陈其美还支持杭州起义，策动苏州光复，这些都是李先生比不上他的地方。"

李燮和不再争辩，其他人也都无话可说了。

不过，李燮和却怎么也咽不下这一口气，陈其美这样的人，你就是把他说成一朵花，也不能够和他再合作了，何况屈居在他之下呢？一气之下，李燮和把光复军全拉到了吴淞，在吴淞成立军政分府，自称军政分府总司令。为了表示自己不受陈其美的指挥，他发布宣言，声称他的吴淞军政分府只承认苏州军政府为江苏全省军政府，自己专管军事，凡上海地方军政外交等事务，均归苏州军政府办理。

戚志锐力劝李燮和不要意气用事，李燮和说："我的事今后你少啰嗦！"

戚志锐只好不再说什么。不过，她和戚志峻都没有随李燮和去吴淞，而是来到小东门内的旧海防厅，投入到陈其美的麾下。

51

陈其美就任都督的第二天，就发布招募军士的通告，筹建沪军。戚志锐、戚志峻姐妹来到，说要加入沪军，陈其美大喜。此时，前来参军的人络绎不绝，许多女学生也要求参军。陈其美便命令戚氏姊妹负责成立女子国民军，具体负责女兵招募事宜。后来，在攻打南京的战斗中，女子国民军巾帼不让须眉，冲杀勇猛。此系后话。

攻打南京的战斗即将开始,而聚集在上海的各地军队达数万人之多,饷糈无出,各项军政费用急需筹措。

11月10日,陈其美发布筹备设立中华银行的告示。他派财政总长沈缦云召集上海工商界热心之士,创设中华银行,作为财政中枢,以便及时筹款。12日开始,中华银行宣告发行公债票和军用通票。这期间,有些银行界的人士对陈其美不支持,陈其美除去耐心细致地做工作外,对与清政府官僚有联系的银行也采取了强硬措施。

这天,陈其美把自己的副官叫到身边,让他去送一份请帖。副官接过帖子后,陈其美又附在他耳边说了一通,他才点头领命而去。

不久,小东门的旧海防厅内布置一新,陈其美见被邀请的客人如期赴宴,显得十分高兴。客人步入海防厅,陈其美便迎了上去,一边伸出双手握住来客,一边说:"大驾光临,有失远迎,请!"

陈其美把来者引入席位。席上,陈其美说:"这次请宋先生光临,实不相瞒,在资金方面还望您能通融通融。"

这位宋先生叫宋汉章,是上海前大清银行的总经理。大清银行的前身是户部银行,是清政府官办银行,总行设在北京,全国有分行四十多处,枢纽在上海。上海光复后,该行停业清理,实际上是冻结资金。该行每年收放往来银达六七千万两,名义上说官商各半,但官款居多。陈其美几天前探听到,该行现在资本银一千万两。

"陈都督,真人面前不说假话,本行乃属北京的一个分行,而且又是一个官商合股的银行,本人实不能做主,万望都督谅解!"

陈其美听后,一副面孔一下子由晴转阴,冷冷地说:"革命已经成功,理应接收大清政府财产。识时务者为俊杰,还望宋先生三思而行。"

谁知宋汉章听后神色木然,两手一摊,摆出一副无可奈何的样子,似乎并不在乎陈其美的威胁。

陈其美强忍着怒火说:"宋先生暂且既不愿交接,就先借五十万两给上海都督府吧。"

宋汉章说:"这样做手续没法办。"

大清银行设在租界,契据存放在洋行,宋汉章认为陈其美奈何不了他。

陈其美忽然起身，把座椅往后一推，愤然离席。陈其美的副官见状，走到宋汉章的身边不客气地说："我看你是敬酒不吃吃罚酒，在这里，你当不了好汉。请——"

副官说完，把宋汉章"请"到海防厅的后门，后面早停了一辆马车，由几个荷枪实弹的彪形大汉守着。一见宋汉章出来，他们就打开车门，把他塞了进去。

"你们要干什么？"宋汉章惊慌地问。

"带你去观光。"

马车拉着宋汉章，一直往城外驶去。

宋汉章被送进了郊区的一个兵营中，看守告诉他，"都督说了，我们即将进攻南京。你不愿拿钱，到时就把你推上前线当盾牌。"

苦苦地熬了三天，宋汉章终于答应协款五十万。

为此有人对陈其美大加指责。陈其美说："只要对革命有利，我就可以不择手段。他的银行是在租界，如果是在华界，他不合作我就封了它。"

经此一段插曲，一些不愿资助的商人和银行也都表示表示了。11月21日，中华银行已筹足合股一百二十五万元，为应付军饷的急需，不等商股筹齐，就在南市吉祥弄口举行成立开幕式。

陈其美主持了这次仪式，并在会上讲了话。中华银行所发行的"中华民国军用钞票"立即进入流通领域，票面上有"沪军都督"、"财政总长"的红色印章。

在兑购军用钞票时，陈其美和沈缦云等人以高于票额的代价各兑得钞票的第三、四号。这种钞票直到二次革命时，还被革命军大量用作军饷。

为了充实力量，陈其美又照会海外华侨商会，希望动员华侨认购股份和公债。海外华侨们热心支持，筹得了相当一笔款项。

在创办中华银行的同时，陈其美还积极开展募捐活动，仅在张园组织的一次活动中，就募到四万余元。

这些措施，对解决沪军都督府军政费用的困难起了重要的作用。所以，上海等地光复后，能迅速组织江浙联军攻克南京，并挥师北上。

由于上海华洋杂处，剪辫之风光复前就刮过，但响应的人少。陈其美担任都督后，立刻在城厢要道遍贴布告，晓谕市民剪辫。布告说“……自汉起义，各省响应，凡我同胞，一律剪辫，除去胡尾，重振汉室……”谁知市民中那些因循守旧者，记着“长毛”造反不成人头落地的惨痛教训，都心存疑惧，仍然小心地留着长辫，出没街市。这引起了那些曾与清军浴血奋战的上海驻军士兵的强烈不满。

出于义愤，革命军士兵们三五成群，先在城厢外围，见到留辫者就剪；后来又扩展到市内各处，见人就拦住将长辫强行剪下后放行。

一些地痞流氓则趁机兴风作浪，附和风从，不但在街上拖着人剪辫，还闯入民居、店铺里去剪。整个上海一时间被搞得人心惶惶，谈辫色变，一些居民很愤怒。于是剪辫双方扭打致伤者有之，告到警局、闹到公堂上的也多有人在。

闸北有个叫周延龄的，不但头上辫子被剪，而且金戒指也被捋去。他向警局告发。警务长穆湘瑶不但不同情，反而风趣地批评他：“你意存观望。戴着一条猪尾巴还不知羞耻，你遇到强行剪辫的，也是应该。强行剪辫，固有不当，不过这也是由你甘愿继续做满奴的心肠所引起的。你所说的金戒指一事，谁知是真是假呢？”

最有趣的要算在小东门站岗的一个警士，他自己把发辫盘在头顶，用警帽盖住，掩人耳目，却向行人宣传警务和剪除“胡尾”的训令。恰巧，一个熟悉他内情的沪军士兵走过，振臂一呼，旁观者响应，逼令他把警帽取下。于是，真相毕露。过路行人都驻足观看，哂笑他说：“你好不害臊：劝人去除胡尾，却自己暗藏着来掩饰欺人，实在可恶！”几个年轻力壮者上去揪住这警士的油光大辫，“咔嚓”剪下。

强迫剪辫行动从 11 月中旬延续近十日，种种有损民军荣誉，丧失军政府威信的纠纷不断出现，陈其美很快知晓。下旬，他一面发文各驻军营部，严禁士兵上街强行剪辫；一面于 11 月 21 日这天分别在闸北自治会所和小南门群学会堂亲自主持演讲，沉痛劝谕市民从速剪辫。他的演讲恳切坚决，听者莫不动容。后记录成文，在报上刊出，又印成传单在通衢遍发。

申城华界各地，立刻就有不少团体或个人，组织起来，大力推行义务剪辫运动。就在陈其美讲演后的第二天，小南门的群学会，就假座榛荟学校召开了两次义务剪辫大会，到会民众达千余人。会议主持者传达军政府剪辫要旨后，即请来理发匠为自愿剪辫者剪发。剪发分两种：剪圆顶、板刷头的，概不取费；剪分头、"西装头"的收费一角。第一天，剪辫四百余根，第二天又剪辫三百余根。

东南城地方协会也于大东门火神庙举行了义务剪辫大会，发起人袁领丰作了一番慷慨激昂的讲话后，就有三百多人当场参加了剪辫。

闸北的自治会所设立了一个义务剪辫团，请警局派警士会同团员沿街打铃劝人去会所剪辫。

还有个人举办的义务剪辫会，更有刺激性。有个叫徐志棠的，他在会审公廨隔壁的畅园茶馆内，设了个义务剪辫处，规定三天内来剪辫的，理好发，不但分文不收，还另赠大肉面一碗。

上海所有华界的剪辫运动，虽然轰轰烈烈地进行，但在租界，军政分府的布告、晓谕却贴不进去，行政命令也无法实行，租界内华人，依然拖着长辫，在繁华街头摇来摇去。军政分府无奈，只得请外交总长伍廷芳，备函公共租界工部局和法租界会董局，明确照会：

> 上海业已光复，共和政体成立，华界汉族人民均将逊清强加之发辫剪去，惟贵局势力范围以内华人尚未剪辫，实未臻完善。故来函商请，允准租界内华人自由剪辫，请鼎力协助，勿稍加阻止为幸。

接到公函，法租界领事甘司东令巡捕房允准租界内理发店为汉人自由剪辫。一时间，亚尔培路、爱多亚路、霞飞路等理发店，纷纷亮出"本店欢迎来客剪辫理发"的招牌，有的店为了争取剪辫顾客，还张贴"剪辫加理发，愿留下发辫者，不但不收理发费，再贴小洋两角"的红纸来竞争。剪辫者日众。一些因循守旧老人，也在子女们的劝说下，无奈剪下拖了一生的"豕尾"。

法租界在法董的协助下，绝大部分汉人剪掉了长辫。

公共租界情况则不同，当时美英德日等十余个国家横行其内，他们在中国耀武扬威惯了，从不把中国官府政令放在眼里。原先，他们就禁止华界的军民自发组织的剪辫团体进租界，也不准租界内理发店贴剪辫广告。接到伍廷芳商请协助的公函，工部局采取的是“既不支持也不稍加阻止自由剪辫”的态度，使这场席卷全上海的“除此数寸尾，还我大好头颅”的剪辫行动，未能获得完满成功。

陈其美在沪军都督任上，还批准了两项工程。这两项工程对日后的上海有着深远的影响。它们都是在李平书的主持之下进行的。

上海城墙筑成之时，四周设有城门六座(东门、西门、南门、北门、小东门、小南门)，清末又增至十座(小西门、小北门、陪川门、新乐门)。鸦片战争后，上海成为最早的对外开放口岸。外国殖民者纷至沓来，在城外建起了一个又一个租界地。昔日还是水流纵横，河港交叉的城外，出现了一片片高楼广厦，华屋丽宅，西洋人带来了西洋文化，上海成了冒险家的乐园。公司洋行、酒吧舞厅、商店工厂、烟馆赌场，纷纷建立，使城外变成了一个灯红酒绿、光怪陆离的世界。

虽说上海城内几经春秋，也已筑屋建房，增辟街巷，规模较从前大大扩展了，但与十里洋场相比，仍有日趋衰落之势。特别是随着商品贸易的兴盛发展，陈旧的城门，时常使得交通阻塞，行旅不便。1905 年，地方乡绅终于向上海道提出了拆去城墙，改筑马路的请求。但是这一请求立即遭到了顽固势力的强烈反对，一些人以保全地方，防止骚扰为由，通电督抚，坚决禁止拆墙，并且还成立了“城墙保存会”，大有誓与城墙共存亡的架势，吓得主张拆墙的人不得不偃旗息鼓。

上海光复后，拆墙的意见再次被提了出来，陈其美立即批准，并以民政总长李平书为首成立了城壕事务所，负责筹款、拆墙、筑路事宜。

1912 年 1 月 19 日，拆墙正式开始。李平书个人借款六万元支付拆墙工程费。次年。北面的工程率先完成。墙倒沟平后筑成了民国路。1914 年，南面的工程也随后完工，修成了中华路。于是上海就出现了一条没有尽头的循环马路。

另一项工程是创办电车公司。

此时，法租界的法商电车公司已把路轨铺设至斜桥附近，还想把路轨延伸到上海城厢内外。美商古纳和东方万国公司也曾提出承办南市电车。陈其美和李平书等人多次商讨,决定由李平书主持自办电车公司事宜。

一天夜里。南市电灯公司经理陆伯鸿家突然来了位贵客。他就是李平书。几句寒暄后,李平书转入正题,诚恳地说:“我们再三考虑,招股办电车公司非君莫属。”

“可是招股不易啊!”陆伯鸿面露难色。

“陈都督支持你,我这个民政总长支持你,没什么难的。”

“好!”陆伯鸿同意了。

“你现在就写申请书。”李平书催促道。

“现在?”陆伯鸿觉得太急了。

“对!”李平书道。

陆伯鸿写好申请书,李平书拿了就走:“我马上到军政府去办理有关手续。”

几年以后,电车在南市一带出现。1914年乘客为四百八十万人次,至此上海老城厢的交通大变。

第二十五章

血染南京城

52

攻打南京的战斗是从光复镇江开始的。

镇江是长江重镇，金陵门户，江淮孔道，自古即为兵家必争之地。

早在清兵入关后，就把镇江城的高桥及斜桥以南、大市口以西的居民驱逐出去，强圈为旗营，驻扎旗兵，称为“京口驻防”。驻镇旗兵大多数是蒙古族，满族很少，开始极有战斗力。到了清末，他们由于长期养尊处优，坐享特权，以致骄奢淫逸，嬉戏游惰，已没有什么战斗力了。但他们照样耀武扬威，欺压汉族百姓。

统率旗兵的长官称京口副都统，设都统署于都统巷。此时的副都统叫载穆，是清镶蓝旗宗室，1911 年春由山西调来，他所统率的旗兵有：步兵三营，约一千五百人；骑兵二百余人，马三百余匹；还有炮兵一营。

驻镇江的新军主要是第九镇第十八协，大约有三千人，另外还有焦山、象山、都天庙、圌山关四大要塞炮台的炮营。

镇军新军第三十六标管带林述庆，1906 年在南京第三十三标当排长时，受到赵声的影响，加入了同盟会。武昌起义后，他就只身来到上海，与中部同盟会联系举行镇江起义事宜。

10 月 28 日，陈其美派赵声的原副官、同盟会会员李竟成，来到镇江，住在江边的三益客栈，和林述庆一起进行秘密串连和发动工作。他们通过林述庆掌握的新军中的革命分子，很快把新军拉了过来。又通过三益客栈老板王麻子等帮会关系，说通了水师营管带徐宝山，以同意他开驻扬州，收盐款作饷源为条件，争取他同意了参加起义。

李竟成还利用黄兴与巡防一营管带、老湘军人员、湖南人张振发的关系，把张振发和巡防营争取了过来，站到了革命军一边。

上海、苏州光复后，李竟成、林述庆于11月5日在三益客栈机关部举行会议，检查了起义的准备工作。陈其美又让人通知李、林派两百名士兵去上海江南制造局领取军火。

常镇道林景贤等清朝官吏见革命形势发展迅猛，也愿意投降。

6日晚，革命党人在三益客栈召开紧急会议，确定第二天(7日)举行起义，成立镇江军政府，建立民军和起义军大本营，推举林述庆为镇江军政府都督兼大本营总指挥。

7日清晨，驻防在镇江附近的新军三十五标、三十六标五个营均已先后集中到京砚山。下午4时，军队集合，由李竟成发表演说，说明革命宗旨，鼓动革命情绪，宣布起义。接着，林述庆宣布成立军政府，建立民军，并下达进攻旗营的总攻击令。

副都统载穆见大势已去，独木难支，自己不可能再有回天之力。为旗营免遭涂炭，只好宣布缴械投降，共交出大炮十八门、步枪一千五百支、军马三百匹，还有其他弹药军械等，不计其数。载穆此后躲在旗营中，一直不肯露面，深夜，吞金而亡。

这时，在武昌起义后，循江东下的清廷海军舰队镜清号、保民号、江元号、楚观号、楚同号、虎威号等十数艘战舰，在宋文蔚率领下，也一起来到镇江，宣布起义。

革命军力量大增。

而此时的南京，却是另外一番情形。

武昌起义之初，两江总督张人骏、江宁将军铁良、江南提督张勋就致函清廷内阁，内称“长江伏莽素多，蠢蠢欲动”，如果不增加兵力，“实不足以资镇慑”，要求清政府迅速拨款，增募兵力。清政府哪敢不批准？就由铁良招募十营，每营二百五十人，江防营原有十八营，由张勋每营招足五百人，并另招两营，合计二十营，并拨银一百三十万两。很快，盘踞在城内外的驻防营，巡防营以及旗兵达到二万余人。不过，旗兵腐败已甚，除每月领几两饷银外，平时只知吸鸦片，坐茶坊，说大话，没有什么战斗力，但张勋所部则是革命军的一支劲敌。

张勋与袁世凯有旧，既自命为北洋派大将，又自居为大清朝的忠臣。革命的浪潮不断冲击着长江沿岸各省，南京成了一座四面受敌的孤城。江苏咨议局和绅商各界都劝两江总督张人骏宣布独立，以免兵临城下。张人骏已年逾古稀，但求苟全性命，愿意交出政权。他跟江宁将军铁良同处一城，铁良此时也难以作为，兵权便都让张勋执掌。为此，清政府又任命张勋会办江苏军务，并授以保卫南京之全权。

张勋在城北一枝园建立了江防军大本营，宣布了戒严令，紧闭南京各城门，大举搜捕革命党人。凡是被他们认为形迹可疑的人，不分青红皂白，一律枭首示众。因此，大行宫、花牌楼一带的电线杆子上经常悬挂累累的人头，不少穿洋服的剪掉辫子的人也被枉杀。张勋所部借口搜查乱党，到处穿房入户，乘机抢劫财物。在张勋的暴力统治下，这个六朝金粉之地，成了杀气腾腾的人间地狱。

南京的驻军，除旗兵和江防营外，还有徐绍桢的第九镇新军。

徐绍桢，字固卿，是明代开国功臣徐达的十四世孙，中过举，又精通军事。前年，清廷派他去日本考察军事，回国后训练新军，是新军中的一位主要人物。他对清廷的腐败十分不满，平素同情革命，曾多次出面庇护第九镇部属的革命活动。前任两江总督端方，指名要逮捕正在第九镇的赵声、柏文蔚等革命党人，徐绍桢都暗中顶住，让他们得以逃走。所以，武昌革命一起，铁良和张人骏就怀疑第九镇不稳，于10月30日将驻城中的第十七协及镇司令部全调驻城外的秣陵关，而把本来驻浦口的江防军二十营调入城中。

钟山如龙城如虎
江水滔滔西北相环绕。
绿荫夹道杏满城，
锦绣江山何处能相较。
吾侪何以报国家，
愿将赤血染上青青草。

第九镇将士在前往秣陵关的路上，一路高歌《赤血歌》。这首歌是赵声当年特地为第九镇将士创作的。

徐绍桢策马在前，耳听到歌声，引起满腹心事。他想到锦绣山河受到列强侵略，蒙受耻辱，自己受到张勋之流的排挤、压制，身居一镇之长，武昌起义后，手下有些军官劝他也揭竿而起，但顾虑到南京城外，清兵驻扎甚多，他没有贸然行事，一直静观整个东南局势，却未料张人骏、铁良之流把他调出南京城，士兵每人只保留三粒子弹，起事暂告搁浅，他很后悔。

第九镇进驻秣陵关不几日，上海宣告光复，徐绍桢心中备受鼓舞。他约了江苏布政使樊增祥、咨议局局长张謇来到两江总督衙门，面见张人骏，劝张人骏响应起义。但张人骏老朽颟顸，一直认为自己系清朝重臣，世受皇恩，要保持晚节，不同意独立。

徐绍桢等三人，见张人骏如此昏庸，遂即告别。路上，徐绍桢对樊增祥、张謇俩人道："沉舟侧畔千帆过，病树前头万木春。张人骏如此不明事理，只能由他去充当'沉舟'、'病树'了。如今形势，民心所向，军心所归，革命犹似箭在弦上，不得不发。"

辞别樊增祥、张謇，徐绍桢急匆匆赶回玄武湖后湖住宅，找来第九镇参谋官龚之麟，两人到后园五角亭中密谋。五角亭，紧紧依靠在玄武湖后湖，湖边一排石栏杆，依湖而筑，弯弯曲曲延展开去。亭子周围堆叠着玲珑起伏的太湖石假山，像一道道石屏风，遮住了远处的景物。

徐绍桢与龚之麟一阵相商后，站在太湖石假山旁久久沉思，终于毅然作出了决定，吩咐龚之麟道："当断不断，反受其乱！事不宜迟，你把请柬就给送去。"

在江南提督张勋的住所，张勋斜靠在杨妃榻上，新纳不久的宠妾小毛子在一旁伺侯。这时，来了小毛子的堂兄，江防军参谋官，张勋幕僚卞礼卿。

一进门，卞礼卿就递上一张大红请柬，说："第九镇统制徐绍桢，请大帅赴宴。"

张勋看过请柬，向卞礼卿道："徐绍桢真有闲功夫，这个时候还摆寿宴。不过，他夫人李碧玉四十大寿也的确不能等闲待之。礼卿，你准备一副厚礼,李碧玉在南京城是个有名的女才子,不要被她取笑。”

卞礼卿却缓缓地回答道:“大帅, 这徐绍桢平素和咱们很少应酬,而今又是兵慌马乱,大帅,防人之心不可无呀!”

张勋大不以为然道:“礼卿,你真是少见多怪了。我戎马半生,南征北战,大风大浪经得多了。他徐绍桢纸上谈兵之辈,即使摆下鸿门宴,刀山剑林我又何惧哉!”

“那当然,”卞礼卿称道,“徐绍桢怎比得了大师您呐。不过,不怕一万,就怕万一。大帅,还是多加提防为好。”

听到这里,张勋哈哈大笑,指着卞礼卿的脑袋说:“兵不厌诈!你,只知其一,不知其二。徐绍桢要摆鸿门宴,来得好,让他摆,我们将计就计,就给他来个‘反鸿门宴’!”

两人接下来一番密谋,决定挑选二百精兵,到时候在后湖一带埋伏,并要卞礼卿带一班快枪手随同赴宴。

这天傍晚,卞礼卿指挥的后防营兵丁,悄悄地埋伏在了玄武湖后湖一带。

当晚,张勋准时赴宴。徐绍桢热情地把他迎进五角亭。布政使樊增祥、咨议局局长张謇也在座。

卞礼卿由第九镇参谋官龚之麟接持。在五角亭相近的一间小楼上坐席,两人各自严密戒备。卞礼卿随带的二十名亲兵,在小楼外间由第九镇官兵招待吃酒。

酒过三巡,徐绍桢将话语逐渐引入正题,他带着三分酒意向张勋道:“轩公,你我都担负着国家安危重任,而今老百姓苦难重重,民不聊生,满清王朝,丧权辱国,朝廷上那些王公高官……”

徐绍桢话还没讲完,张勋已经气冲冲,指着徐绍桢说:“徐绍桢,你胡言乱语,悖逆犯上!”

徐绍桢还是希望张勋能审时度势,转变态度,继续道:“武昌一声炮响,革命义旗一举,各地响应。轩公,可见民心所在,中国实非革命不可。”

张勋一阵犯怒,拍案而起,吼道:“你,不必多言,造反,杀无赦!”

这时,卞礼卿猛地从席上站起来,手一挥,作出一个暗号,二十名亲兵刹时间都跟着站了起来。在席上静以待变的第九镇参谋官龚之麟紧跟着推开桌子,一步抢先,站在卞礼卿面前。立刻,在假山后边,一百多名九镇官兵,手持盒子枪,像神兵天将一般,黑压压一片,形成了对五角亭的包围。

五角亭内,张勋正指着徐绍桢高声怒吼:"谁要造反,我就先砍掉他的脑袋!"

说着,张勋高举酒杯,正准备摔杯子,发出他"反鸿门宴"的暗号。这时,卞礼卿看到自己人被包围了,急忙上前,一手拉着张勋,一手拉着徐绍桢道:"轩公、固老,你们二位喝多了!"卞礼卿一边暗示张勋快撤,一边假作调停:"固老,改日再叙,改日再叙……"

张勋在卞礼卿和二十名亲兵蜂拥下,悻悻而去。

龚之麟见张勋等离去,忙碰碰徐绍桢,要他发信号。徐绍桢却说:"张勋不可一世,这样抓到了他,他也不会服气,我要让他看看,人心不可违。他就是神将下凡,也无回天之术!"

"固老!这么做就坐失良机啦!"龚之麟直跺脚。

张勋走远后,徐绍桢也不敢再在后湖停留,连夜和龚之麟赶回秣陵关。

第二天,即11月7日,徐绍桢召集全镇官兵,庄严宣告起义,部署攻打雨花台。

雨花台在南京聚宝门外,地势险要,张勋在这里安下了两座炮台,并派官兵把守,严加守备。

这时,南京城内的革命党人、同盟会会员苏良斌来到秣陵关和徐绍桢联系,说他已联络了总督府的警卫和巡防队的几支清兵,在城内起义迎接革命。徐绍桢、苏良斌两人约定11月8日清晨,城内城外同时起义,同时袭击张勋守军。

在此之前,徐绍桢已和上海革命军取得联系。上海军政府都督陈其美一直观注着南京,当他得知徐部缺少弹药时,立刻从上海调拨,一批弹药已发至镇江。

8日清晨,苏良斌率数百人进攻督署,因敌人守卫森严,很快失败。与此同时,徐绍桢发布了进攻雨花台的命令。起义军在雨花台、水西门一线和清军展开激战。清军雨花台炮台急忙发炮猛轰，由于惊慌失措，一阵乱放都未中的。

起义军士气旺盛，迅速推进，很快接近敌军阵地前沿。但就在这紧急关头，战局发生了变化。在激战中，起义战士每人只有三发子弹，很快打光了，在敌军密集的火力下，已无法应战，只得隐伏在小高地、田埂等处，形成了挨打的局面。

突然，一声怒吼，震天动地，起义军敢死队员唐有德挥舞战刀，指挥战士冲向敌人。他刚跃出两三步，就被敌军机枪扫中。队长张国俊、潘缓丞在激战中先后受重伤，战士也多人牺牲。

上海军政府接应的弹药，运到镇江后，中途受阻，未能及时运到前线。

由于敢死队的英勇战斗，起义军曾一度占领雨花台。但因缺少弹药，难以守卫，第二天清晨，张勋守军发起反扑，起义军只好乘浓雾撤出雨花台。

这一仗，徐绍桢投入了两标的兵力，伤亡近千人。

53

徐绍桢率领残部一路撤退，到了镇江才停留下来。镇江都督林述庆本是徐绍桢的部下，此时见徐新败，便不把他放在眼中，动不动就说徐绍桢无能。徐绍桢对自己的仓促起事悔恨交加，他决定卸去兵权，去上海向中部同盟会检讨。

到了上海，陈其美热情地对徐绍桢说："胜败乃兵家常事。这一仗没打好，我们好好总结一下，待机再战。张勋不过是秋后的蚂蚱，蹦不了多久了。"

徐绍桢备受感动，握着陈其美的手说："陈都督，这下我算是见识了什么是革命者的胸怀了。"

陈其美说："这不单单是胸怀问题，革命不可能没有失败，中山先生前后领导过十几次起义都失败了，现在怎么样？大清王朝还不是要完蛋了？革命者要不怕失败，屡仆屡起才是英雄本色！"

"听君一席话，胜读十年书。陈都督，我一定要整兵再与张勋决战。"

“固老,你有这个态度就好了。我决定推荐你担任江浙联军司令,万望不要推辞。”

徐绍桢激动地说:“受任于败军之际,我怎敢推辞,只是我担心指挥无方,贻误军机大事!”

“固老不要谦虚,当此之时,江浙知兵者无出你右者,你就作好准备吧。”

11月11日,陈其美致电苏、浙都督程德全、汤寿潜等人,征求推举徐绍桢为江浙联军总司令的意见。电文曰:

江宁民军退却,集合镇江,力图恢复。徐督绍桢素为新军爱戴,此次剧战,亲冒锋镝指挥,退兵仍守纪律,尤见大将伟略。现苏、浙、沪赴援各军,若无主将,殊为危险,敝处决拟公推徐都督暂充此次克复江宁各军总司令,凡各路赴援水陆军队,统归节制调遣,以期统一兵权,早日克复,东南大局在此一举。一面电请徐都督即日任事,贵都督谅表同情,祈即转饬各军长官,均应暂归节制。至接济军火,敝处当殚力以筹。

程德全、汤寿潜迅即回电赞成。程德全的复电说:“援军推徐为总司令,敝处极表同情,已饬各军队遵照矣。”

在给苏、浙都督发电的同一天,陈其美还致电镇军都督林述庆征询意见。林述庆和镇军参谋长陶保骏都不赞成徐绍桢出任联军司令,陶保骏担心发表反对意见陈其美等人恼火,只好默许。

下午,陈其美便电请徐绍桢出任联军总司令。此时,徐绍桢尚在回镇江的路上,陈其美把电报发到镇江军政府,让林述庆转给徐绍桢。电曰:

接镇电,民军失利,张勋猖狂。贵都督集兵镇江,力图恢复,东南大局在此一举。苏、浙、沪已派兵赴援,若无主将,殊为危险。敝处会议,请贵都督为克服江宁军队总司令。凡赴援水陆各军,统归麾下节制调遣,已通电苏、沪都督府公认,转饬各军长官遵照。贵都督素孚众望，义不容辞，偏仗贤劳，力挽大局，军械粮饷誓当殚力以筹。

徐绍桢接电后，表示同意到任。是日，在镇江成立江浙联军总司令部，开始具体筹划会攻南京之役。

陈其美在上海又联络了淞军黎天才部，让他与沪军司令洪承点一起作好最后的准备，一旦准备完毕，即开赴镇江。

此时，李征五带着一个人来见陈其美。

此人叫张宗昌，山东掖县人，十七岁随着家乡人闯关东，在辽宁抚顺挖过煤，在哈尔滨俄国人开的赌场里当过门卫，又跑到海参崴金矿当过矿工。他仗着自己人高马大，臂力过人，会骑马和打双枪，性格粗犷，有点儿哥们义气，得到一些山东老乡和地方上青年流氓的拥护，策动了二百多人集聚在绥芬河边，表面上开荒务农，实际上是一群打家劫舍的土匪。

武昌起义后，张宗昌听说黄兴正在上海扩充革命队伍，有三百人就可以当营团长，意欲投奔而苦无门路，就去找沙俄海参崴俄国轮船公司的中国经理胡金肇商量。胡金肇认识上海的富豪李征五，认为他一定有办法。于是张宗昌便组织了一批人马，在营口租了四条火轮起航奔赴上海。

到了上海一打听，根本没有黄兴招兵这回事。两人很失望。不过他们还是拜访了李征五。胡金肇对李征五说："东三省绿林豪杰虽然不少，但多数是乌合之众。张宗昌与弟相识有年，人虽缺乏文采，但忠诚可用，五爷如能推荐收编，张宗昌必肝脑涂地以报五爷。"

胡金肇话刚说完，张宗昌马上跪倒在地上说："我张宗昌先给您老磕一个响头。"

李征五见此人浓眉大眼，身壮如牛，连忙让他起来坐着说话。

张宗昌垂手肃立，始终未入座。

李征五接着问了一下张宗昌的家庭、个人情况，来投奔黄兴的想法等，张宗昌都恭敬地如实回答。他想让李征五知道自己不是个大字不识的老粗，还主动要来纸笔，写下简历："张宗昌，草字效坤，人称张长腿，山东省掖县人氏，虚度二十九岁。娶过两房媳妇，带来了人手五百二十一名。马三百另四匹，现在十六铺码头待命。”

李征五看了，哈哈大笑起来。他见张宗昌脑后还拖着一条长辫子，便说：“你从东三省这么远的路前来投奔革命，为何脑后还拖着根猪尾巴呀！”

张宗昌憨笑着说：“我倒忘掉这根辫子啦！”

旁边的男仆找来一把大剪刀，替张宗昌把辫子剪掉了。张宗昌说：“好，这一下我革命啦！”

李征五说：“不必找黄兴了。现在正是用人之际，我向陈都督推荐你。”

陈其美听了这番来历，倒也觉得有几分传奇色彩，就留下张宗昌，任命他为沪军骑兵独立团团长，并派在日本学堂学过骑科的黎克诚为团副，协助张宗昌训练骑兵队伍。

由于刚刚进入训练，张宗昌的部队没有开赴南京前线，在上海充当卫队。陈其美怎么也没有想到，他收留的这个草莽英雄。日后给他带来了杀身之祸。

经过十来天的准备，各路军队先后都开到镇江，计有：陈其美派洪承点司令统率的沪军约千人；黎天才统率的淞军六百人；苏军支队长刘之吉所部三千人；浙军支队和朱瑞所部三千人；原驻镇江的第九镇步兵林述庆所部三千人；柏文蔚所率的淮军二千人；徐宝山所率的扬军二千人。江浙联军总兵力共达一万四千余人。

11 月 22 日，江浙联军在镇江高资誓师。陈其美特派人从上海赶来，向全军宣读了上海军政分府檄南京文：

金陵龙蟠虎踞，为长江下游第一都会，人文钟秀，冠盖江南，我明太祖洪武之旧都也。甲申之变，满虏乘间窃取中原，以少数野蛮之人种，竟凌制我亿兆神明之民族。我先民抗义成仁，前仆后继，以是二百六十年间，光复之旗，不绝于道。然往事之失败，皆由同胞昏昧，不知大义，甘作汉奸，自残同种，以至含垢多年，未解奴劫。今天下光复之师，同时并起。我江东革命军特于九月十三日

(农历)举义于上海,人民欢迎,健儿踊跃。遂得克服江南制造局,保守吴淞炮台,地方安靖,不犯秋毫。本军政分府拟上溯长江,恢复江宁,克日会合武汉皖浙光复军,共伸天讨,诛锄野蛮之满政府,建立共和之新国家。然以江南多忠义之士,久抱同仇,谅必闻风兴起,规复石头,用特周告,檄文到处,其速响应,为江南独立先声。人民商贾,勿得惊惧。须知本军政府之起义,乃所以救同胞非所以累同胞也。至于驻防旗兵,如有忠心归顺者,概免其死;若有敢抗义军者,杀无赦!此檄。

誓师后,联军直奔南京。具体战略部署是:镇军林述庆部由紫金山北攻开天堡城、太平门;北路淞军黎天才部攻长江沿岸炮台;中路浙军朱瑞部由紫金山南攻朝阳门;南路苏军刘之吉部攻雨花台、聚宝门;柏文蔚部和徐宝山总攻浦口,以防清军沿津浦路逃窜。

南京的地势较为险要,历来有虎踞龙盘之称,城内城外山冈起伏,炮台林立,易守难攻,乌龙山、幕府山、狮子山、雨花台、天堡城五大要塞更为凶险。此刻,负隅顽抗的张勋在五大要塞一一布置重兵守备,准备和革命军决一死战。

在进攻前的军事会议上,徐绍桢指着军事地图一一向各军将校介绍说:"南京的险要,就在于这五大要塞。我军不先占领这五大要塞,就无法攻城。"他看了看各路指挥官,"五处要塞,周围六十里,而今张勋已经把这五处布成一个相连的战区。其中乌龙山、幕府山是这个战区的门户。据我所知,乌龙山炮台有近二十门重炮,杀伤力极强,因此乌龙山炮台必须智取,否则,我军将蒙受重大损失。"

负责进攻乌龙山的黎天才马上说:"请问总司令,如何智取呢?"

徐绍桢说:"我已有过安排,就等着最后的消息了。"

不一会儿,一个参谋进来,说有个叫成鲲的前来求见。徐绍桢大喜,忙把成鲲让进密室。

"报告总局总司令,一切已按计划进行。"

"好,我首先代表联军,向你表示感谢!"

"应该的,光复汉室是我们每个炎黄子孙的职责!"

徐绍桢随即向黎天才下达攻击令。

夜色苍茫，寒风凄厉，原野一片寂静。黎天才率领淞军并浙军一营共一千余人，悄悄来到乌龙山麓。在夜色的掩护下，他们向山上发起了冲锋。

乌龙山炮台守军，从睡梦中惊醒，急忙上阵。他们迅速卸下了炮衣，很快装进炮弹，准备发炮轰击。炮弹填进了炮膛，可怎么也打不响，有人点火一照，发现所有的大炮都没有了炮栓。

正当清军目瞪口呆之时，成鲲带着一部分官兵树起了起义的大旗。革命军未伤一兵一卒，占领了乌龙山。

这时，人们才明白，炮栓全被成鲲暗中领人卸下。

成鲲，清军陆军学校炮科毕业，此前任清军南京总炮台的指挥官，倾向革命，武昌起义后曾去第九镇司令部拜访过徐绍桢。徐绍桢此番进军南京，自然想到了他。

事后，徐绍桢任命成鲲为江浙联军炮兵司令。

夜已经很深了，南京江南提督府张勋的密室中依然灯火通明，张勋赤身裸体地躺在特制的逍遥床上，只在腹下搭了一角锦被，那一身酱紫色的糙肉和粗壮的、长满黑毛的胳膊和大腿都暴露在雪亮的电灯光下。逍遥床前猩红的地毯上，通体洁白晶莹的小毛子一边轻轻地唱着歌，一边翩翩起舞，她的长发舒缓地垂在滚圆的屁股上，使屁股若隐若现。

张勋有个特点，叫做“一忠二白”，忠就是忠大清王朝。“二白”是指他平生最喜爱的两样东西：一样是白金。他把历年的薪俸和搜刮的钱财都兑成白金，用铜柜储藏起来，不玩女人时，就拿出来一遍又一遍地把玩。据说到辛亥年时，他已有白金二万余两。另一样就是通体洁白的女人。

张勋对袁世凯执弟子礼，这一对师徒的确是一脉相承，全都喜欢搞女人。两人都是妻妾十几人。不过，张勋与袁世凯不同的是，原先的妻妾都不如意，虽然不乏天姿国色，仪态万方之人，但却都不够白。做了江南提督，来到六朝金粉佳丽之地，他终于找到了令他满意的小毛子。这小毛子不仅娇艳俏丽，温柔可亲，而且通体洁白似雪人一般，仿佛吹一口气，她就会融化了。

自从见了小毛子,张勋就再也离不开她。一声令下,把他从秦淮河畔的钓鱼巷中娶进提督府,夜夜供他销魂。

这小毛子也是天生尤物,特别能讨张勋的欢喜,不但变着法子逗着张勋做爱耍乐,还让手下人日日买虎鞭、驴鞭、牛鞭,和鹿茸在一起炖"三鞭活血汤"给张勋喝,使五十七岁的张勋夜夜精神抖擞。

小毛子跳着跳着便开始挑逗张勋,张勋感觉到口渴难忍……

正当此时,外面响起了急促的敲门声。

"混账!不知道本帅正在办事吗?"张勋冲门外大喝一声。

"大帅,不好了,有紧急情况!"外面人叫道。

"一派胡言!再紧急还能有本帅现在紧急?"

"乌龙山,乌龙山被徐绍桢攻占了!"

"啊!"张勋大叫一声,浑身全软下来,像一床烂棉絮一样瘫倒在小毛子身上,半天说不出话。

小毛子温柔地碰了碰张勋,从他的身下滑出来,给他拿来衣服。张勋无力站起,胡乱穿上,走出门去。

为了扭转败局,张勋连夜调拨援军,让他们在天亮前夺回乌龙山。

黎天才占领乌龙山后,徐绍桢令他迅速扩大战果,奔袭幕府山。黎天才身先士卒,带领革命军在乌龙山炮火的掩护下,向幕府山猛冲,拂晓时,占据了幕府山。

张勋的反攻部队直到此时才来到乌龙山下,革命军一阵炮击。他们抱头鼠窜。

天亮后,革命军从幕府山炮台向狮子山开炮。只发射了几炮,就见狮子山清军在炮台上挥动讯号旗,要求停止炮击,表示愿意归顺。

这一仗,革命军连下乌龙山、幕府山、狮子山三大要塞,夺得要塞大炮二十六门,弹药无数。

此日,戚志锐、戚志峻姐妹带领女敢死队五十名抵达前线。徐绍桢让他们担任救护任务。

54

清军昼夜之间,连失乌龙山、幕府山、狮子山三处要塞。张勋急忙调动重炮，加强天堡城、雨花台的太平门一线火力，并派遣“江防营”提督王有宏带领重兵守备。

11月26日，革命军全线进攻。徐绍桢率领顾问于右任、参谋龚之麟亲赴太平门前线指挥。突然，卫兵来报：有两股敌军，每股二三百人，正向联军总司令部方向前进，意图偷袭总司令部。徐绍桢得讯，立即返回总司令部。

联军总司令部的直属部队，都已派往前线参战，只留下警备队队长杨炎昌、副队长周应时率士兵百余人，情况十分危急。

徐绍桢立即命令杨炎昌把一百多名士兵，组成两个加强排，两位警备队长各自带领一个加强排，分向总司令部左右两翼展开，带枪的士兵和徒手的士兵，一个个相间埋伏，各自保持一段间距，延伸阵地，待到敌军接近时，前后左右流动发枪射击，作为疑兵。

正当有人为司令部中空空如也发愁时，戚志锐、戚志峻带着她们的敢死队员到了。她们在司令部的正门前和两旁的房子里埋伏下来。

片刻之间，两股清军到来，尚未接近司令部，革命军前后左右枪声此起彼伏，戚志锐等人在正面一边开枪，一边扔炸弹，清军摸不清虚实，畏缩不前。女子敢死队一声呐喊，率先冲了出来，清兵一窝蜂地慌忙后撤，全部逃窜回城。

11月27日，浙军、淞军攻打太平门。

太平门清军守将王有宏，号称“大胆将军”。他因镇压义和团有功，受到清廷特赏黄马褂。此人精通武术，平时挥舞一柄大刀，有万夫不当之勇，是张勋部下的一员猛将。王有宏一向看不起新军和徐绍桢，认为秀才谈兵，中听不中用。尤其是不久前徐绍桢新败，王有宏更是不可一世。今天和徐绍桢决战，他更加夸下海口说：“若敢来犯，管教徐绍桢丧命疆场，片甲不留。”

凌晨，联军士气高昂，猛攻太平门。王有宏几次要带队出阵冲杀，都被部属劝住。王有宏的侄子，“江防营”参谋王小山，向王有宏献计道：“联军新得乌龙、幕府等地，锐气正盛。我们当避其锐气，坚守阵地，等待他们久攻不下，士气疲惫了，然后，我军一鼓作气，出阵冲杀，可获全胜。这是古代很多名将都喜欢使用的彼竭我盈之谋。”

王有宏听后，勉强停止出阵，不过，还是在阵地上咆哮不已。

联军从清晨到中午，久攻敌阵不下，士气逐渐疲惫。到午后，联军枪炮声稀落了，还隐约可以听到联军阵地上一片混乱，夹杂着骂声、埋怨声。

王有宏听到联军阵地骚乱，心中大喜，深深赞许老侄王小山的谋略，果然出现了“敌气衰竭”的大好战机。于是当机立断，命令全线出击。

为了保持“大胆将军”的威风，王有宏全副提督穿戴，头戴红顶花翎，身穿钦敕黄马褂，跨乌骓马，持指挥刀，跃马当先。

王有宏刚一出马，他那红顶、花翎、黄马褂就十分耀眼地出现在战场上。联军立刻集中火力向他射击，只一瞬间，他全身就中弹百余发，倒地毙命。

原来，徐绍桢深知王有宏一向鄙视新军，作战时又好轻率上阵，故在激战到中午时，暗中命令前线联军，装成士气衰落，特意安排，制造种种假象迷惑敌军。结果，骄横不可一世的王有宏，果然中计毙命。

主将一死，清军立刻军无斗志。联军奋勇冲锋，王有宏所属“江防营”官兵千余人，只有十七人逃进太平门中。革命军大捷。

爱将丧命，张勋痛哭流涕。他当晚调集城中所有清军，一鼓作气向城外反扑。联军进军数日，兵员一直没有得到补充，弹药也急需补充。面对张勋的反扑，徐绍桢令联军收缩战线，相应后退。战斗双方处于相持状态。

11 月 28 日，徐绍桢急电陈其美，要求上海火速调拨兵力，增援枪支弹药。在电文中，徐绍桢特别交代：“浙军急电七米厘九枪弹，请火速运一百五十万到龙潭，交龙潭兵站收。立盼。”

陈其美接电后，立即调派革命军。29 日，从吴淞调来陆军一标，乘坐专车到南京；30 日，新招沪军第一、二标赴宁助战。沪军一标二营管带柳海斋和炮兵营管带成富贵奉陈其美之命，分别率领所部四队和第一、二、四队等士兵乘火车及南琛兵舰前往南京助战。

江南制造局中的枪支已拨发告罄，新买的枪支还未运到，陈其美思索半夜，决向商团先借部分。30 日，他急急修书一封：

平书、缦云、一亭、惠钧、乐君、少沂先生大人台鉴：

启者，江宁战机紧迫，非有后援，攻取不易。如江宁不破，苏沪各地尚难安枕。日来武汉消息闻不甚佳。虽传言未可确信，而急下江宁一着，实与民国前途至有关系。敝处拟续派游击队、光复军等出发，惟补充军械，急于星火。制局枪弹，发给一空，购备之货，尚未运到。仰恳眷怀大局，鼎力转商商团诸会，将从前所发快枪设法借用五百支，俾得挑选劲旅，克日赴宁。一俟购运之货一到即发还。日内操演，转请平书先生勉凑局中旧式各枪应用。事关大局，尚乞善为说辞，他日有无相通之事方多，当蒙垂允也。专函希恳，鹄候回示。敬请公启，统希垂鉴。陈其美启。初十日。

李平书等人接函后，立刻同意陈其美的要求，不但将商团的五百支快枪运往前线，而且又增派商团教练张玉发携带大炮赴南京，支援联军。

在上海方面的大力支持下，联军很快站稳脚根，并逐渐收缩包围圈，使张勋所部只好龟缩到城中和有限的据点中。

革命军迫近天堡城。

攻打天堡城，是光复南京的最后一战，也是战斗最为激烈，双方死伤最为惨重的一战。

天堡城位于南京紫金山的西高峰，原是太平天国定都南京后，为保卫天京建筑的堡垒，城墙用巨大的石块垒砌，有一夫当关，万夫莫开之势，是军事上控制南京的关口，居五大要塞之首。

天堡城攻击战打响，革命军各路大军，向紫金山冲击，冲锋号、枪炮声、厮杀声震天动地。天堡城清军，凭险据守阵地，枪不断扫射，炮不停轰击。革命军几次冲锋，都未能突破，双方死伤遍野。

这时，徐绍桢命令停泊在长江沿岸的起义海军军舰，临江发炮，猛轰敌军阵地。一阵猛烈的炮声后，天堡城笼罩在一片炮火烟雾之中。

两昼夜的激战中，革命军冲锋厮杀，前仆后继。

镇江革命军管带杨韵珂带领全营官兵，向天堡城猛冲，身受重伤，壮烈牺牲，年仅三十。后来孙中山先生就任中华民国临时大总统时，为褒彰先烈，将天堡城命名为韵珂城。

浙江革命军敢死队队长叫仰高，在攻夺天堡城战斗中，带领敢死队员一百人，深夜冒大雨攀登悬崖，从紫金山侧面偷袭天堡城，当他和十名士兵，冲入天堡城后，不幸中奸计全部被射杀，壮烈牺牲。

12月1日，清军不支溃退，革命军终于占领了天堡城，强大的炮火直轰南京城。

此时，两江总督张人骏同江宁将军铁良，正在北极阁张勋的指挥所里等候张勋商讨军情。突然，一发炮弹，命中高阁，轰隆一声，五名卫兵当场被炸死。张人骏、铁良被震倒在地，虽未受伤，但朝服马褂上却都已沾满了鲜血。两人惊惶失措，都被他们的卫兵背下了烽烟滚滚的北极阁，直接送往事先已经接洽好的日本领事馆中去，由日本领事馆派人掩护，乘坐日轮，逃往上海去了。

张勋在前线，得知张人骏、铁良逃走，恨得咬牙切齿。他知道大势已去，但是，在没有接到朝廷和上司的撤退令之前，他仍然决心坚持战斗。

入夜后，各处城门守城的清军都派人来向他告急，说是伤亡惨重，兵心已散，溃逃者甚多，如果再没有援兵增援，城门必破。

南京商会也派来了代表，希望他马上停止作战，退出南京，以免革命军再发炮火，伤人毁城。商会还赠送他千两白金，作为他退出南京的代价。

这一夜，张勋连连三次致电内阁总理大臣袁世凯，要求火速增援。午夜后，他终于接到袁世凯的回电，说北方已无可用之兵，北洋能调动的兵，都在武汉前线呢，再无余力增援南京。是守是撤，让他相机行事。如果的确无法坚守，为保全实力，可以放弃南京，退守徐淮，以屏障北方。

张勋接电后，总算觉得面子上已经能够过去，忙下令撤军。

在夜色的掩护下，张勋由他的卫队保护着，悄悄撤出汉西门，由大胜关过江，在浦口乘车，连夜逃奔徐州。

负责进攻徐州的镇军李竟成部、淮军柏文蔚部，由于扬军徐宝山部没有能够准时开到，延误了战机，使张勋逃走。不过，他们截获了张勋准备带走的白银三十一箱。

12月2日,江浙联军完全攻克了南京。

镇军林述庆部首先从仪凤门进城。

沪军洪承点部由神策门进城。

联军总司令徐绍桢与浙军朱瑞部、淞军黎天才部先后由太平门进城。

白旗、青天白日旗插遍了石头城,南京宣告光复。

第二十六章
枪毙镇军参谋长

55

林述庆带领镇军由仪凤门入城后，一路冲锋，首先开进两江总督府。进入总督府，林述庆便自称起宁军都督来。镇军参谋长陶骏保对大门口的卫兵说："林都督进出时，你们每次都得吹号行礼。"

不一会儿，江浙联军总司令徐绍桢在卫兵的簇拥下，也来到这里。司令部的随行人员把各种办公用品一起搬进了督府之中，在门边挂起了"江浙联军总司令部"的牌子。林述庆却十分傲慢，拒绝去见徐绍桢，让自己的手下各行其是。

很快，南京各界名流来到司令部，对攻城英雄一一拜访。徐绍桢久居金陵，与很多人原本相识。此次一见，自然更加亲切。但这些人又来拜访林述庆时，林述庆却趾高气扬，不愿搭理。那些名流见了，纷纷小心离去。

由于林述庆自立为宁军都督，自行号令，徐绍桢的命令无法执行，进入南京城的部队一时群龙无首，各自为政，南京的社会秩序也是混乱状态，盗窃抢劫事件时有发生。

徐绍桢只好致电陈其美："南京全城光复，皆群策群力所致，桢实无丝毫之力。而今善后事务极繁，务求诸令推举都督，以图长治久安，俾桢潜身归隐，没齿铭感。"

陈其美是密切关注南京的形势的。林述庆进城后的所作所为，已有人用电报向他告知，他当即复电徐绍桢："文电悉。我公功成身退，高义可风，惟鄂难正炽，北雾尤恶，尚非大君子洁身独善之时，此间已公推程雪老（程德全）移驻江宁，为江苏都督，并推林公（林述庆）为出征临淮总司令，东南要人，本党英俊，共表同情。程老今日赴宁，此征尤为重要，大局安宁，必资伟划，惟为国知玉，不尽欲言。”

徐绍桢接电，虽因陈其美没有让他主持南京军政而甚有所失，但对他对这件事情的处理还是基本满意的。很明显，若是举徐绍桢为南京军政长官，林述庆必然不服，定会酿成其他后果。

这期间，有人来报告，联军在下关捕获了张勋的爱妾小毛子。原来，张勋从南京逃走时，一时顾不上去接小毛子，小毛子便被丢了下来。她自己趁着混乱带两个家人逃到下关，准备伺机渡江北上，结果被联军巡逻队盘查出来。

小毛子被带进联军总司令部，徐绍桢一见，果然是个绝世美人。小毛子自幼沦落风尘，见惯了达官贵人，对徐绍桢丝毫也不惧怕，说：“你要么把我送过江，还给张大帅，要么就收留我。”

徐绍桢不敢与她多言，令人把小毛子安置在门帘桥清候补道陈善家中，当夜给陈其美发封电报，报告了这一件事。

陈其美接电大喜，立刻回电让徐绍桢派人把小毛子送往上海，陈列在张园中，作为南京战役中的一个战利品，任人参观。上海人素来好奇，借此机会出售门票，定可筹集军饷十万元。

徐绍桢听后，认为此计甚妙，当夜命令有关人员，作好准备，第二天一早押小毛子去了上海。

小毛子被带到上海，陈其美正要安排送往张园，戚志锐和戚志峻来到了沪军都督府。

“听说陈都督要把小毛子送到张园展出，是真的吗？”戚志锐问。

“我确有此打算。现在饷项无出，此举定以筹到一批军饷。”

“革命军乃仁义之师，怎能有此儿戏之举？”戚志峻反问道。

“我知道此为下策，但我也是不得已而为之。”

“我请问，南京抓到的那些男人为什么不拿来展览呢？”

“你这样做，有辱我们女性人格。与革命军极不相符。”

戚氏姊妹你一言，我一语，犹如唇枪舌剑，把陈其美逼得无话可说。

“我们坚决反对你这么做！”

“你要是一意孤行，我们就号召上海滩的姐妹们起来革你个都督的命！”

“好，好，好！小姐们，本都督向你们投降。小毛子不展出啦，尊重她本人的意愿，她愿意上哪我就送她上哪。”

陈其美派人把小毛子又送回了南京。小毛子表示愿意回到张勋身边，徐绍桢便让津浦路局长陶逊把她送往徐州，交还张勋。

南京既下，北伐问题提到重要议程上来了。陈其美待徐绍桢处理完南京的有关善后问题后，就电邀徐绍桢、林述庆、陶骏保一起来沪，部署进军北京问题。

徐绍桢接电，未和林、陶商议，叫上代理第十七协会统沈同午连夜赶到上海。第二天上午，徐绍桢和沈同午一起来到沪军都督府，拜会陈其美。

陈其美一见徐绍桢，立刻上前握着他的手说：“此次克复南京，固老功不可没。”

“哪里，全凭都督运筹调度有方。”

进了内室，徐绍桢说：“林述庆此人真是小人得志，不把我放在眼里也就罢了，现在又不把程雪老放在眼里，整天说他是大清遗老，腐朽颟顸，自以为有些战功，就老子天下第一了。”

沈同午说：“还有那个陶骏保，两人一唱一和，可谓是臭味相投。上次我们进攻雨花台失利，就是因为陶骏保把沪上支援的子弹扣押在镇江不发造成的。

“竟有这事？”陈其美吃惊地问道。

“事后我问了，命令就是陶骏保下达的。他说徐绍桢纸上谈兵之辈，能打什么仗？子弹送给他，还不是当鞭炮放了。”

陈其美看着徐绍桢，徐绍桢点点头，表示的确如此。

“我们革命队伍中就是有些自以为是之辈，他们以为只有自己才是最革命的，想怎么做就怎么做，其实，这是革命的大敌。现在革命尚未成功，就如此居功自傲，革命要成功了，还怎么得了？看来，有必要清理门户。”

徐绍桢忙说:“的确,姑息只会养奸,杀一才能儆百。如果把林、陶除掉,今后定然不会再有不听命令的人了。”

“这事还得从容考虑,我要征询克公和程雪老的意见,然后才能作出决定。”

林述庆是和陶骏保一同赶往上海的。

到了上海后,林述庆住进跑马厅三泰旅馆二十一号房间,陶骏保则去找沈慧芝。

沈慧芝是四马路迎春坊花翠琴长三堂子的妓女。前些年陶骏保将她开苞,是她的第一个男人。当时两人相约,陶非沈不娶,沈非陶不嫁。后陶忙于革命,长期在外地奔走,身上也无余钱,不便来上海。时间一长,沈慧芝与史量才一见倾心,就嫁与史量才做妾。

南京光复后,陶骏保便向上海的朋友打听沈慧芝的下落。朋友打听后告诉他,沈慧芝现在已嫁与史量才做妾,并告诉了他沈慧芝的住址。陶骏保一听,气愤万分,决心要把沈慧芝抢回来。

与林述庆分手后,陶骏保乘着双马车,带着武装卫士,直奔沈慧芝驻地。

恰好,史量才正在这里,陶骏保掏出名片递上去说:“老子是镇军参谋长,来找我的女人沈慧芝。”

史量才一见来人荷枪实弹,气势汹汹,大气也不敢出,只好让他进门。

见了陶骏保,沈慧芝惊恐万状,低头落泪,不知所措。陶骏保一把拉过她说:“你跟我走吧,此地的一切都不值得留恋!我有的是钱,给你买洋房,买花园!”

沈慧芝被拉上马车,一溜烟而去。

陶骏保带着沈慧芝来到一品香旅社租房住下,美美地睡了一个午觉,就去拜见陈其美。他全然不知死神已经悄悄地临近。

徐绍桢走后,陈其美即密电程德全,询问徐、沈二人所言是否属实,并问处置办法。程德全随即回电,说徐、沈二人所言是实,并指出:“镇江地处要冲,扼介于沪宁之间,对弟处所受威胁固大,对兄处亦属难保安宁,唯有扑杀此獠,翦除荆棘,方是为革命前途铺平道路。”

陈其美把电报送到黄兴处,说:“我想执行军纪。”

黄兴说:“革命军就是应当有铁的纪律。你核准事实,该执行的就执行。”

下午三时许,陶骏保穿着新狐坎皮袍乘着马车来到小东门旧海防厅,要拜见陈其美。副官把他迎进客厅,让他坐等。

陶骏保还没喝完一杯茶,只见沪军都督府卫士队兼侦缉队队长郭汉章走出来叫道:“陶骏保!”

“有!”陶骏保急忙站起,他以为陈其美要他进去谈话呢。

有人拿着一张纸走过来:“陶骏保听候判决!”

陶骏保大吃一惊,愣在那里。只听那人一气念下来,其中有第九镇进攻雨花台时,陶中途截留由沪运往械弹,以致第九镇遭受极大牺牲;还有进入南京不听命令,搜刮民财等。最后是处以死刑,立即执行!

陶骏保大呼道:“冤枉!陈都督,这是天大的冤枉!”

郭汉章说:“你的罪行,白纸黑字写得清楚。你还有什么话说?”

陶骏保说:“白纸黑字就能定人罪吗?我违军例,应经军法会审,你们这样不明不白,算什么?”

郭汉章一听,觉得有理,忙到里面对陈其美说:“都督,陶骏保不管怎么说也是高级军官,是否应慎重处理,以防激变?”

“治乱丝,无从理,快刀斩乱麻吧。执行!”陈其美态度很坚决。

5时左右,郭汉章亲自执行。他掏出手枪,连打十三枪,陶骏保才被打死。

沈慧芝在一品香旅社与陶骏保一番云雨后,心中感慨良多。她等着陶骏保归来,打算死心塌地跟着他。谁知刚才跟随陶骏保出去的两个卫士却仓皇奔来,告知陶骏保死难的噩耗。她大惊失色,悲恸不已,热泪涔涔。

不一会儿,沈慧芝想到自己的险恶处境,忙从“袖拢”中掏出五百元外商银行钞票,交卫士先去打点,以备收尸之用。

卫士走后,沈慧芝提起陶骏保的皮箱,坐上马车,直奔法租界史量才处。

叩开大门,史量才瞠目结舌,不禁愣住,待回过神来,才结束这场

"望穿秋水"的痛苦梦,两人破镜重圆。

为了纪念沈慧芝离去的悲剧,史量才为她易名"秋水",取《诗经》中"所谓伊人,在水一方"的秋水伊人之意。

沈慧芝提来的皮箱中,价值连城,钱财八十多万,首饰值二十多万,都是革命成功后,陶骏保在镇江、南京搜刮所得。这时史量才正全力开发商业,于是短期内开了两家钱庄,一家金铺,一家米行,连盘进《申报》的款也来自秋水夫人。

郭汉章奉命枪毙陶骏保后,又率领便衣卫士前往跑马厅三泰旅馆二十一号房间,捉拿林述庆。不过,他们迟了一步,林述庆已经逃走。原来,陶骏保的马车夫看到陶骏保被枪决时,马上策马回旅社报告,林述庆乘机逃走。

郭汉章一边指派卫兵前往沪宁车站和各轮船码头分头缉捕,一边回都督府报告。

第二天,淮军司令柏文蔚赶到上海,向黄兴、陈其美发表反对意见。许多年后,他在《五十年经历》中写道:"黄克强、陈英士误听徐绍桢左右一面之辞,杀了陶骏保。余闻信即赶往上海,向黄、陈等说明原委,以陶骏保在镇江与徐统制在南京失败,风马牛不相及。如此惨杀,对革命事业有损失,以后希望大家慎重。时宋遯初在座,对余言深表同情,主令追回正法林述庆命令。"

为了对这件事情有所说法,陈其美在《民立报》上刊登了枪毙陶骏保的告示:

照得令行惟肃,难容附饱之鹰;绝恶从严,宜去害群之马。昔汉高含泪而斩丁公,诸葛掩泪而诛马谡。盖既为军界罪人,则难稍舒法网也。兹查镇军参谋陶骏保,前于联军会攻江宁时,所有沪江解赴前敌军用弹械,胆敢妄肆意见,私自截留,致张贼未能即除,民军颇受影响,东南大局,几被贻误。幸各军不分畛域,奋勇力攻,始得于本月十二日将全城光复。适后正应合群策群力,以图北伐,直抵黄龙。乃陶骏保一味营私,拥兵自卫不放联军入城,占据各要隘,通电各处,捏报军功,几酿大变,致临时政府未能即日成立,而义旗北伐，因之迟延。种种行为，令人发指，前日复敢潜来沪上，广布谣言，煽惑人心。所有劣迹，经本都督彻底查明，爰与大元帅黄、江苏都督程诸公再四筹商，均以此等汉奸，实难宽纵。当于本月二十三日酉刻，将陶骏保在军前明正典刑，以昭军纪。深恐我各同胞，不知底蕴，妄相疑猜。为此出示晓谕，仰军民人等一体知悉，毋得道听途说，致生惊恐。毋违。切切特示。

第二十七章
孙中山就任大总统

56

南京光复之前，陈其美对于统一革命组织、建立中央政权问题，早就有所酝酿。鉴于革命军兵力的所及地区已达全国一半以上，而各国政府尚未承认革命军为正式交战团体，各省革命军在政治上和军事上的步调也不一致，因此有迅速建立全国性革命政权的必要。陈其美征得江、浙二都督程德全、汤寿潜的同意，于1911年11月12日以三人名义通电独立各省，建议在上海召开革命军各省代表会议，讨论建立革命军临时政府的问题。

此电发出的当天，江苏代表雷奋、沈恩孚，浙江代表姚桐豫、高尔登就在上海发出通电，催促各省速派代表来沪，并建议在中央政府成立前，先推伍廷芳为革命军各省临时总代表，负责办理外交。

11月15日，江、浙、赣、湘等七省代表齐集上海。在陈其美主持下，他们协商在上海成立“各省都督府代表联合会”。

同一天，上海都督府接到湖北军政府邀请革命军各省代表到武昌开会的电报，会议内容也是讨论组织革命军统一机构的问题。这封电报11月9日就发出了，由于交通情况不正常，上海收到时已经隔了六天。

七省在沪代表再度协商，认为武汉方面正在激战，开会地点仍以上海为宜，因此又电请黎元洪速派代表来沪开会。

武昌是革命首义之区，理应表示尊重，所以七省区代表在这个电报中又建议以武昌为中央政府的所在地，在中央军政府成立之前，先推湖北都督黎元洪代行中央职权，请其委派伍廷芳为临时外交总代表。

这一天，代表联合会通过了《革命军各省代表大会组织大纲》，规定革命军各省派代表二人，由都督府、咨议局各派一人组成代表大会。这个规定把清政府所设的咨议局与革命军都督府并列，同样有选派代表之权，既与立宪党人的政治阴谋分不开，又表明此时时局的复杂性，清政府需要立宪党人，革命军也想争取立宪党人。

湖北军政府在代表会议召开地点上一直坚持，代表会议一定要在武昌召开。11月24日，代表联合会再次会议，为尊重湖北军政府的意见，决定各省到沪代表以一人往武昌参加代表大会，一人留沪担任联络事宜。

11月30日，革命军十一省代表齐集汉口。此时汉阳业已失守，武昌也在炮火威胁之下，他们便在汉口英租界顺昌洋行召开第一次革命军各省代表会议，公推湖南代表谭人凤为议长。

黎元洪把英国领事建议南北两军停战三日的来文转交代表会议讨论。来文转达北方所提的两个方案：一个是全国性的，由袁世凯内阁代表清政府，希望独立各省公推全权代表一人，与之进行全国和平谈判；一个是局部性的，由北洋军将领冯国璋代表湖北前线北洋军，黎元洪代表湖北革命军，先进行湖北地区的停战谈判。

英国领事还转来北洋军所提的局部地区停战的条件，其中有“匪军必须退出武昌城十五里，所属炮舰必须卸下炮闩交英国领事代保管”等条。这哪里是什么停战条件，纯粹是迫降书。而且条件中仍称革命军为“匪军”，是对革命的极端轻蔑！与会代表针锋相对，提出：“清军必须退出汉口十五里，其运兵火车必须交英国领事代封存。”

尽管代表会议因北方提出无理条件而作了“硬碰硬”的回答，但是由于来武汉的代表大多为立宪党人，对袁世凯抱有强烈的幻想，认为他是个了不起的“大人物”，只要这个北方实力派反正过来倒向革命军的一边，清朝的天下就会完蛋，革命军就可以兵不血刃而大功告成。所以，代表会议在通过《临时政府组织大纲》时，竟然作出决议：“虚临时总统之席，以待袁君世凯反正来归。”

就在这时，代表会议接到了攻克南京的捷报，大家不禁兴高采烈。

决定以南京为临时政府的所在地，代表会议移往南京举行。

第二天，代表会议接到清政府通知，派唐绍仪为全权代表，南下与黎元洪或其代表人物谈判。

几天后，唐绍仪率领大批随员到了汉口。伍廷芳则因武汉形势对革命军不利，不愿到汉口，希望唐绍仪到上海进行谈判。代表会议又决定改以上海为议和地点。唐绍仪对此无异议。

从12月中旬起，革命军各省代表纷纷由汉口赴南京。从此，革命重心便移往长江中下游。

由于战争影响，通讯不畅，加上武汉方面的代表会议常常议而不决，12月4日陈其美与江苏都督程德全、浙江都督汤寿潜和留沪各省代表在上海的江苏教育总会集会，决定南京为临时政府所在地，并选举黄兴为暂定大元帅，黎元洪为暂定副元帅。当天，陈其美和与会代表致电武昌：

> 临时政府前经议定武昌，现在南京光复，鄂军务适紧，援鄂之师、北伐之师待发，亟需统一。今同人分议不如暂定南京为临时政府所在地，举黄君兴为暂定大元帅，黎君元洪为暂定副元帅兼任鄂军都督，藉色动摇而牵大局，俟赴鄂代表同到南京再行发表，所有编制日内并力准备，俾进行无滞。事关紧要，不得不从权议决，务乞鉴谅，并请转达到鄂各省代表请即日来沪会议。

在汉口的各省代表听了这个消息，大多表示反对，认为留沪代表违反了11月24日代表联合会议的决议，那次会议决定留沪代表仅负联络之责，并无组织政府之权，此项选举应作无效。

陈其美不同意这种意见，他说："代表不分留沪赴鄂，权力地位完全相等。你们一去无消息，怎见得上海的就不能行使正当权力呢？"他力劝黄兴出来承任。

12月中旬，汉口、上海各省区代表分途到达南京，大家聚首一堂，所谓的地区和职权都不存在了。通过协商，决定根据《临时政府组织大纲》，在12月16日开会先举临时总统。

接着，又有消息传来，说唐绍仪曾在汉口表示："袁世凯并不反对共和制。"于是，又有不少代表在选举临时总统的问题上动摇起来。

12月16日代表会议上，有人临时动议："应当根据12月2日汉口代表会议的决定，暂时不选举临时总统，虚此席以待袁君世凯反正归来。"

又有人提议："在此过渡时期，应先成立中央军政府代行临时政府的职权。"

以上两项提议均获通过，大元帅的问题因而又被重行提到会场上来，同盟会代表与非同盟会代表通过协商，采取了相互迁就的态度，将留沪代表所选出的两个元帅颠倒了一下，以黎元洪为大元帅，黄兴为副元帅，大元帅在武昌主持军事不能分身来宁，由副元帅代行其职权。

组织军政府的问题决定后，很多人希望黄兴早日到南京组织军政府。此时，陈其美接到胡汉民来电，说孙中山将自香港抵达上海，黄兴便留下来，准备迎接孙中山。

武昌起义打响时，孙中山先生在美国。不久，黄兴致电于他，说国内革命形势已有飞跃发展，催促他兼程回国。他取道欧洲，经香港，来到上海。

12月25日，上海滩上细雨如织，但清早起，十六铺金利源码头上就布满了沪军都督府的卫队和军警，挤满了各国领事、中外记者和各机关团体派来欢迎革命领袖孙中山先生的代表。

码头上泊着的各种轮船和舰艇上都悬挂了五色缤纷的彩旗，播放着雄壮的军乐。码头上、货栈上和沿江马路边的大楼上，全都飘扬着象征共和的五色新国旗、象征光复的白色旗和同盟会的青天白日旗。

海关的巨钟刚刚敲过8点，黄兴和陈其美乘坐一辆轿车缓缓驶来，都督府卫队长兼侦缉队长郭汉章带着一支卫队，在两旁护卫着。汽车停下后，陈其美找到先期赶来的谍报科科长应桂馨，询问仪仗队和码头上的禁卫情况。

"放心吧，一切都按照你的命令布置好了，要有半点差错，你拿我是问！"

陈其美在应桂馨的带领下，检查一遍岗哨分布，满意地进入码头，直接上了趸船。

接着，宋教仁、于右任等中部同盟会和《民立报》的人员，及从南京赶来的代表会议代表马君武、景耀月、王竹怀等，也都乘坐马车、人力车赶来，进入码头。

9时许，一艘白色的巨轮，在远处的江面上出现，它的后面跟着建成号兵舰。建成号兵舰是都督府参谋沈虬斋乘坐，奉陈其美令至吴淞口迎接孙中山乘坐的英邮轮地云夏号的。

无边的雨幕中，礼炮响了。接着，油笛也响了。

在码头上雷鸣般的欢呼声中，地云夏号驶近岸边，孙中山出现在轮船的上层。他身着黑色西装，脱帽高举右臂，向岸上欢呼的人群挥手，脸上浮现着幸福而亲切的微笑。

地云夏号还没有停稳，陈其美就第一个跳上船去，黄兴和宋教仁也跟着跳上去。他们奔到孙中山的身旁，与他热情地拥抱、握手。在他们的簇拥下，孙中山愉快地走上码头。

由都督府卫队组成的仪仗队在雨中向孙中山行持抢礼，上海各学校学生组成的欢迎队也不停地舞动彩绸，孙中山亲切地向他们招手，问候，往外走时，他对陈其美说："天冷，又下着雨，叫大家快点回去吧，当心冻着身体！"

陈其美不由感到一阵亲切，立刻吩咐应桂馨解散人众。

中外记者们纷拥而来。

"孙先生，请您谈谈这次回国来的打算。"

"您这次带多少钱来？"

"您带多少武器以助革命军北伐？"

"孙先生，现在南北方有望达成议和吗？"

在黄兴和陈其美的陪同下，孙中山来到轿车旁，回过头来对那些一直跟在他身后，不肯离去的记者说："我此次归来，不名一钱，所带回来的是革命精神。革命的目的不达到，决无议和可言。"

57

在码头上，还有一个和尚也前来迎接孙中山先生，并请他前往哈同公馆，哈同将设午宴招待孙中山。

哈同是上海滩赫赫有名的地产大王、洋大班，远东第一百万富翁。他曾是一个穷困潦倒的犹太人，来上海后很快发迹，在静安寺路建下了富丽堂皇的爱俪园，上海人称为哈同花园。

哈同花园的设计者叫乌目山僧，就是前往码头迎接孙中山先生的那个和尚。他原名黄宗仰，自幼博览群书，旁及释家内典。二十岁不到，看到世事烦嚣，便有出世之念，很快在上海清凉寺出家。然而他当时毕竟血气方刚之年，难以六根清净，目睹清廷腐败，便秉承佛教“普度众生”之旨，萌生献身济世之志。以“出世”之身，作“入世”之行。后来，他参加上海的革命活动，曾任“中国教育会”会长，支持《苏报案》，营救章太炎不成，就避难日本。

在日本，黄宗仰拜访了孙中山，在孙中山的教导和鼓励下，重返祖国，从事反清活动。他回国后便住进哈同家中，一面帮他继续扩建花园，一面为推翻清王朝奔走呼号。他常从哈同夫妇那里募捐钱款赞助革命，还不止一次地利用哈同花园作为革命党人活动场地和避难所。

汽车直驶静安路哈同会馆，哈同设午宴欢迎孙中山，伍廷芳与沪上三十多位军政界要人均出席宴会，对孙中山先生回国表示了热烈欢迎。

午宴结束后，孙中山又应伍廷芳之邀于下午2时30分赴爱文义路一〇五号伍廷芳寓所。黄兴、陈其美、胡汉民与汪精卫一同前往。在这里，他们初步讨论了建国政纲。

晚上，彭济时在戈登路七号宴请孙中山，出席的还有军事顾问美国将军咸马里夫妇、伍廷芳、黄兴、陈其美、胡汉民、程德全、温宗尧、黄膺白及四位日本友人。

这天晚上，孙中山解答问题，相商政务，直到夜里11点才回到宝昌路五〇八号住宅。这是陈其美为他在法租界准备的房子。法国巡总麦兰听说孙中山住进，忙来礼节性拜访，然后派越南籍巡捕七人，在辕外擎枪巡护，又派华籍警厅探人、法籍警厅探人日夜驻守保卫。

为确保孙中山先生的安全，陈其美命把郭汉章从都督府调出，组成了以郭为首的孙中山护卫队。

这一天，湖南都督谭延闿、安徽都督孙毓筠、江浙联军总司令徐绍桢等都通过陈其美转电孙中山，对他的归来表示热烈欢迎。

按预定计划，12月26日中午，黄兴、陈其美、宋教仁、居正等代表上海革命军在哈同花园为孙中山接风，并邀在上海的各省代表作陪。陈其美和黄兴已经商量决定，要推选孙中山为大总统。他们打算趁宴会之际，先向各位代表示意。

快近午时，陈其美突然得到应桂馨密报：北方已派出一名刺客，要混进哈同花园，行刺孙中山。

陈其美惊骇而又焦急。请帖都已发出，改变是不可能了。孙中山昨天中午在这里午膳时，来访者就不少。这种时刻，既不能派大批武装进哈同花园，也难识别隐藏其中的刺客。

王金发此时恰从绍兴赶来，见陈其美一筹莫展，便说："这事好办，请戚氏姊妹出场足以应付！"

陈其美说："对，我怎么把这两位巾帼英雄忘了。"

王金发在上海都督府成立后，带着一些人去了绍兴。他把竺绍康留在诸葛村的部下全拉出来，开进绍兴城，自立为绍兴军政分府都督。随着各地革命政权的走上正轨，人们纷纷反对拥兵自立，王金发难以支撑。听说孙中山回到了上海，他便摘下都督的牌子，又回到上海来了。

宴会在戬寿堂举行，尚未入席，已有宾客来访。大门口由都督府派人看守，来客报名后，引到海棠艇，由谍报科长应桂馨暗中辨认，再由刘福彪和手下带到戬寿堂去。

筵席开始后不久，大门外忽然一起进来四五个宾客，其中一个身穿羊皮大氅的人自顾迈开大步，往引泉桥而去。门卫问他的名字，他扔下一张名片说："我是姬觉弥的朋友。"

姬觉弥是哈同的管家，整个花园的总管，门卫看了看名片，上有"沙逊洋行买办"字样，便不敢再问。

那个人走过引泉桥，绕开海棠艇，却从芙蓉舫那边穿过来，悄悄接近戬寿堂。

"站住！"一个身穿短袄长裙的女子，从听涛亭中跳出，她正是戚志锐。“你是什么人，到这里干什么？”

那人头也不回地说：“我找姬总管，有急事！”

刚走几步，前面树丛里又闪出一个短袄长裙的女子：“站住！”

那人一见，不由吓了一跳，她怎么又跑到前面来啦。回头看看，前一个已走到他身后，才知道是两个长得相像的女子。

“你来干什么？”戚志峻问。

“我来找姬总管。”那男子说着就要往前走。

戚志峻伸手拦住他：“你走错了，姬总管不在这边。”

那人说：“在这边，是罗夫人让我来的。”

戚志峻说：“我看你是北京派来的吧！”

那人大吃一惊，撩开大氅，从腰带里拔出双枪。戚氏姊妹双双跃起，一人踢中他的一只手，两只手枪一起飞到别处。紧接着她们都抽出了匕首，一个刺进他的前胸，一个则刺进他的后背。刺客当即毙命。

宴会正在高潮之中，陈其美，黄兴已把推举孙中山为大总统的意见和各代表一一通气了。许多人都表示赞成。马君武说：“我要把这一意见写成文章，在《民立报》上发表。”

黄兴接着又提出：“中山先生归来了。要建就建立临时政府，不要以军政府来代替，在外交、民政诸多事务上便于办理。”

众人都认为有道理。

在议及组织临时政府方案时，宋教仁说：“内阁制好，能广泛体现民主精神。”

孙中山说：“我国目前情况，还是总统制好。”

宋教仁说：“还是法兰西那样的内阁制好。”

黄兴碰碰宋教仁说：“你就不要坚持你的意见啦。”

陈其美说：“我们现在是为中山先生接风，就搅得他连饭都吃不安。我看先吃饭，问题晚上再说。”

晚上，同盟会的高级干部都在孙中山的寓所讨论组织临时政府方案。出席的有黄兴、陈其美、胡汉民、汪精卫、宋教仁、张静江、马君武、居正等。宋教仁仍然主张实行内阁制。

孙中山说：“内阁制平时不能使总统当政治要充，让总理对国会负责，断非此非常时期所宜。我们不能推举出一个极为信任的人来，仅作为一种象征摆在那里，而不给他权力。”

陈其美说：“还是总统制便于发挥革命党的作用。”

12月27日上午，孙中山在静安寺路斜桥总会后小洋房内接见各省代表马君武等六人，与代表交谈组织政府的有关问题。

“代表团拟举先生为临时政府大元帅，先生之意如何？”

“要选举，就要选举大总统，不必选举大元帅，因为大元帅名称，在外国并非国家元首。”

“代表会所议决的临时政府组织大纲，本规定选举临时大总统，但袁世凯的代表唐绍仪到汉口试探议和时，曾表示如南方能举袁为大总统，则表示亦可赞成共和，因此，代表会又决议此职暂时留以有待。”

“那不要紧，只要袁真能拥护共和，我就让给他。不过，总统就是总统，临时字样，可以不要。”

“这要修改组织大纲，俟回南京与代表会商量。”

“本月十三日（农历）为阳历1月1日，如诸君举我为大总统，我就打算在那天就职，同时宣布中国改用阳历，是日为中华民国元旦，诸君以为如何？”

“此问题关系甚大，因中国用阴历已有数千年的历史习惯，如毫无准备，骤然改用，必多窒碍，似宜慎重。”

“从前改朝换代，必改正朔，易服色，现在推倒专制政体，改建共和，与从前改朝换代不同，必须学习西洋，与世界文明各国认同，改用阳历一事，即为我们革命成功后第一件最重大的改革，必须办到。”

“此事体大，当将先生建议报告代表团决定。”

代表们因孙中山决定十一月十三日（农历）即阳历1月1日就总统职，时间紧迫，于当晚返回南京。

黄兴也赶到南京，向各省代表转述孙中山的各项主张。

12月29日上午，十七省代表齐集于南京丁家桥江苏咨议局会场，选举孙中山为临时大总统。当即，代表会将选举结果电告孙中山及各省。

孙中山于当日下午3时接到各省代表会议的电报后，复电云：

南京各省代表诸公鉴：电悉。光复中华，皆我国民之力，文孑身归国，毫发无功。竟承选举，何以克当，惟念北方未靖，民国初基，宏济艰难，凡我国民，皆具有责任。诸公不计功能，加文重大之职务，文敢不黾勉从国民之后？当刻日赴宁就职。先此敬复。孙文。叩。

1912年1月1日上午11时，孙中山偕美国军官咸马里等外国政治、军事顾问及各省代表会代表和广东都督胡汉民等数十人，在沪军都督陈其美等人的陪同下来到沪宁车站，陈其美先期派出的各方军队在车站上行持枪礼。孙中山一边向欢送的人群招手，一边问候士兵，“你们辛苦了！”

在陈其美的引导下，孙中山等人很快登上专车。在人们的欢送声中，专车徐徐出站。

为了绝对保证孙中山的安全，陈其美派出沪军都督府谍报科长应桂馨和卫队队长郭汉章等人带领原督府卫队，已先行登上专车，随孙中山赴宁，并留下充当总统卫队。同时，陈其美又让王金发穿上西服，化装成总统专列随员，身携双枪，不离孙中山左右，充当贴身保镖。

开车前，陈其美握着王金发的手说：“我们革命党惯用暗杀手段对付清政府的显要权贵，他们也学会了。前几天在哈同花园多亏了戚氏姊妹。你这次在路上，千万小心。”

王金发说：“大总统就是我的生命，你放心吧。”

下午5时多，列车徐徐驶入南京下关车站。各省代表、文武官员、男女学生计四万余人，齐集下关欢迎。南京各炮台、各军舰鸣炮二十一响致敬，大街小巷彩旗飘扬，如同节日一般。

当时，南京城内有条小铁路，孙中山下车后，在卫队的护卫下，登上城内小火车，直赴位于城东的两江总督署车站。下了小火车，又转乘一辆蓝色绣花彩绸马车。车队以军乐队高奏凯旋曲为前导，直抵原两江总督署大门。这时，已是晚上9点钟光景了。

两江总督署已改作总统府，辕门前，华灯高照，如同白昼，红绿彩绸与青松翠柏交相辉映,门楼显得格外耀眼夺目。门楼下,人头攒动,各省代表和各军将领早已在此等候多时了。孙中山的马车一到,大家纷纷向前表示欢迎之意。孙中山从容地走下马车,一手持帽,一面微笑着与大家握手寒暄。

简短的欢迎仪式之后,孙中山在黄兴、徐绍桢二人一左一右的陪同下,健步走进总督署高大的门楼,代表们和将领们相继鱼贯而入。之后,孙中山接见了前来欢迎的文武官员,又用了简单的晚餐。

晚10时整,中华民国临时大总统就职典礼正式开始。总统府的大堂暖阁,高悬着红黄蓝白黑五色旗和十八星旗,各省代表和各军将领以及各界人士二百多人、各国领事等外宾十多人肃立着,一时显得格外的安静。

这时,司仪宣布大总统莅位典礼开始,军乐队奏起军乐,气氛顿时活跃起来。随即由山西代表景耀月报告了大总统选举经过。

大堂上,孙中山面朝南,笔直站在正中,表情自信而庄重。黄兴立于左侧,陈其美立于右侧。中外来宾分为两行,列于左右两阶。

孙中山在与会者的注目下,健步上前,举起右手,用广东口音的官话宣读大总统誓词:

> 倾覆满洲专制政府,巩固中华民国,图谋民生幸福,此国民之公意,文实遵之,以忠于国,为众服务。至专制政府既倒,国内无变乱,民国卓立于世界。为列邦公义,文当解临时大总统之职。谨以此誓于国民。中华民国元年元旦。孙文。

紧接着,胡汉民代读了《中华民国大总统孙文宣言书》,汤尔和代表各省致欢迎词,颁授大总统印绶。

孙中山立正躬身受印,立即启印加盖于《宣言书》等文告之上。

徐绍桢受各省代表与陆海军人委托,向孙中山致颂词:“尊重共和,巩固自由,举汉、满、蒙、回、藏各族,复于平等之政,众意所属,至诚爱戴。”

孙中山接着致答词,表示将“竭尽心力,勉副国民之公意”。

这时，全场爆发出一片欢呼声，“中华共和万岁！”“孙大总统万岁！”的口号声经久不息。位于北极阁等处的礼炮轰鸣一百响，隆隆的炮声划破了古城南京寂静的夜空。中国历史上第一个资产阶级共和国诞生了。

第二十八章

蒋介石行刺

58

雨又落了。

在陈其美的记忆中，他和黄雪鸿在一起的日子，总是和雨连在一起。在雨中，他总是特别思念她。昨天夜里，他冒雨从南京赶回来时，就想来这里了。天亮后，他没有告诉任何人，撑着油纸伞，独自一个人就来了。

坟上的泥土还依然是新的。经雨一淋，仿佛刚刚挖掘出来一样，陈其美把一簇松枝放在了坟边。天很冷，街上没有卖鲜花的，他就采了这把松枝。

“雪鸿，你知道吗？民国已经建立了，大清王朝即将垮台。前晚，孙中山先生就任大总统时，鸣了一百响礼炮，你听见了吗？”

陈其美喃喃低语，泪水自眼中涌出，模糊了眼镜的镜片。

从江南制造局中被解救出来后，陈其美心中充满了无限的悲伤，他和手下人一起把黄雪鸿的遗体运抵精武学校，他独自呆在她身边一直到天明。市面上一片嘈杂，还有那么多的事情在等着他去做，他只好草草把她葬在这里了。现在东南底定，中山先生归来，民国初立，他在南京总统府中时，就想到要来告诉她一声，让她在九泉之下也欢呼自己的胜利。

哀思是深深的，一切的语言都显得肤浅。陈其美索性收起油纸伞，就那么在雨中伫立着，一任风吹雨打。他想起了从广州归来后的那个风雨之夜,他们在雨中奔波的情形。多年分别后重逢,他们——尤其是她,生怕又被分开,心中涌出万般依恋。雨夜中,他觉得她是一只坚强的小鸟,雨水打湿了羽毛,她还依然振翅欲飞。那个夜晚,他和她有了亲密的接触,她把他带进了波涛汹涌的大海,那种美好的感觉,是他以前所从未有过的。造化之神偏偏是那么的不开眼,胜利在望时,却让她命归黄泉,怎么能不让人哀痛呢?人生到处知何似,应是飞鸿踏雪泥。自己与雪鸿春梦一场,现在了然无痕。也许,这是命运的注定?

后面有人走过来,走到陈其美身边停住了。

"陈都督,你为什么要这样任风吹雨打呢?会生病的。"

陈其美不由一惊,原来是戚志锐。她手中也捧着一簇青翠的松枝,在陈其美惊诧间,她已弯下腰,把松枝放在了坟上。

"你怎么来啦?"

"我怎么不能来呢?雪鸿姐也是我的好朋友啊。"

由于戚氏姊妹和黄雪鸿都醉心革命,轮船上一结识后,她们就成为知己。戚氏姊妹还拜黄雪鸿为师,跟她学习英文。

"民国建立了,我来告诉雪鸿姐一声。"

"感谢你能够记着她。"陈其美的泪水又涌了出来,"她要是还活着,见到今天的这一切,该多好!"

"是的,为了革命,我们那么多的先烈牺牲了。作为还活着的人,我们应该继续战斗,把大清朝彻底打垮,才对得起先烈们。"

"是的,我们还要继续战斗。"两人并肩走出了墓地。"可是,革命阵营里竟有人宣称'革命军起,革命党消',还反对孙中山先生任大总统。"

"谁?"

"章太炎。"

章太炎是于11月18日由日本回到上海的。他见陈其美领导的中部同盟会控制了上海的局势,心中十分不满。他为了挑起混乱,致电中部同盟会总干事、武昌军政府北面招讨使谭人凤说:"革命军起,革命党消,天下为公,乃克有济。今读来电以革命党人召集革命党人,是欲以一党组织政府,若守此见,人心解体矣。诸君能战则战,不能战,弗以党见破坏大局。”

谭人凤是同盟会中的中坚派，当然不会理会他。不过，他的谬论在报纸上发表后，立即引起了一些害怕革命的旧官僚的共鸣，纷纷叫嚷："好极了！现在革命军起，革命党消灭了！"张謇还给黄兴打电报说："军事非亟统一不可，而统一最要之前提，则章太炎所主张销去党名为第一。"

在革命党人提议选举孙中山为共和国临时大总统时，章太炎也在上海，他十分反对孙中山当总统，到处宣称："若举总统，以功则黄兴，以才则宋教仁，以德则汪精卫。"

对于章太炎的这些行径，戚志锐多少知道一些，她也是不赞成的，但章太炎毕竟是光复会会长，作为会员，戚志锐也不好说什么。

"太炎先生其实是支持革命的，但他的一些主张的确让人难以接受。我想，随着形势的发展，他的思想是会改变的。"

"我看未必。他和陶成章自从宣统元年脱离同盟会，重组光复会后，就一直没有停止过反对中山先生。这些情况，你未必清楚。"

戚志锐叹息一声，说："有些事情，我听说过。前些日子，为陶先生不愿汤都督协饷的事，我和妹妹还问过他，他说钱在汤都督手里，他根本不知道这回事。我看，你们是多有误会了。"

陶成章比章太炎回国早，上海光复时，他就自南洋回国了。杭州光复后，陶成章被推为总参议。不久，陈其美在上海筹办中华银行，致电汤寿潜，要求"协饷"二十五万，作为发行纸币的准备金。汤寿潜很快回电，表示拒绝。江浙联军进攻南京前夕，汤寿潜来到上海，陈其美带他检阅军队后说："目前饷项十分困难，上次我向浙江协饷，都督竟不答应，不知为何？"

汤寿潜说："并不是我不答应，而是陶成章等议员不同意，我也没有办法。"

几天后，陶成章来到上海。他是护送前浙江巡抚增韫回原籍的。在上海，他为增韫买好船票，护送他上船后，自己便在上海停留下来。

陶成章从上海电饬浙江温、台、处三府，添练义勇三营，又电告南洋各机关，速汇巨款。同时，他又在上海成立"驻沪浙江光复义勇军练兵筹饷办公处”，准备在闵行一带练兵。

此时，《民立报》上刊出一条消息，说“增韫允浙军政府，筹赠经费二十万”，并称增与其母女“确已押送赴沪交纳”。

陶成章看报后，气愤万分，“这一定是陈其美在影射我！”

陶成章也在报纸上登出一则《广告》说：“杭城谣言迭出，对于仆咸有猜疑，甚有谓仆挟有南洋巨资二十五万，往绍兴练兵谋独立之举，可笑孰甚！”“今南北未下，战争方兴，仆何敢自昧生平，而争区区之权利？谓仆得增韫款二十万及绍兴谋独立，其视仆不亦左乎！”

12月2日，南京攻克，但陶成章的“练兵”计划并未停止。章太炎劝告他说：“江南军事已罢，招募为无名，丈夫当有远志，不宜与人争于蜗角间。”

陶成章说：“我练军队，是为将来派大用场的。”

“关于练兵的事，陶先生必须停止。”陈其美说。

“这事我方便的时候劝劝陶先生。总之大家都是革命同志，同盟会也好，光复会也好，革命起义中都是一同战斗的。有什么话，坐下来，好好商量为好。”

“是的，能这样最好！”

两人分手后，陈其美回到都督府，南京又有电报到了。电报是孙中山先生发来的：“今日组织内阁，各部部长人员已定：陆军总长黄兴，次长蒋作宾；海军总长黄钟瑛，次长汤芗铭；司法总长伍廷芳，次长吕志伊；财政总长陈锦涛，次长王鸿猷；外交总长王宠惠，次长魏宸组；内务总长程德全，次长居正；教育总长蔡元培，次长景耀月；实业总长张謇，次长马君武；交通总长汤寿潜，次长于右任。以上伍、王、陈、程、蔡、张、于诸公在沪，乞告知，并派专车延请速到宁视事。”

陈其美看完电报，分别给伍廷芳、王宠惠、陈锦涛、程德全、蔡元培、张謇、于右任打电话，一边向他们表示祝贺，一边请他们第二天上午10时齐集沪宁车站，统一乘专车赴宁。

这时，有一个叫徐震的人，给陈其美写来一封信，说陈其美喜“冶游”、“狎妓”，人们背地里都称他为风流都督，请他注意检点。

陈其美读信后，发现此信无地址，想回信又无法回。不回信说明一下，心中实觉郁闷，想了很久，还是决定回一封信，在《民立报》上刊出，既让徐震读到，又让广大市民读到，对以前的一些事情也算是个交代。

徐震君大鉴：

辱书规诫，感谢莫名，已通饬军人，严加检束，并悬赏格，遇有身衣军服在妓寮冶荡者，扭解来府，立予重赏。至谓鄙人刻下在外冶游，实属奇异。鄙人无分身之术，军兴以来，大小之事，日数十起，侵晨见客，深夜始归，薄柳之躯，积劳成病，方且不敢偷安疗养，力疾从公，沪上同胞当所共见。鄙人非为一己名誉，哓哓自辩，只以身先不正，何以约束军人？虽鄙人昔日为秘密结社之故，偶借花间为私议之场，边幅不修，无须自讳。但今则军事旁午，日昃不遑，风月情怀，销靡殆尽。乃赐书竟有狎邪之劝。恐外间或有假冒之徒，曾参杀人，大局疑阻，此后请先生代为稽察，以补鄙人耳目之所不周，曷胜感祷之至。陈其美启。民国元年元月十二日。

汤寿潜出任交通总长后，浙江都督一职空了出来。有人推举陈其美接替这一职位，有人推举章太炎。更多人推举陶成章。浙江省内是一片拥陶声，有的说："成章早一日莅任，即全浙早一日之福。"有的说："非陶公代理，全局将解体矣！"有的人甚至说："继是任者，惟有陶焕卿，斯人不出，如苍生何！"

之所以出现这种情况，除浙江是光复会大本营，陶成章的部下大多在浙江外，还因为章太炎也积极为陶成章活动，到处说："浙中会党潜势，尤非焕章不能拊助。"

就在这时，陶成章与孙中山先生又爆发了争执。

在孙中山回国前夕，《民立报》曾大肆宣传孙中山将携带美金巨款及兵舰若干艘回国。这些情形，只是同盟会内部人的一些猜测，意在鼓舞士气。孙中山抵沪时却对中外记者宣称："此次归来，不名一钱，所带回来的是革命精神。"部分光复会会员听说后，纷纷指责同盟会，说他们用《民立报》作假宣传，意在为孙中山"骗取总统"。

陶成章更是怒火冲冲，写信给孙中山，重提南洋筹款旧事，质问孙中山募捐的钱都用到什么地方去了。

1月11日,陶成章接到孙中山的回信,责问陶成章在南洋发布《孙文罪状》的理由,并说:"予非以大总统资地与汝交涉,乃以个人资地与汝交涉。"

见陶成章如此不顾大体,陈其美愤恨无比,他想:"庆父不死,鲁难未已,此人必当除之,才无妨革命大局。"他找来了盟弟蒋志清。

"陶成章你认识吧?"

蒋志清说:"光复会的头面人物,我见过。"

陈其美愤愤地说:"他老是和同盟会,和中山先生作对,我早想除掉他了。过去一直念他于革命有功,不忍下手。现在,必须得先下手为强了。"陈其美拍了拍蒋志清的肩膀说,"三弟,这件事就交给你了!"

蒋志清点点头说:"就这几天里,我一定送他上西天。"

59

陶成章前些日子就听说陈其美要准备刺杀他了。他有些不信,陈其美敢如此胆大妄为?光复会会员王文庆在南京也听到了消息,急忙写信给陶成章,让他小心为妙。陶成章得信,不能不小心为妙了。连日来,他已经悄悄地转移了好几处地方了,开始住客利旅馆,后来搬到国民联合会,又搬到江西路光复会机关,又搬到汇中旅馆,最后又悄悄地住进了广慈医院。

陶成章的行踪,在光复会机关里也很少有人知道,戚氏姊妹也不清楚。戚志锐从黄雪鸿的坟上回来后,一连找了好几天,才在江西路的光复会机关里见到他。

"陶先生, 我们光复会和同盟会并肩革命, 为什么老是要闹矛盾呢?"戚志锐很激动。

陶成章瞥了她一眼说:"这些事,说来话长,不是你能明白的。同盟会处处想扬他们自己的威名,压制我们光复会,我们怎么能和它不产生矛盾呢?孙中山那人,生生的一个孙大炮,当大总统,能当好?"

"陶先生,我觉得,孙中山先生当选大总统,是众望所归。你和章先生应该与他齐心协力,而不应该老是诋毁他。"

“你们都听听,她这是什么话?”陶成章笑着对众人说,“同盟会的牛皮实在不得了,连我们的人都被他们吹糊涂了。不过,也难怪,你这小小的年纪,知道什么呢?”

“你也太小看人啦!”戚志锐白了陶成章一眼说,“现在举国上下,影响最大的就是同盟会,这是一个不争的事实。”

“好了,好了,我不同你争。不过,我告诉你,你们不要老是和陈其美搅在一起,他那一张嘴,特别善于蛊惑人心,把你们卖了,你们还替他数钱呢。”

外面有人报告,说沪军标统蒋志清求见。

陶成章忙说:“快请他进来。”他又对戚志锐等人说:“你们都出去,我和蒋先生有要事商谈。”

蒋志清前一天向光复会系统的张伟文、曹锡爵说:“我和陶先生本来就没有成见,我们又是老乡,我很想见他一面,和他谈谈,以避免误会。”

陶成章闻讯,当即表示愿意一晤。

陶成章以前听说过蒋志清的名字,杭州光复后听别人谈起蒋志清时,才知道他年轻有为。只是他是陈其美的亲信,不便过多接触。

蒋志清以小字辈的身份给陶成章行了礼,陶成章很受感动。寒暄两句后,蒋志清真诚地对陶成章说:“陶先生还是尽快回浙江去。浙江不可一日无督呀?乡人都在盼着你呐。”

“不,光复杭州,陈其美功劳不小,还是他督浙好。”

“不,不,不,陈先生应付应付上海的局面都备感吃力,哪里还能管理一省军政民政。”

这话陶成章很爱听,他又说:“陈其美在上海可是红人啊。听说他对贤弟提携不小。”

“不说这我不生气。”蒋志清作欲言又止状,“算了,背后还是莫谈人非好。”

“这怎能是谈人非呢?正确地认识一个人也是十分必要的嘛。这里又没有旁人,贤弟但说无妨。”

“其实也没什么,我不管怎么样,也是日本军校的士官生,打杭州时也指挥有方,可后来开赴南京时,却让洪丞典做了司令。他还是不信任我。”

“陈其美是有这方面的毛病,既多疑,又忌才,跟在他后面,想有大发展难。”

“是啊。”蒋志清无可奈何地叹口气,“现在再投效别人,也难呀。”

“哪里!”陶成章拍拍蒋志清的手说,“像贤弟这样有才干的人,到我们光复会来,定当重用!”

蒋志清惊喜地问:“陶先生此话当真?”

陶成章走向前,在蒋志清耳边悄声说:“你我是同乡,我不会骗你的。不过,你得表明一下心迹。”

“怎么表明?”

“除掉陈其美!”

蒋志清心里“咯噔”一下,看来,大哥的安排是英明的,否则后果不堪设想啊!他心里震颤着,脸上却微微一笑:“这不是难事,先生听我的消息好啦。”

临走时,蒋志清问陶成章的住址,陶成章就把广慈医院的地址写给了他。

蒋志清把纸条叠好后装起:“以后我直接跟你联系。”

1月12日晚,有人拿着一封信到广慈医院,声称是通过蒋志清转交的杭州快信。陶成章打开一看,是一个具名临时协会的机构写来的,信中只是问候他的身体,希望他尽快回浙江做都督,再也没有其他内容了。

第二天下午,张伟文来看望陶成章,陶成章把临时协会的信拿给他看。张伟文说:“不对呀,浙江只有临时议会,没有临时协会。”

“是不是什么新成立的组织?”陶成章问。

“不可能,浙江有什么动向,我是随时都知道的。”

这天晚上,陶成章一直在想,蒋志清转交的这封杭州快件是什么意思呢?如果没有临时协会这个组织,那么这封信就有可能是蒋志清伪造的,他伪造这封信干什么呢?

午夜的钟声敲响后,陶成章依然没有想出个所以然。他脱去皮袄,钻进被窝里睡下，他想等见到蒋志清，再好好问问他。

在陶成章苦思冥想的时候，蒋志清来到沪军都督府。陈其美已在一间密室中备下酒菜，旁边还站着一个陌生人。

“三弟，我来介绍一下。”陈其美指着陌生人说：“这位是王竹卿，我的同乡。他原是光复会中的，现在已加入同盟会，今晚他配合你行动。”

然后，陈其美又向王竹卿介绍了蒋志清。

这个晚上，他们三人慢慢地呷着绍兴女儿红，都很少说话。

午夜一到，蒋志清和王竹卿便乘上两辆东洋车离去。

王竹卿自从那次在九龙与陈其美结识后，就一直暗中与陈其美保持往来。陈其美答应他，这件事过后，让他到都督府来工作。

天气十分寒冷，街上几乎遇不见行人，两辆东洋车跑得飞快。到达广慈医院时，已是凌晨1点来钟，蒋志清打发走两个车夫，推开侧门往里走。

“谁，干什么？”门卫已经睡着，半梦半醒中嘟囔了一句。

“浙江来的，找高等病房的陶先生，有急事。”

门卫没再说什么。

蒋志清、王竹卿穿过黑沉沉的庭院，蹑着脚步走过一条昏暗的走道，来到高等病房。

“二楼。”蒋志清小声说了一句，两人轻轻登上楼梯。

蒋志清一个门牌一个门牌看，看准陶成章的门牌后停下。他对王竹卿翘翘下巴，王竹卿上前敲了几下门：“陶先生！”

里面应了一声，随即有灯亮起，陶成章警觉地问：“是谁？”

王竹卿说：“是我呀。”

两人推门进去，陶成章已从床上坐起。两人一齐对着他开了枪，其中有一枪击中了他的头部。陶成章顿时气绝身亡，

两人收起手枪，飞快地下楼。他们没有顺原路返回，而是在后围墙边攀上墙头，跳出广慈医院。

陶成章被刺后，上海舆论哗然。1月17日，《大共和日报》发表批评说：“弹丸匕首威敌之具，所以济军队之不足也。若以缜芥微嫌，循环报复，其至片言龃龉，亦借此以泄忿，甚惧乱之无涯矣。”

《天铎报》上同日也刊登了大总统孙中山拍来的急电：

> 万急。沪军陈都督鉴：光复军司令陶成章君，于元月十四日上午两点钟，在上海法租界广慈医院被人暗刺，枪中颈腹部，凶手逃去，陶君遂于是日身死，不胜骇异。陶君抱革命宗旨十有余年，奔走运动，不遗余力。光复之际，陶君实有巨功，猝遭惨祸，可为我民国前途痛悼。法界咫尺在沪，岂容不轨横行，贼我良士？即由沪督严速究办，务令凶徒就寝，明正其罪，以慰陶君之灵。切切。总统孙文。

陆军总长黄兴也同时拍来了电报：

> 上海陈都督鉴：闻陶君焕卿被刺，据报云是满探。请照会法领事根缉严究，以慰死友，并设法保护章太炎君为幸。黄兴叩。

19日，《大共和日报》又发表时评说："恃拳铳之威而强人以从我，否则必杀之，拳铳之专制。执拳铳者，尝愿革专制而希共和者也。"

21日，沪军都督府和绍兴旅沪同乡会召开追悼大会，人们当着陈其美的面，纷纷发表演说，谴责这种卑劣的暗杀行动。

沈剑侯说："陶令之死，非死于满奴，非死于私仇，必死于怀挟意见之纤竖，吾同胞当代为雪仇。"

孙铁舟说："陶君之死，必死于争竞权利之徒，如嗣后有挟私害公者，当以手枪杀之。"说罢，把手枪扔在了桌上。

面对这些怒气冲冲的人，陈其美大气不敢出，好不容易熬到追悼会结束。

蒋志清再也不敢在公开场合露面了。他以生病为借口，辞去了沪军第五团团长(标统改称)职务。躲在秘密机关里，他整日神情郁郁。为了使这位兄弟不寂寞，陈其美从清和坊租来一个妓女，整天陪着他消磨时光。

王竹卿也躲到嘉兴去了。但陶成章追悼会后，光复会的会员们追到了嘉兴,将王竹卿击毙在寓所中。

蒋志清不敢再在上海呆下去了。他想去日本避避风头。陈其美不想放这位得力的小兄弟走,但又怕他在上海有闪失,最后同意他暂去日本。

"三弟,你不用闷闷不乐。你才二十五岁,以后的日子早着呢。到日本去你想做什么就做什么,经费我会随时提供的。快过年了,你可以先回奉化老家去看看老母,在家中静心过个年,明年开春再走也行。如果你嫌日本没什么意思,你可以去欧洲,也可以去美洲。都督府的经费虽然紧,这钱还是不会缺的。"

蒋志清叹了口气,悲切地说:"大哥的情义,恩重如山,我到哪里去都行。只是以后……"

蒋志清流下泪来。

"以后你用不着担心。等风头过后,你再回来,更加是革命的栋梁了。"

"不,"蒋志清摇着头说,"只有大哥你了解小弟,知道小弟的心,这么看。可孙先生,他已发来电文,我怕是难逃其咎了。即使是将来,孙先生也不会原谅我的。其实,我做的这一切,都是为了革命,为了孙先生啊!"

陈其美哈哈大笑起来,他刮着蒋志清的鼻子说:"三弟,你真是少见多怪。政界的文字,怎能都那么认真地从字面上去理解呢?袁世凯、黎元洪之流每每发通电,一说便是民主共和,你也相信?他们那不过是给我们革命党人看的,给外国人看的,给老百姓、给舆论界看的。其实,他们根本不可能革命。孙先生对陶成章的行径是最清楚不过了,但他不能不表态,他是大总统啊?要依靠各方面的力量。你仔细想,就会明白的。"陈其美停了停,又说:"至于对你嘛,孙先生已经表过态了。"

"真的?"蒋志清喜出望外,"什么时候?"

"别急嘛。"陈其美打开身边的公文包,从里面拿出一帧条幅。蒋志清扫了一眼,知道是新写的。这是一幅对联,联语曰:"安危他日终须仗,艰苦来时要共尝。"上款小字写道:"志清盟弟雅存。"下款小字写道:"愚兄陈其美赠。"

初一看，蒋志清并不觉得有什么独特，仔细看了一会儿，他才发现，这字是孙中山的手笔。

“这是孙大总统亲笔写的？”

陈其美得意地点点头，说：“是的，我专门请他写的。孙先生什么也没说，提笔就写了。这下，你明白了吧。”

“明白了！”蒋志清心花怒放。“我不回老家了。明天我就去日本。大哥，要是需要小弟冲锋陷阵，就给我发电报！”

陈其美握着蒋志清的手说：“今后的革命，肯定还会要你出力的。你在国外，要多多保重。”

蒋志清这一次到日本，创办了一本叫《军声》的杂志，发表文章使用的笔名是“介石”。以后，他就一直用名蒋介石了。

60

蒋志清离去了，陈其美的心里空落落的。天很冷，桌上的文案积得很厚，他端坐桌前，却总是不能静下心来。夜色降临后，他依然端坐在那里。卫兵走进来，打开灯问：“都督回不回家？”

他想了想说：“不回去啦。你去弄点饭菜来，我就在这里随便吃点，晚上接着看各地的函报。”

卫兵很快端来饭菜，陈其美草草吃了一碗，对卫兵说：“你们早早休息吧，今夜估计不会有什么事啦。”

卫兵应了一声，回前面的耳房去了。

陈其美这才开始阅读各地送来的函报。

寒风在窗外呼啸着，黄浦江已睡去，上海滩也已睡去。半夜时分，一条黑影轻捷地蹿到都督府后面的围墙边。黑影沿着围墙走了一段，在一处灯光暗淡的地方停了下来。从地上摸了一块碎砖，黑影手臂一扬，把碎砖扔过围墙，院子里“咕咚”响了一声。

很快，一切又归于沉寂。黑影这才从怀里拿出一头拴着铁钩的绳索，“嗖”地扔上墙头，轻轻往后一带，铁钩挂住了墙头。黑影双臂用力拽着绳索，双脚蹬墙，身子一纵，攀上墙头，都督府内的路灯照在黑影的脸上。这张脸眉清目秀，后面又飘着一绺长发，原来是个女子。

女子小心跳入督府后院中，看了看四周，飞快向一个小门奔去。到了门边，她推了推，门从里面销上了。她转身又来到一扇窗户边，轻轻推碎一块玻璃，伸手进里面拔起插销，拉开窗子，纵身跳进。

里面很黑。通往前厅的门敞开着，有灯光隐隐地透过来。女子小心地走过敞开着的门，来到前厅。她对这里似乎很熟悉，稍稍打量一下，便直奔陈其美的办公室。

陈其美办公室的灯光依然亮着，门上摇头窗的玻璃被染作橘黄色。女子到了办公室门前站定，深深吸了两口气，定了定神，抽出手枪，抬脚踹开了门。她像一只轻捷的燕子，飞身跳进屋内。

“陈其美，你的死期到了！”女子紧握着枪，对准了坐在办公桌后面的陈其美。

“志锐，你怎么啦？”

原来这个女子是戚志锐。

陈其美想站起来。

“别动！双手抱住脑袋！”

陈其美不解地问：“到底是怎么啦？革命军妹妹要杀革命军都督。”不过，他还是把双手举起，抱住了脑袋。

“亏你说得出口！你为什么要杀陶先生？”戚志锐泪水夺眶而出，“你是革命者，难道光复会就不是革命者？”

“原来是这样！”陈其美松了一口气。“志锐，我从来不否定光复会在革命中的功劳。徐锡麟、秋瑾等光复会中的先烈，一向是我所崇敬的。至于说陶成章，在你面前我不说假话，是我派人杀的。可你知道我为什么要杀他吗？”

“为什么？还不是想消灭异己。”

“不！根本不是这样。你想想看，革命并未成功，清廷依然盘据北京，袁世凯的北洋军在北方虎视眈眈。陶先生回国后不将革命力量团结起来，反而又向孙大总统发难。眼下非常时期，各种革命力量非孙大总统威望不能统一起来。这一点，就是很多立宪党人也不得不承认。而陶成章却总想另行一套，依旧要用光复会代替同盟会，还想收买蒋志清刺杀我，这样下去会是什么结果呢？”

“这不可能！一定是蒋志清这小鬼头的馊主意。他是你的亲信，陶先生难道不知道，还去策动他来刺你？”

“志清弟决不会骗我的。而且，这种事陶成章也是绝对做得出的。东南战事已罢，他却偏偏要在沪上招兵买马，分明是另有他图。”

“你怎么说我都不会相信。陶先生就是要行刺你，他也只会找光复会中的人，比如我们姊妹，怎么会去找蒋志清呢？”

“这很简单。陶成章这人生性多疑，他知道你们为人正直，敬仰孙大总统，在上海起义后看不惯李燮和的做法，曾到督府这边来要求参加联军攻打南京。行刺我陈其美，你们绝对不会！”

“谁说不会？我现在就要开枪。”

“现在就很难说啦。我刚才说的是以往。不是陈某自我感觉良好，当初陶成章要是找你们，你们绝对不会答应。反过来，可能还会来告诉我，叫我小心。所以，陶成章就不惜铤而走险找蒋志清啦。”

陈其美缓缓地站了起来。

“不准动。坐好！”戚志锐上前一步。

“你把我吓得浑身冒汗。我内衣都湿透了，我要把外衣脱下。”

“你别想耍花招！”

“我不会的。我的武器在身后墙上挂着，你不是看不见。我一转身，你的子弹还不就射出来了。”

陈其美把外面的大衣脱掉，放在椅子的靠背上，转身走了出来。

“你别动，再动我就开枪啦！”

“我走动走动，别等到咽气的时候伸不直腿！”

陈其美拿起桌上的雪茄，从容地抽起来。“也许，这么杀掉陶成章是残忍了一些。可我的确也没有更好的办法。今天，你要杀我你就杀吧。好在民国已经建立，清廷虽未推翻，但气数已尽。你杀了我后，就不要再去找志清了。你们一比一，扯平了，今后要携起手，紧跟孙大总统，把清廷最后推翻。若能这样，我会含笑九泉的。”

戚志锐持枪的手不由颤抖起来。

“来吧！”陈其美指了指自己的心脏，“你往这里打，别打我的脸。脸打烂了，到地下，雪鸿会认不出我的。”

戚志锐持枪的手颤抖得更加厉害，泪水在她美丽的大眼睛里滚动着，她不停地咬着嘴唇。

“你为什么不开枪呢？你这样老是让我觉得心要从嘴里蹦出来。我可是一个很胆怯的人。”

陈其美灭掉雪茄，缓步走到戚志锐的面前，鼻子差不多碰到了她的额头，他才稳稳地立住。

“你开枪吧。”他俯在她的耳边，轻声地说。

戚志锐抽泣起来。

“抬起你的左手，揽住我的腰。这样，当我倒下时，就会轻轻的。”

戚志锐不由大哭起来。

陈其美抬起手，抚摸着戚志锐的头，然后顺着长发，滑向后背：“你总是心太软！把枪丢掉吧！”

“叭嗒”一声，戚志锐手中的枪掉到了地上。

陈其美把她紧紧地抱在怀中，吻她的额头。吻她泪光点点的双眼，吻她红润的嘴唇。

“你真好！”

戚志锐突然从他的怀中挣脱出来，双拳在陈其美的胸前乱捅：“你为什么要杀死他！你为什么要杀死他！”随即，她便伏在他的胸前，号啕大哭起来。

寒风从门外吹进来，寒气逼人，陈其美托起戚志锐，走进旁边的卧室。他把她放在床上，她的身体依旧在抽动着。

拉灭灯，外面一片白亮。陈其美走到窗前，打开窗子，朵朵雪花扑面击来。不知什么时候，天上落雪了，大地已被耀眼的白色笼罩着。回头望了望蜷缩在床上的戚志锐，他觉得，她似乎是被那漫天雪花挟裹而来的。

轻轻推上窗子，陈其美来到床前，俯身托起戚志锐的头，轻轻地吻了吻她嘴唇：“你会后悔吗？”

戚志锐抬手捏住他的一只耳朵，用力抖了抖。陈其美顿然把她压倒，无边无际地狂吻起来。戚志锐柔弱似初生的羔羊，发出一阵阵甜蜜的呻吟……

雪花一直在不停地击打着窗子。朦胧的夜色中,戚志锐的脸似一轮恬静的月亮,她的鼻息轻轻地游移在他的肩膀上,如同窗外纷纷飘落的雪花。陈其美又一次觉得,她是今夜漫天雪花挟裹着而来的。

第二十九章
可怜的“共和”

61

孙中山宣布就任临时总统的这一天，以段祺瑞、冯国璋为首的北洋派将领四十八人发出联名通电，表示“誓死拥护君宪，坚决反对共和”。这是袁世凯授意他们向南方示威的。为了讨好清廷，袁世凯第二天上朝时代奏了这个电报。

“世凯上台以来，一切措施皆不能挽狂澜，以至匪人举孙逆为伪总统，实在有负皇恩，应辞职以谢陛下和太后。”

隆裕太后惊慌地说：“总理何出此言？你是大清栋梁，除你外，满朝文武何人能支？不要说泄气的话。”

袁世凯乘机说：“南方革命党公然组织伪政府，不可不大张挞伐。现在北洋将士征战数月，饷银奇缺，还望太后玉赐，以励军心。”

隆裕无法，只好从内库中提出黄金八万两发交内阁，以供前方使用。

不过，袁世凯得了这笔军费后，只是做做样子，空放几炮，并未让北洋军真的向南进攻。

两天后，以驻俄大使陆征祥为首的清朝全体驻外使臣发出联名通电，劝告清帝退位，以安皇室，定人心。这个电报也是由袁世凯授意发出的。

袁世凯一会儿左，一会儿右，今天这样，明天那样，目的很明确，既给南方革命军施加压力，又让清帝退位，以便他自己独揽大权。

为了让满族王公大臣中的主战派少指手画脚，袁世凯又操纵北洋军全体将领，由直隶提督姜桂题领衔通电称："现值军情紧急，请求皇帝命令王公大臣捐献私财，毁家纾难，共济时艰。"这样一来，满族王公大臣中的许多主战派都不说话了，他们谁也不肯出钱。

袁世凯还到处散布谣言，说革命党已经派人钻进北京城里来了，正在寻找时机，一旦发生暴动，主战派谁也休想活命。

见清廷被揉搓得差不多了，袁世凯通过庆亲王奕劻在宫廷会议上提出了皇帝退位和民国政府优待清室的问题。此方案一出，老年王公纷纷垂泪，却也不表反对，而良弼、铁良等人则坚决反对。由于意见分歧，会议无结果而散。

袁世凯只好亲自出马，他进到宫中，对隆裕太后说："自古无不亡之国，亡国之君，身受杀戮之惨；古今中外历史，般般可考。今天大清皇帝退位，仍能保持其尊号，并可享受岁费，这是古往今来绝无仅有的创举。我们在谈判中大费唇舌，好不容易才争得这个优待条例，总算尽了做臣子的一片苦心。"

隆裕太后这才清楚地明白袁世凯想干什么啦，她脸色苍白，停了半晌，才有气无力地说："明天再开御前会议，大家从长计议。"

谁也未曾料想，第二天袁世凯再也不敢出门了。就在这天中午，他差点被炸身亡。

这次暗杀活动是由京津同盟会发起的。他们组织了一个暗杀部，以彭家珍为部长，计划暗杀袁世凯、良弼、铁良、荫昌、载泽、载洵等人，而首要的则是先除掉袁世凯。为了暗杀成功，他们派人把暗杀用的手枪、炸弹等从上海运来，暗杀组成员分批去京西门头沟、十三陵等处的荒山中演习。

他们首先侦察袁世凯的起居与活动规律。袁世凯自抵京任内阁总理大臣后，一直居住在北城的铁狮子胡同，每天乘马车到紫禁城上朝，经过王府井大街、东安市场，经丁字街转入东华门大街，入东华门。他的府邸是深宅大院，警卫禁严，常人根本无法入内，入内也无法下手行刺。只有他每天上朝路过街衢时，有行刺的机会。

袁世凯的车队经过时，街旁密布军警，但不过是例行公事，军警们态度悠闲，并不警惕。且车队多经闹市区，人群混杂，容易接近。加之街道不宽，在人行道上投弹，可达街心。因此，暗杀部决定在王府井大街转东华门大街的地段，截击袁世凯的车队，用炸弹炸毙袁世凯。刺杀时间选择在中午袁世凯下朝路过这里时。因为他早晨上朝时，天还未大亮，街上人少，行刺容易为军警发觉；而在中午他下朝时，正是街上人最多之时，刺客易于下手，行刺后也易于潜逃。

参加暗杀行动的有四人：严伯勋，福建侯官人，时任清海军部军法司司长；黄芝萌，贵州贵筑人，北京陆军测量学堂学生；张先培，贵州贵阳人，北京客籍学堂学生；杨禹昌，四川资阳人，北京清河陆军学堂教师。他们分为三组，分别守候在三个关卡上：由严伯勋守候在东华门外不远处三义茶叶店门前，为第一道关卡；由黄芝萌、张先培二人守候在丁字街口一家临街酒楼上，为第二道关卡；由杨禹昌守候在东安市场门口，为第三道关卡。关关设伏，计划周密，满以为袁世凯难逃一死。

午饭前，四个暗杀成员早就暗携炸弹，分别守候在各自的岗位上。袁世凯从宫中出来，乘上马车，前呼后拥着循例行路线回府。

当袁世凯的车队离东华门不远，到达三义茶叶店门前时，隐蔽在这里的严伯勋立即奋起，准确地将一颗炸弹掷到袁世凯乘坐的马车下。可惜因车行甚快，当炸弹爆炸时，马车已过，只是炸翻了车子，炸死卫队长袁金镖为首的十余人。袁世凯却毫发未损。

袁世凯从覆车中爬出，估计前面路上仍可能有刺客埋伏，遂骑马折入路南一条胡同，绕道逃走。

投弹的严伯勋乘街上人声鼎沸、军警慌乱之际，暗退入茶叶店内，将身上的手枪插入茶叶桶内，从容出门逸去。

埋伏在丁字街口酒楼上的黄芝萌与张先培听到爆炸声，立即开窗持弹等待，准备再击。因为袁世凯已改道逃走，未能实施，反被街上军警发觉，上楼捕去。在东安市场门口的杨禹昌，在场内休息时闻得爆炸声，持弹奔出，形迹暴露被捕。

袁世凯本人虽侥幸逃脱，却受到极大的震动。从此，他再也不敢出门上朝了，并在被刺的第二天，即派人向京津同盟会中人致意，表示要效忠革命，推翻清廷，希望革命党人不要再对他采取暗杀行动。但同时，他又加紧戒备，大肆搜捕革命党人，并下令杀害了被捕的黄芝萌、张先培、杨禹昌三位志士。

经过这场变故，满族主战派便不骂袁世凯是革命党的奸细、大清朝的奸臣了。隆裕太后反有些庆幸地说："你们都说袁世凯靠不住，今天看起来，他毕竟是咱们大清朝的忠臣。"于是下诏封袁世凯为一等侯爵，并派特使前往慰问。

以前袁世凯散布革命党将在北京暴动的谣言，王公大臣们半信半疑。现在，因袁世凯本人被炸，他们便信以为真了。

第二天的御前会议上，奕劻等人主张从速退位以保皇室安全。太后问载沣有何主见，载沣战战兢兢地回答说："事到如今，除此别无办法。"

可是，肃亲王善耆说："天下得之不易，如果自我而失之，将何以见列祖列宗于地下！"

恭亲王溥伟、辅国公载泽、军咨使良弼等都随声附和。

隆裕太后拿不定主意，伏案痛哭。

良弼、铁良等人对庆亲王奕劻十分气愤，他们组织了三十多人，齐赴庆亲王府，警告奕劻，若再言退位，定叫他吃苦头。接着，他们又以"君主立宪维持会"的名义，发表宣言，成立宗社党，坚决对抗革命，反对共和，继续坚持清廷君主统治。这些人中，良弼最为嚣张，自请督师南下，与革命党人决一死战。

根据这种情况，京津同盟会暗杀部立即决定将暗杀的重点对象转移到良弼身上。暗杀部长彭家珍决定亲自担此重任。

彭家珍并不认识良弼。他接受暗杀良弼任务后，从同乡徐某的家中，找到一张良弼的照片，仔细观察识别良弼的容貌。开始，彭家珍听说四川同乡张敬三等人与良弼友好，就冒用张的名义，给良弼写信，邀良弼到一处茶楼相会，准备到时杀掉他。但这时良弼警惕性很高，轻易不到一般友人家中，彭家珍的暗杀计划未能实现。后来，彭家珍又企图乘良弼外出时，在路途中狙击他，然而良弼出入，有重兵护卫，彭家珍无法接近。

为此，彭家珍多日苦苦思索。有一天，他忽然想到自己以前任职的奉天讲武堂监督崇恭，此人与良弼关系十分亲密，正可以借崇恭名义赴良弼府邸行刺。彭家珍身边还保存着几张崇恭的名片，可以利用。

为了能顺利与良弼相会，彭家珍先派他的学生熊斌与刘升之赶到奉天沈阳，用崇恭的名义发了一份假电报给良弼，称东三省总督赵尔巽愤清廷将亡，派崇恭来京，与良弼密商共同挽救对策。

这算是先给良弼打了个招呼。

接着，彭家珍设法探知到清室内廷将于农历腊月初八——1912年1月26日，假腊八赏赐喇嘛恩粥典礼召集诸亲贵密议南北战争与和战大计。彭家珍决定在腊八宴那天，冒充崇恭求见良弼，进行刺杀。

彭家珍知道自己将一去不返，便怀着悲壮而又坦然的心情为自己料理后事。他在旅馆中写下了《绝命书》，其中写道：

"共和成，虽死亦荣；共和不成，虽生亦辱。与其生受辱，不如死得荣。"然后，他唤来仆人伍焕章，托其将自己的金表转交老父，以为纪念，并对伍说："我有事他往，能否回家，尚不能定。明晨你早早将我衣服用器送往天津，交《民意报》馆。你也暂住在报馆。如果陈宪民诸先生来，请他们不要住宿在我房内。"

腊八傍晚，彭家珍按计划出发。他穿着清军标统制服，腰佩军刀，乘马车来到豪华的金台旅馆，自称是从奉天来京公干，并呈上崇恭的名片，因而得开第十三号房间居住。休息一会儿后，彭家珍称自己有紧要公事要入内城，命旅馆替他备好马车。

很快，彭家珍乘车来到前门，先到军咨府，没有碰见良弼；再驱车到大红罗厂良弼府邸投名片请见。

门房说："军咨使去摄政王府，尚未归来，你到客房坐等吧。"

彭家珍进入客房，等了很久，良弼也没回来。他不愿再等，出门乘上马车，打算到别处寻找良弼。刚行到大街，恰好碰见良弼回家。彭家珍马上对车夫道："转头，跟上军咨府的车。"

良弼下车，正要入内，门卫把崇恭的名片递了上来。良弼看了名片后问："人呢？"

门卫说："刚才又跟你回来了。那不是吗？"

良弼回头，见立于门左侧的军官并不是崇恭，心知不妙，忙向内门逃去。

“良弼休走！”彭家珍立刻把炸弹扔出。

“轰！”一声巨响，良弼倒在地上。

等浓烟散去后许久，门内才有军士小心地走出来，把良弼扶进府中。他的左腿已被炸断，虽未送命，但血流如注，脸色苍白。

军士们回头再看彭家珍，他已被弹片击中头部，当场死掉了。同时死去的还有良弼的卫兵八人，马弁一人。这颗炸弹的威力实在太大了。

良弼遇刺后，被送往日本医院进行截肢手术。手术刚完，民政大臣赵秉钧即来看望。他又给良弼带来了一位中医，说有祖传金丹可解火毒。

良弼原本是个极为精明的人，但由于吃了一颗炸弹，大脑有些发昏，没有多想就把金丹吃了。到了深夜，伤处剧疼，辗转呼号而死。

赵秉钧是袁世凯的心腹，他是受袁世凯的指派来探望良弼的。袁世凯借着革命党人的炸弹，又给了良弼一颗毒弹。

就在这一天，以段祺瑞为首的北洋军将领四十七人又一次发表联名通电，要求清帝退位，否则带领全军将士入京，向王公贵族痛陈厉害关系。

北洋军将领的这个气势汹汹的电报加上良弼被刺，真可谓祸不单行，吓得满族王公亲贵腿肚子筛糠。袁世凯急令将驻廊坊的第三镇之一部调入北京，同时又派赵秉钧、胡惟德、梁士诒三人入宫问安。

隆裕太后如同见到了救命的稻草，泪流满面地叫着：“赵秉钧啊，你们快去对袁世凯说，保全我们母子二人的性命要紧！”

久历官场的人，个个都会唱戏。赵秉钧比优秀演员还善于流泪，马上抽泣着回奏道：“太后宽心，保重玉体，臣等誓死保驾！”

62

良弼身亡后，满族王公亲贵惶惶不可终日，纷纷举家出京，分别避居天津、大连、青岛一带的外国租界中。有些因职务羁身而不能远走高飞的，也都请袁世凯派兵保护，袁世凯乘机把他们都捏在了手心中。前几天还高喊要与革命党打到底的主战派，也都噤若寒蝉，没有人再提

"战"字啦。

隆裕太后又召集御前会议。可惜到会者寥寥无几,连奕劻也告病不来。树倒猢狲散!隆裕心中充满悲伤和惶恐。

接着,北方各省督抚由署直隶总督张镇芳领衔,电请即日宣布共和。隆裕太后接电,觉得只能在皇冠与性命之间选择其一,她立即召见载沣、奕劻二人,把退位的决心告诉了他们。

2月1日,隆裕太后下懿旨命袁世凯与南方磋商优待条件。

2月3日,袁世凯一改往日的"病容",收拾一新,精神抖擞地入朝奏报接洽和议的经过情形。同一天,他电请伍廷芳转报南京临时政府正式公布优待清皇条例。

这个条例分为三部分。

第一部分优待清室条件,主要是清帝退位后不废除帝号,民国政府待以外国君主之礼,每年给以生活费四百万元。清帝仍可暂居宫禁,日后应移位颐和园。清帝仍可留用侍卫。清帝私有财产,由民国政府切实予以保护。皇室禁卫军名额、薪饷均仍旧。

第二部分是优待皇族条件,主要有:王公世爵仍旧。皇族享有公民权,免除兵役义务。皇族私有财产一律予以保护。

第三部分是优待满、蒙、回、藏各族条件,主要有:满、蒙、回、藏各族人民在法律上一律与汉族平等。王公世爵仍旧。宗教信仰自由。私有财产一律予以保护。原有住居、营业等限制一律予以取消,并由民国政府拨款代筹八旗生计。

1912年2月12日,清室以清帝的名义奉太后懿旨下诏宣布退位,统治中国二百六十八年的大清王朝寿终正寝。主宰中国社会将近二千四百年的封建社会也一并结束。这是辛亥革命对中国的最大贡献。

第二天,孙中山向参议院请辞临时大总统职务,并推荐袁世凯为下届临时总统候选人。在辞临时大总统职咨文中说:"清帝鉴于大势,知保全君位必然无效,遂有退位之议。今既宣布退位,赞成共和,承认中华民国,从此帝制永不留存于中国之内,民国目的亦已达到。当缔造民国之始,本总统被选为公仆,宣言、誓书,实以倾覆专制,巩固民国,图谋民生幸福为任。誓至专制政府既倒,国内无变乱,民国卓立于世界，为列邦公认，本总统即行解职。现在清帝退位，专制已除，南北一心，更无变乱，民国为各国承认旦夕可期。本总统当践誓言，辞职引退。为此咨告贵院，应代表国民之公意，速举贤能，来南京接事，以便解职。”

此时，谭人凤等老同盟会员不同意孙中山辞去大总统，认为袁世凯不可信。他提议开战。为了赢得战争的主动，马君武提出，以迎接袁世凯为名，带兵北上。宋教仁说：“这点雕虫小技，怎么能瞒住袁世凯？眼下袁世凯让清廷退位了，我们再打就师出无名。革命军无道义，不可能打败北洋军。”

马君武伸手就是一巴掌，打得宋教仁左眼流血。“你这是在给袁世凯做说客，想出卖南京！”

于右任忙说：“君武息怒。遯初的话不无道理。”忙扶着宋教仁去了医院。

为了约束袁世凯，孙中山提出了自以为很有效的三项措施附在咨文中：“附办法条件如左：一、临时政府地点设于南京，为各省代表所议定，不能更改；二、辞职后，俟参议院举行新总统亲到南京受任之时，大总统及国务院各员乃行辞职；三、临时政府约法为参议院所制定，新总统必须遵守颁布之一切法制章程。”

关于建都地点问题，南北官员都有议论。袁世凯知道孙、黄等革命党人必然主张定都南京，他提前吹出“难以南下”之风，并在致南京临时政府宣布政见的电文中，说：“世凯极愿南行，畅领大教，共谋进行之法。只因北方秩序不易维持，军旅如林，须加部署。而东北人心，未尽一致，稍有动摇，牵涉全国。”

张謇、熊希龄等人都叫嚷定都北京，章太炎也认为又找到了和同盟会作对的时机，特意致电参议院主张建都北京，并劝告参议院不要受“浮竞之徒，和相煽惑”，而“以意气争”。他的矛头直接对准的是孙中山和黄兴。

议员中许多人原来就是立宪党人，经他们一煽乎，怎么能不附和？

2月14日参议院讨论临时政府设都地点时，革命党人同盟会干事李肇甫在会上胡说八道，大谈迁都北京的重要。最后二十八位议员投票，主张迁都北京的二十人，坚持仍在南京的仅五人，还有二人主张武汉，一人主张天津。

接到参议院议决案后，孙中山异常气愤，于当天晚上，与黄兴召集同盟会议员黄复生、李肇甫、邓家彦等说："我们革命党人不应为袁世凯张目，更不能没有自己的独立见解，跟在那些消极革命者后面人云亦云。肇甫，你应该明白，清帝退位，是无数革命先烈的鲜血和健在的革命者的努力换来的。"

李肇甫有些惊慌地说："是不是再补救一下？"

黄复生和李家彦说："依参议院法，大总统驳回，可再行复议。"

黄兴一直没有说话，他双手插在军服口袋中，踱来踱去，此时驻足说："政府决不为此委曲之手续，议院自动翻案，尽于今日。否则，我将派宪兵入院，将所有同盟会会员带走讯问！"

第二天，参议院开选举第二届临时总统会时，广东、广西的议员站起来说："临时政府建都地点必须重议，不改在南京，我们就以身殉会！"

张謇忙说："不要意气用事，即使重议，也必须等总统对此有所表示，令复议方可。"

话音未落，总统请复议的咨文已到。只好再行复议。此次投票结果，二十七票中有十九票赞成定都南京，六票主张北京，二票主张武昌，否决了前一天迁都北京的议决案。

此消息一传开，章太炎气急败坏，忙以中华民国联合会名义致电参议院说："贵院决议临时政府建都北京，天下公论。政府驳令复议，务望坚持。"

陈其美在上海决定要刺一刺章太炎，他以南京政府内一职员的名义致电有关报社："民主、天铎各报馆鉴：章太炎主都北京，有功袁总统，拟畀以教育总长或最高顾问之职，望速晋京陛见。"并将电文寄给了章太炎本人。

章太炎脸色铁青地骂道："日暮途穷之政府，何以嫉妒荒谬至此。"他还写信给孙中山，要求追查此事。孙中山给他回信说："不知何等细人，窃盗何种印信为之，已饬电局查报。"

举袁世凯为总统的消息一传出,各地革命党、政、军、团体、个人纷纷向总统府发来反对举袁世凯为总统的函电数百件。

面对各地的一片反对之声,孙中山一面耐心解释,一面让参议院如期举行第二届临时总统的选举。

2月15日,是参议院举行选举的日子。这天上午11时,孙中山率各部及右都尉以上将校文武官员二百余人,军士数万人,赴明孝陵行祭告典礼。

外交总长王宠惠说:"今日为参议院推选之期, 大总统或须出席,请以他日祭告如何?"

孙中山回答说:"我正因如此,才命全师出动的。今天的事,听说军中有不少同志反对,我担心选举之际,他们有所行动,不愿我辞职,反对选举袁世凯。如果今天的议案通不过,别人一定会怀疑我嗾使军队维持个人地位,故特举行祭告,移师城外,使他们不能干预选举。"

王宠惠听了,不由连连赞叹:"大总统的胸怀真是像大海一样宽广啊!"

当然,孙中山"成功而不私其权利"的的做法,对于个人来说是高风亮节,但对于辛亥革命来说,就是一个历史性的重大错误,让刽子手来分享无数先烈用鲜血换来的胜利果实, 结果使得辛亥革命功败垂成。从此,他苦战到死,局面也未挽回。

参议院选举结果,袁世凯以十七票当选为第二届临时大总统。

2月20日,补选黎元洪为临时副总统。

袁世凯一被选上总统,就要起了无赖,以种种理由,拒绝南下就职,并在北京打出了临时大总统的牌子。在这一点上,孙中山十分坚决,他说:"新总统一日不南下就职,则本大总统一日不能解职!"

南方妥协派害怕把问题闹僵,主张派人到北京说服袁世凯南下就职。2月15日,临时政府派蔡元培、宋教仁、汪精卫、魏宸组、钮永建五人为专使,到北京迎接袁世凯南下就职。

2月25日,南方五专使到达北京时,袁世凯下令打开中华门迎接他们入城。这是迎接国宾的一种极其隆重的礼节,袁世凯用这种礼节迎接五专使,大家认为,这是"南北一家"的好气象。

袁世凯接见五专使时,绝口不再提不肯南行的话。他满面堆下恳切之色,跟专使们商量南行的路线。他说他打算由京汉路南下先到武汉见黎副总统一面,然后换乘江轮到南京。大家都认为,南京政府派了五个大员前往奉迎,他的面子十足,不好意思再推下去了。

2月29日夜间,北京东安门和前门一带忽然枪声四起,火光烛天。原来,驻扎北京的北洋军第三镇因欠饷闹事,袁世凯派拱卫军去镇压,不料拱卫军与变兵合流,齐心协力在京城繁华市区放火行劫。

五专使已睡下,听见外面的喧嚣,急忙起身,只听外面有人叫道:“袁大总统就是我们的衣食父母,他们要把他弄到南方去了,我们不趁机捞点东西,以后就什么也没有了!”

“糟啦,是兵变!”汪精卫焦急地说。

“什么兵变?分明是袁世凯在演戏!”宋教仁一针见血地说。

“啪!”一颗子弹射进来,将桌上的一个花瓶击碎。

蔡元培忙说:“这里不是久留之地,我们赶快转移。”

五专使急忙出了后门,逃进六国饭店。

第二天,兵变就像传染病似的飞快蔓延到天津、保定、通州一带,警报不断传来,京城更加慌乱。日本军部首先调动山海关及南满等地驻屯军集中秦皇岛,马上要向北京推进,说要保护侨民。其他列强也纷纷说要调兵。

北方各省督抚纷纷打电报阻止袁世凯离开北京,否则京师无人坐镇,北方前途不妙。

其实,这场兵变是袁大公子指使第三镇统制曹锟去干的。天津并未驻兵,变兵就是直隶都督张锡銮的卫队和维持地方秩序的北洋警察。天津造币厂、直隶官银号都被洗劫一空。保定、通州等地兵变是自发性的,他们浑水摸鱼,大捞好处,事毕回营归队。

北方各省督抚阻止袁世凯南下的电报,出自袁世凯的密电指使。

兵变发生后,袁世凯在接见五专使时慰问备至,并且向他们百般道歉。他绝口不提不肯南行的话,满脸诚恳地商量以后应当采取的具体步骤。

“事势既然如此,看起来袁某即刻动身到南方去是不可能了。是否这样，我暂时留在北京六个月，以便镇抚北方将士，先请黎副总统到南京就职，并以副总统的名义代行总统的职权。”

五专使惊魂初定，一时都拿不出主意来。还是汪精卫先开口说道：“今天的问题，应当首先实现统一，成立全国统一政府，才能安定大局。其余一切问题，都不妨尽量迁就。”

3月2日，五专使根据这个意见电达南京临时参议院。

3月6日，参议院开会讨论五专使的来电。除少数同盟会议员支持孙中山所提的新总统必须到南京就职的意见而外，多数议员都认为迅速成立全国统一政府，是避免外力干涉、防止内战再起的灵丹妙药，总统就职在北京还是南京是一个无关宏旨的问题。因此议决请袁世凯在北京就职。

议决仍附六个条件，其中主要三个条件是：(1)新总统就职前，必须向本院宣誓效忠共和；(2) 新总统必须提出内阁名单，征求本院同意；(3)本院通过内阁名单后，内阁到南京办妥接收手续，孙大总统始行解职。其实，这些都不是什么条件，不过是替袁世凯拟定了一张新旧总统交接的程序表。

3月8日，袁世凯在北京发表就职誓词，宣登大总统位。

3月29日，新内阁人选确定，除总理唐绍仪外，教育总长蔡元培、工商总长陈其美、司法总长王宠惠、农林总长宋教仁，这四人是同盟会党人；内务总长赵秉钧、外交总长陆征祥、财政总长熊希龄、陆军总长段祺瑞、交通总长施肇基、海军总长刘冠雄。军事、外交、内政、财政大权都掌握在北洋军头目和君主立宪派手中。

第三十章
辞去沪军都督

63

4月3日,孙中山离开工作了九十一个日夜的总统府。虽然是告别总统府,但孙中山特地吩咐官员和随从,要打起精神来,气氛一定要热烈。孙中山与临时政府陆军部官员和总统府职员在西花园分别合影,还抽出时间与一些官员和卫兵交谈。

这一天,总统府如同过节一样,到处彩旗飘扬,西花园的花厅前,新挂了一副对联。两面五色旗打了结悬在总统办公室的正门上方,旗帜绕着门柱盘旋而上。孙中山手执礼帽站在办公室前台阶中央,与黄兴等人握手话别。

出西花园,孙中山登上一辆敞篷汽车。总统府大堂前,全副武装的两队士兵持枪行注目礼,文武官员和各界人士肃立两侧,与孙中山依依惜别。孙中山的坐车在骑兵队的前导下,缓缓驶出了总统府高大的辕门。

下午5时,孙中山乘坐的火车抵达上海,陈其美率都督府官员及总务科全体人员到车站迎接。

为欢迎孙中山抵沪,陈其美特地动员上海戏剧界,在沪南新舞台演出新剧《波兰亡国恨》,请孙中山先生到场观看。

当陈其美陪着孙中山入场走进包厢时, 楼上楼下的人都站了起来,戏台上的演员,有的化妆已完,有的还没有化妆,有的方化妆一半,全都出来站在舞台上,他们首先举起帽子呼万岁,楼上楼下的人都应和着,有些人激动地流下了眼泪。

看完戏,陈其美陪着孙中山回寓所。上海戏剧界的演员们也追随来访,陈其美把潘月樵、夏月珊等人一一介绍给孙中山,一并描述了他们在上海光复战中勇猛冲杀的情形。当下,孙中山书写了“急公好义”四字赠潘月樵,“热心劝导”四字赠夏月珊,以鼓励他们的革命热情。

新剧作家,南社社员黄喃喃说:“先生也为我留一幅墨宝吧。”

孙中山点点头,写了“改良新剧”四个字。

这一夜,大家情绪激动,谈兴不止,直到下半夜方散。

第二天,陈其美又陪同孙中山等乘汽车到高昌庙江南制造局视察。

此时的江南制造局总理是李平书,他早早地就派出卫队、巡警执枪站岗迎接。孙中山在陈其美和李平书的引导下到各厂察看了机器设备和各种军械产品后说:“江南制造局这样的工厂就是和国外的一些工厂比,也不逊色,只是我国这样的工厂太少了。现在民国已建立,今后我们一定要在实业上努力奋斗,把国家建设好。”

陈其美说:“你说得太对了。我也打算尽快撤消沪军都督府,今后跟你一起,发展实业,振兴祖国经济。”

“你有这个想法很好。不过,上海地方和别处不一样,我已在电文中与你说过。沪督去留,当视情况发展而定。”

孙中山说的是指2月17日和2月27日两次发给陈其美的电文。那时,针对立宪派说他拥兵自重,陈其美坦然请求辞去沪军都督,撤掉沪军都督府,而孙中山在电文中,却极力劝慰他留任沪军都督。

在2月17日的电文中,孙中山说:“现在清帝退位,民国统一,上海为江南要区,非有大将镇守,不能维持一切。据各地纷纷来电,咸以公为民国长城,关系全局,力请挽留。人心如此,公不可告退,尚望勉为其难,勿怀退志。”

在2月27日的电文中,孙中山说:“前得辞表,亟电挽留。顷闻执事去志仍坚,政府亦当成执事让德之美。惟以军事、财政、外交、交通诸大端言,沪上都督万难遽行取消,幸请顾全大局,再行勉为其难。俟前述诸大端,中央布置就绪后再商。至盼。”

在这期间,黄兴、谭人凤也都频频致电陈其美,劝他千万不能辞职。黄兴在电报中说;"前公辞职,经总统挽留,兴至沪又再三恳勉为其难,谅蒙允诺。兹阅报公决意辞职,为公个人计,未尝不美,但于军事交通上失公援助,宁中秩序恐致紊乱,万望以大局为重,辅助中央,筹划善后一切,必胜感祷之至。"

比起孙中山和黄兴,谭人凤的电报就十分尖锐了,以至于陈其美气得要与他拼命。谭人凤在电报中是这样说的:

"我公热心毅力,本党素所钦佩。自有辞职一则,前后几若两人。窃自广州败后,凤与执事规划长江流域,实以上海为总机关。武汉举义,湘赣继兴,若非光复上海,则海军管钥,掌自虏廷,苏浙联军,诸多障碍。昔曾国荃攻打南京,实赖李鸿章先规上海。然则汉阳新败之日,非执事克复上海,则南京不能骤得,民军之根据地极其动摇,此稍谙兵务者所应知也。都督一职,乃吾党起事时法律所规定,虏廷督抚制不同。公既以实心任事,则不能以己意取消。现在南北尚未统一,诸事待理,如以为大功告成,可以捧身而退耶,是为不智。知而放弃责任,听其糜烂,是谓不仁。畏其难而希图苟安,是畏不勇。捐弃会中秘密条约,是谓不信。不智不仁,不勇不信,而犹以孤洁鸣高,图个人之便利,则党中最后之手段,将于公施之。"

陈其美接电,立刻回电道:

"广州败后,规划长江,推功让能,究以何人为首,公岂忘凄然就道,力疾奔走时耶?现在目的既达,建设共和,自有人在。吾辈冒险家自有天职,公何不达人事,哓哓如此?其美辞职,在白头老友且不谅心曲,更望何人?前接中山、克强两公致电慰留,其美正拟与公熟商,一决行止,乃来书诘责竟与孙、黄诸公一鼻孔出气。公等非岸畔闲人,何以不知舟中人支持之苦?欲其美不去易耳,何必藉吾党起事时之旨,以为质证?岂吾党规定其美为沪军都督,除都督之外,不能自由行事耶?公年老荒诞,牵率至此。他日如得卸此肩责,必与公一拼死命,以泄吾愤。"

尽管陈其美如此欲辞沪军都督,但一些立宪派旧人还是说他拥兵自重,想长期把持上海。为此,陈其美又写信给共和建设会、共和促进会等上海团体说:"沪督去留,应观事实,事实当去,挽我不留,事实应留,推之不去。始之担任及后之告辞,皆属事实问题,或挽或推,均非我知。”

他写这封信时，正是蔡元培等人北上遇兵变之后，因而又说：“现在代表北上，惊变又闻，跂企北方，尚多隔膜。且国都既未解决，项城尚未南来。全局通筹，势未大定。”因而，“不得不以其美之躯壳，再延沪督之灵魂，非敢将顺舆情，借此见好”。

在信中，他最后还说：“其美以冒险为天职，此后共和巩固，已无冒险者可为之事，不得已而求其次，则管见所及，无过于实边之谋。满、蒙、回、藏，僻处边陲。地广人稀，利源未辟，欲将我国跻于强大，先应筹集巨款，实力经营，利用已集之军人，拓殖未辟之边地，则富强之基，实立于此。”

视察完江南制造局后，孙中山让陈其美跟随他一道回到寓所。

“此番国都已定，先生已辞去大总统职，我打算不日辞去沪督之职。”陈其美一边品茗，一边说。

孙中山说：“北京发表你为工商总长，你作何打算？”

“我不打算去做什么总长。我辞职后，想去拓殖未辟的边地，为国壮富强之基。”

“这个打算很好！我想今后修铁路，改变国内的交通状况。”

当天，孙中山应黎元洪之邀，乘车取道南京去武汉。

64

孙中山辞职后，唐绍仪去南京办理接收事宜。回到北京后，于4月21日正式成立国务院，出任总理。

唐绍仪是由容闳带到美国去留学的第一批中国留美学生，在美国哥伦比亚大学读书，通晓英、日等国文字。回国后，曾经当过清政府的奉天巡抚、外交部侍郎和邮传部尚书，有着丰富的从政经验和高贵的资历。他精通西学，熟悉洋务，有着其他人无法比拟的外事经历。他曾跟随袁世凯在小站练兵，协助袁世凯在山东办理过外交和商务；同时，他又同孙中山是同乡，也是广东香山县人。此次到南方去办理接收，经黄兴介绍，加入同盟会，成了同盟会的重要成员。所以，他出来担任总理，无论从哪一方面来说，都很合适的。

唐绍仪的经历,注定了他和旧官僚袁世凯有所不同:他醉心西方民主,反对个人独裁。他认为,《临时约法》既已规定内阁制,内阁就有权处理国家事务,而不必遇事向总统请示。他不赞成以北洋派为中心的实力政治,主张孙袁合作,新旧合作,而自居为南北之间的一座桥梁。这种态度跟袁世凯对他的期望完全相反。袁世凯根本不愿意知道什么是民主,也从来不把《临时约法》放在心上。他把总统当作变相的皇帝,把内阁总理当作总统的高级幕僚。

唐绍仪虽跟随袁世凯多年,但与北洋派军人很少直接接触。那些人处处与唐绍仪作对。

有一天,唐绍仪乘马车到总统府去,迎面有一辆漂亮马车疾驰而来,车前车后簇拥着一大堆乘马的卫士,前面两个卫士手中挥舞着很大的马鞭子,大声吆喝开道,唐绍仪的御者几乎挨上一鞭。他急忙说:“让道!”

待那辆马车过后,唐绍仪看见里面坐着一位瘦而有须的军官。原来是总统府拱卫军统领段芝贵。

最使唐绍仪难堪的是,内务总长赵秉钧从不出席国务会议,打电话催他前来出席,他总是说事忙抽不出空来。其实他的脚步在总统府里走得极勤,遇事直接向袁世凯请示汇报,根本不理总理,似乎内务部直属总统而不属于内阁。

财政总长熊希龄的火气很大,经常在会议上大吵大闹,大骂总理侵犯了财政总长的职权。

总之,唐绍仪上台不久,就发现他处在一群冷面孔的重重包围之中,总统、总长、总统府的侍卫人员全都看他不顺眼,一有机会就掣肘。

促使唐绍仪和袁世凯矛盾激化的导火线是直隶都督的任命一事。

唐绍仪在南京时,黄兴介绍王芝祥和他见面。王芝祥是直隶人,辛亥革命时,以广西藩台起义响应革命,被推为桂军援鄂司令,随后又因军队改编下台。黄兴介绍他加入了同盟会。参议院同盟会议员主张推他为直隶都督以酬其功。直隶议会根据革命初期各省咨议局推举都督的成例,推举他为直隶都督。对于这个问题,唐绍仪本人表示同意,但须向袁世凯请示决定。回到北京。他立刻向袁世凯请示,袁世凯说行。

6月,王芝祥应召到北京的时候,袁世凯突然拿着一份电报给唐绍仪看,原来是"直隶五路军人"反对以王芝祥为直隶都督的联名电报。措词非常激烈。袁世凯无可奈何地说:"你看看这个电报,不是我不叫王芝祥做直隶都督,其奈直隶全体军人反对何!"

这分明是袁世凯鼓动手下人干的鬼把戏,唐绍仪当然明白。他说:"直隶都督是议会选举的,你原是同意的,现在不便改变了。"

袁世凯却不理这一套,改派王芝祥为南方宣慰使,叫他仍回南方宣慰军队。6月15日,袁世凯不经唐绍仪同意,就把南方宣慰使的命令公布了出来。

唐绍仪悲愤万分,第二天留下一道辞呈,也不与袁世凯道别,就乘车到天津去了。

消息传到上海,陈其美十分气愤,他于6月20日致电袁世凯说:"临时政府甫成立,忽传退总理之恶耗。丁兹时艰,奚堪演此恶剧?唐总理因受逼而退矣。试问逼之者何心?继之者何人?果于大局无害而有益,即更举总统可也。如其不然,宁毋躁。鄙见如此,窃愿与各界诸君子亟起图之。"

袁世凯接电后,忙复电说:"唐总理奔走国事,积劳成疾,匆促赴津调治。连日再三派叫慰问,劝其回京。信使往来,不绝于道。来电谓有逼总理之恶耗,殊堪骇诧。参议院为各省代表机关,聚众都下。众目昭彰,讵能听人逼退?即鄙人亦何能坐视?此必幸灾乐祸之徒,造作谣言,挑拨恶感,败坏大局。人心至此,恐中国不亡于前清时代,而亡于此等簧鼓是非者之手。陈总长素明大局,乃竟误听浮言,殊出意外。鄙人受国民付托之重,一日未经卸责,一日不能为壁上观。苟更举有人,得轻负荷,为个人计,乐莫大焉。副总统与各都督俱以爱国为前提,决不为浮方所惑。幸各剖晰,以释群疑,是所厚望。"

陈其美当然不会相信袁世凯的鬼话。他立刻发电报给袁世凯,力求辞去工商总长之职。

6月27日,袁世凯下令免去唐绍仪总理职,改聘为高级政治顾问。陈其美又致电表示反对:

总理去职，内阁动摇，叠电呼号，当蒙鉴及。其美以为血泪构造之民国，丁此危疑，痛念先烈，环顾同胞，欲默何忍，敢布腹心。溯自去岁，广州失败，因决大计，规划长江。幸而武昌响应，重举义旗，其美因得誓师海上，策应各方。海上同志，殚精竭虑，以艰难缔造而成新国者，对于全局安危，岂容坐视？其美生平知有国家而已，心以为危，敢不力图补救？窃谓内阁不容重组，理由至为充足。临时政府期间甚短，列邦尚未承认，国政棼如乱丝，乃忽易阁，纷更扰攘，坐荒时日，奚啻惧国之成，饮鸩自杀？谁实丧心，演此恶剧？唐总理何负于国，必欲去之？其美生平只知崇拜热心爱国之人，与唐公夙无私交，识面尚在和议定后，因其实心爱国，极堪崇拜。当其代表南来，处之如敌国民，军中人有拟剧烈之对付者，惊涛骇浪，举勿撄心，弭定共和政体，百折不回。参院且多疑谤，满族欲得甘心。终赖定力，和局告成，消弭战争。全国之生命财产，保全实多，是其功之不可湮没者。即在今日，出兴树堂，攻击最力之官僚派，实多受其荫庇。适服务民国而后，诚恳笃挚，知有国家，自其美视之，诚一醉心共和之良政治家。欲求代者，当世恐难其选。是非羞恶，无者非人，若逞私见，轻信悠悠无稽之口，听其托病远引，其如一经纷更，大局危殆何？其美生平未尝阿私所好，且为国家安危之故，尤岂忍以血泪构造之民国为徇私交之用？天下兴亡，匹夫有责。诸公皆手创民国之人，倘亦以其美之呼号而共动义声，惟我黄帝在天之灵，实式凭之。如敢以同党之故而阿所好，我黄帝在天之灵，其必殛之。

在陈其美致电袁世凯表明自己立场之际，《大共和日报》等都刊载北京报界二电，要求拿办陈其美。

《大共和日报》是上海滩颇有影响的报纸，创办于1912年1月，社长是章太炎，主编为张丹斧，编辑有汪旭初、黄季刚、钱芥尘等人，都是享誉报坛的名流。该报主要栏目有丛录、小说、传奇、文苑、杂俎等。章太炎创办这份报纸，是把它作为中华国民联合会的机关报的，发行伊始，就以言论激烈而著称。

孙中山就任中华国民临时大总统时，该报曾发表过不少攻击孙中山的文章。袁世凯上台后，该报对他也颇多抨击，但一个月后，该报对袁世凯的态度却突然发生变化，言论趋向缓和，对袁世凯褒多贬少。上海滩的人很奇怪，细究其由，才知道此报纸已被袁世凯收买。

武昌起义爆发后，各省纷纷宣布独立，大有各自为政之势，章太炎认为这样于国家统一不利，便发起成立了中华国民联合会，旨在促进各省联合和全国统一。该会成立后，许多名人纷纷加入，一时颇有声势。当时有个杭州人程祖福也参加了该会。此人在清朝做过官，很有钱财，当他得知章太炎欲办《大共和日报》却苦于缺少资金时，就慷慨解囊，借给章太炎二万元。

程祖福是个趋炎附势的小人，原想通过章太炎的提携平步青云，但日子一长，见不能如愿以偿，就后悔这二万元钱虚掷，频频向章太炎索取。章太炎一向恃才傲物，手无闲钱，此时当然无力还债。而程祖福却步步进逼，甚至扬言要对簿公堂。

此事被袁世凯在上海的抓牙探听到，认为这是收买章太炎的一个好机会，忙电告袁世凯。袁世凯让该爪牙马上给章太炎送去两万元。此时，章太炎正被程祖福逼得走投无路，见袁世凯遣人送钱来，明知是收买，但为救还债的燃眉之急，只得收下。当送钱人要章太炎写张收条时，章太炎作贼心虚，不肯出正式字据，只是掏出一张自己的名片，在上面写了“收到二万元”五个字，将送钱人打发走了。

《大共和日报》就这样被袁世凯收买过去。以后的日子，它几乎成为袁世凯在上海的御用报纸。此时见陈其美竟敢同袁世凯抗争，当然要表明一下自己的态度。电文说：“唐绍仪弃职潜逃，法在不宥，推其心迹，实在监守自盗，恐被重诛，初无人逼迫之也。”而陈其美“挟持党见、肆其莠言，既以逼迫为辞，又欲总统、总理同时进退。按总理变置，乃是政界常规；总统猝更，必由国中异变”。电文指责陈其美“并为一谈，是何肺腑！”说他“行多不法，残贼公行。前唐绍仪到沪，曲意逢迎，后被用为工商总长，犹复拥兵自卫，敢肆跳梁，腾布奸言，希图扰乱”。

为此，电文提出：“此而不诛，法纪安在！应请副总统（黎元洪）通电各都督府，张皇大师，扫除巢穴，禽渠传首，以快人心，以奠国本。”

戚志锐看了《大共和日报》上的电文，心中十分气愤。她拿着报纸，对陈其美说："章先生越来越湖涂了，简直是为贼人张目，我要去找他理论理论。"

"算了。"陈其美让她坐下说，"章太炎这种人，敌我不分已不是一天了。连中山先生都不同他计较，我们还能说什么呢？"

"不！你们不便找他，我是光复会员，便于找他。"戚志锐站起来就要走。陈其美却一把拉过她，揽入怀中说："你现在和以前不一样了。上海滩上谁不知道你和我的关系？你去了，太炎先生肯定用恶语把你轰出。他的话代表不了什么，我连袁世凯都不畏惧，当然更不会畏惧章太炎了。"

戚志锐点点头。

"来，你帮我把这些材料整理一下，同盟会本部今晚要开全体职员大会。"陈其美抚摸了一下戚志锐的头发，吻了吻她的面颊，她娴静地坐了下来。

唐绍仪解职后，袁世凯正式任命陆征祥为总理，成立了"超然内阁"。因为陆征祥为同文馆学生出身，由低级翻译员一步一步爬到公使地位，是职业外交家，长期在国外服务，精通外交礼节，习惯西方生活方式，颇为外国人所称道。他曾领衔发出劝告清帝退位的电报，也算对袁世凯立过功，所以南北统一时，他担任了第一届内阁的外交总长。唐绍仪走后，袁世凯觉得此人既非北洋派旧官僚，又非同盟会会员，能"超然"于各派。

6月28日晚间，同盟会本部召开临时全体职员大会，孙中山决定，在正式国会成立前，所有同盟会会员不参加新内阁，即使从前的同盟会籍阁员也一律退出，纯粹处在在野党的位置。

由于同盟会表示不参加内阁，其他小党又都没有资格争总理，所以陆征祥的同意案在参议院中顺利通过。即便如此，袁世凯依然授意部分议员，攻击同盟会为专制揽权者。

对于这种论调，陈其美又发表通电，进行毫不客气的回击：

比者党争纷纭，竟有诬同盟会行专制揽权利者，语虽卑鄙，适足以挑动恶感，妨害大局。蜚语方兴，总理适去，群情惊眙，莫知所对，美故有前御电之请问。唐公出京之理由，纵非出于逼迫，而要未可以病为其假退之理由。熊总长养电所陈之词，可以具见也。大总统诚掬诚为国务，请明白宣布唐总理假之正确理由，务得其复任而后已，俾全国晓然，群疑自涣然释耳。美非阿私于唐公，诚为今之政局观，似未可骤以变更者。夫以同盟会员积数年，艮辛缔造之民国，毁家舍身，牺牲一切，而不少顾惜者，何哉？为救国计耳。身可杀，家可族，总统且可让，夫复何有丝毫权利之见存。苟有能为国利民福，一任何党组织，其谁非之？若逞私意以害公道，谣言以误国，不惟大总统深恶嫉之，当与国人共弃之也。美素不听浮言，毁谤之来，恒置不辩。

陈其美一边和袁世凯及其走狗们斗争，一边忙着沪军都督府的解散工作。

这一天，应桂馨又来到都督府。应桂馨担任沪军都督府谍报科长，干得不错，陈其美就派他到南京，做总统府的谍报科长。到南京后，他觉得自己有功劳，应该做更大的官。孙中山没有安排，他觉得委屈，就抓捕南京城的一些富商和赋闲的前清官员，说他们是清廷的密探，想刺杀孙大总统，刑讯逼供，然后让家人拿钱赎人。孙中山听说后，让郭汉章找他理论，应桂馨振振有词道："革命是为了什么？不就是升官发财吗？官不能升，财就要发。"他这样的思想和作为，当然不能让孙中山满意，很快被孙中山勒令离开。回上海后，他常常来找陈其美，还是想弄个大官做做。

"你们革命党人真没有用，好好的大总统不做，偏偏让给别人。你也不做官，我也不做官，到头来我们这些跟着你们干的人，还有什么意思呢？"

"我们同盟会党人跟着中山先生革命，不是为了升官发财，我不是早就告诉你了吗？我们的目的，是想建设一个富强、民主的中国。"对于应桂馨这些在光复中出过力的帮会中人，陈其美总是想继续引导他们，再为革命作贡献。

“现在还说这些有什么用呢？你这个都督本身也要卷铺盖滚蛋的，还能做什么？”

“不，不当都督不等于不问国事。我打算发起成立中华民国共进会，作为同盟会的外围组织。”

“国民共进会？这是什么意思。”

“别处不说，单说上海，青红诸帮，都为革命出力不少。把大家从黑暗之境，导入光明，取名共进，为国珍重。”

应桂馨听后点点头说：“听起来满漂亮，就是不知有什么实质性的内容？”

“宋教仁君正在提倡‘政党政治’，同盟会中的一些人十分赞成，我对此是有所保留的。议会这东西，在目前的中国，到底能起多大作用，从袁世凯上台这几个月就可以看出来啦，约束不了官僚和军阀。不过，待将来国家经济发展了，有实力了，这或许是可行的。”

“听你这么说，还是水中月，镜中花。”

“不，我们成立此会的宗旨是：就各地原有同志实行联合，共议进行，以期交换智识，增进道德，维持国内和平，振兴各项实业。而这些都是摆在眼前的，必须实行的。”

“好吧，我也参加这个国民共进会，但愿将来能选上个一官半职。”

“你不要老是想着做官。做官是形式，做事业才是本质。”

“这些大道理我知道。”

“那好，我们一起找伍廷芳先生，请他也来做发起人，不日就召开成立大会。”

7月1日，由陈其美、伍廷芳、应桂馨等二十人联名发起组织的中华国民共进会宣告成立。同一天，召开了成立大会。上海法租界八仙桥西首维尔蒙路九十九号成为该会的总机关。

65

7月12日，袁世凯任黎元洪为湖北都督、谭延闿为湖南都督、蒋尊簋为浙江都督、李烈钧为江西都督、尹昌衡为四川都督、张翔初为陕西都督、陆荣廷为广西都督、蔡锷为云南都督。没有沪军都督陈其美的任命。陈其美知道卸任在即，更加加紧准备交接工作。

7月25日，江苏都督程德全电请陈其美分令驻沪各营长，按实际人数薪饷数目，造册呈核，以便接收。陈其美当天便复电，此等工作已近尾声，请程都督按既定日期前来接收。

7月31日，程德全从南京乘火车抵达上海，接收沪军都督府及其军队。

下午4时，沪军二万余人在第一师师长吴绍璘、第二师师长黄郛、光复军总司令李征五的带领下，齐集都督府门前广场。陈其美宣布："从即日起，沪军都督府撤销，改为江苏都督行辕。本都督也随之去职。"

他的话音未落，下面已有人开始哭泣起来。那些哭泣的是刘福彪福字营的弟兄。

接着，陈其美发表了简短的演说，他叙述了上海光复、任职沪督的经历以及"迟迟交卸"的原因，然后说："数月以来，军中无一宿之粮，府内已停薪，从事勉任其难，心力交瘁，所幸中外商家挪借巨款，以资接济，将弁士卒均能以真诚相感，欠饷数月，变端未生。在此，其美深表感谢！"说着，他向台下的军士们深深地鞠了一躬。

"敬礼！"黄郛高叫一声。

下面的士兵纷纷行持枪礼，军官们纷纷甩刀行礼。

"现在，沪军都督府已核准取消，承江苏程都督顾全大局，全行接收。各位将来应一如既往，听命于程都督，共矢一心，为国效力。"

最后，陈其美宣布，以后各处凡与沪军交涉事宜，统由江苏都督直接办理。

演说完毕，原都督府的工作人员把中华民国军政府沪军都督大印捧过来，陈其美双手接过，恭敬地捧给程德全。

程德全双手接过印递给随从，又从另一随从手中拿过江苏都督上海行辕的大印交给有关人，交接仪式宣告完成。

当晚，陈其美通电发表解散沪军都督府宣言。

交接仪式结束后，刘福彪在张园安恺第举行欢送宴会，陈其美偕戚志锐参加。身为福字营营长的刘福彪在宴会上致词。他在致词中回忆了与陈其美相识相交的经过，赞扬了陈其美只身闯制造局及就任沪督时“研究枪炮，训练军队，以北伐为宗旨”等功业，最后感慨良多地说：“值此边疆多事之秋，内地恐慌之际，元气未复，国本动摇，先生之初心，则人所能见也。后此之出处，则非人所逆忆也。军政府创设二百余日，勉其难于始，未见其成于终也。一旦舍去，发生之自为则善矣，其何以慰国民乎？”

刘福彪的致词，勾起了陈其美对诸多往事的回忆。遥想十年前，自己从故乡来到上海，在十六铺码头见这位壮汉，也历历在目，仿佛就在昨天，那淅淅的春雨声，似乎还在他的耳边沥沥。那个时候，他是多么迷惘啊！现在，革命终于成功，共和已经建成，而自己正当壮年，应当再走一步路了。这时刻，他比十年前清醒多了，他打算先出国考察实业，回国后和孙中山等一道，大力发展实业。

整整一晚上，陈其美没有说什么话，他总是频频举杯，对刘福彪表示感谢。

分手时，刘福彪握住陈其美的手，突然痛哭流涕：“大哥，你以后去哪？”

“我准备出国考察实业。”望着眼前这五大三粗的汉子，陈其美突然也泪流满面。

“你能带上我吗？”

“不，福彪，你有你的位置。今要带好你的人马，说不定哪一天，你还会派上大用场的。我们不能都放下武器，都放下武器了，谁来保卫共和？”

刘福彪点了点头：“我不会放下武器的。不管是什么年代，没有武器，什么也办不成！”

“你这话有一定道理。不过，”陈其美怔了一下，“你这支队伍以前是革命的，现在是保卫共和的，千万不能再当作自己的私人工具，随意使用。”

陈其美说的是几个月前，孙中山在南京就任大总统后，刘福彪带领福字营弟兄，乘夜从下关乘船到浦口，又从浦口到达滁州乌衣镇，将穆守仁兄弟三人全部杀掉，后来又一口气杀进滁州城，将知州乔荣泽抓获杀死，留下弟弟刘福道做知州，自己才回到南京。民军总司令黄兴听说刘福彪随意出兵，要对他军法从事。幸亏总统府卫队长郭汉章极力陈述刘福彪光复上海时的功劳，黄兴才从轻发落，关了他一个礼拜禁闭了事。

“请大哥放心，我再也不会意气用事了。”停了一下，刘福彪一拍手，“对了，福道现在不当知州了，在办团练，掌握滁州西乡的枪杆子。他在滁州西面的大丰山中买了三万亩山场，在滁州西涧边，建了一座庄园，专门养奶牛，往南京卖牛奶。他这个豆腐匠，现在在滁州呼风唤雨，是个人物了。上次我回去，他弄个八抬大轿到车站去接我，威风得很。对了，他几次来信，让我带大哥到那里去小住，享受一下田园乐趣。”

陈其美握着他的手说：“好啊。你对福道说，有时间，我一定到他的庄园去，享受田园乐趣。”

陈其美早年随刘福彪去过滁州西涧。“独怜幽草涧边生，上有黄鹂深树鸣。春潮带雨晚来急，野渡无人舟自横。”唐人韦应物的这首小诗，他儿时过目即铭刻于脑。西涧太让人魂牵梦萦了！所以，在去乌衣镇教训穆守仁的空闲间，他特地去西涧行走了半日。

西涧西南的琅琊山、大丰山，他也去了。北宋欧阳修被贬滁州作太守时，为政之余修建了醉翁亭和丰乐亭，留下了千古雄文《醉翁亭》和《丰乐亭记》。醉翁亭畔和丰乐亭旁，分别立有苏东坡书写的《醉翁亭》和《丰乐亭记》碑刻，笔意雄浑，笔力雄健。陈其美抚摸石刻，留连忘返。后来，他曾多次想再去滁州，在琅琊山中好好住上一段时间，饱览清风明月，感悟欧文苏字，但一直抽不开身。而现在，刘福道成了那一方的大王。他能想象出，这个突然爆发的豆腐匠的那种做派，挺胸凸肚，不可一世。革命革出这种非驴非马的结果，真让人茫然无措啊！

出了张园，陈其美跟随戚志锐来到她的住处。他的夫人姚文英已搬到上海，他以往还是常常回家的。和戚志锐在一起时，他总是住在督府里边。现在督府不能住了，他又不能带着戚志锐回家，只好跟着她了。

戚志锐和戚志峻住在一起。见陈其美来到，戚志峻十分热情地沏茶，切西瓜。收拾完后，戚志峻就早早地躲进自己的房间了。

陈其美吃着甜美的西瓜，觉得这两姊妹真是可爱，全都那么善解人意。

戚志锐的房间四壁洁白，如雪洞一般。一张单人床上，也是雪白的床单。

两人坐在床前后，戚志锐说："这床小，不知夜里会不会挤着你。"

陈其美微微一笑说："床小好啊，床小才能挤得紧啊！"

"哎呀，你坏死了！"戚志锐伸出小拳头，对着陈其美就是一拳。

陈其美乘机抱住她，两人倒在床上。

"明天，我想先回湖州老家去看看，你想去吗？"陈其美贴在戚志锐的耳边说。

"我当然想去啦。不过，你向你的家人怎么介绍我呢？"

"我就说你是我新娶的二房。"

"放屁！"戚志锐突然翻身坐起，"你当心我把你踢到床下去。"

"踢下去我会把你也拉下去的。"陈其美起身，让她重新躺好后说："你大姐姚文英不能生育，我想要孩子，所以我必须娶你。"

"不行，你得先和大姐离婚。"

"这事我想过很久了。她已是人到中年，又不能生育，离了婚，让她怎么过？我想还是不离，让她就在家里住着，你不过是名声上受点委屈。"

"亏你想得出，你还是革命党，还当过上海军政府的都督，竟然和那些封建官僚没二样，也要纳妾。"

"我和他们不一样！我这不是和你商量吗？你要愿意，就嫁，不愿意，就算。我觉得，男人和女人间，名分不是主要的，主要的还是一个情字。我特别喜欢读《影梅庵忆语》和《浮生六记》这些明清闲书，我觉得那里面的女人才是最有境界的，因而夫妻之间、妻妾之间都能真诚相待。你不妨去读读那些作品，也许你会从中悟到什么的。"

"悟你个鬼！我才不相信呢。我要嫁就要嫁得堂堂正正，姚大姐不离家也行，但你必须声明和她解除婚姻关系。"

"何必呢？她是个心地极善良的人，常年吃素，不应该让她伤心的。"

“我不跟你啰嗦了。明天我跟你去,你就告诉别人说,我是你的女秘书。”

“行啊。不过,这女秘书可是贴身的女秘书噢!”陈其美说着把戚志锐搂进怀中,不一会,她快活地呻吟起来。

第三十一章

国民党成立

66

8月初,北京政府派代表张昉、程克二人来到上海,迎接孙中山、黄兴北上,与袁世凯面商国事,调和南北之间的意见。此前,袁世凯曾邀请孙中山、黄兴等入京举行一次没有名目的会谈,想以此欺骗和麻痹孙、黄等革命党人。

见到北方代表,孙中山和黄兴商量后,打算17日乘招商局的"安平"号轮动身,但临出发时"安平"号突发故障,只好改在18日下午启程。

18日上午,突然有惊人的消息传来,袁世凯在北京枪杀了同盟会党人湖北军政府军务部副部长张振武和湖北将校团团长方维。

袁世凯登上民国临时大总统的宝座后,表面上看是实行了南北统一,但实际上统一只是表面的形式,实质上诸多方面南北仍处对立情形。

同盟会掌握的南方各省希望通过他们掌握的地方政权,保存发展革命势力,建立一个真正的资产阶级共和国。而袁世凯则企图依仗他们攫得的中央政权,铲除和消灭革命力量,继续保持和维护封建式的专制独裁统治。

为达到这一目的,袁世凯的一个重要手段就是裁兵。

武昌起义以后,全国各地风起云涌,各省军队如潮水膨胀,民国成立,兵多饷绌,也造成各地秩序混乱,袁世凯乘机提出:"支持目前之财政,恢复地方之秩序,但须从遣散军队入手。”他授命其亲信、陆军总长段祺瑞提出具体计划,以清末各省原有军队的数量和军饷的数量为依据,凡超过原来数量的,是兵裁兵,是饷节饷。

这计划听起来颇为动人,但明眼人一看就清楚,这实际上等于将南方各省武装解除。因为清末时期南方军队无论是数量还是装备都远逊于北方。南方现有的军队大多是武昌起义爆发以后,革命党招募的新兵。而北方袁世凯在清末训练的大量新式装备的北洋陆军,兵多饷足,并且直属于陆军部,在实力上已占较大优势。

如果按照段祺瑞的计划实行,裁军完成之日,也就是革命党束手待毙之时。对于这样一个存在明显不平等的阴谋计划,当时的大多数革命党人都没有看透,孙中山和黄兴也只是从国家财政困难的角度觉得裁兵是富国救民之路,参议院大多数议员对裁兵计划抱支持态度。黄兴在南京留守期间,主要的任务就是忙于裁军。后程德全到南京接任,在袁世凯的支持下,大肆从事裁军活动,共裁去辛亥革命中建立的革命党人武装十八万三千余人,大大削弱了革命力量。

同盟会中只有陈其美等少数人保持较清醒的头脑,反对这个裁兵计划,甚至明确表示:我们所以不主张裁兵者,恐怕大总统要做皇帝。

而坐镇湖北的副总统黎元洪对于裁兵计划则是喜出望外,他想的主要倒不是国家财政紧张,而是觉得扩大自己权力,排挤打击异己的大好时机到了。

湖北是辛亥革命的发源地,是首义之区。武昌起义之后,军队发展迅速,首义有功人员数量很多,需要给予适当安置。因此裁军尤为复杂。黎元洪却一味从自己利益出发,致使军队风潮迭起,政治性暴动屡屡发生。于是,黎元洪决心将原有军队全部勒令退伍,另行征补。这样一来,矛盾更加激化,湖北“倒黎”空气日渐浓厚。

为了巩固和加强自己在湖北的地位,黎元洪一方面极力向袁世凯靠拢,甚至在1912年4月4日致电袁世凯“请饬李纯派步兵一团到汉”维持地方秩序,一方面利用革命党人之间的内部矛盾,挑拨离间,分化瓦解。

武昌起义之时,革命党中有“三武”闻名天下。“三武”就是孙武、张振武、蒋翊武。最让黎元洪头痛的就是张振武。

孙武本来也不把黎元洪放在眼里,他原本想自己以首义的军务部长取得南京临时政府陆军部次长当不在话下。谁料南京政府成立时,陆军总长黄兴却挑了蒋作宾担任这一职务。孙武大失所望,由怨恨黄兴而迁怒于同盟会。他决心另组政党与同盟会抗衡。

不久,孙武等人在上海成立了民社,反而推举黎元洪做了民社名誉上的领袖。张振武虽也列名参加了民社,但不参预其事,因为他并不满意黎元洪,与孙武也有矛盾。由于孙武心胸狭窄,因为一件小事就下令枪决了张振武的卫队长。因而,张振武只自行其事,努力扩大自己的力量。

也许是因为性格豪爽,不拘小节,张振武并不觉得许多事情自己处理得有什么不妥,却得罪了许多人。张振武赴上海购买武器,将领得的钱款除正当开支外,还用以宴请各方人士,手面又大,因此挥霍浪费不少。黎元洪乘机派人清查账目,想借此将其搞臭,并通知上海方面要求监视张振武行动。

张振武听说这件事,一怒之下跑回武昌,下船后直奔都督府。

黎元洪听说张振武找上门来,知道不好对付,急忙吩咐:"就说我不在。"

话音未落,张振武不顾卫兵阻拦,冲进黎元洪办公室,指着他的鼻子说:"你有什么资格查老子的账?还要监视老子?告诉你姓黎的,老子能把你推上这个位子,也能把你拉下来,你别不识抬举!"

黎元洪心中有鬼,对张振武无可奈何,连称:"误会、误会,春山,此话从何说起呢?"

张振武怒气未消:"从何说起?是谁派人要查老子账,你说?"

"这……这,这都是尧卿所为,与我无关!"尧卿就是孙武的字。黎元洪忽然间借刀杀人,把矛头转向了孙武。

张振武与孙武之间本来就有矛盾,经黎元洪这么一说,虽然也半信半疑,但又不便去问,心中对孙武更加不满。

黎元洪为自己挑拨革命党人间的矛盾而暗暗得意时。袁世凯却找上门来了。

为了削弱和打击南方革命党势力,袁世凯也是煞费苦心。黎元洪和张振武等人的矛盾以及黎元洪所处的尴尬地位,袁世凯了解得一清二楚。他觉得黎元洪态度中立,如果推一下就可能倒向革命党,如果拉一下就会成为自己在南方的重要同盟者，一方面防止他倒向同盟会,一方面又可以利用他打击革命党。

参谋次长陈宧得知袁世凯的心思后,立即献上了一条一箭双雕的妙计。袁世凯听后,立即派他前往武昌,按计行事。

陈宧到了武昌,多次与黎元洪密谈,转达了袁大总统对黎副总统的问候并对黎元洪所处有职无权的地位表示同情。这使黎元洪深受感动。

临走之时，陈宧似乎是漫不经心地说:“三武一日不离开湖北,则副总统一日无权啊！这些人都是行伍下吏出身,若由大总统把他们招到北京,宠以高官厚禄,不会不去,这样副总统则无后顾之忧矣。”

经陈宧这么一点拨,黎元洪顿开茅塞:调虎离山!

“不过不知袁大总统……”

“如果黎副总统不弃,敝人愿意为此奔走一番。”

“那就拜托陈先生了。”

5月份,“三武”就被黎元洪作为首义有功人员“推举”到了北京。

袁世凯立即授以“总统府军事顾问”的名衔。

欲话说,顾问,顾问,顾而不问。虽然一月薪俸大洋不少,生活优裕,八大胡同也令人怡心销魂,但张振武无法忍受这种无兵无权,像被困在笼中的老虎样的生活。他曾当面责问段祺瑞:“难道我们湖北人员会做顾问吗?”他还多次向袁世凯呈递条陈,说明边疆事务紧要,应派兵屯垦,并毛遂自荐,要求主持屯垦事宜。

为了敷衍张振武,袁世凯送给他一份蒙古屯垦使的委任状。但张振武要申请经费,设立机构之时,则无人理睬了。

一气之下,张振武不辞而别。几天之后,他竟突然出现在武昌,打出了屯垦事务所的牌子,并以蒙古屯垦使名义,要求黎元洪每月提供经费一千大洋,声言要招募精兵,率赴蒙古屯垦。

黎元洪先听说张振武回武昌已经顿时手足无措,随后张振武又上门要钱,黎元洪更是恼羞成怒,但又无可奈何,敢怒不敢言。因为他心里明白,张振武毕竟与孙武和蒋翊武不同。

早在2月间,尽管孙武已组织民社拥黎元洪为领袖,黎元洪还是暗中操纵一些中下级军官发动所谓武昌“二次革命”,在27日晚突然包围孙武住宅,宣布罪状,悬赏缉拿,一时满城风雨。孙武当晚恰巧在汉口,没有回家,未被当场抓住,但事后也只好宣布辞去军务部长。

黎元洪则发表通电,称“请更换军务部长,既昭各同志之公道,亦遂该部长之初心,元洪亦未便挽留”云云。他之所以敢如此,就是因为孙武虽位居军务部长,但却手中无兵,没有自己的亲信部队。

张振武就不同了,他亲自掌握着一支精干的武装——湖北将校团。所以黎元洪一听说张振武又回来就坐卧不宁,寝食难安了。

袁世凯听说张振武突然不辞而别,擅自返回湖北,心中顿觉不快:这小子,太狂妄,他眼里还有我这个大总统吗?

不几天黎元洪来电:张振武在湖北独树一帜,招兵买马。袁世凯闻听此言,心头一震。这可是一匹烈马,如若处置不当,将来必然后患无穷。从他这段的行踪看,此人不好用!

半个月后,张振武在湖北接连收到袁世凯三封急电,殷殷敦请他迅速赴京,共商国家大计,那言词的恳切和急迫,似乎张振武晚到一会儿,国家就有大厦将倾之危。

黎元洪也很热心,他送来了四千元路费,摆酒设宴为张振武饯行,祝张振武此次进京为民国一展雄才,并不无献媚般表白:“对于张君,元洪可抚心自问,绝无丝毫相待不好之心,此言可鉴天日。”

大总统盛情相邀,副总统热情相送,得到如此重视和厚爱的人,当时恐怕也难找到第二个。张振武觉得如果再置之不理,难免让别人说自己太无礼。于是,他决定8月北上。

为了以防万一,张振武令湖北将校团团长方维等三十余人随同进京。几天后,袁世凯以黎副总统从武昌来电,说张振武“破坏共和,倡谋不轨”为名,将张振武、方维杀害。

这是袁世凯、黎元洪共同导演的一出丑剧。尽管黎元洪为自己百般狡辩,同盟会还是于8月22日发表公开启事,宣布革去黎元洪的协理职务，并予以除名。

67

从湖州老家归来，陈其美与黄兴、柏文蔚等五十人联名发起熊成基追悼会，正准备去扬州，张振武被杀的消息传到了上海。

“袁世凯太没有信用，我们必须要和他针锋相对。”陈其美找到孙中山说，“不然，以后还不知他会做出什么来。”

北京来的张昉、程克也在孙中山的住地，正在劝孙中山北上，听陈其美这么一说，忙道：“袁大总统是依据黎副总统的电报处决张振武和方维的，绝不是对首义功臣过不去。孙先生和黄先生到京后，大总统定会把这件事情详加说明的。”

“是的，”孙中山说，“这次进京，这件事我一定要问个明白的。”

“孙先生，你还打算进京？”陈其美声音很高，“袁世凯如此作为，哪有一点共和的样子？我平生虽主张冒险，但这样的险是没有必要冒的。”

“英士，我意已决，你不必再劝。我无论如何不失信于袁总统，别人都说他不可靠，我看未必。不和他接触、了解、沟通，大家就会彼此猜疑。我们只有相互坦诚相待，才能够获得信任。至于张振武的事，我同样也是气愤的，我定会让政府给一个明白说法的。”

在上海的其他同盟会骨干也来劝孙中山，秘书宋霭龄又送来了河南、安徽、广东等省的电报，全都是劝孙中山和黄兴不要轻入虎穴的。

张昉和程克处在一旁，表情很尴尬。孙中山对他们说：

“你们先回旅馆，下午再来吧。”

张昉和程克走后，黄兴带着仆人、提着行李也来了。

陈其美说：“我们不能把事情想得太好，你们二位一起进京，若是双双遇险，那整个中国就完了。我们不能那么没折扣地相信袁世凯，从唐绍仪被逼走这事上，我们就应当清楚，袁世凯是不会像我们革命党人这样看待共和的。”

其他人也纷纷说：“此时无论如何不能去北京。”

孙中山、黄兴都犹豫起来。

陈其美说:“你们二人至少有一个人不能去!”

孙中山说:“既然如此,克强留下,我先行前往。”

黄兴点点头。

仆人一见,搬起他的行李回同孚路寓所了。

下午,张昉、程克准时来到。孙中山在他们的陪同下,登上“安平”号轮船。同行的有夫人卢慕贞、秘书宋霭龄,还有魏宸组、居正、王君复等十多人。前来欢送的中外人士络绎不绝。此时,仍有人劝孙中山打消北上的念头,他说:“我不会有什么危险的。我此次北上,不过是要袁先生努力做好民国总统,解决好迁都、治政、建军等大事,他为什么要刀枪相加呢?”

此时,只见一个女子从欢送的人群中走上“安平”号轮船,把孙中山请进舱房。孙中山一见,原来是戚志锐。戚志锐说:“先生是民国代表,共和坚城,必欲投身虎穴,我誓死反对!”

说着,她突然拔出手枪对准了太阳穴。

“志锐君,你千万不要激动,把枪放下,有话我们慢慢商量。”

“先生不答应我,誓不放枪。”

“我知道我此行危险重重,但不入虎穴,焉得虎子?你也是参加过革命的人,革命就不可能没有危险。遥想当初,我们遇到的危险何止千万。不都闯过来啦?如果怕危险,就不革命啦?”

陈其美在外面听说戚志锐持枪自逼孙中山,忙跑进来:“志锐,你简直是胡闹,快把枪收起来。”

“不行,孙先生不答应,我就死在这里。”

“那也不行。你死了不要紧,万一枪走火,伤到孙先生怎么办?”

“哎呀!”戚志锐一跺脚,把手枪扔在了桌上,“人家保险都没有打开嘛。”

陈其美乘机把手枪抓在手中,一看,保险果然关着呢。不过,他还是小心翼翼地把枪装进口袋,把戚志锐拉出了舱房。

此时,张昉又从码头上折回,奔赴同孚路黄兴寓所,硬拉黄兴一起进京,黄兴坚决不同意。张昉回到船上,走进孙中山的舱房,“扑通”跪下:“孙先生,我求您啦,请黄先生和我们一起入京吧。要不,你们就要我命啦。"说完，他跪出舱房，翻上舷栏，欲往江中跳，旁边的人急忙把他拉住。

孙中山走到他面前，笑着说："有什么大事，我一个人不能解决，非要克强一同前往。我告诉你，我也主张克强此次不去。"

8月24日，孙中山由天津到了北京。

孙中山在距离张振武案不满十天就来到北京，使袁世凯不能不暗暗吃惊，这些革命党胆略的确非凡，以前他们叫我到南京去，即使带兵，我也不敢去，而现在他竟不带一枪一弹来北京了，怎能不令人震撼！他立刻藏起屠刀，堆起笑脸，把前清摄政王载沣所乘的金漆朱轮马车，加饰黄缎子窗幔和椅垫，开往车站迎接。同时，他下令以总统之礼待孙中山，全城市民悬挂国旗，军警沿途警戒，把孙中山迎接到石大人胡同迎宾馆来。

孙中山和袁世凯二人以前从未见过面，当他们初次会见的时候，袁世凯热情地握手，大声地欢笑，仿佛会见了多年不见的亲人一样。

袁世凯说："我盼望先生与克强很久了，今克强未与您同行，我不能聆听他的伟论，深引为憾。所幸先生惠然肯来，殊为欣慰。刻下时事日非，边警迭至，世凯识薄能鲜，深望先生有以教我，以固邦基，世凯负国民付托，斗胆代表四万万同胞，求宏论以匡不逮。财政、外交，甚为棘手，尤望先生不时匡助。"

孙中山说："文久居海外，于国内情形或有未尽详悉之处，如有所知，自当贡献。唯自军兴以来，各处商务凋敝，民不聊生，金融滞塞，为患甚巨。挽救之术，惟有兴办实业，注意拓殖，然皆恃交通为发达之媒介，故当赶筑全国铁路，尚望大总统力为赞助，早日观成，则我民国前途受惠实多。"

两人谈笑甚欢，所谈皆为改革振兴大计。

孙中山每提出一项意见，袁世凯总是毫不含糊地满口赞成，从来没有发生过争论。孙中山感觉到对方已经逐步地融化在他的精神感召之中。

袁世凯也谈到吸收各党人才参加国家建设的问题。他举例说："上年我组内阁时，曾请梁启超担任司法部副大臣。他虽没有回国，但此后经常跟我通信往来。从来信中可以看出，他的政治主张已经有所转变。像他这样一些人，我们可不可以允许他们回国，并且吸收他们参加政治活动呢？”

孙中山不加思索地回答说：“这有什么不可以！我们从来对事不对人。我们国家的人才不是太多了，而是太少了。只要他们确实改变了过去的主张，愿意把自己的聪明才智贡献给年轻的民主共和国，无论他们从前属于何党何派，我们一概欢迎。”

关于召集国会后成立正式政府的问题，孙中山表示本人决不竞选正式总统，并且代表黄兴放弃竞选。又保证同盟会改组后改名的国民党，一定以全力支持袁世凯当选正式总统。

说到这里，袁世凯“霍”地站起身来，激动地说：“你所谈的一切事情，样样都对，都非常之对，我都赞成，非常赞成。只有这件事情我不赞成，非常之不赞成。我以衰朽之年，勉强出来支撑危局。现在无论外交、军事、财政诸端，存在的问题实在太多了，太多了。将来选举正式总统，只有像你这样年富力强而又才高志大的人，才能当之无愧。我怎么成！我怎么成！”

孙中山淡然一笑说：“我们不但今天要你担任正式总统，而且将来还要你连任下去，保证十年之内不换总统！”

袁世凯吃惊地说：“孙先生，你这不是越说越远了吗？我只能勉强维持到国会选举正式总统的一天。到了那个时候，我请求你放我回到洹上村去，做个太平盛世的老百姓。”

孙中山开诚布公地说：“我们建立一个新国家，不能设想没有一段艰难困苦的过程。但是，只要全国人民团结一致，发愤图强，自强不息，无论什么困难都不是不可以克服的。我们请你担任十年总统，正是加强个人责任，保证你对一切事情都能放手去做。你不必气馁，如果遇到困难，我们愿意帮助你去克服，而且，全国四万万同胞也将共同努力，不会把困难搁在一个人的肩头的。”

袁世凯听了这番话，内心似乎受到深深的感动，脸上闪耀着兴奋的红光。稍停一下，他又抓耳挠腮地说：“我说不过你，你真是太会说话了，道理太多了。不过，这岂不是居我于炉火之上，而你自己落得个逍遥自在之身？”

孙中山严肃地说：“这却不然。我们可以分工合作。我有许多事情要做，我认为当前最重要的工作，第一件是训练军队以抵抗外国人的侵略，第二件是开辟交通以发展国民经济。我们不妨制定一个宏远的规划，十年之内，你练成精兵一百万，我造好铁路二十万里。”

听到这里，袁世凯兴奋得无以复加，站起身来振臂高呼：

“孙中山先生万岁！”

孙中山也站起身来回答：“袁大总统万岁！”

当天晚上，孙中山打电报给黄兴说：“弟到京后，与项城接谈两次。关于实业各节，彼亦向有计划，大致不甚相远。至国防、外交，相见略同。以弟所见，项城实陷于可悲之境遇，而绝无可疑之余地。张振武一案，实迫于黎之急电，非将顺其意，无以副黎之望。弟到此以来，大消北方意见。兄当速来，则南方风潮亦可平息，统一当有圆满之结果。”

68

孙中山主张将政权全部让与袁世凯，同盟会退为在野党，这个意见受到了大多数同盟会会员的反对。他们认为，同盟会出生入死打下来的天下，不能让别人坐享其成。现在同盟会在参议院中仍为多数派，南方各省的军政大权也大多在同盟会的手中，将来成立国会，并由国会产生正式政府，同盟会一定可以稳操胜券，前途大有可为。

宋教仁尤其反对同盟会退为在野党，主张同盟会应当加强组织，积极布置，进为在朝党。

南京临时政府成立以后，孙中山曾任命宋教仁为法制局局长。宋教仁以极大的精力和热情投身于法制建设工作，把他对民主共和的希望、设想全部融汇进他起草的一条条法律条文之中。临时政府一系列符合人民利益的政策法令颁布了，命令各省官厅焚毁刑具，停止刑讯；取消清朝法律中对各类“贱民”的歧视条令，保护华侨，禁止买卖人口，废除奴婢卖身契约和主奴名分；剪辫、禁止缠足，以及保护和鼓励发展工商业、文化教育等等。

唐绍仪组阁后，宋教仁被任命为民国第一任农林总长。宋教仁得知以后，立即打电报给唐绍仪，认为“农林非所素习，断难胜任”，以示推辞。他表示愿意出使日本，寻求国际对民国的承认，事毕即回国，尽瘁党务。

唐绍仪却一再挽留他，他最后只好接受农林总长这个职务。

4月20日，宋教仁来到北京上任。虽然留日期间学习的是政治、法律，任农林总长并非自愿，但农业、林业关系国家命运、百姓生活。宋教仁上任以后还是尽心竭力，努力工作。他调集资料，拟订整顿、发展国家农林的各种计划和措施。针对中国土地荒废不少的国情，他主张首先要由政府制定法律，奖励农民开垦经营；提倡植树，在森林茂盛地区设立农林局，将森林经营收归国有；采用新式技术，兴修水利工程，除害兴利。他认为中国农民多半缺乏经营的财力和专业知识，主张设立专门机构，为农民提供贷款；同时设立农业学校，试验场，提高农民的专业知识。他还主持拟定了边境开垦、移民、植林的各种法律草案，并在国务会议上正式提出。

宋教仁上任不久就到农林部所属的农事试验场视察。农事试验场在北京的西直门外，也就是今天北京动物园一带，清朝称“三贝子公园”，建于1907年。当时仿照西方国家博物院的形式，一部分为动物园，一部分为植物园。动物园中有各种珍禽猛兽、动物标本陈列室。植物园有花圃及各种农作物试验区。宋教仁喜欢这里的恬静和乡村景致，就住进了试验场，同时命人将园内打扫清理，对外开放，使之成为中国第一个国家公园。

宋教仁在这里屁股还没坐热，总理唐绍仪就被逼辞职，他本来就不乐意当农林总长，当然毅然辞职。

离开了政府，宋教仁就专心投入党务活动。他不赞成同盟会退为在野党，认为改革中国政治的首要之处，就是实行民主宪政，推行政党政治。他的具体政见归纳起来有两点：一是在组织上提出“毁党造党”的建议。他认为同盟会是革命时期组织武装暴动的革命团体，今后进入国家建设时期，原有组织不能适应形势发展的需要，主张以同盟会为基础，广泛吸收各党各派参加，使之成为一个新型大政党，积极展开国会的竞选活动。二是在政治上提出“政党内阁”的主张。他认为同盟会在未来的国会中取得第一党的地位后，根据民主制的精神，应当出来组织政党内阁。皇帝推翻了，革命党人可以告别革命，但不能告别政治。要通过法制建设，来优化政治建设。

宋教仁太天真了，他认为法律神圣，国会万能。他一方面要维持同盟会与袁世凯的合作关系，一方面又要以法治精神限制袁世凯的个人权力；一方面主张在军事上放弃对袁世凯的斗争，一方面又要在政治上取得控制一切的权力。他天真地认为，军队不过是政权的附属物，只要把政权拿到手里，就可以指挥军队，使一切野心家都不能跳出他们的手掌心。

对于袁世凯之所以敢于以武力威胁参议院，宋教仁认为是因为目前的参议院不过是一个过渡性的机关，而国会成立后，袁世凯就不敢再用这种手段来对付由全国人民选举而产生的正式代表机关，否则他将成为民国的叛徒，而叛徒是任何人所不敢为的。

宋教仁此时的理论，大受同盟会员的欢迎。他的主张成了同盟会绝大多数会员的共同要求，他也立即成了同盟会中最有号召力的领导人物。

宋教仁影响大增，袁世凯是又恨又怕，他令内务总长赵秉钧去拉拢宋教仁。

一天晚上，赵秉钧请宋教仁赴宴，席间，他对宋教仁说："像遯初兄这样一位交游广阔的人，怎么能够缺少交际费呢？总统知道你手中不宽裕，叫我送给你一本银行支票簿，你随时可以支款应用，数目不拘多少。"

宋教仁默默地收下。

三天后，宋教仁进入总统府求见袁世凯。

袁世凯当宋教仁是谢恩来了，忙迎上前，满脸堆笑说："我有个远房侄女，年轻貌美而外，琴棋书画无一不通，欲送于先生作内助，不知先生……"

宋教仁未待他说完，说："教仁早已有了妻室，虽然姿色平常，却是内心洁美，与教仁情意相投，堪称知音。古人云，糟糠之妻不下堂，休弃感情深笃的结发之妻，确是于心不忍，大总统一番美意，恕难领受了。"

说着，他从上衣口袋里取出银行支票，放在案几上："教仁过惯了清苦生活，惠赐的支票，留亦无用，且百姓膏脂，不敢随心挥霍，今将原票璧还。"

袁世凯强按住内心恼怒，皮笑肉不笑地说："先生牢记圣贤古训，富贵不淫，可敬可敬。有小事一桩，欲求先生成全，不知肯否？"

"大总统所言何事？"宋教仁不动声色。

这时，侍者端上茶来，袁世凯揭开盖子，吹了吹浮在上面的茶叶，又把茶杯放下，两眼盯着宋教仁："只要宋先生不坚持'政党政治'，我保证举荐先生出任下届内阁总理。"

宋教仁莞尔一笑："何人出任内阁总理，当由议会选举，并非总统点定。"

说完，起身鞠躬告退。

宋教仁的"毁党造党"工作进展得很快。不久，他就与以谷钟秀和吴景濂为首的"统一共和党"，以伍廷芳为会长的"国民共进会"，以岑春煊和伍廷芳为总理的"国民公党"以及董之云等所组织的"共和实进会"达成协议，它们四个小党与同盟会合并，成立一个大政党，取消同盟会的名义，改称"国民党"，只等孙中山一到，就将新招牌挂出，并进行上层领导的改选工作。

宋教仁的主张，曾得到孙中山、黄兴的同意。孙中山、黄兴曾于8月13日在上海致电国内外同盟会支部，通告同盟会改组为国民党。

1912年8月25日下午，也就是孙中山到北京的第二天，国民党在虎坊桥湖广会馆召开成立大会。张继为临时主席，首先报告五党合并的经过。

突然，有一群女子闯了进来。她们是湖南唐群英、王昌国，浙江沈佩贞，江西吴木兰等一批女革命党。她们冲上主席台指着宋教仁的鼻子问："同盟会改组成国民党后，原党纲中'男女平等'的条文为什么不见了？"

这一条纲领，宋教仁原拟是要保留的，但并入国民党的一些官僚政客却不同意，他们都是反对男女平等和女子参政的。因而，宋教仁把这一条改为"人民权利义务相等"。

见一群女子诘问，宋教仁只好闪烁其词道："男女同属人民，条文非常明确，如果另列专条，倒反而失去男女真正平等的意义了。"

沈佩贞对宋教仁的解释极为不满，上前抓住他的短发，抡起玉掌，左一下，右一下，打得"啪！""啪！"脆响。

整个会场为之哗然。宋教仁很纳闷，自己一向真诚对待革命、对待众人，但老是吃耳光。为什么受伤的老是自己？

其实，国民党虽是同盟会的后身，但在许多方面有所不同。

首先是名称的改变。这个问题曾经引起不少老同盟会会员的反对。他们认为，同盟会是多年来领导民主革命的一面旗帜，而在革命成功以后，这面旗帜忽然不见，何以对死者而慰生者？但是各小党都不同意保留这个名称，因为保留这个名称，就意味着各小党被同盟会吞并，而别立名称，则意味着各小党以平等地位跟同盟会一道组成一个新党。

其次是组织上的改变。同盟会采取的是总理制，而国民党采取的是理事制。为什么要改变组织呢？据说共和党采取的是理事制，国民党也应与之相适应。实际上，这是以合议制代替了一长制，削弱了孙中山的领导权。

再次就是政治纲领的改变。除"男女平等"条文改变外，国民党还取消了同盟会所规定的平均地权、土地国有的纲领，而代之以"注意民生政策"的抽象条文。孙中山所制定的革命方略，将民主革命分为三个步骤，即由军政时期、训政时期进入宪政时期。这个方略也被抛弃了。因为同盟会的政治纲领和孙中山所制定的革命方略，都不适合一般官僚政客的口味，他们坚决主张保护私有财产，反对土地国有，对于一党训政也不赞成。为了迁就他们的意见，也不得不把调门放低些。

会场上秩序大乱，有人提议国民党政纲中补入"男女平等"一条。

张继问唐群英等，"你们看这样行不行？"

"行。"她们齐声说："不过，我们也要参加表决。"

张继说："可以。"

接着进行表决，请赞成者举手。结果，男人举手的极少，未被通过。

唐群英等人气得直掉泪。

张继宣布："发选票，选举理事、参议。"

投票后，军乐大作。

3时许，孙中山来到会场，与会人员全体脱帽起立致敬。

孙中山走上台，向全体与会者鞠躬后发表演说："五党合并，从此成一伟大政党，或处于行政地位，或处于监督地位，总以国利民福为前提，则我中华民国将可日进富强。故兄弟于五党合并，有无穷之希望。""同盟会素所主张者有三主义，一民族主义，二民权主义，三民生主义。今民族、民权已达目的，唯民生问题尚待解决。"关于男女平等问题，他说："男女平权本同盟会之党纲。此次欲组织坚强之大政党，既据五大党之政见，以此条可置缓图，则吾人以国家为前提，自不得不暂从多数取决。然苟能将共和巩固完全，男女自有平权之一日。"

最后，大会选出孙中山、黄兴、宋教仁、王宠惠等九人为理事，张继、胡汉民、唐绍仪、谭延闿、柏文蔚等二十九人为参议。上海、汉口设交通部，上海交通部执行部长为居正，评议部长邓家彦，陈其美为名誉总干事。

后来，理事会又推举孙中山为理事长。不久，孙中山赴日，便委宋教仁代理理事长。

会后，孙中山在湖广会馆的茶室中与宋教仁、张继等人饮茶闲话。

张继说："我们原先都估计，先生这次是不会到北京来的。"

孙中山和颜悦色地说："为什么会不来呢？"

一旁的田桐接话说："张振武刚被袁世凯杀害，许多革命同志都认为袁世凯是诛戮革命功臣，十分愤慨。克公、英公在上海，还都发表抗议言论。所以，我们估计您不会来北京和袁世凯会谈的。"

孙中山听了，微微一笑，继而严肃地说道："本来从上海起身时，我是准备就这件事责问袁项城的，但在天津，我看见报上的诸多通电，我的主意又改变了。在这件事上，不便责备袁项城了。张振武首义有功，这一点我们将永远纪念他。可是，从黎黄陂公布的他的十多条罪状来看，证据都是确凿的，应当说，他被杀是罪有应得。我们组织革命党，决不是为了官官相卫，结党营私，图谋私利。即使是对革命有大功的人，也不能因此就要求有不受法律制约的特权。他贪污公款，强纳女学生为妾,持枪横行,扰害百姓,不严惩又怎么办呢?这件事,我们不必再耿耿于心间了。”

大家听了,都默默地点头。田桐却说:“先生的胸怀是博大、坦荡的,不过,与袁世凯这种阴险狠毒的人交往,要万分小心才是。我们办的《国民新闻》上,发表了一些指斥时政阙失的稿子,对他杀害张振武进行抨击,他就先拿十万元的银行支票来收买。我拒绝了他,他竟派人来暗杀,夜里子弹打在我的床头横木上,差点要了我的命。我们这样的无名小辈,他尚且不肯放过,先生这样声名卓著的人,他能不忌恨?您还是小心为妙。”

孙中山点点头说:“谢谢你的提醒。不过,我是为了巩固共和、发展民生而来争取他的,个人安危,早已置之度外。我以诚意待他,他如仍以阴谋待我,全国人民是不会答应他的。”

宋教仁说:“是这样的。皇帝推翻了,我们革命党人主动裁撤军队,告别革命。为的就是一心一意实行宪改。全国百姓都会看到我们的诚意和努力。袁世凯搞阴谋,不会有人支持。”

田桐想说:“你们太理想化了。”不过,话到嘴边,他又没说。

第三十二章
血 案

69

黄兴和陈其美也来到了北京。他们是接到孙中山的催促电后，于9月5日与李书城、张孝准、何成浚一道乘“铭新”轮北上的。9月11日，在北京政府特派专使宋教仁等人迎迓下，黄兴、陈其美自天津乘专车到达北京。北京城再一次轰动起来，人们像欢迎孙中山一起，欢迎这两位革命英雄。

第二天，孙中山、黄兴和陈其美由前清文华殿大学士兼军机大臣清室内务府总管世续陪同，游览清内宫及颐和园。晚7时，载沣奉前清隆裕太后之命，在金鱼胡同那桐宅第举行欢迎孙中山、黄兴、陈其美的宴会。载沣因病未能出席，由贝子溥伦代表主持，皇族百余人参加。

此后，黄兴、陈其美又随孙中山一道，接连出席了北京报界欢迎会、蒙藏统一政治改良会欢迎会、北京女界欢迎会、共和党游园欢迎会、社会党欢迎会、共和联合会欢迎会、北京民主党欢迎会、北京青年会欢迎会、北京军警联合欢迎会等各种欢迎会和宴会。他们每到一处必发表演说，宣传民主共和。陈其美伶俐的口齿，令京城各界大加赞誉。

9月15日，国民党本部在虎坊路湖广会馆召开欢迎孙中山、黄兴、陈其美、贡桑诺尔布（内蒙古喀拉沁部亲王，原君主立宪会副会长，后入国民党被选为理事）大会，到会者数千人。会场不能容纳，很多人立于场外。

孙中山首先致词，接着陈其美发表演说：“兄弟在上海时，闻同盟会合各党成为国民党，曩时多数分离之小党，今日合而为完全统一之大党，当此国家建设未备，政治机关未发达之际，所赖以提携政治上之进步者，其希望全在乎政党，且亦建国家唯一无二之方法。兄弟曾为同盟会一分子，今又为国民党一分子，今日又藉政党之集会，而与诸位同党相见，欢迎不敢当，不过以表相见之感情而已。现在国家前途最要者联络五族之感情，巩固政党之根基。政党可以扩张，可以巩固，即国家权力可以扩张，可以巩固，其所以集政党即所以造国家也，但是政中最重要之点，在于党德。

“人无道德，即无人格，党无道德，即不党，国无道德，即不国，盖道德之重要，有如此。然党德从何处发表，则又观乎时势为转移。从前同盟会之党德，全在破坏而救同胞，嗣后同盟会之党德在建设，建设一党不足以集事，乃联合他党以集联合党以合成国民党，同负建设之责任，同负巩固国家根基之责任。国家根基巩固，五族感情联络，即是本党之幸，即是国家前途之幸。

“兄弟在上海时，常与友人谈及中国革命，不特救中国，并且救世界。何以谓之救世界？盖中国革命之作用，在以破坏之手段，求和平之幸福，破坏而后永不再讲决裂，唯求永远和平。中国自己永远和平，世界上亦无战争发现，世界亦可以永远和平。不然中国有战争发现，世界亦不能和平，故救中国即救世界。兄弟以此语对外国朋友说，外国朋友亦以此为然。既以为然，就是赞同和平，就是同施辅助，而国民所以讲和平之方法，亦就在组织完全之大政党。政党之内第一要意见相同，不可因小事而起误会，一德一心以维持国家前途，则不独本党之幸福，亦世界之幸福也。

“黄先生顷谓内忧外患非常紧急，贡桑先生顷谓蒙古并非反对共和，实在不知共和幸福，愿担疏通之责任。凡此设想疏通之方法，消除内忧外患之筹备，第一要五族之感情联络，国家之根基巩固，然后始能得共和之精神，享共和之幸福，民国国民切无误会，蒙古不可以联络，内忧外患之困难不能一时解决。总之无论用如何之方法，如何之手续，总要和平解决，不可再起争端，以扰乱和平。兄弟是极端主张和平之人，以为破坏而后建设未完，万不可再因蒙古之故，启猜疑不决之嫌，而复施破坏手段。”

9月17日，黄兴、陈其美、宋教仁、谭人凤等和北京各界一道赴北京站，欢送孙中山赴山西视察。

返回时，黄兴、陈其美、谭人凤都随宋教仁到他的寓所畅观楼歇息。此时，附近的万牲园四烈士墓已经竣工，宋教仁便带了他们到墓地去凭吊。

这里埋葬的四烈士就是今年1月16日在丁字街口酒楼上刺杀袁世凯未遂的杨禹昌、黄之萌、张先培和1月26日在红罗厂刺杀良弼而牺牲的彭家珍。这墓是宋教仁任农林总长时发起筹建的，他和同志们在荒草丛中找到了四烈士的遗骸，凑钱在这里买了一块墓地，将烈士的忠骨埋在这里，并且请四川同盟会员陈尧祖撰写了一篇《万牲园四烈士营葬记》，镌刻在石碑上，作为对亡友们的纪念。

望着烈士们的累累孤坟，谭人凤心中极其难受。这位老同盟会员由四烈士又想到了张振武，他忿忿地说："袁世凯赶走了唐绍仪，杀了张振武，狼子野心，暴露无疑，而中山君以本党领袖身份，竟无一点抗议言行，反而仆仆前来，与袁世凯握手言欢，对他赞扬备至，还当面许他连任十年总统，这样，革命功臣岂不要全部被杀？我们还有何面目见先烈于地下？全党同志又怎能不为之心灰意冷？"

黄兴、陈其美、宋教仁听了，都默默地没有作声。停了好一会，陈其美才望着谭人凤说："石屏兄的心情，我等都有。只是中山先生以天下为公、大公无私为己任，有些盟员不争气，姿意妄为，他不愿曲意回护。"

"是的。"黄兴说，"我党实力太弱，而党中的很多人又各行其是，令不能行，禁不能止，国家的很多问题我们也无力解决。目下的中国，最有实力的是袁世凯，因而参议院才一致推选袁世凯为总统。孙先生此次北来，委曲求全，完全是以国家民族人民的利益为重的。对于他，我党同志应当多理解，多支持。"

谭人凤听了他们的一番劝解，才没再说话。

傍晚，代总理兼内务总长赵秉钧送来请贴，请黄兴和陈其美到他家里赴宴。因北京秋天昼夜温差变化大，黄兴有些感冒，不便外出，陈其美便单独赴宴。

赵秉钧的府第是一个独立的四合院，从外面看也是灰墙灰瓦，除大门异常气派外，其他与普通人家的宅院无多大区别，但进入其中，陈其美才觉得别有洞天，豪华和雅致，诉说不尽。

参加晚宴的人很少，酒菜异常丰盛。赵秉钧在筵席上告诉陈其美，袁大总统的意思，只要他脱离国民党，愿意跟随袁世凯，就可以让他任内务总长，而且还可以让他有花不完的钱。赵秉钧说话间递上一本支票说："这个你先拿着，是兄弟给你的见面礼，与大总统无关，来不来北京，你都可以随便用。"

陈其美接过支票簿看了看，又递给了赵秉钧。这时，他忽然觉得一阵晕眩，便趴在桌子上睡去了。

不知什么时候，陈其美醒来了。他觉得脑袋发胀，眼睛难以睁开；身体内火烧火燎的，口渴得厉害。房间里的灯光很朦胧，一切都显得十分柔和。他静静地躺着，思索了半天才明白，自己是在赵秉钧家喝醉酒了。他不由得一惊："这是什么地方？"他翻身坐起，才发现自己竟赤身裸体。此时，他才看清，自己睡在一张大床上，被褥间散发着淡淡的馨香，一切都显得温暖而温柔。

"您醒啦！"

陈其美不由浑身一激灵，他转过头，只见床里边还躺着一个女子。

这是一个绝色女子。她躺在那，赤裸的身子微微侧向他，只有肚脐眼下面那一块，用一被角轻轻搭住。陈其美匆匆扫了一眼，忙把目光转开，他的血液仿佛燃烧起来，嗓子眼里烽烟滚滚！

"您要喝水吗？"

陈其美拿不准要不要和她说话，而口又的确渴得厉害，便点点头。

那女子翻过身，从他的身上爬过，温柔绵软的手掌似乎是不经意地撑在了他的脸上，他顿觉呼吸急促。她长长的秀发垂下来，拂尘一般撩过他的胸、他的眼睛、他的嘴唇，发出玫瑰一般的气息，他不由地伸出一只手，张开五指，想梳理一下这美丽的长发。她的脸已转向外面，长发在他的指间流水一般滑过一段，随着她的纵身一跳，那温柔的感觉从他的指间顿然消失。

女子下到床下，陈其美才发现她的身材很高，婷婷的样子如同京城街边的白杨树。她的头发更长了，从上面垂下来，一直垂过大腿，快近小腿肚子了。随着走动，她那白腻、丰满、圆润的屁股在秀发丛中时起时伏、若隐若现。

女子很快倒了水端转回身。她用手从肩后一撩，那长长的秀发"刷"的一下全移到了她的胸前，如同一条长长的帘幕遮住了她的前身。她双手捧着水杯，袅袅前行，挺拔的双乳在秀发丛中一抖一抖的，如一对乖巧而好动的白鸽，那对小而红润的乳头在黑发丛中探头探脑的，如两颗春笋，时时期待着破土而出。

"陈先生，请喝水。"

她的声音甜美异常。陈其美坐起身，用被褥盖住自己的下身，接过水说："谢谢。"这时，他才仔细看她的脸，她的脸庞洁白，脸如一张鸭蛋，一双大眼睛比秋水还要澄澈，细长的眉毛，长长的睫毛使她整个面孔温柔而妩媚。丰满的朱唇微起时，满口的银牙珠贝般莹洁。他觉得，此人似曾相识。

"你是谁？"喝完水，陈其美觉得心中平静了一些，问，"我为什么会睡在这里？"

女子放好水杯，又爬上床来。她想掀开被子钻进陈其美的被子中，陈其美却紧紧抓住被头不让她进来。她只好从被子上爬过，满脸不快地坐在了床里边。

"难道你不知道这是赵大人的府邸？昨晚你喝醉了，赵大人用专车请我来陪伴你的。你还能不明白我是什么人？"

陈其美顿时明白，眼前的这个人，一定是京城的某一位名妓，被赵秉钧请来收买自己的。

外界人都纷传他是"杨梅都督"，喜欢嫖娼宿妓，但他自己却一向严格要求自己，在妓院设联络点、吃花酒，表面上纵情声色，那是特殊年代为了保护自己而采取的迷惑敌人的手段。他却从不与妓女发生关系，他觉得，那很肮脏。当然，他有红颜知己，以前是黄雪鸿，现在是戚志锐，他也不反对一夫多妻，也不反对纳妾，但这些和嫖娼宿妓有着本质的区别。他从未想到过，自己会和一个妓女赤身裸体地睡在一张床上。可以说,在他的内心深处,是鄙视和厌恶妓女的,但是,今夜面对如此美丽的妓女,他内心深处涌起的却全是怜香惜玉之情。不过,他努力克制着自己,他不能上赵秉钧的钩。

陈其美往床下看了看, 发现自己的衣服全放在对面的几案上,忙起身走过去,迅速穿上了自己的内衣,接着,他又把旁边的女子的内衣拿过,扔到床上:“你把衣服穿上。”

那女子拿过衣服,哀怨地看了陈其美一眼,默默地穿起衣服。朦胧灯光中,他发现那女子脸上泪光点点。

“你怎么啦?”陈其美关切地问。

那女子突然哭出声来,喃喃地说:“我知道我是一个卑贱的青楼女子,但我并不是那种谁给钱我就跟谁上床的贱人。先生是沪军都督,底定东南的英雄,我仰慕已久,是真心想陪侍先生的。我敬佩先生,也自信能获得先生的欢心,所以他们让我在茶水里下药,我没做。”

“什么药?”陈其美不由一惊。

“金刚催春散。很多达官贵人上青楼后都吃, 吃了以后都如狼似虎。”她从床头上拿过一个纸包,递给了陈其美。

陈其美接过纸包打开,见里面有几十粒黑色的丸子。他放下纸包,又坐回床上,握着她的手说:“谢谢!”

那女子抽回手,冷冷地说:“你当心我玷污了你的身子。我是卑贱,但我也有我的人格,不是这吃人的社会所迫,我怎么会这样呢?我渴望陪伴英雄,渴望有美好的生活。”

说着,她哭得更厉害了。

“不,你不要这样,我丝毫也没有看不起你的意思。”

“那么,你是嫌我丑陋?”

“怎么可能呢?你是我见到过的最美丽的女人。如果不是在这里,说什么我也不会忍住的。”

她浑身颤动着说:“这里怎么啦?你害怕别人知道, 有损于你的名声?”

“不,我从不惧怕谣言。在上海,有很多人叫我‘杨梅都督’。我是不愿意上他们的钩,也不愿意让他们看见猎物跳进陷阱而洋洋得意。我要让他们看看，无论他们使用多么卑鄙的伎俩，都改变不了我陈其美坚定的志向。”

那女子摇摇头说：“晚啦。你已经上钩了。一个男人和一个女人赤身裸体一起睡大半夜，你就是同时有十万张嘴也分辩不清啊！”

“我已说过，我从不惧怕谣言。但是，我对我自己的操守和品格负责！”

陈其美的言行，深深地打动了这位青楼女子。她抬起泪痕斑斑的脸，深情地说：“先生真是一条铮铮铁骨的汉子！我赞叹你的高洁，我将向世人证明你的高洁！”说着她站起身，要下床。

“等等！”

“你叫什么名字？”

“你没有必要知道我的名字啦。你只要记住北京八大胡同有这么一位青楼女子就行啦。”

“不，我一定要知道你的名字，不然，我会终身遗憾的。”

“这个夜晚本来就是遗憾的夜晚。”

“这个夜晚充满了美丽的遗憾。请告诉我你的芳名？”

“你记住，我叫白雪儿，来自广州城。”停了一下，“其实，我在广州，本来已经从良了。因为你，又什么都没有了。”说到这里，女子泪雨纷纷。

陈其美一下子想起被他除掉的叛徒王镜水，心里一痛，仿佛被眼镜蛇咬了一下。“那样的男人……将来能让你……”

白雪儿擦掉泪，摇摇头：“我不管他是什么人，我只知道他对我好。”她盯着陈其美，“你是英雄，但碰都不碰我一下，对我有什么用？”她叹息一声，“这个世界，好男人太多了，可他们都不属于我。而王镜水，他是我的男人！”

白雪儿猛地上前抱住陈其美，在他的脸颊上吻了一下，飞身而去。陈其美一怔，想起了王镜水被椰子砸死时的抽搐状，心里不由一阵寒颤。革命，对于寻常百姓，到底有没有意义？

第二天，当赵秉钧安排在卧室窗下轮番偷听的密探，向赵秉钧报告夜里情况时，赵秉钧万分惊叹。他忙去把这一情形告诉了袁世凯。袁世凯说："此人和宋教仁是一流货色，把他碾成粉末可能都阴魂不散！"

70

国民党成立前，袁世凯已将同盟会以外的一些小政党拼凑起来组成了共和党，用以抵制同盟会。此时，他看见同盟会吸收四小党扩大为国民党，声势比以前更大，共和党望尘莫及，不免暗暗吃惊。他知道，将来国会选举告成，国民党在国会中取得第一大政党的地位，不仅足以影响总统的权力，而且对他竞选正式总统也有所不利。因此，他除竭力拉拢黎元洪外，又于这年9月以商谈国是为名，叫王赓再召章太炎入京，任其为东北筹边使，给以开办费一万元，每月支薪三千元，以资笼络。

到了10月，袁世凯又电召梁启超回国，叫他把"共和建设讨论会""共和统一党"合并起来，并吸收立宪派分子分别组织的"共和俱进会""共和促进会""国民新政社"，组成了民主党。这是袁世凯用来抵制国民党的又一个御用党。

开始，临时参议院是民国过渡时期的立法机关，《临时约法》是过渡时期的宪法。《临时约法》规定："临时总统应于就职后十个月内，根据临时参议院所制定的国会选举法，公布命令，进行国会选举。国会成立后，应即选举总统成立正式政府，并制定国家宪法以代《临时约法》。临时参议院已于1912年1月5日议决国会采取两院制。8月10日，临时总统袁世凯公布了临时参议院所制定的国会组织法和参议院、众议院两院议员选举办法。

孙中山、黄兴、陈其美等人离开北京后，国会选举就紧锣密鼓地开始了。

在选举国会的日子里，大批时髦政客涌现在街头。他们头戴博士帽，手拿司的克，满面春风地在公共场所发表竞选演说，吹嘘他们如何了不起，如何热心替老百姓办事，讲得天花乱坠。他们的口中经常吐露着平等、自由、博爱之类的新名词，这些都是老百姓前所未闻的新鲜玩意儿。同一时期，全国各地茶楼酒馆的生意也突然地兴隆起来了，做东道主的都是那些神气十足的竞选人，而吃白食的都是替他们"抬轿子"

的绅士之流的人物。

1912年12月,全国各省、地区的国会参议员和众议员选举结束。参议员每省选10人,众议员每80万人选一人。由于宋教仁等人的不懈努力,国民党在各地积极展开竞选活动,结果国民党在众议院596席中占了269席,在参议院274席中占了123席,即使把跨党分子除外,也超过了共和党、民主党、统一党三个党的当选人的总和。

果然不出宋教仁所料,国民党成了国会中的第一大政党。

国民党在竞选中取得如此重大的胜利,主要是由于它的前身同盟会有革命党之称,现在革命成功了,加入革命党就有升官发财的机会,因此各省的头面人物包括政学绅商各界,纷纷加入国民党。国民党所控制的省区相当广大,其政治影响也远远超过其他各小党。

此外,宋教仁亲自巡视南方各省,主持国民党的竞选工作,他由北京到上海,又由上海到南京、安庆、汉口、长沙等地,到处指授机宜,不断发表演说,也起了相当大的作用。

宋教仁得知国会选举揭晓的消息时,正在湖南桃源故乡渡岁。听到消息后,兴奋异常,立即决定登程赶赴上海。一路上,他的心中始终洋溢着"即从巴峡穿巫峡,便下襄阳向洛阳"的欣喜之情。他不断发表演说,抨击北京政府无能,宣传自己的政治主张,各地报纸竞相转载。

按照政党组阁的原则,应由议会中多数党组成内阁。因此,宋教仁一时成为全国极为瞩目的人物,人们都认定:宋教仁一定会出任总理,执政组阁。

当宋教仁及国民党的一般人沉浸在胜利的喜悦之中时,袁大总统却感到后背一阵阵发凉,总理赵秉钧觉得威胁就在头顶。于是,首先由袁系的报纸刊出"某当局之时事谈"、"匿名氏驳词",对宋教仁的演说词横加责难、漫骂诋毁。

宋教仁毫无惧色,先后在《民立报》发表了"驳某当局者"、"答匿名氏驳词",针锋相对,纵论时政。并经与黄兴、陈其美等商议之后,口述了《国民党大政见》,全面系统地论述了国民党对国家政体、政府组织和当前时局的政策主张,准备以国民党议员在国会中的优势地位,制定出真正的共和宪法,产生纯粹的政党内阁,并明确提出三条政纲:一是拥护南北统一；二是实行政党政治；三是与袁世凯继续合作。

为了保证袁世凯当选正式总统，孙中山、黄兴二人发表通电，表示坚决放弃正式总统的竞选。

第一届正式国会定于4月8日在北京开幕。袁世凯几次打电报给宋教仁，邀请他北上“共商国是”。宋教仁决定，3月20日由上海乘晚11时快车前往南京，然后转津浦线北上。

连日来，上海已纷纷谣传有人要阴谋加害于宋教仁。许多人劝阻他暂时不要北上。陈其美说：“北方旧势力十分猖獗。听说很多人都忌恨你，想害你。你应该早作戒备，我从上海为你找几个保镖吧。”

宋教仁听后坦然一笑，摇摇头说：“不用了。我们是革命党，何必学那些封建官僚的作法与派头？我一生光明磊落，与别人无夙怨，无私仇，别人不会随意害我的，现在是光天化日下的政治竞争，怎么能容忍暗杀这种卑劣的手段呢？我想，这可能是异党和官僚中放出的谣言，用来吓退我、动摇我的信心罢了。”

1913年3月20日晚。上海车站。在午夜到来之前正是车站最繁忙和紧张的时候，上下车的旅客熙熙攘攘，不大的上海车站显得有些拥挤。

时令虽已进入春天，但风依旧很寒冷。不知什么时候，外面下起了霏霏细雨，更加重了寒意。

11时开往南京的沪宁快车终于广播，召唤旅客赶快上车，列车就要出发了。车站上的大钟指向了10点45分，检票口只剩下两个检票员。不远处有个小水果摊，小贩不停地向四处张望，偶尔在嗓子眼里挤出一点声响，也听不清他吆喝的什么。

这时，从车站贵宾候车室走出六七个人，有的西装革履，有的则是长袍马褂，一个个气度非凡。他们有说有笑地向检票口走来。其中，走在中间的个子不高，两眼不大但烁烁放光，充满神采，薄薄的嘴唇和刀削一般的下巴给人以善辩能言和坚毅果敢的印象。他就是宋教仁。走在他身边的是前来为他送行的黄兴、廖仲恺等人。

黄兴去年在北京和宋教仁分手后，于10月25日生日这天，取道上海返回湖南故乡。他觉得，革命已经大功告成，虽然袁氏当国，但共和体制毕竟建立,可以功成身退,归隐家山了。到达长沙后,长沙数万市民夹道欢迎,中小学生们手持鲜花,齐声高诵:“凉秋时节黄花黄,大好英雄返故乡。一手缔造共和国,洞庭衡岳生荣光。”面对故乡载歌载舞的赞美,黄兴只是轻轻挥手,淡然一笑。当晚,他在凉塘老宅中写道:“卅九年知四十非,大风歌好不如归。惊人事业随流水,爱我园林想落晖。入夜鱼龙都寂寂,故山猿鹤正依依。苍茫独立无端感,时有清风振我衣。”这首《回湘感怀》传达的是一种淡泊情怀。此时的黄兴真的想归田园居,种豆南山了。

然而,国民党在大选获胜后,陈其美给他连发了三份电报,让他回上海,待国民党组阁后兴办实业。“你可以不做大官,但你不可以不做大事!”陈其美如此说法,黄兴就不能徜徉在田园牧歌中了。年底,他回到了上海,和陈其美探讨办纺织厂等事。宋教仁抵沪后,他们更是朝夕相聚,畅谈未来中国的政治格局,遥想实业迅猛发展后中国再展东方巨人的风采。他们万没有想到,这些仅仅是他们的一厢情愿!

“砰”,一声枪响突然间传来,紧接着又是两声。只见走在中间的宋教仁身子一晃,向前踉跄了几步,一下子趴倒在一张椅子上。

枪声一响,车站顿时大乱。有的人吓得钻到椅子下面,有的拼命向门外跑。逃命的人们被放在地上的行李绊倒,又撞翻了小贩的水果摊。只见一个穿着旧黄军装的人,正踩到了一颗烂苹果上,滑了一跤,连忙又爬起来,慌张地向四处望了一下,夺门而逃,随着混乱的人消失在夜幕之中。

黄兴连忙招呼巡捕捉拿凶手。

于右任正在贵宾休息室与人谈话,听见枪声忙跑出来,只见宋教仁正斜躺在车站铁椅之上,面色苍白,汗珠盈额,惨然说道:“我中枪了!”

廖仲恺忙从车站找了一个熟人,借了一辆汽车,大家一起把宋教仁抬到车上,送到附近的沪宁铁路医院治疗。

时已深夜,医生都已下班回家。夜里值班的大夫又刚被一个电话叫去急诊,急救室里只有一位护士小姐。护士小姐看清伤势,进行了紧急处理,然后又打电话叫住在医院附近的德国医生。黄兴等人也分头到医生家中去找人。

宋教仁躺在床上，痛楚万分，冷汗珠从他的额头上一颗一颗往下滚。于右任坐在他的身旁，一边轻轻地握着他的手，一边替他擦头上的汗水，他大张着嘴，说出的话却声音很低，于右任急忙将耳朵贴在他的嘴边，只听他断断续续地低声道：

"我痛极了，恐怕不行了，有三件事要托付于兄。"

"你说吧，我听着呢。"

"一是我所存在南京、北京及东京的书籍，是我的全部遗产，请把他们全部捐给南京图书馆。二是我家中清寒，上有老母，下有妻儿，我死后，请克强和诸位老友为我照料。三是我死后，诸公当勉力向前，勿以我为念而放弃责任心。我为调和南北事，费尽心力，造谣者及一班人民，不知原委，每多误解，但我死而无悔！"

黄兴很快陪着医生来到。

宋教仁立刻被推进手术室。医生解开他被鲜血染红的衣服，看清了子弹从后背射入体内，受伤处离心脏很近。

当子弹取出时，时间已经到了次日零点30分了。陈其美也已得知消息，连夜从家中赶来。

宋教仁刚一清醒，又想到这次乘车北上的责任，请黄兴立即代拟电文连夜发给袁世凯。

黄兴马上找来纸笔，边听他口述，边代拟电稿：

北京。袁大总统鉴：

仁本夜乘沪宁车赴京，敬谒钧座，十时四十五分，在车站突被奸人自背后施枪，弹由腰上部入腹部，势必至死。窃思仁自受教以来，即束身自爱，虽寡过之未获，从未结怨于私人。清政不良，起任改革，亦重人道，守公理，不敢有一毫权利之见存。今国基未固，民福不增，遽尔撒手，死有余恨。伏冀大总统开诚心，布公道，竭力保障民权，俾国家得确定不拔之宪法，则虽死之日，犹生之年。临死哀言，尚祈鉴纳。宋教仁。

发电后,宋教仁才服用安眠药,渐渐睡去。忙碌了一夜的黄兴、于右任、陈其美等也回家休息。

医院里,宋教仁手术以后,伤势依然没有好转,而且不断呕吐,大小便出血严重。医生被迫进行第二次手术,21日下午,宋教仁再次被送进手术室。为防止意外,于右任亲自在手术室内监视手术进行。

一群新闻记者一直坚持在门外等待了一小时五十分钟,终于看见医生从手术室出来了。他们一拥而上,将医生围在中间。

“先生们,请安静。”医生一边擦去头上的汗水,一边说:“手术的情况是这样的:此次手术,在腰腹之间开了一个六寸长的刀口,仔细检查了大肠,发现大肠有一处被枪弹洞破,故肠中之饮食溢出于肠外,此其痛楚之原因。其肠外之血亦有随破裂口浸入肠内,此为大小便出血之原因。这次手述已将肠中破洞之处修补,血块洗去。”

说到这里,医生停顿了一下,似乎想找一个合适的词。

“您对宋先生生命安全是否有把握?”一个记者紧追着问。

“我们已经作了一切努力。其余的……”医生耸了耸肩膀,“要看上帝的安排。”

22日凌晨3时左右,宋教仁的体温渐渐下降,手脚发凉,心跳微弱,呼吸急促。黄兴、陈其美、于右任等闻讯赶到医院时,宋教仁已无力说话了。他用眼睛环视着这些曾出生入死患难与共的战友,双手合十,与大家诀别。他的嘴唇颤动着,仿佛有千言万语要表达。

黄兴把头靠近他的脸说:“遯初,你放心去吧!”

周围的人们强忍悲痛,与这位才华横溢、壮志未酬的年轻领袖告别。

1913年3月22日凌晨4时48分,宋教仁停止了呼吸,年仅三十二岁。

黄兴用手将宋教仁仍然直视前方、死而不瞑的双目轻轻合上。人们放声痛哭。

陈其美边哭边用拳头捶打着床沿喊叫道:“此事决不甘心!决不甘心!此仇不报,我誓不为人!”

消息传出后,上海各界民众来医院凭吊者,络绎不绝。第二天,上海各大报纸都在头版刊登了他的遗容。

23日下午,国民党上海交通部举行隆重的移柩仪式。陈其美亲自带人去挑选了一口楠木棺材,将宋教仁的遗体盛殓,由沪宁铁路医院移往法租界的湖南会馆停放。

天空中飘着蒙蒙的雨丝,送殡的队伍被巨大的悲哀笼罩着。他们中有学生、商人、军人,还有日本友人宫琦滔天、朝鲜的革命流亡志士等。青天白日旗、红黄蓝白黑的国旗等旗帜前导,随后是军乐队奏着悲壮的哀乐。遗像,灵位,花圈,沪军士兵,国民党上海交通部成员,依次而行。楠木灵柩安放在扎满花圈的马车上,马车行进在送殡的队伍中。

这支浩浩荡荡的队伍从医院出发,经四川北路、蓬莱路、河南路,绕道福州路,浙江路、松江路等,到三洋泾桥。

在《民立报》社门前,《民立报》全体职员举行路祭。《民立报》社长于右任哭述着宋教仁在《民立报》担任主笔的往事,热泪盈眶,胡须颤抖。他最后说:“朗朗乾坤,偌大民国,却容不得一个敢为百姓争民主,为国家争宪政者,公理何在!今天,我不敢为私交哭,不敢为《民立报》哭,实在是为中华民国的前途而痛哭啊。”

于右任话音未落已泣不成声,闻者无不纷纷落泪。

一路上,又不断有人加入了送殡的队伍。队伍经郑家桥折而向南,直达斜桥湖南会馆灵堂。

灵堂内百烛素彩,挂满了丧联白幔,在哀乐声中,由黄兴、陈其美主祭,数千人肃立致敬,悲哀之气仿佛要压垮上海滩。

第三十三章

缉　凶

71

宋教仁被刺的消息震动了全国。

孙中山当天就从日本拍来了电报:“闻遯初死,极悼。望党人合力查明此事原因,以谋昭雪。”

临时大总统袁世凯也拍来了电报:“宋君竟尔溘逝,曷胜浩叹!目前紧要关键,惟有重悬赏格,迅缉真凶,彻底根究。宋君才识卓越,服务民国,功绩尤多,知与不知,皆为悲痛。所有身后事宜,望即会同钟文耀妥为料理。其治丧费用,应即作正开销,以彰崇报。”

黄兴和陈其美积极与各方面联络,致函公共租界总巡卜罗斯和西探总目安姆斯特朗,悬赏万元,限期破案。

沪宁铁路局认为车站内发生凶杀案,事关路局声誉,因此也出赏金五千元。

江苏都督程德全、民政长应德闳通电全省各地官吏协拿凶手,限期破案。

23 日午后,公共租界巡捕房来了一个人,称有极重要的事报告,非要见巡长不可。站岗的印度巡捕只得入内通报,不一会,那人被带进了巡长卜罗斯的办公室。

来人自报家门说:“鄙人王阿发,今年四十二岁,原籍河南,十年前来上海,开了一爿小店,以销售字画碑帖维持生计。今见悬赏万元缉捕刺杀宋教仁的凶手,但不知这悬赏的一万元是真是假?”

卜罗斯不假思索，神态严肃地说："白纸黑字，写得明明白白，岂能有假！"于是，传来两个书记记录王阿发证词。

一周前，王阿发从一个扬州客人处买进了一幅名画，是扬州八怪之一郑板桥的《竹石图》，当天便送到国民共进会副会长、江苏巡查长应桂馨府中。

王阿发与应桂馨相识是在三年前，那时应桂馨开烟馆和戏园，青洪帮都能说上话，是闸北一带有些名气的地头蛇。王阿发知道这个地头蛇嗜好古玩后，便投其所好，凡得稍有名气的古物，必先送应宅。渐渐两人熟悉起来，阿发受小流氓欺凌时，应桂馨曾几次出面救助。

那一天，应桂馨似乎心境不佳，正独自喝着闷酒。他见王阿发来，忽然盯着他看了半晌，然后笑眯眯地说："阿发，近来生意怎么样？"

阿发不解其意，只是敷衍："托应先生的福，还算可以，今后还望应先生多多关照。"

"那好，我现在有件事，想请你帮帮忙。"

王阿发先是一怔，随即笑逐颜开："应先生的事，只要阿发能办到的，决不推辞。"

"好，爽快。"应桂馨喷着酒气，去床底下摸出一张明信片，剪下上面的照片，送到王阿发手里："有没有胆量把这个人杀了？事成之后，付给酬金一千元，等会儿我把手枪给你。"

一听此言，王阿发心里怦怦乱跳，不知如何回答。

应桂馨紧盯着他说："这是踏破铁鞋无觅处的赚钱机会，扣一下枪机，就得一千元，你一年到头能赚多少？怎么样？阿发？"

王阿发战战兢兢地说："阿发我虽然身高体胖，却生性胆小，平时连杀鸡都不敢看，实在没胆气杀人。再说，我连枪是什么样子都没见过呢，一旦出了差错，更对不住应先生的重托。"

应桂馨虎着脸，像是要发作，忽然仰天大笑："我不过和你开个玩笑，想不到把你吓成这副样子，真是个草包，哈哈哈……"

今天，宋教仁遗柩的场面震动了王阿发，他不由找到报纸，想看详细情形。在刊登有宋教仁被刺消息悬赏缉捕凶手的通告旁边，附有宋教仁的遗照。他左看右看，心想这张照片似曾见过。不一会儿，他突然想起，那天应桂馨给他看的照片，不正是这一张吗？再仔细辨认，一点不差。

去不去捕房报告？王阿发犹豫了一会，他知道应桂馨不好惹。不过，那上万元的悬赏金，还是令他向捕房走去。

听完王阿发的叙述，卜罗斯巡长以极郑重的态度说："王先生，刚才你说的全是事实？诬告是要反坐的。"

"全是事实，无半点虚假，巡长如要当面对证，鄙人随叫随到。"王阿发斩钉截铁地回答，并在谈话记录上按了手印。

这天晚上，夜幕刚刚降临，设在南京路通运公司楼上的国民党上海交通部来了两个操四川口音、学生模样的人，说要会见国民党负责人有秘密报告。交际处主任周南陔立刻将二人请进屋内。其中一个说："我们因为来沪投考，住在四马路鹿鸣旅馆，隔壁房间住着一个衣衫不整、面目凶恶的小个子，自称姓武，名士英，每天都要到我们房里摆龙门阵。他说他先前在云南军队里当过管带，枪法奇好。一天，他向我们借了两块大洋，说要坐车到西门外去，并且说有人要提拔他，让他干大事情，事成之后即可大富贵，借我们的钱以十倍奉还。我们将信将疑地借了两块钱给他，他便高兴地从怀里掏出一张照片，给我们看，他还指着照片上的人说：这个人不好，该杀！又拿出一张名片说：这就是提拔我的上海有名人物。我们当时没有把他的话当真。可第二天报上登载宋先生被刺消息，而且有照片，我们才发现与武士英给我们看的相片，竟是一个人。我们早闻宋先生大名，却不知他长得什么样。看了报纸上的照片，立刻赶来报告。"

周南陔觉得事情太离奇，便急忙问："武士英给你看的那张名片，说是上海有名人物，记得是谁吗？"

两个学生想了半天也想不起来了。其中一个犹犹豫豫地说："那名片上的姓说普通也不普通，说生僻也不生僻，似乎有长长的一撇。"

周南陔不敢怠慢，一面向陈其美报告，一面派人随两个学生到旅馆去盯住武士英。送走了这些人，周南陔等人就猜想这个名片上带长长一撇的姓，煞费了一番苦心，也没猜透。是姓虞、姓唐、姓廖、是廉，还是周、是方？一个个都猜了，还是莫衷一是。

陈其美听到消息后也赶到这里，坐镇指挥。根据"上海有名的人"来看，他觉得姓虞倒很有可能。因为虞洽卿是上海滩有名的大买办资本家，很有势力。可他为什么要杀宋教仁呢？

时间不大，去旅馆的人回来报告：店老板说武士英今天清早就结账走了。

周南陔气得一跺脚："唉！到手的线索又断了！"

可是，去的人却在武士英的房间里找到了一张名片，上面写着"江苏巡查长应桂馨法租界徐家汇路文元坊。"

陈其美这才恍然大悟，那"长长的一撇"原来是个"应"字。他心里百感交集，怎么会是他？他立即来到公共租界向巡长卜罗斯报告，请求立即逮捕嫌疑犯应桂馨。

对于王阿发的报告，卜罗斯正有些将信将疑，见陈其美亲自来，他不再犹豫，决定立即拘捕应桂馨。考虑到应宅在法租界内，便把法租界巡长蓝弗埃请来，会商了周密的行动方案。

午夜 12 时，两位巡长带领众多探捕，包围了应桂馨的住宅，一个中方探捕上前叫门。看门老头披着衣服出来回话："先生下午就去了青和坊，至今没有回来。"

众探捕分兵两路，一路由卜罗斯带领去青和坊，蓝弗埃则带领探捕看守应宅，不准任何人进出。

陈其美的心差不多要碎了。他怎么也没有想到，应桂馨竟干出这种事。自从他卸下沪军都督后，应桂馨与他往来就少了。只有共进会活动时，他们才匆匆见上一面。不久前，他听说应与江苏都督程德全挂上了关系，担任了江苏都督府巡查长，心中倒也高兴。毕竟是自己引导出来的革命者，能平步青云倒也说明他是个人物。谁能料想他竟然把枪口对准了宋教仁呢？

为了进一步摸清应桂馨的底细，在卜罗斯进行行动的同时，陈其美亲自找到了吴佩瑛。吴佩瑛是上海电报局局长，以前常向陈其美提供情报。他让吴佩瑛认真调查一下，宋教仁被刺前夕，应桂馨与北京方面是不是多有电报往来。他已经意料到，案子若真是应桂馨所为，必是受一些要人指使的，而这要人，极有可能是北京方面的。因为宋教仁已对他们构成了威胁。再说,应桂馨是一心想着高官厚禄的人,这一点,只有北京才能够满足他。

卜罗斯带着人来到胡翠云家,胡的仆人说,胡翠云和应桂馨都到迎春坊三弄妓女李桂玉那儿赴宴去了。卜罗斯又带着人立即追到了迎春坊。

迎春坊在湖北路,是上海的“红灯区”,到夜里这一带更是热闹,灯光荧荧,车声辘辘。这一家倚门接客,卖笑逞娇,那一家狎客登门,腾欢喝彩。红灯绿女之影相望,喝酒猜拳之声相闻。十多名中西探捕把迎春坊前后左右围了个水泄不通。

卜罗斯带人进了李桂玉妓院。此时应桂馨正在楼上厢房中饮酒作乐,忽听楼下有人高喊:“应老爷,楼下有人找!”

应桂馨面带酒意,摇摇晃晃走下楼来,“哪位朋友找我?也上楼喝两盅吧。”

话音未落,黑影处的一个探捕忽然上前,只听“咔”的一声,手铐已落在应桂馨的右腕子上。

应桂馨酒意顿时吓没了一半。虽然他有一身武功,但还没待他摆开架子,已经被一拥而上的巡捕连打带拖地押入停在街口的汽车,立即风驰电掣般开往南京路老闸捕房。

应桂馨是抓住了,但仅有人证,物证只有一张名片,不能说明问题。卜罗斯知道应桂馨不同于普通的中国老百姓,如果没有有力的证据,最终不但要将他释放,而且还会使捕房陷于非常被动的地位。关押好应桂馨,卜罗斯又带领探捕,前往应宅搜查证据。

应桂馨的家在小西门外,徐家汇路文元坊北弄二号,三楼三底的房子,装潢华丽,陈设相当阔绰。天已经亮了,只见应宅门外高悬“江苏巡查长公署”“共进会机关部”两块牌子。法租界巡长蓝弗埃就站在那牌子下。

捕探们进门后先将前后守住,一切来往人员只许进不许出,男女宾客、闲杂人等一律分别软禁,女眷在楼上厢房,男人在楼下西厢。布置好以后,便分头搜查。不料在他三上三下的房子里翻箱倒柜,衣橱、文具、抽屉、镜架各处搜了个底朝天,也没有发现关于刺杀宋教仁的片纸只字。

卜罗斯等人急得像热锅上的蚂蚁。

这时,陈其美匆匆赶来了。他对卜罗斯说:“我已了解到,宋先生被刺前,应桂馨与北京多有电报往来,里面一定有证据!”

卜罗斯令手下再仔细搜查。

陈其美见他们在下面翻箱倒柜,便悄悄来到楼上,步入软禁女眷的厢房。厢房里应桂馨的大小老婆们一个个心惊胆颤,缩成一团。她们一大清早,有的没起床就被急促的砸门声惊醒,也不知家里发生了什么事,就被糊里糊涂地赶进这间小厢房里。她们起初以为是绑票,可又见没捆人,而且有好多个外国巡捕,心里正七上八下,不知如何是好。

陈其美进门以后,装模作样地大声问了几句,随即很机密似的压低声音说:“我是应大哥的知心朋友,和巡捕房人熟悉,刚才在捕房里已和大哥接过头。大哥让我回来告诉你们,不必着急,事情有眉目了,明天就可以放出来。但是有一些秘密文件,大哥关照,让赶紧取出来秘密交给我转移。”

应家的女人默默无言,都用疑惑的眼光看着陈其美。

见她们没有什么反应,陈其美又故意装着着急的样子:“快点,快点!如果让巡捕房翻出来,大哥生命可就危险了!”

此时,一个曾经跟随应桂馨外出见过陈其美的年轻小妾鼓了鼓气站起来说:“陈先生,我知道的,但外面看得这么严,怎么办呢?”

陈其美说:“有我,不要紧,你只说在什么地方。”

应妾没说话,一猫腰将她站着的墙角地板拨动一下,地板是活的。掀开后,从里面提出一只小箱子,用眼睛示意东西都在这里。

陈其美一见心中暗喜,如获至宝,但表面装着很平静地接过箱子,连忙又问:“还有别的要紧东西没有?”

应妾摇摇头。

陈其美转身提箱出门下楼。

在楼下客厅里,陈其美与卜罗斯开箱详细检查,只见小箱子内藏有往来电文稿、信件、密电码本和其他文件。

陈其美看到往来电文稿的内容,简直不敢相信自己的眼睛,没想到在应桂馨背后一层层的后台竟是如此之大。

虽然抓到了应桂馨，骗出了证据，可是那个直接实施杀人的武士英到哪里去寻，到哪里去找呢？

在搜查应公馆的时候，人们把目标都集中在寻找秘密文件上，而在应公馆的不少闲杂人等都暂时关在楼下西厢房，也没有审问。秘密文件找到以后，大家又想起武士英。

看着软禁在西厢房的人，陈其美灵机一动，带着戏弄的口吻，出其不意地对着他们高声喊了一句："谁是武士英？"

一般的人以为武士英必定不会在应宅，即使在也不会承认，但陈其美却反其道而行之。果然，话音未断，立即有人应声："有！长官有什么吩咐？"

随着声音，只见一个小个子闪到前面，立正站好。他身上穿了一件旧军装，好像是刚出操的大兵。

这一声"有"，把陈其美都吓了一跳："你——你就是武士英？"

"正是。"小个子还连连点头。

"跟我们走吧！"卜罗斯一挥手，有人上来给他戴上了手铐。

到了捕房，招来两位四川学生一认，果然就是鹿鸣旅馆借钱之人。

72

应桂馨跟随陈其美参加上海光复前，就认识了宋教仁。他知道宋教仁是政界重要人物，必须把事情办得干净利索，否则，稍有不慎，袁世凯那里不好交代，国民党也不会善罢甘休，身家性命都保不住。最使他为难的是杀手难觅，手下门徒虽然不少，但都是些有勇无谋之辈，且都是上海滩的老土地，哪一个不认识他们？经再三考虑，他觉得还是物色平时不吃江湖饭的或者是外地人保险，这种人得手以后就远走高飞，神不知，鬼不觉。

然而，察访多时，终难觅得这种人物。

宋教仁从湖南到达上海时，应桂馨又收到了洪述祖拍来的密电，称宋教仁已到上海，不日将离沪回北京，要应桂馨作好准备，在火车站下手。这一次，一定要一举解决问题。时间紧迫，不容迟疑。应桂馨想：

到时真要找不到人选，我就亲自出马。事情办成后，上海要是呆不下去，就去北京住他一年半载，风头过后再回来。

主意打定，应桂馨便跳上黄包车，直奔“青和坊”二百二十八号妓女胡翠云家中。

到了那里胡闹过后，摆上酒肴，一边调笑，一边饮酒。

“卖古花瓶！”叫卖声由远及近。

应桂馨忙推开怀里的胡翠云，踱到窗前，探身看了看：“拿过来见识见识。”

应桂馨除喜爱吃喝嫖赌外，另有一个嗜好，就是收罗古玩。只要他看得上眼的，或是巧取，或是豪夺，到手后转卖给香港来的古董商，从中牟利。凭经验，这种沿街叫卖兜售的花瓶中，倒有不少是货真价实的珍品。

“哪位先生要花瓶？”卖主在门口问道。

应桂馨走下楼去，接过一看。果然是明代永乐年之物。弹了弹烟灰，他问道：“要多少钱？”

“先生就给二百元吧。”卖主回答说。

应桂馨还价道：“一百五十元卖不卖？”

卖主还未回话，胡翠云凑过去说：“应先生愿出一百五十元还算看得起你，依着我连五十元都不要。”

说着从应桂馨衣袋里取出皮夹子，抽出一百五十元，往卖主手里一塞。

卖主叹了口气：“看在这位小姐的面上，就便宜你五十元。说实话，要不是派急用，就是三百元也不卖。”他一边说，一边把眼光不住地在胡翠云浑身上下乱溜。应桂馨听他外地口音，生得粗矮壮实，又急着要钱用，心里一亮：何不探探口气？于是抱拳当胸：“这位兄弟虽然是个生意人，倒也爽快，一回生，二回熟，上楼喝一杯如何？翠云快去添一副杯筷。”

卖主半是贪杯，半是被胡翠云的妖冶勾住了，客气了两句，半推半就上了楼梯。

觥筹交错，三杯烧酒落肚，卖主的话也多了起来。

他叫武士英，又叫吴福铭，本是山西平阳龙门人，自幼不务正业，后入清军当兵。辛亥革命时在云南七十四标任二营管带，并曾代理七十四标标统。民国成立以后，军队遣散，武士英就来到上海。他混迹于清军中多年，身上练了些武功，枪法也好。眼下，住在鹿鸣旅社，因无钱支付宿费，没奈何把当年盗得来的古花瓶拿出来卖。

应桂馨一脸江湖义气，拍拍他的肩膀说："常言道，在家靠父母，出外靠朋友，一个篱笆三个桩，一个好汉三个帮，我应某在上海滩还多少有点名气，不是我夸口，在这闸北地界，我说了话还是算数的。刚才老弟是秦琼卖马，我算是单雄信了，花瓶如今璧还，这一百五十元钱，算是为老弟解燃眉之急。旅馆那边，明天待我挂一个电话去，老弟只管放心住着，即一年半载也没有关系。"

武士英感动不已，深深一揖："萍水相逢，承蒙仗义，如蒙不弃，愿在门下听从驱策。今后，先生凡有用得着时，即使赴汤蹈火，也在所不惜。"

不知不觉中夜幕降临，应桂馨长吁短叹，似有满腹心事，武士英见状问道："先生眉中打锁，莫非有什么为难之事？可否说出来听听，或许能为先生分担一二。"

应桂馨压低了声音说："不瞒兄弟说，我有个冤家，是个革命党，曾请几个弟兄帮忙除掉，许以千元重金酬谢，却都胆小不敢。唉，对头不除，心里不畅！"

"啪"一声，武士英一拍桌子，连杯筷都跳了起来："我一生最恨的就是革命党，没有革命党造反，兄弟此时一定升任正式标统了。这革命党何名何姓？现在在哪里，让小弟去结果了他。"

"兄弟且不要着急。"应桂馨胸有成竹，有心要激他一激："此人党羽颇多，平时防备甚严，只怕难以得手，一旦出了差错，反倒连累了兄弟。"

武士英拍拍胸脯："先生慷慨解囊，待我一片赤心，知恩不报非君子，这件事就包在兄弟身上。凭兄弟的枪法，必能不负所望。"

应桂馨心中如同六月天喝雪水，喜悦万分，说："这就拜托老弟了，事成以后，另以千元相报。"

这一夜。应桂馨就把武士英安排在胡翠云处过夜。他对胡翠云说："你要拿出本事来把他缠得牢牢的。"

胡翠云满脸委屈说："你真不是个好东西。人家真心待你，你却这样对人家。"

应桂馨拧着她的乳房说："我这是迫不得已啊，舍不得孩子，套不住狼。一想到他操你，我恨不得把他给阉割了！"

胡翠云不再忸怩，在床上拿出平生最得意的手段，弄得武士英兴奋地号叫了半夜。

分手时，应桂馨反复叮咛武士英，这些日子里在旅馆等他派人联络。

洪述祖派出的暗探，一直跟踪着宋教仁。当北京接到了应桂馨"一切就绪"的报告后，袁世凯向宋教仁连发急电，要他急速赴京，共商国是。

3月20日晚上6时，黄兴、廖仲恺、于右任等在一品香酒楼为宋教仁设宴饯行。宴毕，宋教仁在众人陪同下，登上马车，于10时抵达火车站，进入贵宾候车室小憩。他们并不知道，当他们下车时，暗处已有个戴鸭舌帽的盯上了宋教仁，此人就是武士英。

原来当天午后，有个人到鹿鸣旅馆找到武士英，拉他到三马路喝酒，交代说："应先生的仇敌今晚11点乘沪宁线火车离沪，应先生要你在车站采取行动。"随即交给武士英手枪一支，子弹五发。

"那个人的外貌特征你记住了吗？"

"记住了。"武士英拍拍口袋："这几天我一直在看照片。"

武士英行凶之后，立刻逃进应桂馨家领赏金。

应桂馨命人为他摆酒压惊，然后给了他三十元钱，说要等确切消息出来，其余的再补，并叮嘱武士英把旅馆房子退了，住到妓院去。

谁知第二天报纸消息说宋教仁身负重伤，并没牺牲，气得应桂馨立刻找到武士英，大骂他无能，只会吹牛皮。

武士英赏钱得不到反挨一顿臭骂，只觉得自己晦气，一连两天躲在妓院里喝酒抽大烟。23日下午，他看见送殡的队伍从大街走过，才知道宋教仁确实已死在医院，于是当天下午就急忙跑到应宅来讨赏钱，谁知应桂馨一直未回,他就一直在等,结果等进了罗网。

73

江苏都督程德全赶到上海，命令上海地方审判厅长黄涵之参加英法租界法庭会审。并且,命令当时北洋政府驻上海负责对外联络的交涉使陈贻范,向上海领事团提出将应、武二犯移送中国法院审理的要求。

外国领事团却说,虽然宋教仁被刺的案发地点沪宁车站在中国管辖地区,但应桂馨被捕是在公共租界,武士英被捕是在法租界,因此必须先由租界方面预审,证据确凿以后,当将罪犯引渡与中国当局。

“宋教仁被刺案与北京政府有关”这个消息不胫而走,迅速传播,全国上下沸沸扬扬。虽然外界传闻、猜测有眉有目,但租界当局一言不发。租界法庭对应桂馨、武士英二犯预审之时,法官的问题也是话中有话,丝毫没有涉及实质内容。

程德全聘请的代表、中国政府方面的律师德雪斯几次请求庭方公布搜查到的证据,但陪审官、英国副领事极力反对:“这些函件的内容,与中国政治关系极大,我们必须向北京公使团请示后,才能决定是否可以公布。”

外国人越是这样说,就越增加了公众的兴趣,各处传闻日益增多。

连日来，国民党领导人在黄兴和陈其美家中连续召开秘密会议,商讨对策。

经过几次预审，租界当局将应桂馨、武士英二犯分别于 4 月 16 日、17 日引渡中国上海司法当局。

18 日,租界当局将所得到的各种证据也全部移交,计有:皮箱一只,五响勃朗宁手枪一支,子弹两粒,密电码三本、大量函电。

上海交涉使陈贻范一见证据,不由大惊失色,觉得事情非同小可,因此立即邀请江苏都督程德全、巡按使应德闳、国民党方面黄兴、陈其美以及上海地方审判厅厅长黄涵之、检察厅检察长陈英等各方面重要人物到交涉使公署共同检验,并商讨处理意见。

程德全说:“此事关涉总统、总理,是否小范围说明一下?”

“不，”陈其美说，“一定要真相大白于天下，不然，我们对不住遯初在天之灵。”

黄兴也说：“证据公布后，天下人心自有公论，对严惩凶手有利。”

在黄兴和陈其美等人的坚持之下，决定4月25日以程德全、应德闳的名义将证据电告总统袁世凯、国会参众两院、国务院及全国各省军政长官，并决定同时由上海地方法庭公开审理，按照法律程序解决。

就在法庭公开审理的前一天，4月24日上午，凶手武士英在严密的监守之下，却突然暴亡。很明显，这是为了杀人灭口。但法医检验了三次却说查不出因何致死，既无外伤，也无内毒。虽然武士英罪在当诛，死有余辜，但死因不明，至今仍是一大疑案。事情距今已近百年，何时才能解疑？估计是遥遥无期。

4月25日夜12时，程德全、应德闳将调查结果及证据通电公布。

次日，《民立报》以醒目的标题，独家刊出：“注意！注意！注意！看民贼的手段，宋案证据之披露”并登载了证据的照片等。

证据主要有下面这些：

1913年1月14日，国务总理致应桂馨密函一件上写：“密电码送请检收。以后有电，直寄国务院可也。”外附密电码一本，上注“国务院应密，民国二年一月十四日。”

2月2日应桂馨致赵秉钧“应密冬电”一件，内称“民党（国民党）主宋（教仁）。……已由日本购孙、黄、宋劣史，印十万册，拟从横滨发行。”

2月1日、2日洪述祖致应桂馨密函二件，上面写着：“大题目总以做一篇激烈文章乃有价值。”“紧要文章已略露一句，说必有激烈举动。”“弟（洪述祖称应桂馨）应于题前径电老赵，索一数目。”

2月4日洪述祖致应桂馨密函一件，上面写着：“冬电（2月2日应的电报）到赵处，即交兄（洪述祖自称）手，面呈总统。阅后颇色喜，说弟颇有本事，既有把握，即望进行。”

2月22日洪述祖致应桂馨密函一件，上面写着：“来函已面呈总统、总理阅过。以后勿通电国务院，因智庵（赵秉钧，号智庵）已将应密本交来，纯归兄一人经理。”

3月13日应桂馨致洪述祖密函底稿：“《民立》记宋遯初在宁之演

说词，读之，即知其近来之势力，及趋向所在矣，事关大计，欲为釜底抽薪，若不去宋，非特生出无穷是非，恐大局必为扰乱。”

同日，洪述祖致应桂馨密电称：“毁宋酬勋，相度机宜，妥筹办理。”

3月14日应桂馨致洪述祖密电称：“梁山匪魁（以宋江指代宋教仁），顷又四处扰乱，危险实甚，已发紧急命令，设法剿捕，乞转呈候示。”

18日洪述祖回电：“寒（指14日）电应即照办。”

19日再次去电催促“事速照行”。

21日，应桂馨密电洪述祖：“匪魁已灭，我军无伤亡，堪慰，望转呈报。”

这些证据，就像一枚重磅炸弹，轰动全国，震惊世人。原来，暗杀宋教仁的不是别人，就是中华民国的临时大总统袁世凯，具体指挥者是中华民国的总理赵秉钧，居间联系人就是国务院内务部秘书洪述祖。如此骇人听闻的政治谋杀，租界当局都难免震惊，所以他们要请示北京的外交使团了。

原来，袁世凯见国民党在国会选举中大获全胜，便决定用暗杀手段剪除宋教仁。他找到总理赵秉钧和国务院秘书洪述祖，商定了行动方案。嗣后洪述祖南下沪上，通过帮会的关系，收买了应桂馨，由他具体执行。

双方谈妥后，应桂馨随着洪述祖进入北京，谒见了袁世凯和赵秉钧。袁世凯当面许诺：“事成之后，奖给现金五十万元，授二等勋”。

宋案证据大白于天下后，全国舆论鼎沸，一致吁请严惩凶手。袁世凯如芒在背，焦急万分。直到“二次革命”后，他才呼出一口长气。他以为，他已把国民党彻底打败了。不过，这个一贯心怀鬼胎的家伙，认为凶手活着对自己总是个威胁，便故伎重演，干起了杀人灭口的勾当。

1913年7月25日，应桂馨被他的门徒从上海狱中救出，逃往青岛租界。躲到10月，“二次革命”失败，他认为请赏的时候到了，便公然发出“请平反冤狱”通电，并于10月20日大摇大摆到了北京，借住在同和旅馆，随即写信给袁世凯，要求遵照前约，发给奖金五十万元，授二等勋。

一天,有人来见应桂馨,交给他二万元钱,说:“大总统叫你早日离开北京,以后不许胡言乱语。”

应桂馨瞪着眼说:“当年大总统许诺的两个条件,一个也不能少,不然就长住北京不走。”

来人声色俱厉:“你敢违抗大总统的命令?不要自讨苦吃!”

“哼,没有我应桂馨,老袁他当不成大总统,我为他除了对头,又为他吃了官司,他敢骗我!老实告诉你,我应桂馨不是三岁娃娃,他敢把我怎么样?”应桂馨气得把钞票往地上一甩。

1914年1月18日深夜,四个彪形大汉翻墙而入,扑进应桂馨的住所,因应桂馨宿娼未归逃过了这一关。他明白,再在北京赖下去,真的要死无葬身之地了,第二天便匆匆离京。车至天津杨村时,有人发现应桂馨已死在头等车厢里,身中数刀,满身污血。

应桂馨被暗杀的消息报到直隶都督府,都督是新上任的原国务总理赵秉钧,他知道这是袁世凯的手脚,不免兔死狐悲,又有几分不平,便打电话给袁世凯:“自古以来,凡人主能恩待阶下者,则效死之士必多,应桂馨忠于大总统,竟然如此下场,今后谁再愿为总统办事?有谁肯以死相从?”

袁世凯听到一半,就把电话挂断了。

袁世凯的这种态度,气得赵秉钧头晕病复发,便向袁世凯告假养病。第二天,有医生入见赵秉钧,称是奉总统之命,为都督治病,说着取出药丸,要他吞服。

赵秉钧心存疑虑,说:“我病已愈,这药丸放着下次再服吧。”

医生“霍”地拔出手枪:“身体无病,心中有病,这药非吃不可。”赵秉钧明白这是袁世凯赐死,劫数难逃,却又不甘心真的去死,慌乱中思得一计,高声喊到:“拿水来,让我吃药!”

他本希望卫士进来营救,哪知话音刚落,背后一人应道:“水已备好。”

他回头一看,是个陌生的面孔。原来他的卫士早已被解除武装,扣押起来了。

赵秉钧长叹一声,将药丸送进嘴巴,不一会儿便七窍流血而死。时为1914年2月27日。这是袁世凯杀人灭口的第三人。

赵秉钧死后，袁世凯又玩了一场猫哭老鼠的游戏，深表“痛悼”，下令按陆军上将例从优议恤，拨给治丧银一万元，派专使致祭外，还亲书挽联一副，将赵秉钧比作古代贤相管仲、萧何。

内务部秘书洪述祖倒是没有被袁世凯杀掉，不过，他最后却陷身法网，死于绞刑。

“宋案”证据披露后，上海《民立报》《民权报》等都把袁世凯、赵秉钧二人的照片登了出来，并在下面标着“袁犯世凯”“赵犯秉钧”的字样。洪述祖一看，知道大事不妙，于是在宋案发生后的第六天傍晚，悄悄逃离北京，回到了天津家中。他仍感到不安全，又乘火车逃到德租界青岛。果然，江苏都督程德全致电国务院，要求拘留洪述祖，但洪述祖早已逃之夭夭。袁世凯心里不愿，可表面上却“大张旗鼓”。他命令警察总监王治馨速将洪述祖捉拿归案。警探自然扑了个空，又赶到天津，仍然空手而归。

洪述祖为了永远不再有拘捕之祸，他剃去胡须，把自己的名字改成王兰亭，向德国胶州总督递交要加入德国籍的申请书。没想到总督下令扣押了他，并准备把他作为杀人犯引渡给北京。

袁世凯马上派内务部长言敦源赶往青岛，将洪述祖押回北京。洪述祖正在绝望之时，听说德国警务长要求卖一座住宅，正为没有买主而发愁。他马上表示愿意买下这昂贵的住宅。警务长喜出望外，忙到总督面前为洪述祖讲好话。胶州总督便不同意引渡洪述祖，悄悄释放了他。

到了1917年，洪述祖见袁世凯已死，估计不会有人再记起“宋案”了，便秘密回到上海，化名张皎广在美租界北山西路六二一号定居。有一天，他突然收到租界会审公廨的传票。原来他向祥丰洋行贷款一万五千银两尚未归还，该洋行控告他逃避债务。

那天，洪述祖从会审公廨出来，刚跳上电车，突然被人用力揪住。

“还我父亲血债！”宋教仁的十五岁儿子宋振吕哭叫着。

“我们等候你多时了！”宋教仁的秘书刘白道。

两人把肥胖的洪述祖扭到会审公廨，洪述祖终于落入法网。后转解北京，大理院判处洪述祖死刑。

1919年4月5日，洪述祖死于从美国刚引进的电绞椅上。

用电绞椅执行死刑，在中国还是第一次，因而先抓来一条狗作试验。狗全尸而死，没有任何伤痕血迹，果然"文明"。洪述祖被绑在电绞椅上行刑，不料，洪述祖的头却被绞了下来，鲜血喷射，身体跌入坑中，吓得执行官等人不知如何是好。

事后，他们请来北京医学学堂学生将洪述祖头重新缝上，外面用绷纱膏布贴好，这才交给家属收殓。

宋教仁牺牲以后，陈其美发动各界筹款，在上海沪宁车站以北约十里的地方购买了一块约一百多亩的田地，作为墓地，名"宋园"，将宋教仁遗体葬于此。上尖下方的塔形墓由红砖砌成，上下五层，高丈许，最上一层砌以白色瓷砖，墓以黄石封顶，前竖一纪念碑。

墓园草坪正中安放一座铜像，宋教仁手支下颌侧坐沉思。铜像基座上正面刻章太炎手书阳文"渔父"，背面是用阴文铭刻着于右任撰写的碑文：

> 先生之死，天下惜之，先生之行，天下知之。吾又何纪！为直笔乎，直笔人戮。为曲笔乎，曲笔天诛。嗟嗟九泉之泪，天下之血，志友之笔，贼人之铁，勒之空山，期之良史。铭诸心肝，质诸天地。呜呼！

第三十四章

上海滩再举义旗

74

3月25日，孙中山乘天津丸号于9点30分抵达上海三马路新关码头。陈其美及军警官等到码头迎接。见了陈其美，孙中山握着他的手，泪雨纷纷，说："不意海外归来，失此良友，为党为国，血泪皆枯。此事，我们一定要彻底查清。"

"凶手已经抓获，此案真相大白于天下并不难，难的是惩罚凶手，为遁初雪仇。"路上，陈其美对孙中山说。

"为什么？"孙中山问。

陈其美把袁世凯是刺杀宋教仁的总后台的事情说了一遍。

当晚，孙中山、陈其美、居正、戴季陶等来到同孚路二十一号黄兴寓所，商讨对策。得知幕后指使者竟是自己曾寄予极大信任的民国临时大总统袁世凯时，孙中山态度发生了极大的变化。他意识到，这时刻法律已经成为废纸，一味寻求法律途径解决，无异于自束手脚，任人宰割。因此，在会议上，孙中山说："过去，我看错了袁世凯，是我的过错。现在，袁世凯想使封建专制死灰复燃，辜负国民的付托，必须将他除去。国会只是口舌之争，法律也没有抵抗专制的力量，对付袁世凯这个拥兵自重的野心家，也只有诉诸武力这条路了。应该乘此反袁之声举国若狂之时，起兵讨袁，我们只有出其不意，攻其不备，以迅雷不及掩耳之势，先发制人。否则时机一纵即逝，后悔不及。"

这时，外面响起了敲门声，原来是谭人凤来到。

孙中山待谭人凤坐下后，叹息了一声说：“我们总是那么真诚，当初的兵竟全裁了。现在若有两师兵力，我必当亲率北上问罪。”

黄兴说：“此事证据已查获，还是应当依据法律手段解决为好。”

谭人凤一甩长须，说：“孙先生之说，是空论。两师兵从何而来？黄先生之说，是迂谈。法律怎么能有此效力？依我愚见，应立刻分头派遣使者，赴湖南、广东、云南三省，让它们首先宣布独立，再传檄天下，兴问罪之师。以至仁伐不仁，一定会有起来响应的人。”

黄兴说：“如果宣布独立，袁世凯将会藉口破坏统一，大举派兵镇压。”

谭人凤站了起来说：“公道在人心，如果证据是非大白天下，袁贼不仅出兵无名，而且外国也不会再借款给他，他军费无所从来，那时云南、广东远在边陲，袁世凯鞭长莫及，湖南为南北要冲，还有江西、安徽两省可以策应，三省义旗一举，天下纷起响应，何惧袁贼之有？”

黄兴也站起来，颇为不满地对谭人凤说：“你的一番议论虽然豪爽，可是我们的兵有多少？枪有几支？钱又从何而来？辛亥一役，民国元气尚未恢复，如果贸然兴兵，必致大局糜烂不可收拾。我们创建民国，制定法律，实行法制，怎么可又出尔反尔，破坏法律？我们证据在手，待到国会一开，可以组织特别法庭，法律并非没有效力。证据公布以后，全国人民必能因此而觉悟，军人必能因此而觉醒，各派政党也必能看穿袁世凯的面目，团结一致。那时国会不选其为正式总统，袁世凯不攻自倒。因此，我们必须冷静。”

半天没说话的陈其美此时点头说：“我同意克强先生的意见，依据法律手段解决。”

孙中山说：“你们不要太天真了，眼下这种局面，法律已不成其为法律了。我想，日本是我们的邻邦，它要是助我则我胜，助袁则袁胜，我们在日本有很大一批朋友，我想我去接洽一下，让日本支持我们出兵讨袁。”

陈其美说：“列强迄今尚未承认民国，若日本染指进来，其他国家也必定会染指，列强纷纷干涉，中国就有被瓜分亡国的危险啦。”

“这也不行，那也不行，议论来议论去有什么用？”大家一看，原来是年轻的戴季陶说话了，“我看也用不着再讨论，就听孙先生的，先打起来再说。”

“这不行。”陈其美坚决地说，“纵观目下形势，我们国民党在政治上已处于绝对优势，而在军事上则处于劣势，不宜避己所长而用己所短。我认为，眼下要加紧组织遯初的悼念活动，让这件事的影响和国民党的影响再继续扩大，使袁世凯越狼狈才好。”

最后，大家接受了黄兴和陈其美的意见。

4月13日，国民党上海交通部在张园举行宋教仁追悼大会，国民党各支部均派代表到会，民主党也派了代表参会，各界群众纷纷涌来，计二万余人。

大会原定由黄兴主持，因黄兴染病，改由陈其美主持。孙中山因事，未能出席，他让人送来了亲自撰写的挽联：

> 作民权保障，谁非后死者？
> 为宪法流血，公真第一人！

黄兴也让人送来了亲自撰写的挽联：

> 前年杀吴禄贞，去年杀张振武，今年又杀宋教仁；
> 你说是应桂馨，他说是洪述祖，我说就是袁世凯。

陈其美首先说：“宋先生抱利国福民政见，人所共喻。先生无私仇，故先生之死，为国为民。故吾国民应致追悼之意，而开此追悼会，并继先生利国福民之志，以慰先生。同人等对于此会有无上之感触，愿与同人共纪念之。”接着，他宣读了由黄兴领衔的祭文，追念宋教仁一生对共和的贡献。

在黄兴和陈其美的建议下，国民党方面要求组织特别法庭专审宋教仁一案，推黄郛为大主裁，王宠惠、伍廷芳为承审官，以避免北京行政方面的压力。此议推江苏都督程德全向北京提出。同时，密会南方五省当局，加强战备，组织攻守同盟，以防北洋军队的突然进攻。袁世凯对于宋教仁一案，曾一再表示认真处理，对于国民党所提的组织特别法庭专审“宋案”的建议，表示完全同意。

可是，司法总长许世英站出来反对，他说特别法庭不合司法系统，此案只能在地方法院内加设特别旁听席，以接待有关人士。

袁世凯无可奈何地对国民党有关人士说：“我虽赞成组织特别法庭，但司法总长不同意啊！他不赞成，不肯副署命令，我就不能发布这道命令！”

袁世凯的此番表演实在不高明，他忘了，十个月以前，未经内阁副署，他曾发表过派王芝祥为南方宣慰使的命令。

黄兴立即打电报给袁世凯，说明宋案不能由普通法庭审理的理由。因为本案主使犯为内阁总理赵秉钧，如果按照普通程序上诉到北京，请问如何执行？他还尖锐地指出，许世英乃是赵内阁的一位阁员，应当连带辞职，有什么资格玩弄法律？

国民党公布了“宋案”证据后，袁世凯又授意他的爪牙，遇有适当的机会，尽可能地为他洗刷罪名。

一次，北京各界人士举行“宋教仁先生追悼大会”时，京兆尹王治馨前往致悼词。这个糊涂官僚自作聪明地解释说：“去年应桂馨到北京，向赵总理自告奋勇，要动手杀害宋先生。总理即向总统请示。总统认为，政见虽有不同，但暗杀属于不正当手段，因此没有杀。由此可见，总统和总理都是与宋案无关的。”

袁世凯听了，气得破口大骂！

宋教仁案发生以后，全国反袁之声日起，袁世凯下决心以武力征服国民党控制的南方各省，国家利益早已弃之脑后。就在程德全公布案件证据的当天，未经国会同意，久未露面的内阁总理赵秉钧忽然偕同外交总长陆征祥、财政总长周学熙鬼鬼祟祟地从后门溜进汇丰银行，与在那里等候的英法德日俄五国银行团的代表签定了大借款合同，以五厘的高息借得二千五百万镑的巨款，并且将国家盐税完全置于列强控制之下，成为民国历史上最大的卖国借款。

5 月 2 日，袁世凯又让赵秉钧暂时告假，组成了以陆军总长段祺瑞为总理的“战时内阁”，并调兵遣将，派倪嗣冲为安徽清乡督办，由河南向安徽进发，派赵倜与北洋第六师李纯部队集中于河南、湖北交界的武胜关，又派海军游弋于长江中下游一带，摆开了武力征服国民党的架子。

这期间，黄兴、陈其美等人还依然执迷不悟，不愿武力讨袁。他们仅利用政党的优势，在大借款问题上与袁世凯打嘴仗。

安徽都督柏文蔚通电反对袁世凯违法大借款。

国民党在参议院中以多数票通过决议，宣布借款无效。

袁世凯宣布大借款成立。

广东都督胡汉民通电反对违法借款。

参、众两院议员通电全国，对违法借款不予承认，湘、赣、皖、鄂四省都督联名通电反对借款。

然而，这一切面对袁世凯已布置好的枪炮，显得极其苍白无力。

很快，袁世凯下令撤消黄兴陆军上将衔。南京国民党机关被查封。江西都督李烈钧被袁世凯免职。广东都督胡汉民被免职。安徽都督柏文蔚被免职。

无奈，李烈钧出兵占领湖口炮台，宣布江西独立。他随即组织讨袁军，“二次革命”爆发。

75

虽然孙中山早有武装讨袁的想法，但由于黄兴、陈其美一味主张依靠法律解决，国民党错失良机，因而“二次革命”一开始就显得很被动。

7月13日，南京第八师的王孝缜、黄恺元两位旅长仓皇来到上海，找到黄兴，密报说：“孙先生已派朱卓文携款二万元，到南京去运动第八师的几个营连长，要他们杀了师旅长，宣布独立，然后请孙先生到南京去，主持讨袁。现在第八师内部，兵心动荡，希望黄将军立即去南京控制局面。”

黄兴本来还存观望，见事已至此，只好去找孙中山。

“孙先生，事已至此，我立刻赴南京，举兵讨袁。”

孙中山一见，忙握着黄兴的手说：“克强前往统兵，是我最大的心愿。我与你同赴南京，一同讨贼！”

“目下正值多事之秋，先生暂时还是先不要去南京，以免发生意外。待局面初开后,你再去主持北伐讨袁大计吧。”

第二天清晨,黄兴便同章士钊一道,乘沪宁铁路火车赶往南京。

陈其美在上海也开始积极行动,组织讨袁军。

在沪的海陆军将领,见陈其美准备讨袁,都表示愿意再聚到他的麾下,听其指挥。7 月 16 日,大家一致推举陈其美为驻沪讨袁军总司令。

蒋介石已经从日本回国,陈其美令他收拾旧部,准备配合钮永建的淞军,于 7 月 22 日夜围攻江南制造局。

黄兴由沪抵宁后,程德全却固执己见,不肯轻易举起反袁大旗。而各路军队都作好了北上讨袁的一切准备，就等江苏都督下达命令,军情万分火急。黄兴见状,决定先斩后奏。

第二天凌晨,黄兴派章梓等人秘密切断了都督府与外界联系的所有电话线,并派军队包围封锁了都督府。天不亮,第十一师的一支部队在都督府卫队的配合下,进入了都督府直趋程德全的寓所。当程德全从睡梦中惊醒时,黄兴等将领已站在了他的床前。

黄兴正色道:“程都督，南京大街小巷已经以您的名义贴满了布告,列举袁世凯的罪状,宣布讨袁。”

程德全看看众将领虎视眈眈,而且木已成舟,只好同意下达讨袁命令,并说:“袁世凯不法,天下之公愤,江苏何敢独异？公等骤然起事,幸甚,幸甚！”

黄兴转身离去,在都督府西花园成立了讨袁军总司令部,黄兴任总司令,何成浚为副官长,徐绍桢为高级副官。

与此同时，以程德全、应德闳、黄兴三人署名的讨袁通电正式发出。

黄兴在总司令部电令苏皖赣徐淮各军向北出击,兵锋直指袁世凯。

第十一师师长章梓看出程德全心怀二志,遂派人将他软禁在西花园中。安徽讨袁军司令柏文蔚也劝黄兴说:“万不可放此人离去,最好快刀斩乱麻,将程处死。”

黄兴没有答应。

就在讨袁军北上之际,程德全于深夜潜离了都督府,乘车径往上海去了。他到达上海不几天，居然宣布：江苏都督府发出的一切文电，均系假借我的名义所为……我仅是被人所逼迫而不得已。

程德全还电令都督府卫队长张朋翥立即捉拿黄兴、章梓等人。张朋翥却把电报交给了黄兴。

陈其美在上海闻知此事，叹息不已："我们革命党人，往往总是心太软！对这些坏蛋，我们今后决不能心软！"

76

陈其美被驻沪海陆军将领推为上海讨袁军总司令后，在南市关桥中华银行旧址设立总司令部，指挥和策划上海讨袁之战。

7月18日，陈其美发布就任驻沪讨袁军总司令职通告，宣布在沪组织讨袁军总司令部，除节制所属各军外，"凡上海所有民政、司法、外交、交通各机关，统由本总司令管辖。各机关人员，均当照旧供职，慎守秩序，以维护地方治安，如有擅离职守，贻误要公以及不遵约束，妄生事端者，无论何人，本总司令唯有按照军法治罪，决不宽贷"。

同时，陈其美以驻沪讨袁军总司令的名义，向北京参、众两院，各省都督、民政长、护军使和各省讨袁军发出通电，宣布上海独立。

通电揭露袁世凯"违法殃民，遑兵南下，种种罪恶，无非破坏共和"。"现在各省继赣而起者，如响斯应。""上海为东南重镇，关系匪轻，业于十八日完全宣布独立。驻沪各军队皆深明大义，地方秩序亦照常安谧，足慰廑怀。"他号召全国各地爱国同胞，"克日兴师，诛锄国贼。俾得大局早定，真缔共和"。

吴淞炮台随即宣布响应独立。陈其美令居正为吴淞要塞司令。

陈其美在发布上海独立通电时，还一并发布了《讨袁宣言》。在《宣言》中，他痛斥袁世凯道："残害忠良，袒护凶犯，捣乱司法之制，提供暗杀之风，蔑视国会，干涉宪法，诬陷善类，擅捕议员，私借外债，丧失主权，重人民之负担，启各国之干涉；蒙古叛乱，不加一兵，失地丧权，擅缔协约，各国以利益均沾之口实，陷中国于瓜分豆剖之危机；滥掷金钱，日用多至一千余万；收买议员，国会遂至一事无成；解散各省联合会之民意机关，擅设不经议会通过之滥竽官职，约法扫地，奸宄盈庭；

繁兴土木,不惜巨资,竭全国之脂膏,供一人之挥霍;谏书朝上,贬诏夕来,令天下人人自危,使国家奄奄无气……派兵南下,破坏共和,掳掠奸淫,无恶不作。

"面对如此奇恶穷凶,热爱共和之士实在忍无可忍,不得已共图讨贼,保障共和……振臂一呼,赣、皖、苏、鲁、湘、鄂、豫、奉等省,同时响应。枭首大白,指顾间矣。特将国贼罪状宣告中华,愿与我爱国同胞共殛之。"

随后,陈其美还发布了檄北洋军文。

办完这一切,时间已快近中午,陈其美拉上李平书去见制造局督理陈幌。

"陈督理,我们今天来,是希望你能深明大义,发布命令,赞成上海独立。"进了陈幌的办公室,陈其美开诚布公地说。

陈幌是袁世凯的忠实走狗,前几天,为了防止革命党人混入工厂中,他曾命令所属各厂员司迅速另造工人名册,规定"凡工人之年龄、籍贯、三代,及何年何月何人所保荐进厂,均须一一填明,并须另觅妥保,签押保证"。在他的高压之下,所有的工人都小心翼翼起来。

当南京独立的消息传来后, 陈幌立即命令将机枪架设该局各门,并增调陆军六十一团一、二营士兵千余人入局防守。次日,各门又添设快炮,并拨给驻军枪弹四十余万发。

陈幌是作好了负隅顽抗的准备的, 但制造局中的兵力还有限,所以他不便和陈其美立刻翻脸,说:"当此共和时代,有事应当坐下来商谈,千万不要发生激烈之举。致于赞成独立的事,我得和驻沪北军的将领商量后才能定,不然,我说了也没用。"

第二天,陆军总长兼代理国务总理段祺瑞增调二千名北洋军进驻江南制造局,加上局中原有的武装,里面驻军已达九千人。军队驻进后,同时传达了段祺瑞的一道命令,江南制造局的全体办事人员、工人及驻军薪资、饷银一律增加一级。局中的人听了,个个欢天喜地。

陈幌立刻让人通知陈其美说:"北方将领均不承认独立,连中立也不可能。大家众口一词,要保卫大总统,保卫共和。"

陈其美听了,气得一拳砸到桌子上:"岂有此理!简直是欺世盗名!

既然如此,那我们只好兵戎相见了!”

7月20日,《民立报》上刊载了上海总商会致孙中山、黄兴、陈其美、郑汝成开战函,其中说道:“顷间谣传不一,全市震惊,金融停滞。光复后元气未复,宋案发生以来,商困已达于极点,何堪再起衅端。况上海为通商要埠,毗连租界,设再兵力从事,不独闹市遭殃,且恐外人干涉。本日各业代表来会声请,转恳执事为商民计,为大局计,万祈设保全。感戴无既。”

陈其美读后,心中十分纳闷,前些年反清时,上海商人们的态度是多么积极啊,这才几年,袁世凯杀人,搞独裁,他们却不愿意行动了。这还不说,还要阻止革命党的行动。

当天李平书又来找陈其美,要他一起去和北洋军将领郑汝成等谈判。

“怎么还可能谈判呢?”陈其美说,“此时我再去,无异于孤羊投群狼了。”

李平书说:“地方公团老是要我出面。其实,我知道这是劳而无功。”

李平书吃完午饭后来到高昌庙自来水公司会议室,北洋军中将郑汝成、团长臧致平、海军总司令李鼎新等已经来到。

谈判中,李平书说:“上海的工商界都希望此次上海能不开战衅。如果制造局能宣布中立,并把局中的军火一并封存,以待南北大局定夺之后,再行拆封,这样,眼下两方都不争夺制造局,争端就不会起,商民也就能免遭涂炭。”

郑汝成是袁世凯精心培养起来的一员悍将,也是一条忠实走狗。他是直隶天津人,字子进,1860年生。先入北洋水师学堂当兵,袁世凯在天津小站筹建北洋军时,郑汝成转投袁世凯门下。在小站军中数年间,他深得表世凯赏识,不断得到升近。后来,郑汝成被选送英国格林威治海军学堂深造,毕业后回国在清廷海军中任高级军官,曾随清海军大臣、贝勒载洵赴欧美考察各国海军。

清末革命高潮中,郑汝成曾附名同盟会,因此十分了解革命党人的活动情况与活动规律。

民国成立以后，袁世凯篡权上台，郑汝成以北洋旧人成为袁世凯的心腹将领。他既掌握现代陆海军军事知识，又“权谋诡谲，干练多才”，深为袁世凯信任与推重。

郑汝成对袁世凯可谓忠心耿耿，当袁世凯让他以海军中将衔统帅北洋陆海军南下时，他慷慨陈词：“即便肝脑涂地，也要报答主公知遇之恩。”他听完李平书的话后，带着冷笑说：“我们是奉袁大总统之命来此保护江南制造局的军械的，平书先生要求，我们断难做到。请你转告国民党人，如果他们前来进攻，我们定然叫他有来无回。”

李平书快快回到总商会，总商会决定再发公函，反对南北两军开战。

7月22日，袁世凯给陆军部下达命令：“黄兴、陈其美、柏文蔚逆迹已著，所有从前所颁荣典军职一律褫夺。其附逆之徒，统部查明，一律办理”。

同时，袁世凯又下令悬赏缉拿黄兴、陈其美、柏文蔚等人。

经过这段时间的紧张准备，陈其美手下已聚集了好几千人马。

最先来到陈其美手下的是王金发从宁波带来的五百余人，他们是分乘宁波公司的轮船来上海的。驻沪北洋将领郑汝成曾把此消息电告袁世凯，袁世凯下令各兵舰立即开炮将商船击沉。后因内海商船太多，只好作罢。

接着，又有镇江方面的军队一千二百人，携带着六挺机关枪，乘火车来到上海。

上海市内，陈其美亲自主持，在梅家弄医药局成立了奋勇军。此军由任晓星任司令长，陈其美的侄子陈果夫任副司令长。这支部队有二百余人，人数不多，但人员精干。他们有的是陈果夫在浙江陆军小学和南京陆军中学的同学，有的是四川陆军小学因闹学潮而退学的学生。

陈果夫在蒋介石的指导下，一边抓紧战前训练，一边设法搞到江南制造局建筑结构详图，并到吴淞西炮台侦察地形。

沪、宁裁军后，刘福彪的福字营所一直保留着。陈其美在宣布上海独立后亲自来到刘福彪营中，要他再举义旗。

“我早就盼着重回大哥麾下了。早先，我就是不明白，我们辛辛苦苦打下的天下，怎么说让就让给别人了，那拼命地打还有什么意思？我早就说过，革命党人和袁世凯不可能同穿一条裤子，现在怎么样？又打了吧。”

陈其美说：“都怪我们太天真，心太软！”

刘福彪说：“上海的会党弟兄们多着呢，我再行召募，扩军一个师，没问题。”陈其美摇摇头说：“我们没有那么多武器，也没有那么多饷银，还是依靠现有的力量吧。”自从应桂馨之事发生后，陈其美对帮会这一块的人就有所保留了。

加上蒋介石所招集的原沪军裁撤人员，陈其美觉得力量不比辛亥革命时小，占领江南制造局，把北洋军赶出上海，还是有把握的。

临近开战了，饷银却很不充足。上海商团那边，一点指望也没有。陈其美只好给老友沈缦云写了封短信：

> 缦云先生赐鉴：为制造局事，和平谈判，至再至三，尚难决定，实令人忍无可忍，容不能容。现已与袁兵约，如至今日下午六时再无确实答复，定以武力解决，惟需款甚急，仍须仗为筹济五万元应用，切祷切盼。陈其美谨启。七月二十二日。

沈漫云接信后，全力筹措，当晚就将五万元筹措到位。

这天晚上，陈其美在南市讨袁军司令部召开前线诸军各级将领会议，蒋介石、王金发、刘福彪、陈果夫等出席会议，会议决定，凌晨3时发起总攻。

77

7月23日凌晨3时整，上海讨袁军分四路向北洋军和顽固派发起了进攻，第一路由蒋介石率领的沪军九十三团向高昌庙进攻，第二路由王金发率领的浙军六十一团攻制造局西栅一带，第三路由钮永建率浙军攻龙华，任晓星、陈果夫率奋勇军助攻西炮台，第四路由刘福彪率领镇军和福字营从西门万生桥一带进攻制造局。

战斗很快打响。讨袁军个个奋勇，人人争先，很快突破敌人的外围镇地。郑汝成和陈幌十分慌乱,忙斩杀几个逃兵,才把败势稳住。

天光渐渐放亮,外围阵地上的敌军越来越少,讨袁军很快接近制造局。制造局原本城高墙厚,此次北洋军早已作好准备,在墙头上垒起了众多的沙袋,居高临下,快炮和机枪,火力特别猛烈。讨袁军虽然敢杀敢拼,但到了墙下就纷纷被敌人的子弹射中。战斗一时呈胶着状。

天大亮后,讨袁军更不利于隐蔽,陈其美下令停止进攻,与敌军对峙,晚上再战。

到了晚上,陈其美令进攻西栅的部队佯攻,集中火力猛攻东栅。午夜时分,东栅被讨袁军攻下,蒋介石等突入第一道围墙。

此时,一阵阵呼啸声接踵而来,一颗颗重磅炸弹在讨袁军中炸开来。顷刻间,讨袁军血肉横飞。

蒋介石先匍匐在一个角落中,既而又不停地跳下弹坑,才保住了性命。

"娘希匹,这是军舰上的大炮。海军不讲信誉,原说好中立的,现在竟然开炮了。"蒋介石一边骂,一边收拾残部,急忙往后撤退。

这次战斗前,陈其美就曾派人去运动过海军,海军李鼎新司令不赞成独立讨袁,但表示也决不支持袁军,要严守中立。

战斗打响前,海军中将郑汝成派人来到应瑞号军舰上。来人带来了袁世凯的手谕,令驻泊黄浦江上的应瑞、楚有、海筹诸舰,在南北军战斗打响后,出其不意地用舰载巨炮轰击南军。接着,来人出示了一张一百四十万两巨额汇票。

"袁大总统说了,这钱是用来犒赏海军将士的。如不听命令,将军法从事。"

李鼎新见了巨额汇票,不由心动。送走使者后,即召应瑞、楚有、海筹三舰舰长商议。

应瑞舰舰长毛仲方说:"国中动乱,陆军交战,海军暗攻,是违背战时公约的。"

楚有舰舰长魏子浩也说:"这种做法,分明有害人道,稍懂得军事学的人是不会这么做的。"

李鼎新说:"民国以来,海军薪饷一向时断时续,此次一百四十万两巨款,可以解决许多问题的。”

“如果不是南方起兵讨袁，袁大总统会给我们钱吗？这分明是收买！”毛仲方气愤地说。

李鼎新一见他们二人言之有理，加上两人在海军中向来有威望，也不便驳斥。不过,他主意已定下,到时一定要向讨袁军开炮。为防不测,他把司令部从应瑞舰移到了海筹舰上,他担心毛仲方、魏子浩到时会挟他宣布讨袁。

不一会儿,郑汝成来到海筹舰上,他向三舰官兵发表了讲话,只要海军将士们能向南方匪军开炮,马上就可以分到白花花的银子。

舰上的官兵十分兴奋。应瑞、楚有两舰的官兵怕两位舰长不答应,纷纷私议,要把两人驱逐出舰。

毛仲方首先听到了这个消息,他立即向李鼎新总司令辞职,随后离舰。

魏子浩听说毛仲方辞职离舰,也带领一名护兵离航上岸,后又派护兵回舰递上辞呈。

李鼎新长舒了一口气,立刻任命了两名代舰长。

23日晚，海筹号军舰首先暗中用六十磅重的炮弹轰击讨袁军,应瑞、楚有诸舰继之,炮火所及,不但讨袁军受挫,闸北一带的居民也有不少被舰炮炸死。

事后,在郑汝成的授意下,一百四十万两白银被瓜分一空。上级军官共分得一百万两,中下级军官分得三十万两,炮兵水手只分得十万两。

海军舰炮不仅轰击了进攻制造局的讨袁军,而且还轰击了向龙华进攻的淞军和侧攻西炮台的奋勇军。奋勇军已经攻占了西炮台,由于舰炮突然轰来,无法防守,陈果夫只好领军重新退出。

这一天，在袁世凯秘密派遣的外交使节蔡廷干许诺今后将给以“特别利益”后,上海租界工部局议决将黄兴、孙文、陈其美、岑春煊、李平书、沈缦云、王一亭、杨信之八人逐出租界。

由于海军舰炮不时向南市讨袁军总司令部开炮，使附近的民房倒塌、起火,陈其美于7月24日晨把司令部移往沪宁车站以北的南海会馆。

当晚,陈其美又指挥讨袁军向敌人发起第三次进攻,双方均伤亡惨重。

7月25日夜,陈其美又组织讨袁军向敌人发起了第四次进攻。这次进攻,讨袁军损失更大。虽然钮永建的淞军攻下龙华后,与陈果夫的奋勇军一起来助攻制造局,但制造局岿然不动。陈其美只好放弃南市,把讨袁军撤往吴淞。

上海的激烈战事引起了各方面的关注。25日上午9时,上海红十字会的有关人士分赴南北军阵地,要求双方停火。

驻沪外交团与工部局也出示通告,贴在上海街头,其中说:"近数日来,毗连之处乱起,阻扰商业,又复破坏本界秩序。现各外国领事馆及工部局宣示,或在本界或于本界以北毗连各乡,不准作为行军根据及阴谋计策中点之用。两方面之中国兵弁,无论何方,均须迁出本界北乡之外,以免战事波及本界,而保卫各国守分商民之安宁。且军事领袖与有连带者,无论何党,或文或武,亦应由本界及本界北乡,立即迁出,如违定行提究。"

除了贴通告,英国和其他国家的军舰也纷纷驶近上海,准备派武装部队登岸,"保护"租界。

工部局还于27日上午8时半,派总巡捕房头目卜罗斯带领马队三十余人,到沪宁火车站北面的南海会馆,驱逐陈其美的讨袁军总司令部。

此时,陈其美已前往吴淞,但司令部人员及奋勇军共二百零七名却全部被卜罗斯缴械。卜罗斯令他们将所有的枪支弹药留在南海会馆,只准穿衣服走人。他留下一队洋兵驻在会馆中,美其名曰"保护"。

事后,陈其美很快了解到,闸北士绅夏瑞芳、吴子敬等十七人,函请英美工部局,派洋兵及租界商团保护各丝厂及居民等生命财产,工部局乘机出兵。

第二天下午,夏瑞芳、吴子敬等又以"地方公团代表"的名议,请求外交团派兵"保护"闸北。陈其美气愤万分,令士兵抓住吴子敬,把他扭送至闸北市政厅。

“你到底是不是中国人？”陈其美怒气冲冲地问。

吴子敬吓得浑身发抖，说不出话。

陈其美正准备教训他几句，突然，夏瑞芳和卜罗斯带着万国商团的几百名洋兵冲了过来，包围了市政厅。

“陈其美，快把吴先生放出来。不然，卜罗斯先生对你就不客气啦！”夏瑞芳在外面盛气凌人地叫道。

陈其美握着手枪，关节格格响，但还是把吴子敬放了。

望着万国商团离去的背影，陈其美高叫道：“夏瑞芳，我饶不了你！”

夏瑞芳回过头说：“你这种动乱司令，还是先看看你自己小命能不能保吧！”

夏瑞芳万没料到，几个月后，陈其美果真派人将他暗杀了。

28日这一天，伍廷芳致电袁世凯，说：“廷芳告别后，途中闻江西战事，犹未详悉，及抵上海，而制造局战事震动一时，耳闻目睹，惨不忍言。两军固各有死伤，而居民生命财产，付之一烬。死者暴露原野，生者流离租界，无片椽之覆，无担粟之储，恐终为饿殍。而军舰发炮，流弹入租界，坏屋伤人，各领事深为忿激。虽军舰具函谢过，而事犹未解。此本在租界之外，有商民十余人，因陈其美在此设司令部，惧遭兵焚，请求租界干涉，已允其请，从此闸北又入外人势力范围。即此一端，同胞相残，决非中国之福……不能不统筹全局，求于兵力解决之外，得和平解决之策。然劳心焦思，苦无良法。公抚绥海内，保护生民，虽成算在，然念及东南糜烂，生灵涂炭，必将恻然不忍，倘施善策，以纾兵祸，则安国家保生民，实为无疆之福。”

到了这个时候，袁世凯胜券在握，他怎么还可能和平解决？他任命郑汝成为上海镇守使，执掌除租界以外的上海军政大权。

这天夜里，陈其美组织讨袁军再一次进攻江南制造局。部队从龙华出发不久，即被停在黄浦江上海军探照灯照亮发现，遭到炮击。居正利用占领的吴淞炮台开炮还击海军，一举击毁海筹舰探照灯。

子夜时分，讨袁军接近江南制造局，发起进攻。但楚有号等军舰舰炮齐发，讨袁军无法立足，只好退却。

7月29日，黄兴因在南京讨袁失败，乘船逃往日本。

31日，袁世凯复电伍廷芳，反对他7月28日的和平呼吁："沪上战祸，微公言已深虑。惟此次叛徒，志在窃地裂国。以制造局为储胥所在，抵死奋夺，使政府稍存投鼠忌器。即借寇之资，已成大局，何堪设想？鄙人受国民付托之重，日在位，断不忍国家领土破碎自我。严防痛剿，责所难辞。且该叛军以十九营之众，毫无缘故，数昼夜围攻该局，欲使守军束手待毙，尤为无此军律，无此人道。中外耳目具在，谁在戎首，自有公论。近日涛张为幻之事极伙，电信难分真伪，若有见教，幸速驾来京面谈。"

同日，袁世凯还勒令北京国民党本部开除黄兴、陈其美、李烈钧、陈炯明、柏文蔚等五人党籍，又悬赏缉拿黄兴、陈其美、黄郛、李书城等四人。上海大街小巷贴满了悬赏布告，其中黄兴悬赏了十万元，陈其美五万元，黄郛、李书城各两万元。

8月1日，孙中山乘轮离开上海，经福州、台湾，8日抵达日本。同日，黄兴也抵达日本。

上海讨袁军无法再在上海市区坚守，陈其美只好把司令部从闸北撤至吴淞炮台湾中国公学内，继续坚持战争。

第三十五章

再失所爱

78

黑黢黢的夜刮着黑黢黢的风，吴淞炮台经过连日苦战，仿佛也沉沉地睡去。午夜时分，几条黑影蹿上了炮台，他们在夜色中躲闪着，迅速向岗哨摸去。

一个手握匕首的人接近岗哨后突然跳起，用一只手腕紧紧勒住岗哨的脖子，在岗哨前胸猛地捅进一刀。

刀子捅出后，刺客才发现不好，岗哨是个假人。他正要回身，四周亮起了几道手电光

"不许动！"

"举起手来！"

一群荷枪实弹的讨袁军把几个刺客包围了起来。刺客们只好束手就擒。

原来，这几个人是福字营统领刘福彪派来劫岗的。把他们带进炮台司令部后，陈其美、居正、钮永建立即对他们进行审讯。他们交代，刘福彪准备带队夺取吴淞炮台，向程德全邀功。他已带人在不远处埋伏，待他们一得手，即发三颗红色信号弹，通知刘福彪进入炮台。

陈其美把缴获的信号枪拿过来看了看，然后给居正："觉生，你亲自去发三颗红色信号弹，请刘福彪上来。"

原来，前几天，就有人向陈其美报告，说程德全派人带着十万块钱，前往刘福彪处，让他反戈一击，占据吴淞炮台，最后打垮讨袁军，袁

大总统一定会给他加官赏钱。

刘福彪连日作战，身体十分疲乏，手下士兵死伤过半，眼见胜利无望，正在垂头丧气。见程德全的人带着十万元的银票找上来，不由眼前一亮。很明显，再跟着陈其美走下去，必然是死路一条。自己在江湖上混了这些年，好不容易才当上福字营统领，吃到一碗官饭，不能就此就砸了。

他与来人约定，就在这几日，见机行事。8月6日夜，他果然行动了。

陈其美得知刘福彪要叛变，心中不由一阵阵疼痛。他心中不停地祷告，但愿这不是真的。这个夜晚他们在炮台上布置好守护迎敌之事后，他还在心里说："但愿这一切都是假的，福彪他不要来。"

但是，刘福彪就是来了。

居正的三颗红色信号弹发出后，刘福彪率领着福字营的弟兄，一口气冲上了炮台。等着他们的，是四周黑洞洞的枪口。他们只好缴械投降。

刘福彪被带进了炮台司令部，陈其美端坐在一张桌子后，目露寒光。

刘福彪看了陈其美一眼后，低下头说："我本来是想以后求个好进身的。既然是这样了，我也没什么好说的。只请大哥让手下人枪打准一些，不要叫我难受。"

陈其美泪流满面，说："我哪里是输给了袁世凯呢？我是输给了我自己呀！"

不一会儿，天亮了。陈其美从哀伤中抬起头，对居正说："送福字营的弟兄们下炮台，就说我陈其美祝他们今后都走好运！"

居正走出后，刘福彪依然站在那里。陈其美说："你怎么还不走？"

刘福彪一听，不由惊叫道："大哥，你？"

"你不要叫我大哥啦，今后我们两恩断情绝。你该到哪里发财就去哪里吧！"

"大哥！"刘福彪痛哭起来，他跪倒在地，"咚！咚！咚！"磕了三个响头，抱住陈其美的腿说，"大哥，我对不住你！我的确是看弟兄们死伤太多,这样下去没有一个头,才一时糊涂,这么干的。你原谅我吧?”

陈其美叹息一声:“让你和弟兄们走,我就是原谅你啦。”说着,他掏出一张银票,“我只有这五千块钱了,你拿去给弟兄们做回家的路费吧。”

“大哥。这钱我不要。你是知道的,去年革命成功后,我和福道带人回滁州,把穆守仁杀了,把他家的财产都占了。现在,福道正在滁州经营西涧庄园,得到这一切,我们是多么不容易啊!程德全派人对我说,讨袁军肯定是打不赢的。我要是再跟着你们,我在滁州的财产就别想保住。我想,你应该是胜利者,跟着你,我肯定是胜利者。谁想到你们得了江山又送给别人,到头来连立足之地都没有呢?我和弟兄们都觉得,这革命到头来是一场空啊!”

听了刘福彪的话,陈其美不知道该说什么。能说刘福彪错吗?“你走吧!”

“大哥,你是好人。从今以后,我刘福彪将息身江湖,隐居滁州,割麦插禾,潜心向佛,祝你再造共和成功!”

刘福彪大步地走出炮台。从此以后,上海滩果然再也见不着刘福彪的身影了。

福字营被缴械遣散,讨袁军实力更加减弱,士气异常消沉。

8月13日,北洋军几路直逼吴淞炮台。上海红十字会出面劝和,讨袁军同意放弃吴淞炮台。

当日,钮永建退出宝山、吴淞,率兵退扎嘉定,8月18日退往太仓。居正也随着一路退去,上海讨袁失败。

陈其美在租界里隐藏了起来,他躲在戚志锐前一段时间租下的亭子间里,给租界领事团写了一长篇抗议书,对领事团迫令其迁出提出严重抗议。9月2日的《中华民报》刊登了这篇长文。

租界领事团看了这篇长文后,认为陈其美所言有理,便不再驱逐他。

戚志锐已经怀孕了。她决心要为陈其美生一个儿子。所以,这次讨袁战斗,她没有参加。

陈其美打算去日本,追随孙中山先生,继续抗袁革命。戚志锐也想跟着他一起走，但陈其美担心，长途跋涉，飘洋过海，戚志锐的身体受不了。

“不，我能受得了。不和你在一起，我心里就感觉空落落的，若有所失。”戚志锐说，“至于我的身体，我想不会有任何问题，漂洋过海总不比枪林弹雨更艰难吧。”

陈其美抚摸着她那已经隆起的小腹说：“你真要去，也行。其实，我现在特别怕孤独，一个人呆在屋子里就觉得特别烦。到了日本后，有你在，不久再生个儿子，整天听他那嘹亮的哭声，那该有多好。”

戚志锐幸福地笑了，她把头靠在陈其美的胸前，喃喃地说：“如果生个女儿，你喜欢不喜欢？”

“当然喜欢啦，生个像你这样的女儿。还不疼煞人？”

“贫嘴！”

“我说真的。我想要儿子，也想要女儿。要是你先给我生儿子啦，我就再叫你给我生女儿；要是你先给我生女儿啦，我就再叫你给我生儿子。”

“那就看你的本事啦。”

“我的本事你还不知道？”陈其美把头埋在了她的胸前。

因怀孕的原因，戚志锐的两个乳房已变得更加丰满、挺拔，陈其美的脸贴在上面，似乎是贴在两座雪山之上。他又想起督府中飘雪的那个夜晚，戚志锐持枪而来的情形。她是随着那纷飞的雪花飘来的念头又浮上他的脑海，她是个雪人儿，那她的肚子里的孩子一定是个小雪人儿，也许有一天，她们会随着太阳化去的。这个想法跳出来，他自己不由一惊，随即将其挥去。

真该感谢女人！陈其美又想到因救他而死去的黄雪鸿。他想到这些年来他不停地奔波、操劳，当伤痕累累、精疲力尽之时，他总是躺在这些女人们温柔而温暖的怀抱，是她们，一次又一次地舔去了他伤口上的血迹，抚平了他心灵中的创伤，重新点燃他的生命激情，使他爬起来，再上路，再征战。他这些年，都是由她们支撑起来的。

应当说，一切成功的男人都是由女人支撑起来的。作为一个男人，应当永远感谢女人！

陈其美正准备离开上海，袁世凯却派人查封了他在湖州的家产。继母杨氏等被赶出家门，陈其美忙让陈果夫派人将家人接进上海租界，在海宁路十号姚氏夫人住的房子里住下。

孙中山先生从日本频频来电，一是关心陈其美的安全，二是要他速去日本，商议改组国民党之事。

9月26日，陈其美带着戚志锐来到海宁路十号，与家人告别。

家里人见到已经怀孕的戚志锐，都十分高兴。尤其是姚氏夫人，亲切地叫戚志锐为小妹，把她拉到自己的房中，问她的年龄，怀孕时间，饮食起居等，亲如姐妹。戚志锐本来是不愿意来的，是陈其美硬要她来的，开始还有些拘谨，见姚氏那么亲切，不由觉得愉快起来。

"小妹，你就别去日本了。留下来，姐姐照顾你，让你顺利生产。"

"不行啊，姐姐，我们都留下来，谁照顾他呢？"

"可惜我不懂什么革命，要不也跟着你们活动多好！"姚氏真诚地说。

"姐姐，等将来我们打倒袁世凯后我就回来侍候你，好吗？"戚志锐也不知自己怎么突然就说出了这话。

"快别这么说。英士他前些日子对我说了，将来如果你再要坚持，他就和我离婚。到时候，你能让我不离开这个家就行啦。"姚氏有些哀伤起来。

戚志锐忙拉住姚氏的手说："好姐姐，那是小妹以前不懂事说的，今后我再也不会提了。你永远都是我的好姐姐！"

陈其美和戚志锐直到午夜时分才离开海宁路十号。

回到隐身之处，陈其美和戚志锐刚进门，身后突然有两个壮汉闯了进来。

"英士，快跑！"戚志锐迅速拉灭电灯，拎起一把椅子就向壮汉砸去。

一个壮汉"哎哟"一声被砸倒在地，另一个壮汉飞起一脚踢中了戚志锐隆起的小腹，戚志锐惨叫一声，倒在地上。

壮汉正在寻找陈其美开枪，陈其美的枪却先响了，那家伙应声倒地。被戚志锐砸倒在地的那个人忙滚出门外，举枪对屋里连射几枪后逃窜。陈其美追出门外，打了两枪，没有打中。

枪声惊动了附近的住户和捕房的巡捕，他们纷纷赶来。

陈其美打开灯，那个杀手已被他击毙了，而戚志锐正躺在地上呻吟，她的身下全是血。杀手的那一脚，踢掉了她肚子里的孩子，并造成了她大流血。

人们七手八脚把戚志锐抬上一辆汽车，送到法租界医院。医院里只有一位值班医生在，他对妇科并不很在行，一面设法止血，一面让人去请其他医生。

鲜血染红了身下的被褥，戚志锐的脸色越来越苍白。

天亮时分，戚志峻得到消息，也匆匆赶到医院，一见姐姐如此情形，不由泪如雨下。

戚志锐已没有什么力气，她拉住戚志峻的手，吃力地说："好妹妹，别哭，姐姐有话对你说。"

戚志峻哽咽着说："好姐姐，我听着呢，你说吧。"

"姐姐有一桩心愿未完成，你能帮姐姐完成吗？"

戚志峻流着泪点头说："你说吧，姐姐，只要我能做到的，我一定帮你完成。"

"你能做到的。就怕你不答应！"

"你说吧，姐姐，我能做到的，我一定会做的。"

"我一心想给英士生个孩子，没想到，结果会是这样。我走后，你就……就嫁给他，陪他去日本，替我生个孩子，行吗？"

这话来得太突然，戚志峻惊得半天说不出话。

陈其美忙说："志锐，你别胡思乱想，我等你伤好后，我们一起去日本。"

戚志锐艰难地摇摇头，说："我心里清楚，我不行了。志峻，你答应我吗？"

戚志锐无力地举起了双手，戚志峻忙握住她的手说："好姐姐，我……我答应你！"

戚志锐抽出一只手，伸向陈其美。陈其美忙握住她的手。

"你要好好待志峻，把她当成是我。"

陈其美早已泪水涟涟:“志锐,不能这么做。”

“你答应我。”

陈其美郑重地点点头。

戚志锐把他们两人的手拿着,叠放在自己的胸前,呼吸急促地说:“你们好好珍惜,我去找雪鸿姐啦!”

第三十六章

中华革命党柱石

79

1913年8月9日，孙中山流亡到达日本。在日本，孙中山有一批强有力的支持者，如刚卸任不久的日本内阁文化相、宪政改进党首领犬养毅，玄洋社首领头山满，还有他的日本友人宫崎寅藏等。在他们的精心安排和保护下，孙中山得以上岸，并在东京赤坂灵南畈町二十七号海妻猪勇彦宅居留下来。

接着，国民党骨干黄兴、胡汉民、柏文蔚、李烈钧、谭人凤等人，也相继流亡到东京。

10月3日，陈其美经过两天的航行，也到达东京。他是奉孙中山电召，于10月1日从上海赴日的。通过日本友人关系，他住在了东京曲町三条町二番地，化名高野。

到年底，流亡日本的国民党人已达千人。

孙中山等流亡者在日本过着灰暗而艰苦的生活。他们这批创建民国的共和英雄，反过来却为“民国”所通缉。孙中山虽经犬养毅等日本友好人士向日本当局几经交涉，允许政治避难，但仍在日本警察的严密监视之下。日本警方1914年1月秘密编成的《在本邦亡命支那人名簿》中，共列四十六人名单，分姓名、伪名、前职、现住所等项分别填录，孙中山、黄兴首列其中，从上海到日本的陈其美、钮永建、戴季陶、李平书、沈缦云等，均是警方重点掌握的对象。

袁世凯对流亡海外的革命党人，心中依然充满仇恨和恐惧。他密遣暗探，通过驻日公使陆宗舆，在东京设办事处。并派蒋士立携款五十万元到东京，跟踪国民党人，对其进行分化。其方法：一是资助回国，予以政治地位；二是在国外休养，予以优裕生活；三是资助留学。对于不能收买的人，就设法暗杀。因此，一大批国民党人只能过着匿名隐居的生活。

孙中山的生活十分拮据，经济来源奇缺，只有少数华侨和日本友人给以不定期的少量的支援。流亡党人中，一大半需要孙中山筹款帮助。尤其使孙中山苦恼的是，经过"二次革命"的严重挫折，本来形同一盘散沙的国民党，此时更加溃不成军了。即使在东京的国民党骨干，也思想混乱，意志颓唐，组织涣散，行动散漫，有不少人对孙中山产生了信仰危机。

对于以后的事业，有的人缄口不谈革命，有的人认为十年以后才能再谈革命，还有的人耐不住困苦，投降自首。孙中山处境窘迫，特别需要党人的理解和支持。

在极其困苦的条件下，孙中山对"二次革命"进行了认真的反思。他认为：要革命，没有一个坚强的集中统一的党，是不行的。组织涣散，一盘散沙，各自为政，谁也指挥不了，这样下去，革命永远不能取得真正的胜利。前年的辛亥革命、今年的"二次革命"，教训太深了。

在这个问题上，黄兴则这样认为：辛亥革命和"二次革命"讨袁的失败，主要是由于实力太悬殊。袁世凯练兵多年，掌握了一支强大的武装，同他拼武力是不明智的，应该进行长期耐心的、合理合法的、韧性的斗争，才能巧胜敌人。

到达东京不久后，黄兴去看望孙中山。他们在孙中山的书房里进行了交谈。

孙中山的态度很严厉。他严肃地批评了黄兴，并且提出要严格整肃国民党，重新建立一个中华革命党，要求每个重新入党的人，都必须立誓词，按指模，宣誓效忠于他。

黄兴是一个木讷的人，他一向不爱与人辩驳。对孙中山的批评、呵责，他没有表示反对意见。是他的责任，他完全愿意承担。不过，对于孙中山整肃国民党的做法却提出了不同看法。他认为，亡命日本的党人，都是因参加讨袁而被通缉的，不应在这个时候对他们严格加以整肃，而应在原有的基础上，发展反袁的力量。对于每个党员都必须宣誓效忠于孙先生个人，黄兴更感到难以接受。对按指模的作法，他更感到与会党无异，迹近侮辱人格，实在无法苟同。

他激动地对孙中山说："先生的苦心，我是明白的。但我们奋斗半生，为的什么？全都是为了发扬平等自由主义，以与蠹贼人道者战。先生也是终生以民权主义为号召的。今日如过分强调服从个人，岂不与我等毕生奋斗的宗旨相违背了吗？"

孙中山态度异常坚定，说："这些我都深思熟虑过了。我决不是一个专制的人，但革命的形势要求我们必须有严格的纪律。第一、二次革命，我都听从了兄的意见，现在第三次革命，我想由我自己负完全的责任。愿附从者必须纯然听从我的号令。这一点，我决心已定，决不让步。兄如不愿附从，也悉听尊便。但我要恳请兄让我这一次，不要再干预，以两年为期。我如成功，一定请兄出任政治之事；我如又失败了，今后就由兄独办，我也一定坚决让兄。总之，今后弟欲为真党魁，决不愿再作假党魁，庶几事权统一，中国也就可能还有救药了。"

两人谁也没说服谁。

黄兴认为，两人长此在东京相持下去，定会加深同志之间的矛盾，削弱革命力量，给敌人以可乘之隙。他决定以疗养胃病为词，离开日本，远游欧美，以便使孙中山行其所是。临行前，他向孙中山表明，对革命事业始终不渝。孙中山对黄兴也甚表关怀，电告美洲支部曹亚伯等为黄兴照料旅居。黄兴于1914年3月，携夫人徐宗汉，幼子一美，翻译徐申伯、唐月泄，秘书石陶钧、李书城，由日本乘轮赴美国。

此时，除黄兴对孙中山的意见很难接受外，谭人凤等一批老同盟会会员都不能接受，但陈其美却表示倾服。他说："辛亥革命，手持寸铁，集众数万，武昌一呼，全国震荡者，革命党之精神有以致之也。癸丑一役（二次革命），据地数省，拥兵十万，以兵负隅，而全局失败者，革命党中锐气消沉之所致也。"

在拜会孙中山时，陈其美对孙中山说："第二次革命之失败，是由于我党的不统一。这主要是因为诸同志不能奉先生之教令，往事俱在，后之进行,须鉴前车,要达到革命目的,非如此不可!”

陈其美还积极说服同志,让大家拥戴孙中山。他曾对胡汉民说:“总理领导我们,我们都追不上,总理如在山顶,我们只在半山。我们这两年才算认识总理的伟大,却已是太迟了,而许多同志还未觉悟,说我们服从太过,岂不可叹。”他还写信给陈果夫说:“我所以服从中山先生的缘故,决不是盲从,是因为我现在已经实在认识清楚,此刻中国有世界眼光、有建设计划、有坚忍不拔精神的,除了中山先生以外,再没有第二人,所以我诚心的服从他。”

何应钦后来在回忆录《开国人豪百祀新》中说:“英士先生自二次革命迭遇挫折后,对于国父之主张,倾心折服,尤对三民主义的精神,奉行益力,在革命士气极端消沉的时候,国父倚之如左右手。……英士先生曾对我说,中山先生主张自由、平等、博爱的精神,除继承中国传统优良文化,实在是一位伟大的思想家和政治家。”

陈其美的这些言行,对于维护孙中山的领导地位、团结党人、再树革命信心而言,起了积极的作用。但是,国民党内的有些人,却对陈其美深怀成见,视他为势利小人,对他支持孙中山的动机有所怀疑。不过,认真观察一下陈其美在中华革命党时期的所作所为,就可以看出,他是真诚的,对孙中山、对革命,都是毫无保留的。

孙中山一到日本时,就打算组建中华革命党了。他首先派陈其美、居正、周应时、廖仲恺、谢持等人,分别调查亡命东京的国民党党员的状况,并着手吸收党员。陈其美 10 月 3 日抵东京,7 日即加入中华革命党,与他同时入党的有戴季陶、田桐、钮永建、范光启等二十三人。陈其美入党排号第七,孙中山为介绍人兼主盟人。

1914 年初开始,孙中山用了两个月的时间编写了《革命方略》。3 月底完稿后,孙中山亲自召集陈其美、胡汉民、居正、廖仲恺、许崇智等,持续两个月,进行了十七次讨论。陈其美参加了十一次,《中华革命党革命方略讨论会记录》的原始文件至今清晰可查。

5 月 14 日,由孙中山指定,成立了十五人的中华革命党筹备委员会。委员会人员有:陈其美、柏文蔚、周应时、刘承烈、邓家彦、胡汉民、杨庶堪、居正、侯度生、张肇基、凌成、文群、陈杨栋、张百麟、田桐。

6月22日,中华革命党召开成立预备会,到会者二百余人,一致票选孙中山为总理。

7月8日,中华革命党在东京筑地精养轩召开正式成立大会,参加成立会的党员五百余人。在签名入场时,每人发寸余长的别针,饰以红白织缎带,插在胸前,进入会场。

在成立会上,孙中山由陈其美、居正介绍,胡汉民主盟,当众宣誓加盟。誓约说:

> 立誓人孙文,为救中国危亡,拯民困苦,愿牺牲一己之身命自由权利,统率同志,再举革命,务达民权、民生两主义,并创制五权宪法,使政治修明,民生乐利,措国基于巩固,维世界之和平,特诚谨矢誓如左:
>
> 一、实行宗旨;
>
> 二、慎施命令;
>
> 三、尽忠职守;
>
> 四、严守秘密;
>
> 五、誓共生死。
>
> 从兹永守此约,至死不渝,如有二心,甘受极刑。
>
> 中华民国广东省中山县孙文(指模)
>
> 民国三年七月八日立。

孙中山的入党号数为一六一号,誓约号数为六四一号,在成立大会上,就总理职。

其他党员的入党誓约与孙中山的略有不同,“统率同志”改为“附从孙先生”,“慎施命令”改为“服从命令”。

在成立大会上,大家一致推选陈其美担任协理,但陈其美坚持不同意。他建议协理一职先空着,留待黄兴归来。这个建议受到了与会者的赞扬。

稍后,大会公布了孙中山手书和亲订的《中华革命党总章》,共三十九条。孙中山认为,这是他“数十年学问经验之结晶”。

孙中山在会上还根据“组织表”的规定，发布了《委任令第一号》。公布中华革命党主要干部的名单：

总务部长 陈其美
副部长 谢持
党务部长 居正
副部长 冯自由
军务部长 许崇智
副部长 周应时
政治部长 胡汉民
副部长 杨庶堪
财政部长 张人杰
副部长 廖仲恺

9月1日，以总理、总务部长、党务部长、军务部长、政治部长联衔，发布了《中华革命党成立通告》，阐述了缔造中华革命党的原因、宗旨，明确规定以实行民权、民生两主义为宗旨，以扫除封建专制、建设完全民国为目的，遍告海内外同志，自中华革命党成立之日，凡在国内所有之国民党本部、支部、交通部、分部被袁世凯解散的，不能存在无论矣；所有海外之国民党，除在日本东京已宣告解散外，其余美洲、南洋各地未经散者，希即一律改组为中华革命党。

《通告》中还公布了中华革命党的通讯处：日本东京市兰区南佐久间町一丁目三番地民国社。

根据中华革命党总章第二十一条规定，总务部负责总务部庶务，接洽内地支部和海外支部，制管公文府印，交涉党外事宜，办理不属他部之事。

孙中山还专门对总务部的地位和职权作了指示：“总务部为各部之领袖。各部事务应受其考试。凡总理发表命令或委任职员，必须总务部及有关部长副署。特别筹款及对外交涉，亦由总务部任之。”

9月份，陈其美以最快的速度组织了总务部机关。10月10日，设机关在日本东京兰区南佐久间町一丁目一番地，开始办公。

总务部下设六局一处，是个责任明确、人员精悍的机关。

由于中华革命党协理始终缺席，总务部是第一部，陈其美实际上成为孙中山的第一副手。

中华革命党的筹建和同盟会、国民党时期的思想状况、政治形势均不一样，相当部分国民党员对孙中山立誓约、按指模、服从孙中山"党魁"一人，很不服气，不肯加入。陈其美到处劝慰、说服。在海外，许多支部的建立，如宿务支部、菲律宾支部、庇能支部、麻坡分部等，是由陈其美以总务部长名义，直接联系报请孙中山委任的。

在国内，陈其美曾亲赴大连，开展党务联络活动。1914年9月，陈其美又被孙中山委任为浙江地区主盟人，并对江、皖、鄂等省的党务工作作指导。到后来，中华革命党在全国十八个省先后建立了支部。

80

10月底，一个大雨滂沱的夜晚，陈其美带着湖南籍年轻的党员吴先梅，驾车来到赤坂区外交街蒋士立的住所，说有重要文件要面交。

蒋士立不知是计，以为又有革命党人前来投降，让侍卫放他们进入院子。

车子开进蒋士立的院子后，陈其美和吴先梅下车，司机立即将汽车调好头，车头向外，并不熄火，一直让马达在空挡上转。

陈其美和吴先梅由一位仆人带着进入客厅。

仆人将陈其美和吴先梅安排坐下后，就上楼去请蒋士立下楼会客。当仆人离去后，陈其美见四下无人，就按预定计划，迅速将客厅里的三盒火柴装到自己口袋里。

不一会儿，蒋士立跟在仆人后面下来，见到两位陌生人，忙说："幸会，幸会！"

一一握手后，蒋士立忙招呼仆人给来客敬烟倒茶，但仆人在客厅里四处都找不到火柴。蒋士立便令仆人到后面储藏室里去拿火柴。

仆人转身走出客厅后，陈其美掏出一叠纸，双手捧着恭敬地递给蒋士立。吴先梅忙着上前说："这里面的一段最重要。"他翻动一页纸，蒋士立马上盯着看,陈其美趁机拔出匕首,一下刺中蒋士立的后心。

吴梅先也拔出匕首,对着蒋士立的前胸捅了一刀。

蒋士立连“哎呀”都未叫出一声,便一头栽倒在地,鲜血顿时染红了地毯。

陈其美见状,知道蒋士立无救,便和吴梅先扔下匕首出门。陈其美走在最后,到客厅门口时,还一面抓着门把手,一面假装与里面打招呼,说:“蒋先生,请不必送了。材料你再看看,若满意,我今后随时送来。”似乎他真的在与里面的蒋士立告别。

他的这一举动果然迷惑了守卫在院中的两个侍从。他们不仅没有阻拦他二人上车,还与他们友好地招呼告别。

陈其美、吴梅先上车后,司机一踩油门,汽车“呼”地开出铁栅门,向马路上飞驶而去。

这时,那位去拿火柴的仆人回到客厅中,见到两位客人已不在,而主人蒋士立却倒在血泊中,小腿抽搐。他惊吓得大叫起来:“抓刺客!”

在庭院中的侍卫听到叫声,如梦初醒,急忙拔出手枪去追。茫茫烟雨中,只见汽车尾灯一闪,便无影无踪了。

当夜,陈其美又给驻日公使陆宗舆打电话:“你要是再敢收买革命党人,就等着做第二个蒋士立吧。”

陆宗舆胆颤心惊,忙问:“你是谁?你是谁?有话好商量。”

“我是中华革命党,你记住这个名字就行了。”

陆宗舆等人要求日本人缉拿凶手,但一直没找到。从此,驻日使馆及袁世凯的爪牙,再也不敢在革命党人中进行活动。

第三十七章
对黄兴倾诉衷肠

81

陈其美当初离开上海时，让蒋介石留在了上海，负责上海方面的革命工作。1913 年 10 月 29 日，蒋介石在上海由张静江介绍，加入中华革命党，其入党誓约为一〇二号。

蒋介石在上海，常和在日本的陈其美取得联系。经过半年多的努力，蒋介石终于联络了一批志士，准备于 1914 年 5 月底在上海举行讨袁起义。蒋介石计划分三路行动。第一路，由他兼任司令，担任潭子湾、小沙渡、曹家渡、梵之渡一带的进攻任务。第二路由陆荣廷率领，进攻真如一带，夺占警署。第三路担任毁坏铁路电线，拦截火车。

由于事不机密，被上海镇守使郑汝成侦悉，5 月 30 日夜半，闸北巡警拿获陈乔荫、王军山、章得高、陈新民等人，并搜出起义军人员名单，起出械弹、旗帜、印信等许多东西。

郑汝成连夜电告袁世凯，袁世凯立令搜捕革命党人，并通缉蒋介石。

蒋介石在陈乔荫等人被捕以后，躲进了张静江家中。由于革命党中出现了叛徒，军警深夜来到张静江家中捕捉蒋介石。蒋介石这晚恰巧到别的朋友家小坐，待回来时，见张宅被众多军警包围，知道不妙。他灵机一动，装着是过路的，从容走过张宅，才侥幸逃脱了。

蒋介石难以在上海立足，陈其美得知情况后，立即电召他去日本，重商讨袁大计。

蒋介石于6月中旬来到日本，同时带来了一个情报。袁世凯要运大批军械弹药去云南、贵州，用以收买云、贵都督唐继尧、刘显世。陈其美立即向孙中山报告，并与孙中山商定，派老同盟会员、贵州人凌霄，潜回湘西，联络志士、会党，拦截弹械，在湘西起义，建立革命根据地。

凌霄领命后，立即从日本取道上海，经武汉去湘西。他到达长沙时，却被湖南督军汤芗铭部侦知，随即被捕。

汤芗铭此时有“屠夫”之称，见到行迹可疑的人就杀。听说抓到了凌霄，立令处决。

行刑之时，天空突然变得昏暗起来，狂风吹得人眼都难以睁开。

一声枪响，凌霄倒了下去。

一道闪电过后，大雨随着炸雷轰然而至，大地瞬间被烟雨笼罩起来。行刑队留下二名士兵守着法场，其余全部退回城里。

四更天时，雨稍稍小了。一个士兵突然看见凌霄的身子在蠕蠕而动，并有呻吟之声。

“不会是炸尸吧？”另一个士兵也看到了。他们一起“哗哗”拉动枪栓，把子弹推上膛，小心地向凌霄的“尸体”走去。只见凌霄双目瞪着天空，炯炯放光，唇不停地一张一合，在吞着丝丝雨水。

“你没死？”一个士兵颤颤地问。

“到阎王殿里走了一圈，阎王横竖不愿留我。”

一个士兵说：“此人枪决十二小时后又活过来，真可谓奇人。”

另一个士兵说：“革命党人的生命就是顽强，他们的大义感天动地啊！我们应该顺天随义，保护他才对！”

刑场是在湘江岸边，不远处停有一条渔船。两个士兵捡起石块，砸向江中，叫渔船靠岸。渔家从船中探出身问：“二位军爷，有什么吩咐？”

两个士兵你一言我一语把凌霄的情况说了一遍，希望渔家能带上他远逃。

渔家既为凌霄的革命气概所感动，也为二位士兵的义举所感动，说：“大难不死，必有后福。我今天就救这位先生一次。”

两个士兵一听，忙把捆住凌霄的绳索割断，然后把他抬到渔船上。

渔家先是把凌霄藏在自己的家中，但却没有办法为他治伤。他天亮后到长沙城中去买药，才知道全城都在缉拿凌霄。

原来，昨夜那两个士兵救过凌霄后，就潜逃了。第二天，督府发现要犯之尸已失，守兵私遁，便下令严缉。

渔家不能买药，只好回到家中问凌霄，附近有无亲友可投奔。

凌霄想了想说："现在这种形势下，原先的党中战友，谁知还靠住靠不住？你要不怕麻烦，可送我至常德，我有一女友，定会救我。"

渔家请了一位表亲，半夜时把凌霄抬到船上，上面用稻草盖住，一路驶往常德。经过二十多小时的努力，第二天黄昏到达常德城。雇了一辆车，把凌霄送到女友家。

渔家敲门时，就听见里面有嘤泣哀恸之声。门开后，一个女子披头散发出来，泪痕满面。一见凌霄，不由大吃一惊，立刻让进门。

听渔家略叙经过后，年轻女子从屋里拿出二百块大洋说："老伯冒死相救，区区薄礼，略表寸心。"

"我是敬佩先生的为人，才出手相救的，哪里要谢？"渔家坚决推辞，转身出门离去。

这个女子是常德的名妓，原先和凌霄的感情极为真挚，下午看报，得知他被枪决，悲痛万分，就悄悄在庭院设祭，藉慰英魂，以表思情。

不料，凌霄死里逃生，真是喜从天降。

女友当夜送凌霄赴城陵矶，第二天转乘轮船赴汉口。

汉口的革命党人见到凌霄，忙与东京的陈其美密电联系，陈其美立令上海的范鸿仙派人去汉口迎接凌霄。

女友待上海的同志来到后，脱下头上的金钏交给了凌霄，说："这个留作路费吧！"便洒泪折回常德。

凌霄到达上海后立即被送进医院，医生从后脑上取出一颗子弹。医生说："要是再迟一天，就没救了。"

此时，在日本的孙中山接到东北革命党人宁孟岩的报告，说：吉林、黑龙江两省的军队已运动成熟，倾向革命，请孙中山派人去主持工作。

陈其美因筹组中华革命党总务部，不能够脱身，就向孙中山建议，派蒋介石和丁景梁前往。

孙中山此时对蒋介石已有深刻的印象,表示同意。临行前,孙中山叫蒋介石向日本当局要求把东北和台湾交还中国,并对他说:“日本人如果不能将东北和台湾交还我们,并保证朝鲜独立,我们国民运动是不会停止的,你将这个意思告诉日本将领。”

7月初,蒋介石、丁景梁二人到达东北,日本军阀见了他们,企图拉拢他们为日军服务,便掩护他们在哈尔滨、齐齐哈尔等处活动。

通过数十天的观察,蒋介石发现东三省死气沉沉,并没有军队倾向革命,“东北王”张作霖配合袁世凯对东北控制很严密,根本没有开展革命运动的余地。宁孟岩之所以那么报告,不过是想从中山处骗得一批钱款。

最后,日本军人在长春的铁道饭店举行了招待会,蒋介石在会上将孙中山要日本人交还东北和台湾的意思表示出来,并说:“日本要协助中国革命,应该作列强的榜样,首先有具体表示。”

主持招待会的日本联队长听了蒋介石的话后,大为不满,面红耳赤而去。

第二天,日本军方通知蒋介石等离开东北。

通过在东北的考察,蒋介石根据第一次世界大战爆发后的世界局势和国内政局的变化,写了《上总理陈述欧战趋势并倒袁计划书》。这是蒋介石首次给孙中山写信。

在信中,蒋介石以沉痛的笔触,指出二次革命中革命党本身的种种弊端,如“命令不统一,统御无方”,“处处进行,即处处薄弱”,“遍地发动”、“多方起事”,“不足分袁军之兵力”,只会“徒堕本党声威”,“伤本党之元气”,不能取得真正的“效益”。因此,他提出要“力矫过去不规则之弊”。

信中着重分析了欧洲战局和反袁的重要关系:“默察大势,世界大战,已箭在弦上矣!此次欧战时期延长一日,即袁贼之外交势力薄弱一日;范围扩大一步,即吾党之外交关系胜利一步也。若吾党不于此袁贼亲西排东之外交失败期内,乘势急进,则时不再来,后悔莫及矣。”

对于最近的讨袁,蒋介石提出了“急进计划”:“本党今日之进行,以统一各省革命计划,确定全盘整个之方案,集中一点,注全力、聚精锐以赴之。”他接着又分析了讨袁基地为何不宜选择黑龙江和山西，而应以浙江为“根据地点”：“浙江之战略，以地势与兵力之关系，是海主陆从，西守北攻，为今日唯一之根据地点。”“浙江之军人，犹属昔时之革命分子，其思想，其宗旨，尚能较胜于他省。”他认为，假如革命党“出全力为之运动，尚冀其能完全发动也”。

在这封信中，蒋介石对二次革命中国民党的分析，与孙中山、陈其美的看法都是一致的。至于建立浙江根据地的想法，可以说与孙中山、陈其美不谋而合。他们进而筹商继续在上海和江浙地区举行武装讨袁活动。

82

陈其美在贫病交加中为革命奔波着，面对穷凶极恶的敌人，他从不畏惧，但是，革命阵营中有些人的不理解，甚至是误会，使他常常陷入深深的烦恼之中。自从黄兴和孙中山公开分离后，就有人开始指责他，说他搞阴谋，挑拨离间，欲取黄兴而代之。尽管孙中山对别人、对黄兴进行了多次解释，许多人还是不相信。

1915年元旦过后，陈其美对自己所走过的革命道路、与孙黄两人的关系进行了认真的反思。自从参加同盟会以来，陈其美对孙中山和黄兴都是尊敬的。在辛亥革命前，为了维护同盟会的领导地位，他处处维护孙、黄二人的地位，广州起义前后，更是唯黄兴马首是瞻。武昌起义后，他力排众议，极力拥戴黄兴任大元帅，支持由黄兴筹组中央临时政府。

的确，孙中山回国后，他是坚决主张由孙中山任临时大总统的，但这也是黄兴的态度。以孙中山对革命的贡献和在国内外的威望，这是众望所归的。沪军都督府在军事、财政、外交各个方面，均是全面支持南京政府的。

在这一个历史阶段中，因为孙中山长期在国外，应该说，自己主要是在黄兴的直接领导下工作的，黄兴器重自己，自己尊重黄兴，事业上志同道合，感情上亲如手足，从来也没有想过要取而代之。

宋教仁被刺以后及“二次革命”时期，孙中山和黄兴在形势的分析、对策的制订上，产生了分歧。自己的所作所为，的确是从内心深处的自我的是非标准出发的。自己先是同意黄兴的主张，在各种会议上都是开诚布公地说出来的。到东京后，经过对"二次革命"迅速失败的反复思考，总结经验教训，才充分认识到孙中山的讨袁方针是正确的。既然自己错了，那当然应该检讨自己的错误，改正自己的错误。

在组建中华革命党的问题上，自己同意孙中山，反对黄兴、规劝黄兴，也都是为了能够继续共同革命。这一切又有什么不对呢？

经过近一个月的思考，陈其美决定给旅居美国的黄兴写一封长信，一来解释问题，二来劝黄兴回来。他把这个想法告诉孙中山，孙中山说："好啊，革命党人之间就要开诚布公！"

陈其美给黄兴的信，就是历史上著名的《致黄克强书》。

克强我兄足下：

美猥以菲材，从诸公后，奔走国事，于兹有年。每怀德音，谊逾骨肉。去夏征帆东发，美正养疴在院，满拟力疾走别，握手倾愫，乃莫获我心。足下行期定矣，复以事先日就道，卒无从一面商榷。区区之意于足下缘何悭也！日者晤日友宫崎君，述及近状，益眷眷国事，弥令美动"榛苓彼美，风雨君子"之思矣。

溯自辛亥以前，二三同志，如谭、宋辈过沪上时，谈及吾党健者，必交推足下。以为孙氏理想，黄氏实行。夫谓足下为革命实行家，则海内无贤无愚，莫不异口同声，于足下无所增损。惟谓中山先生倾于理想，此语一入吾人脑际，遂使中山先生一切政见，不易见诸施行。迨至今日，犹有持此言以反对中山先生者也。然而征诸过去之事实，则吾党重大之失败，果由中山先生之理想误之耶？抑认中山先生之理想为误而反对之，致于失败耶？惟其前日认中山先生之理想为误，皆致失败，则于今日中山先生之所主张，不宜轻以为理想而不从，再贻他日之悔。此美所以追怀往事，而欲痛涤吾非者也。

爰胪昔日反对中山先生其历致失败之点之有负中山先生者数事以告，足下其亦乐闻之否耶？当中山先生之就职总统也，海内风云，扰攘未已，中山先生政见一未实行，而经济支绌，更足以掣其肘。俄国借款，经临时参议院之极端反对，海内士夫更借口丧失利权，引为诟病。究其实，实交九七，年息五厘，即有担保，利权不碍；视后日袁氏五国财团借款之实交八二，盐税作抵，不足，复益以四省地丁，且予以监督财政全权者，孰利孰害，孰得孰失？岂可同年语耶！乃群焉不察，终受经济影响，致妨政府行动。中山先生既束手无策，国家更濒于阽危。固执偏见，贻误大局，有负于中山先生者此其一。

及南北议和以后，袁氏当选临时总统。中山先生当时最要之主张，约有三事：一则袁氏须就职南京也。中山先生意谓南北声气未见调和，双方举动，时生误会，于共和民国统一前途深恐多生障故。除此障故，非袁氏就职南京不为功。善所以联络南北感情，以坚袁氏对于民党之信用，而祛民党对于袁氏之嫌疑也。二则民国须迁都南京也。北京为两代所都，帝王痴梦，自由之钟所不能醒；官僚遗毒，江河之水所不能湔。必使失所凭藉，方足铲锄专制遗孽。迁地为良，庶可荡涤一般瑕秽耳。三则不能以清帝退位之诏全权授袁氏组织共和政府也。夫中华民国乃根据临时约法，取决人民代表之公意而后构成，非清帝、袁氏所得私相授受也。袁氏之临时总统，乃得国民所公选之参议院议员推举之，非清帝所得任意以予之也。故中山先生于此尤再三加之意焉。此三事者，皆中山先生当日最为适法之主张，而不惜以死力争之者也。乃竟听袁氏食其就职南京取决人民公意之前言，以演成弁髦约法、推翻共和之后患者，则非中山先生当日主张政见格而不行有以致之耶？试问中山先生主张政见之所以格而不行，情形虽复杂，而其重要原因，非由党人当日识未及此，不表同意有以致之耶？有负于中山先生者此其二。

其后中山先生退职矣，欲率同志为纯粹在野党，专从事扩张教育，振兴实业，以立民国国家百年根本之大计，而尽让政权于袁氏。吾人又以为空涉理想而反对之，且时有干涉政府用人行政之态度。卒至朝野冰炭，政党水火，既惹袁氏之忌，更起天下之疑。而中山先生谋国之苦衷，经世之硕划，转不能表白于天下而一收其效。有负于中山先生者此其三。

然以上之事，犹可曰一般党人之无识，非美与足下之过也。独在宋案发生，中山先生其时适归沪上，知袁氏将拨专制之死灰，而负民国之付托也，于是誓必去之。所定计划，厥有两端：一曰联日。联日之举，盖所以孤袁氏之援，而厚吾党之势也。“日国亚东，于我为邻，亲与善邻，乃我之福。日助我则我胜，日助袁则袁胜。”此中山先生之言也。在中山先生认联日为重要问题，决意亲往接洽，而我等竟漠然视之，力尼其行，若深怪其轻身者。卒使袁氏伸其腕臂，孙宝琦、李盛铎东使，胥不出中山先生所料，我则失所与矣。中山先生自谓民党向主联日者，以彼能发奋为雄，变弱小而为强大，我当亲之师之，以图中国之富强也。不图彼国政府目光如豆，深忌中国之强，尤畏民党得志而碍其蚕食之谋，故屡助官僚以抑民党，必期中国永久愚弱，以遂彼野心。彼武人政策，其横暴可恨，其愚昧亦可悯也。倘长此不改，则亚东永无宁日，而日本亦终无以幸免矣。东邻志士，其有感于世运起而正之者乎？二曰速战。中山先生以为“袁氏手握大权，发号施令，遣兵调将，行动极称自由。在我惟有出其不意，攻其无备，迅雷不及掩耳，先发始足制人”。且谓“宋案证据既已确凿，人心激昂，民气愤张，正可及时利用，否则时机一纵即逝，后悔终嗟无及”。此亦中山先生之言也。乃吾人迟钝，又不之信，必欲静待法律解决，不为宣战之预备。岂知当断不断，反受其乱。法律以迁延而失效，人心以积久而灰冷。时机坐失，计划不成，事欲求全，适得其反。设吾人初料及此，何致自贻伊戚耶？有负于中山先生者此其四。

无何，刺宋之案牵于袁、赵之蔑视国法，迟迟未结；五国借款又不经国会承认，违法成立。斯时反对之声，举国若狂。乃吾人又以为有国会在，有法律在，有各省都督之力争在，袁氏终当屈服于此数者而取消之。在中山先生则以为国会乃口舌之争，法律无抵抗之力，各省都督又是多仰袁鼻息，莫敢坚持，均不足以戢予智自雄、拥兵自卫之野心家；欲求解决之方，惟有诉诸武力而已矣。其主张办法，一方面速兴问罪之师，一方面表示全国人民不承认借款之公意于五国财团。五国财团经中山先生之忠告，已允于二星期内停止付款矣。中山先生乃电令广东独立，而广东不听；欲躬亲赴粤主持其事，吾人又力尼之，亦不之听；不得已令美先以上海独立，吾人又以上海弹丸地难与之抗，更不听之。当此之时，海军尚来接洽，自愿宣告独立，中山先生力赞其成，吾人以坚持海陆军同时并起之说，不欲为海军先发之计。寻而北军来沪，美拟邀击海上，不使登陆，中山先生以为然矣，足下又以为非计。其后海军奉袁之命开赴烟台，中山先生闻而欲止之曰："海军助我则我胜，海军助袁则袁胜。欲为我助，则宜留之。开赴烟台，恐将生变。"美与足下则以海军既表同意于先，断不中变于后，均不听之。海军北上，入袁氏牢笼矣。嗣又有吴淞炮台炮击兵舰之举，以生其疑而激之变，于是海军全部遂不为我用矣。且中山先生当时屡促南京独立，某等犹以下级军官未能一致诿。及运动成熟，中山先生决拟亲赴南京宣告独立，二三同志咸以军旅之事乃足下所长，于是足下遂有南京之役。夫中山先生此次主张政见，皆为破坏借款、推倒袁氏计也。乃迁延时日，逡巡不进，坐误时机，卒鲜寸效。公理见屈于武力，胜算卒败于金钱，信用不孚于外人，国法不加于袁氏。袁氏乃借欺人之语，举二千五百万镑之外债，不用之为善后政费，而用之为购军械、充兵饷、买议员、赏奸细，以蹂躏南方，屠戮民党，攫取总统之资矣。设当日能信中山先生之言，即时独立，胜负之数，尚未可知也。盖其时联军十万，拥地数省，李纯未至江西，芝贵不闻南下，率我锐师，鼓其朝气，以之声讨国贼，争衡天下，无难矣。惜乎粤、湘诸省，不独立于借款成立之初；李、柏诸公，不发难于都督取消之际。逮借款成立，外人助袁，都督变更，北兵四布，始起而讨之，盖亦晚矣！有负于中山先生者此其五。

夫以中山先生之知识，遇事烛照无遗，先机洞若观火，而美于其时贸贸然反对之；而于足下主张政见，则赞成之惟恐不及。非美之感情故分厚薄于其间，亦以识不过人，智闇虑物，泥于"孙氏理想"一语之成见而已。盖以中山先生所提议者，胥不免远于事实，故怀挟成见，自与足下为近。岂知拘守尺寸，动失寻丈，贻误国事，罔不由此乎？虽然，前事不忘，后事之师；前车已覆，来轸方遒；亡羊补牢，时犹未晚；见兔顾犬，机尚不失。美之所见如此，未悉足下以为何如？自今而后，窃愿与足下共勉之耳。

夫人之才识，与时并进，知昨非而今未必是，能取善斯不厌从人。鄙见以为理想者，事实之母也。中山先生之提倡革命，播因于二十年前，当时反对之者，举国士夫殆将一致。乃经二十年后，卒能见诸实行者，理想之结果也。使吾人于二十年前即赞成其说，安见所悬理想，必迟至二十年之久始得收效？抑使吾人于二十年后犹反对之，则中山先生之理想，不知何时始克形诸事实，或且终不成效果，至于靡有穷期者，亦难逆料也。故中山先生之理想能否证实，全在吾人之视察能否了解、能否赞同，以奉行不悖是已！夫观于既往，可验将来，此就中山先生言之也；东隅之失，桑榆之收，此就美等言之也。

足下明敏，胜美万万，当鉴及此，何待美之喋渫？然美更有不容已于言者：中山先生之意，谓革命事业旦暮可期，必不远待五年以后者。诚以民困之不苏，匪乱之不靖，军队之骄横，执政之荒淫，有一于此，足以乱国；兼而有之，其何能淑？剥极必复，否极必泰，循环之理，不间毫发。乘机而起，积极进行，拨乱反正，殆于运掌。美虽愚闇，愿竭棉薄，庶乎中山先生之理想即见实行，不至如推倒满清之必待二十年以后。故中华革命党之组织，亦时势有以迫之也。顾自斯党成立以来，旧日同志颇滋訾议，以为多事变更，予人瑕隙。计之左者，不知同盟结会于秘密时代，辛亥以后一变而为国民党，自形式上言之，范围日见扩张，势力固征膨胀。而自精神上言之，面目全非，分子复杂，薰莸同器，良莠不齐。腐败官僚，既朝秦而暮楚；龌龊败类，更覆雨而翻云。发言盈庭，谁执其咎；操戈同室，人则何尤？是故欲免败群，须去害马；欲事更张，必贵改弦。二三同志，亦有以谅中山先生惨淡经营、机关改组之苦衷否耶？至于所定誓约有“附从先生，服从命令”等语，此中山先生深有鉴于前此致败之故，多由于少数无识党人误会平等自由之真意。盖自辛亥光复以后，国民未享平等自由之幸福；临于其上者，个人先有缅规越矩之行为。权利则狺狺以争，义务则望望以去。彼此不相统摄，何能收臂指相使之功？上下自为从违，更难达精神一贯之旨。所谓既不能令，又不受命者，是耶非耶？故中山先生于此，欲相率同志纳于轨物，庶以统一事权；非强制同志尸厥官肢，尽失自由行动。美以为此后欲达革命目的，当重视中山先生主张，必如众星之拱北辰，而后星躔不乱其度数；必如江汉之宗东海，而后流派不至于纷歧。悬目的以为之赴，而视力乃不分；有指车以示之方，而航程得其向。不然，苟有党员，如吾人昔日之反对中山先生者，以反对于将来，则中山先生之政见，又将误于毫厘千里之差、一国三公之手。故遵守誓约，服从命令，美认为当然天职而绝无疑义者。足下其许为同志而降心相从否耶？窃维美与足下，共负大局安危之责，实为多年患难之交，意见稍或差池，宗旨务求一贯。惟以情睽地隔，传闻不无异词；缓急进行，举动辄多误会。相析疑义，道故班荆，望足下之重来，有如望岁。迢迢水阔，怀人思长；嘤嘤鸟鸣，求友声切。务祈足下克日命驾言旋，共肩艰巨。岁寒松柏，至老弥坚；天半云霞，萦情独苦。阴霾四塞，相期携手同仇；沧海横流，端赖和衷共济。于乎？长蛇封豕，列强方逞荐食之谋；社鼠城狐，内贼愈肆穿墉之技。飘摇予室，绸缪不忘未雨之思；邪许同舟，慷慨应击中流之楫。望风怀想，不尽依依。敬掬微忱，耑求指示。寒气尚重，诸维为国珍摄。言不罄意。

诸同志均乞致候。

弟陈其美顿首

四年二月初四日

陈其美给黄兴的信，是在黄兴赴美八个月以后，再次为孙中山组织中华革命党“惨淡经营机关改组之苦衷”作辩解，已是枉费心机，毫无收效了。

孙、黄分手，对革命事业是件很遗憾的事。在讨袁事业中，不论是中华革命党，还是黄兴起支配作用的欧事研究会，都再也不能像同盟会那样起旗帜的作用。从建党学说上来看，两人虽都希望再造共和，但在不断受挫折、总结教训中，缺乏对于造成失利的社会环境、历史条件的分析，也缺乏互谅互让的精神，太计较于个人的责任，造成僵局。

黄兴固然在革命受挫折的境遇下，一筹莫展，即使孙中山，在党的建设上，也无法解决纲领、路线、思想建设、组织建设的一系列问题，这也是他终生不能取得胜利的重要原因。

黄兴接到陈其美的信时，正住在美国东部的费城附近米地亚村。张继等人读了陈其美的信后，十分不快，说："看看他把他自己吹嘘的，仿佛他是一个品行多么高洁的人呢。"

石陶钧说："你们听听这一段，'美以为此后欲达革命目的，当重视中山先生主张，必如众星之拱北辰，而后星躔不乱其度数；必如江汉之宗东海，而后流派不至于纷歧。悬目的以为之赴，而视力乃不分；有指车以示之方，而航程适得其向。'简直把孙中山吹得神乎其神了。"

黄兴大度地笑了笑："他说他的，不要去深究了。不管怎么说，英士对革命始终是热情洋溢的。这一点，最难得。"这封信并没有打动黄兴。

早年，黄兴曾自撰一副励志联："古人却向书中见，男儿要为天下奇。"他出身富家，家中有数百亩上乘水田，家宅是座二进五开间的大院，有五十多间房子，后面还有一个占地二十亩的花园。凭着这些祖产，他完全可以过丰衣足食的公子生活，但他不愿羁身家庭，而是胸怀天下，立志推翻帝制。他的这种情怀，在少年时写的《咏鹰》里可见一斑。"独立雄无敌，长空万里风。可怜此豪杰，岂肯困樊笼？一去渡沧海，高扬摩碧穹。秋深霜气肃，木落万山空。"正因为拥有这种情怀，黄兴自二十二岁考中秀才后，便走出故园，先是在武昌两湖书院学习，后来留学日本，1903年回国，组织华兴会，正式走上反清抗清的革命道路。作为革命党中的"实行家"，他亲自组织和指挥了长沙起义，萍乡、浏阳、醴陵起义，潮州、惠州、钦州、廉州起义，镇南关起义，广州新军起义，及至广州黄花岗起义，武昌起义；与孙中山一起筹组了同盟会，领导了二次革命。如今他栖身美国，是修整一下疲惫的身心，还是静静反思一下这些年来血与火的征程？或者是跳出圈外，把自己暂时当作一回局外人，审视一下孙中山等人的正误？

黄兴是一个诚实笃信的人，终身奉行的座右铭是“笃实”、“无我”。为了投身革命，黄兴曾变卖家中的水田；作为一名军事指挥家，他身先士卒，屡败屡战，广州黄花岗起义中，他亲率敢死队攻打两广总督衙门，两根手指被打断，血染疆场，冲杀不止。在钦州、廉州、上思起义中，黄兴率二百多人与二万余清军周旋四十多天，以少胜多，七战七捷，令敌人望而生畏。武昌起义时黄兴辗转抵达武昌后，指挥起义军与数倍于己、装备精良的清军血战，坚持了一个多月，为各省响应起义、宣布独立赢得了宝贵的时间。他的“笃实”令无数革命者敬佩。

黄兴的“无我”，更令天下人倾倒。同盟会成立之初，由黄兴主理的华兴会人数最多，威望也高，如果单凭票选，同盟会总理一职非黄兴莫属，但他以革命大局为重，拥戴孙中山做了总理。武昌起义后，宋教仁、陈其美等同盟会元老召集留在上海的各省代表以投票方式，公推孙中山主持大政，推举黄兴为大元帅。黄兴对大元帅之职一再推让，后改推黎元洪为大元帅、黄兴为副元帅。老同盟会员、黄兴的秘书李书城，是这样概括黄兴的性格特点的：“克强总是个最平实的人，做事有功不居，光明磊落；作战身先士卒，爱护袍泽；做人推诚务实，容忍谦恭；受谤不言诠，受害不怨尤；不道人之短，不说己之长。”

所以，1916年10月黄兴病逝后，章太炎撰联挽道：“无公乃无民国，有史必有斯人。”对黄兴的评价，远远高于孙中山。以后许多年，围绕黄兴的历史功过和地位而展开的争论一直没有断过。因而，陈其美致信黄兴这件事，就成为一桩历史公案，是非褒贬争论一直不断。

第三十八章

肇和军舰起义

83

陈其美又来到了上海。他是奉孙中山令取道上海，前往香港，准备筹划云、贵军事起义的。

为了旅途顺利，临行前，陈其美约好几位友人，到东京郊外的一条河里去划船。船经过一条铁桥，陈其美船桨猛捣桥礅，小船在激流中骤然翻起，船上人纷纷落水。

当天，陈其美因伤势过重而住进了医院，很多革命党人都要往医院看望，但来到病房门口，均被守在那里的戚志峻挡住了。

这一来，东京的袁氏密探立即兴高采烈地给袁世凯发电报，说陈其美有性命之忧了。

他们万没料到，当天深夜，陈其美就离开医院，化妆成一个日本商人，踏上了驶往上海的邮轮。

此时，上海的情形较以前已有所变化，袁世凯全盘接受“二十一条”公开筹备帝制后，许多人终于看清了他的真面目，反抗的情绪空前高涨，上海各界人士都有推翻袁世凯的愿望。

在上海的中华革命党人吴忠信、周淡游等人，迫切希望上海能有一个德高望重的人来领导革命。陈其美的到来，正得其时，他们纷纷劝他不要去香港，就留在上海继续斗争。

陈其美见上海的同志热情高涨，便给孙中山发去一份电报，报告上海的情形。孙中山见了电报，十分高兴，立刻复电陈其美，让他留在上海，香港另委他人。在回电中，孙中山还委任陈其美为淞沪司令长官。

陈其美取消了西南和南洋之行，仍在上海法租界霞飞路渔阳里五号设立总机关。刚刚安顿好，他就致电在日本的蒋介石、杨庶堪、丁仁杰、余祥辉等回沪，共同筹划起义大计。

当晚，陈其美给戚志峻写了一封信，诉说了自己回到上海后的情形。

戚志峻是戚志锐死后不久和陈其美结婚的。在日本，她为他生下了儿子祖华。这段时间，她又怀孕了，已有六个月，行动很不方便，尽管不愿与陈其美分开，也不得不分开。

分手时，陈其美曾抚摸着她隆起的腹说："你要照看好他。你看他这么不老实，准又是一个儿子。"

"我倒是想要一个女儿啦！"戚志峻说。

"我会满足你的。等这个儿子生过后，我就再给你一个女儿！"

"你看你，把人家当成生孩子的机器了！"

"这有什么不好？生下一串子小革命党，到时候一人踢一脚就把袁世凯踢死！"

戚志峻万没料到，此次与陈其美一别，竟是永诀。1916年2月间，戚志峻在日本的一家医院里顺利生产，正如陈其美所料，她又生了一个儿子，陈其美得知后，从上海来信，为其取名祖和，字甘夫。

护国战争后，蒋介石派人把戚志峻母子接回上海。她带着两个儿子和姚文英一起在海宁路十号生活。长子祖华1932年投考空军，9月9日上午习飞时，在杭州笕桥航校上空与另一飞机相撞失事身亡；戚志峻悲痛异常，但仍以饱满的热情投身于各项社会活动之中。"七·七"事变后，戚志峻到处发表演说，号召国人起来抗日。有一天，她正在演说，突然摔倒在地，再也没醒过来。经医生检查，是脑溢血突发。

时间已进入11月初，上海街头被凉凉的秋意笼罩着，法租界中，除了往来巡逻的"三道头"和"红头阿三"以外，行人稀疏，梧桐树叶在惨白的月光下抖着，抖落了点点凄凉。

此时，渔阳里五号附近却显得极不宁静，通向寓所的几个道口暗处，都隐着一两个大汉。他们机警地辨认着有特征记号的过路行人，上前对答暗语，然后就把他们引入寓所的边门。

寓所里，灯光暗黄，坐着百把名年青人。几天前，他们分别接到铁光锐进社各部部长的通知，说是有特别任务需要完成，今天如约而至。一见如此庞大的阵势与神秘肃穆的气氛，心里明白，即将交代的任务非同一般。

“司令官到了！”有人喊了一句。

陈其美信步走到一百多位革命志士中间，摆摆手请大家坐下，然后对身后管财务的野江说：“马上给弟兄们一人发一百块大洋。”

大洋如数送到大家的手里后，陈其美乐呵呵地说：“这钱大家一个星期用完。只要尽兴，想怎么花就怎么花，别小家子气！”

他的话音刚落，厅堂里一片轰响。新手们还坐在原处发愣，老手们揣好银钱，各按心意地去领略上海风情了。

短短的一周很快过去，到了 11 月 9 日晚上，陈其美再度将一百多位同志召集起来。他看着好汉们神采奕奕的脸庞，中气十足地说道：“弟兄们，杀身成仁的时刻到了！怕死的，现在走还来得及！”说完，他威严的目光朝一百多张面孔上一一扫过。他深知这些弟兄都是按照“忠实勇敢，精于射击”的要求挑选来的，现在看来果然没有一个孬种，嘴上不由大叫一声：“好！”

接着，陈其美把手一招，大伙儿“忽啦”一下全围了上来。他压低声音说：“自从袁世凯称帝的奸险之心大白于天下后，全国上下，人心激愤，都把匡扶正义挽救共和的希望寄托在我们中华革命党的身上。就目前而言，革命时机已经成熟，总部为此决定了举事的进行程序，第一步就是刺杀袁世凯的健将郑汝成！”说到这里，他又看了看大家，声音更坚定而有力了，“弟兄们，此举成败，关系重大，总理在向我们要郑贼的脑袋，我们给不给？”

“当然给！”

“豁出我的脑袋也要拿到他的脑袋！”

刺杀郑汝成，是此次上海讨袁战的第一枪。自从郑汝成坐镇上海滩后，已有一百多位著名的革命党人惨遭杀害，他已成为上海起义中最大的障碍。同时,郑汝成也是袁世凯帝制活动的积极支持者,曾通电说:“汝成之力足以担任维持,惟乞转主座,俯顺群情,速定大计。”

但是,要刺杀掉郑汝成,却十分困难。这家伙平时防范森严,很少在公开场合抛头露面,即使偶然外出,也是保镖随身,前呼后拥,不易找到下手的机会。事前,陈其美进行了周密的侦察,反复思索后才下决心采取行动。他拿出一张上海地图,在大桌面上摊平,具体地向参加行动的人讲述行动计划。

“明天 11 月 10 日是日本大正天皇施行登基加冕典礼的日子,我们已经得到了情报,郑汝成将以上海军政长官的身份,亲往日本驻沪领事馆祝贺,我们就抓住这个机会干掉他!但是,郑贼从高昌庙镇守使署出门后,是坐船走水路,还是坐车走陆路,我们还不清楚。现在只知道日本领事馆的庆祝会在礼查饭店举行,所以我们的狙击重点也放在礼查饭店附近。”

说到这里,陈其美把目光从地图上收回,抬起头来看了看身旁的弟兄:“明天担任这一带狙击任务的,一定要是勇敢而精于射击的人……”他的话还没说完,肃穆寂静的客厅一下子又骚动起来,大家争抢任务,互不相让。

陈其美摆了摆手,笑着说出狙击郑汝成的计划来,在郑汝成的必经之地,设重点关卡五道:“十六铺、跑马厅、黄浦滩、海军码头,这些都是为了防备郑贼从水路来领事馆而设的。第五道关卡是外白渡桥,就在礼查饭店附近,车辆途经此地,转弯慢行,正是下手的好地方。同时,依据车辆可能行走的路线,沿途又布置了四十二个狙击点,从外白渡桥至斜桥步步为营,而参加行动的一百多名好汉自由结合编成四十二个行动小组,每组配备有炸弹和十响手枪,其中外白渡桥狙击点,由孙祥夫亲自指挥。

最后,陈其美又再三叮嘱大家:“郑贼出现时,通常穿海军上将大礼服,这个特征一定要记住。不过,他的座车行速较快,等到认清的时候,车子可能开到跟前,已来不及掏枪。遇到这种情况,就不要莽撞,干脆放他过去,因为后面还有几十关,他不在这里送命,就在那里送命。万一大家都来不及掏枪而让他连闯四十二关。我也绝不怪罪同志们。

我们还可以搞第二次。但是有一点必须强调，要么不开枪，要开枪就一定要把他打死，不然的话，打草惊蛇，今后就难以下手了。”

任务分派完毕，好汉们陆续离开了渔阳里五号。

王晓峰、王明山争取到了礼查饭店附近的狙击任务，心情特别激动。他俩同居宝康里三十四号，生平最为知己。到了住处时，他俩邀请同行的弟兄们一起进屋坐坐。

谈笑间，王晓峰突然站起来问大家：“你们看我像不像烈士？”

众人朝他望去，只见这个魁梧的东北汉子，身穿花缎棉袍，黑色海虎绒马褂，线春纹棉袄裤，足登瓦光锃亮的黑色皮鞋，本来就英气照人的脸庞，更显得气宇轩昂，禁不住惊叹道：“足下真是个伟男子！”

王晓峰有修饰仪表的癖好，陈其美发的一百块大洋，他全花到了穿戴上，如今他也顾影自赏，自豪地说：“如果不像烈士，我就不去了。我要把郑汝成打死的话，我是绝对不跑的，要跑了，将来知道是谁打的？我不走，做了烈士，将来中华民国革命史上总有我王晓峰三个字，我死了也是光荣的。”

王明山是个山东汉子，血气方刚，当即站起身来，一把攥紧王晓峰的手，激动地说：“我和你同在，当烈士也有我一份！”

翌日晨7时，四十二个狙击小组全部到达了狙击点。不一会儿指挥哨传来消息，郑汝成从高昌庙镇守使署动身后，果然乘小兵舰抵达虹口，再坐车去礼查饭店，现在正在行道贺礼，预计时间不会太长，请大家作好狙击准备。

礼查饭店坐落在外白渡桥西南，按当天郑汝成的行进路线，这里是第一个狙击点。担任指挥的孙祥夫立在隐蔽处，负责监视礼查饭店的动静。

没多久，只见一辆墨黑车身的双头高马华车驶出饭店，直冲外白渡桥奔来，上面坐着位身穿高级大礼服、面目酷似郑汝成的人，两旁镇守使署的护卫环绕。这阵势，使孙祥夫意识到行动的时刻临近了，于是他举起手来准备发信号，突然间，一片疑虑闪过脑际……不对，凭着郑汝成海军上将、陆军中将、上海镇守使的职衔，他绝不会在日皇加冕典礼上，穿着文官的燕尾服，难道是敌人在作鬼？想到这里，孙祥夫安下神来退回原处，让假郑汝成过去。

几分钟后，后面又开出来一部大汽车，孙祥夫定睛再瞧，汽车的前座有三个保镖，后面坐着两人，左面的那个戴着白羽金帽，全身披挂辉煌，下垂着胡须，威严中透着杀气。

这一下，孙祥夫看清了，是郑汝成，绝对错不了。他果断地发出了狙击的命令。

此时，汽车一个左转弯，缓缓地爬上了外白渡桥，王晓峰乘着车子减速的时机，突然扔出一枚炸弹，不料用力过猛，炸弹在坚实的桥面上弹了几下，落到车后才炸响，把大汽车的后轮炸坏了。

郑汝成是个久经沙场的骁将，反应相当灵敏，一把推开坐在右侧吓得半死的总务处长舒锦绣，顶开车门准备向外跑。

说时迟，那时快，王晓峰、王明山已经分从左右两边包抄过来。王晓峰抢先一步跳上车沿，摁住郑汝成的身子，连击九枪，只听郑汝成嚎叫一声，就翻着白眼倒在车座上。

与此同时，王明山把郑汝成前面三个连枪还没掏出的卫士悉数击毙。他看了看横三竖四地挤着的尸体，冲着冒烟的枪管吹了口气，轻蔑地说："真他妈的一窝熊包软蛋。"

这时，外白渡桥的另一面，一部电车正"叮叮当当"地驶来，驾驶员见桥上发生枪案，立刻刹住车。随后，车厢里跳下来两个外国巡捕，吹着警哨，向王晓峰、王明山冲来。

王晓峰、王明山背靠着汽车，神色坦然，他们等巡捕逼近了，举起手枪朝天放了两响，巡捕吓得扭转身子又跑了回去。

敌人一个便衣探子，趁担任守护的王明山换弹夹的间隙，举起铁棍奋力击下，王明山受伤倒地，紧跟着巡捕们蜂涌上前，合力擒住了王晓峰。当天晚上，这一对正气浩然的壮士，由租界引渡到镇守使署，受尽了严刑折磨。

正在北京做着洪宪皇帝梦的袁世凯，得悉在上海的心腹郑汝成被革命党刺杀身死的消息，极为震恐，连续数日饮食难进，并以民国总统名义，下令追封郑为"一级彰威侯"。侯爵，本为封建帝王对功臣亲信的加封，但民国总统却以封建侯爵册封其部属，这不是疏忽，而是袁世凯已经把自己当作皇帝了。

袁世凯除对郑汝成明令追封外，还拟在上海及郑的家乡直隶静海营造专祠祭祀。

11月18日，上海镇守使署召开郑汝成的追悼会，袁世凯特地派专人送去“气壮山河”的匾额和亲撰的一副挽联。联曰：

沪海竟见岑彭，衔悲千古；

苍天再生吉甫，佐治四方。

岑彭，是东汉光武帝刘秀起兵讨伐篡位的王莽时的部将，因平定河北有功，被光武帝封为舞阴侯，后来进兵蜀地时，为刺客所杀。

吉甫，是周宣王丞相尹吉甫，他平息了西北俨狁骚扰，使周王朝中兴。

全联的大意是说：淞沪之地竟重现了汉时的战将岑彭，然而他的遇刺使我千古“衔悲”；老天爷再给我降生个丞相吉甫吧，也像辅佐周宣王一样帮我治理四野八荒。

也许是因为岑彭与郑汝成同是河北人的缘故吧，致使袁世凯在上联作了以古喻今的类比，称颂郑汝成效命自己。也许郑汝成之死，使他深感帝梦难圆吧，故而在下联呼天抢地，盼望苍天再给他降生个尹吉甫，借以抒发自己丧失鹰犬的隐痛。

就在袁世凯的挽联送达上海不几天，天津的《益世报》上登出了署名陆哀的一副对联，对袁世凯进行了辛辣的讽刺。

时无光武，安有岑彭？其曹孟德之典韦乎！刺客亦英雄，舍命前来盗画戟；

君非周宣，何生吉甫？直赵匡胤之郑恩耳！孤王休痛哭，杀身宁异斩黄袍。

84

除掉了郑汝成，海内外的革命党都为之精神一振。1916年即将来临，袁世凯即将登基，全国各地的革命党都憋了一口气，想随时和袁世凯决一死战。此时长江及江浙方面的革命党人纷纷致电陈其美，催促上海首先发难。一旦上海起义成功，苏、浙、皖、赣、鄂诸省可陆续响应。

形势逼人，陈其美也希望能够早日举行起义。除掉郑汝成后，他就按照预定的计划，一方面遴选党员，购置武器，组织训练基本队伍；另一方面在袁世凯的陆、海军中进行运动、策反，作为响援及策应。

经过近一个月的努力，驻闸北的袁军中已有数人加入了中华革命党；龙华方面的驻军中也有一小部分人加入了革命党。海军肇和舰舰长黄鸣球、练习生陈可钧也被陈其美的革命精神所感动，同意参加起义。大家一致商定，起义定于12月中旬举行。

这时，一个意外情况发生了，海军司令萨镇冰诡以有事相商，传见肇和舰舰长黄鸣球，采取了防范措施，让黄鸣球不可轻举妄动。他还把与革命党有联系的陆军调离原地，让他们驻扎到长江以北。12月3日，萨镇冰又以“检阅”海军为名，下令驻沪的肇和等军舰6日开赴广东。

陈其美闻讯，心急如焚。肇和、应瑞、通济等军舰，都是海军的精华，革命党人的势力多少都渗入了其中，一旦举义，外攻内应，这些舰定然会全被革命党夺得。那时再用舰炮威力来威慑陆军，陆军即使不投降，也会被击溃。而军舰若一旦开往广州，上海起义必将困难倍增。

黄鸣球、陈可钧等都向陈其美提出要求，希望在12月6日以前提前举行起义。

陈其美召来蒋介石、杨虎、吴忠信等人商讨，蒋介石等都赞成提前举行起义。结果，大家商定，决定在各舰长公宴萨镇冰的12月5日午后4时发动起义。

这次起义由陈其美任淞沪司令长官，统率一切；蒋介石作为他的副手，具体负责拟定作战计划；黄鸣球为海军总司令，肇和舰为海军总司令部；杨虎为海军陆战队司令，孙祥夫为副司令，吴忠信为参谋长；渔阳里五号为起义总指挥部。

蒋介石很快拿出一份具体的作战计划：

一、杨虎率其部三十余名，由黄浦乘小汽艇袭取肇和舰，夺取后即发炮猛轰江南制造局，孙祥夫率其部三十余名，由杨树浦乘小汽艇分别占领应瑞、通济二舰，策应肇和舰。

二、江南制造局及上海城内各方面革命党人策反成熟的军警，一旦听到军舰发炮，立即响应。

三、夏尔屿负责城内各城门举火响应的任务。

四、薄子明等率领山东部分党人二百余名攻击警察总局。

五、阚钧、沈侠民、朱霞、谭斌等攻击电话局和电灯厂。

六、陆学文等进攻警察第一区和工程总局。

七、姜汇清、曹叔实、杨静波、余建光等联络闸北方面军警响应。

八、杨庶堪、邵元冲、周淡游等留守环龙路渔阳里五号总司令部，并办理后勤事务。

12 月 5 日下午，各路革命军依照自己的任务，各自进入自己的位置。

3 时整，杨虎带着海军陆战队员三十余人携带手枪、炸弹，乘着小汽船从黄浦滩直驶肇和舰，舰上的陈可钧等人立即响应，悄悄放下软梯，把杨虎等人全接上舰。在陈可钧的指引下，海军陆战队员们迅速占领全舰的各要害部门。

与杨虎同时，孙祥夫率领三十余名陆战队员也准时来到杨树浦码头。但他们所雇的小汽船却没有靠岸。因为这一天是个星期日，海关不办公，孙祥夫所雇的船，未能注册领牌，码头管理人员就不准汽船靠岸。孙祥夫只好令部下呆在码头上待命，自己匆忙赶回渔阳里五号，向陈其美报告，另图他策。

杨虎占领肇和舰后，立令陆战队员和起义水兵准备开炮。

不一会，陈可钧前来报告；“杨司令，炮弹库锁上了，没有钥匙。

“钥匙呢？”

“被管理员装走了。”

“快找他呀？”

“他上街玩啦，到现在还没回来！”

杨虎跟着陈可钧来到炮弹库前，只见大铁门紧闭。

“砸吧，无论如何也要砸开它！”

陈可钧让人找来铁锤，轮番砸门，直到傍晚6时整才把炮弹库门砸开。

炮弹很快被填进炮膛，杨虎下令：“瞄准江南制造局，开炮！”

一排火光冲天而起，几颗炮弹落进了制造局，“轰、轰”巨响震撼着上海滩。

炮声就是命令！陆上各队纷纷行动起来。

朱霞、谭斌带领本部人马，一气冲进了电话局，守局的警察刚要反抗，立刻被击毙两人，其他几个人乖乖地交出了枪。电话局被起义军占领。

朱霞、谭斌正要打电话向陈其美报告，外面却响起了激烈的枪声。原来，他们刚冲进电话局，局长就打电话向淞沪镇守使杨善德报告了。此刻外面的大队敌兵正是杨善德派来的一个营。

起义军只有手枪和少量炸弹，敌人的机枪很快压得他们抬不起头。朱霞、谭斌只好带人从后门撤出。

陆学文带领二十多名弟兄，手持手枪和炸弹，呐喊着冲进警察第一区和工程总局。见起义军攻势猛烈，炸弹不停地爆炸，所有的警察均望风而逃。但杨善德的军队却上来了。敌人人多势众，两挺马克沁机枪不停地扫射，掩护着敌兵不停地涌进工程总局的大门，陆学文和起义战士英勇抵抗，不停地把炸弹丢进敌人中间，炸得敌人哭爹喊娘。

敌人的人数太多了，在敌军官的督促下，他们一拨又一拨地往大门内涌，起义队伍坚持了一个多小时，有一多半人牺牲了。

眼看弹药将尽，陆学文只好率队撤出工程总局。

负责进攻警察总局的薄子明部有二百多人，是陆上各队义军中力量最强的，但他们的进攻最不顺利，警察总局中的敌人拼死抵抗，使他们始终进不了总局的大门。双方相持一段时间后，便有一支袁军从背后袭来，起义军前后受夹击，很快溃散。

杨虎在肇和舰上发炮时，驻守制造局的北洋军很快打出白旗，表示投降，杨虎便命令停止轰击。此时，制造局中赞同革命的士兵正准备响应，忽然听见炮声停止了，以为起义已经失败，便不敢轻举妄动。制造局的响应也未成功。

肇和舰发炮前，杨虎令舰上的信号兵用信号灯和各军舰联系，询问是否起义。应瑞、通济两舰接连发现信号，表示赞同起义，请勿攻击。

“看来，孙祥夫他们也上舰了！”杨虎自信地对陈可钧说。

孙祥夫回到渔阳里五号，对陈其美说了上舰被阻的情况后，陈其美叹息不止，说：“这样要坏大事的！”他拿出五千块大洋交给孙祥夫，“要设法买通码头上的管理人员，今晚无论如何要上舰。”

孙祥夫正要走，陈其美又令周淡游、陈果夫随他一同前往，相机行事。

三个人要了一辆出租的马车，风驰电掣，于傍晚时分赶到杨树浦码头。

孙祥夫的手下只剩下两个人了，他们抽着烟，焦急地等待着。

“其他人呢？”孙祥夫问。

“大家等你，见你迟迟不来，就都散去了。”

“这帮无组织、无纪律的家伙，起义就要坏在他们手里了！”孙祥夫恼怒万分，拔出枪，“我还有何面目回去见陈总司令！”他举起枪，对准了自己的脑袋，陈果夫急忙上前，夺下了枪。

“孙司令，你这是干什么？”

周淡游也说：“留得青山在，何愁没柴烧？即使这一次不成功。还有下一次呢。走，我们快回渔阳里，向陈总司令报告！”

陈其美在渔阳里五号听见肇和舰上的炮声响起后，立即率领蒋介石、吴忠信、丁景梁、徐朗西、周应时等人向华界进发。到了南市，却发现好几路进攻都告失败，只好又退回总机关部。

孙祥夫、陈果夫、周淡游三人回到渔阳里五号，向陈其美报告经过。陈其美说：“现在杨虎部还在肇和舰上，对外面的情况不了解，现在你们搜集残部，设法登上肇和舰，一报告消息，二协同作战。”

孙祥夫、陈果夫等人出了渔阳里五号，直奔十六铺码头，码头上早已戒严，他们依旧无法找到船只。孙祥夫只好把所部带回自己的寓所，由陈果夫去向陈其美报告。

此时已是深夜了，陈其美、蒋介石、吴忠信、杨庶堪等人正在楼上商讨下一步作战计划，听了陈果夫的报告，陈其美想了想，说："舰上去不了了，就从陆上进攻江南制造局吧。你让孙祥夫作好准备。"

陈果夫正要去找孙祥夫，忽然想到孙部缺少炸弹，便派佣人前往渔阳里七号去取，而本人则在五号等候。

此时已值秋末冬初，寒气陡降，天气变冷。陈果夫站在屋里，两手轻轻地搓来搓去，不时脱下鞋来揉揉脚。他不敢弄大声音，因为他知道，陈其美、蒋介石等人都在楼上商讨大事呢。"

忽地"啪啪"两声有人在敲门。陈果夫以为去取炸弹的佣人已回，急忙上前开门。不料，门刚开，冲进来五个巡捕，一把抓住了陈果夫，手中黑洞洞的枪口对准了他。

陈果夫一下子意识到，大事不妙。但怎么样才能提醒楼上的人注意呢？

门开着，一股寒风吹了进来，陈果夫想到了寒意，忽然，他想起了一个办法。

"真冷啊！"

他高声叫道，随后走上门口，重重地把门关上，又装模作样地检查窗户是否严实，把窗户弄得劈劈啪啪响。然后他又点头哈腰地给巡捕上茶，却又故意被桌腿勾倒，弄得稀里哗啦一片响声。

巡捕们已觉得陈果夫行动有些蹊跷，欲加阻止。忽然又闯进来一革命党人俞剑光，陈果夫此时顾不得许多，立即挥手让他离开。但巡捕察觉到了，随即有两个巡捕向俞剑光追去。而此时楼上开会的人亦发觉楼下响声有异，有人出来一看，正瞧见巡捕追捕俞剑光，大叫一声不好，反身上楼插上了门。

楼下的巡捕慌忙赶上楼去，砸开门，却已是人去楼空了。原来，陈其美等人从楼上的窗子跳到了外面的屋顶上，全逃跑了。

恼怒之下，巡捕们把陈果夫关在屋后面的一间亭子里，又忙着搜查屋内了。也不知是巧合，还是巡捕中有人同情革命，陈果夫发觉自己所被关押的亭子只锁了门，窗户却没锁上，于是越窗而逃，免去了刑狱之苦。

陈其美等人跳窗逃跑后，跟着蒋介石来到新民里十一号蒋介石的寓所，计划天亮后雇小船登上肇和舰，固守肇和舰继续战斗。

由于渔阳里五号总机关部遭破坏，联络中断，陆上再组织进攻的计划无从实现了。

杨虎等人向制造局发炮，见局内打出白旗后，一直没有动静，便以为制造局已为起义军占领。对应瑞、通济两舰，也未加防备。

12 月 6 日清晨，应瑞、通济两舰突然向肇和舰连连发炮，肇和舰上有的士兵尚在梦中，连忙仓卒还炮，大多不能击中应瑞和通济。

杨虎身先士卒，冒着弹雨，四处察看，舰上的情况渐渐稳定下来。忽然，"轰"的一声巨响，舰上的汽炉中炮爆炸了，十几名革命军被炸死在甲板上。

汽炉一炸，军舰失去动力，人心顿时慌乱。杨虎见无法死守，便让战士放下救生艇，纷纷逃走。

杨虎自己则跳入水中，泅水至浦东，再换上农民的服装，逃回上海。

陈可钧等数十人因伤势太重，不能行走，躺在舰上，后全被杀害。

第三十九章

失我长城

85

肇和舰起义虽然失败了,但极大地震撼了中国。袁世凯鼓吹的革命党人已经彻底被打垮了的谣言不攻自破,远在美国费城的黄兴高兴地说:“袁贼窃国称帝,识者早知。肇和之变,仅一小舰,将见义军突起,除戮独夫,指顾间耳。”

果然,肇和舰起义后,全国反袁的形势空前高涨起来。

12 月 25 日,蔡锷、李烈钧、唐继尧通电全国,宣布云南独立,兴师讨袁,护国战争开始。

在孙中山的号召下, 护国战争在全国人民反袁的斗争中如火如荼,蔚为壮观。

继唐继尧 25 日出任护国军政府都督后,26 日, 护国军正式组建。第一军总司令是蔡锷,参谋长是罗佩金,讨伐路线是出四川入武汉。第二军总司令是李烈钧,参谋长是何国钧,讨伐路线是经广西、广东,取道湖南、江西到武汉,与蔡锷第一军会师,再分兵向北挺进。唐继尧兼第三军总司令,担任留守,负责粮饷供给。

1916 年元旦,正当袁世凯在北京做皇帝美梦的时候,护国军在昆明校场誓师,高呼:“打倒卖国贼袁世凯!”“拥护民主共和!”报名参军者踏破门槛,十分踊跃。那些年龄不够入伍的青年学生,甚至哭着下跪要求入伍。

十日之间,护国军就召募新兵六千人之多。

元月16日，护国军从昆明出征。

袁世凯慌如热锅上的蚂蚁，急调曹锟、张敬尧三个师取道重庆进趋泸州，另遣两个师入黔，又电令伍祥桢旅和川军刘存厚的第二师布防川南，派龙觐光率军由粤入桂夹击滇南，妄图以优势兵力，迅速扑灭护国军。

自云南宣布独立后，中华革命党加快了发动武装斗争的步伐。孙中山先后派朱执信在广东，居正在山东，程潜在湖南，于右任在陕西，石青阳在四川，夏之麒、毛福全在江西组织讨袁军队，建立中华革命军。他们与在上海的陈其美遥相呼应，向袁世凯发动了最后的进攻。

袁世凯称帝的倒行逆施，激起全国人民的檄讨和反对，他的王朝的政客们也个个惶恐不安，在新皇帝登基前，出现了政府官员辞职风潮，他的心腹爪牙们也众叛亲离。

1915年9月，黎元洪请辞副总统、参政院院长职，迁居东厂胡同，不再到公府议事，同时还提出请求，撤销其武义亲王的爵称。

10月，徐世昌请辞国务卿职，也迁出官邸，搬到了蝴蝶胡同。

12月，参政梁启超溜到上海；教育总长汤化龙、参政熊希龄、总检察长罗文干等也纷纷要求辞职或请假出京。

最令袁世凯心惊肉跳的是1916年3月，江苏将军冯国璋、江西将军李纯、山东将军靳云鹏、浙江将军朱瑞、湖南将军汤芗铭五人联名要求取消帝制。

眼看大势不好，袁世凯忙于3月22日发表声明，宣布取消帝制，妄想保住总统的地位。但在此时，全国人民谁也不答应他，各地纷纷发表宣言、通电，反对袁世凯继续当总统，并要求对他惩办。

袁世凯恨死了革命党人，恨死了这些年来一直不停地反对他的陈其美。他决心要除掉陈其美，以解心头之恨。

1916年4月23日傍晚，春雨霏霏，三辆黄包车来到上海四马路杏花楼门前，从车上下来三个身穿短褂的汉子，大步进门，直上三楼，在临窗一副座头前坐下。一个中年跑堂快步上前来，欠身问道：

“三位先生，用点什么？”

三人中的那个高个子张口报出了几个菜名后，举目四顾，发觉食客不多，嘴角边掠过一丝笑意，压抵了声音对两个同伴说："等会儿他来了，先别动手，看到老张发信号再开枪。大总统给这家伙最后一次机会，他若回心转意，今天就不用响枪了。"

这时，头两道菜上来了，三人斟上绍兴老酒，慢慢地吃喝起来。高个子的眼睛不时往楼梯口瞟一下，等待目标出现。

"当！当！当……"外滩的海关大钟敲了六下。杏花楼门前来了一辆老式"福莱狄"轿车，停稳后，从里面也下来三个人：为首的那位是干瘪老头，年近六旬，佝腰曲背，后脑勺拖着条长到腰际的辫子；第二个年约四十，瘦长条子，一张略显瘦长的脸，戴着眼镜，此人乃是陈其美；第三个人四十不到，身高体宽，四方脸，粗眉大眼，原来是曾任护军都督府骑兵团团长的张宗昌。

陈其美的沪军都督府撤销后，张宗昌的骑兵团编归冷遹第三师领导，他仍任团长，先后调防去徐州、镇江等地。

"二次革命"失败后，冷遹第三师全溃，张宗昌部被江苏督军冯国璋在南京收编，张被任命为督军署副官长，后兼军官教导团团长。于是，张宗昌摇身一变成为冯国璋的走卒。

张宗昌在此期间结识了一个赌友蔡振生，是南京浦口商埠筹备督办。由于臭味相投，两人成天混在一道非赌即嫖，很快成为无话不谈的好友。

蔡振生是袁世凯的亲信，坐镇浦口，暗中监视冯国璋。袁世凯密令他物色一个可靠的人物暗杀陈其美，他结识张宗昌后，觉得此人可用。

张宗昌听了蔡振生的话，开头十分犹豫，陈其美毕竟是他的老长官，提携过他，他不能恩将仇报。

蔡振生说："你不是想带兵吗？只要你办成这件事，想带多少兵就带多少兵。"

张宗昌想了想说："好吧，谁叫他反对袁大总统呢！"

接着，袁世凯密召张宗昌到北京，给了他八十万银元作为活动经费。

张宗昌来到上海后，立刻着手布置暗杀行动。但陈其美还蒙在鼓里，把他当老部下看，要策动他重新反袁，所以愿意和张宗昌保持接触。

他们三个也走上三楼,在面朝楼梯口的墙角处的桌前坐下。跑堂的上前,瘦老头点了许多菜,要了两瓶汾酒。

先前那三人一见这三人,顿时紧张起来,六只眼睛紧紧盯着陈其美。有一个家伙沉不住气,竟把手颤颤抖抖地往怀里伸,隔着衣衫去摸手枪。陈其美此时只是和瘦老头及张宗昌讲些闲话,根本没有想到他今天来赴的是鸿门宴,刀斧手近在咫尺。

瘦老头姓陈,是陈其美的同乡,此次被张宗昌通过关系以重金拉拢,特地从家乡浙江湖州赶来上海劝陈其美退出政治舞台。

酒过三巡,张宗昌趁陈其美不留意,冲陈老头使了个眼色。陈老头干咳了几声,对陈其美说:"英士,昨天我跟你说的那桩事,考虑好了没有?"

昨天,陈老头去见陈其美,告诉他:"袁大总统汇来大洋七十万元,现在在交通银行,给你出洋游历。大总统让我转告你:此款随时可以提取。"

陈其美笑道:"现在我们党里很穷,供给党里作革命经费很好。"

陈老头连忙重申:"这笔钱是给你出洋用的,不能作其他用。大总统说过,如果你不要这钱,便将这笔款子来对付你。总之,这款子要用在你陈英士身上。"

陈其美大怒,声色俱厉道:"我干我的事,他听他的便!"

一番话把陈老头弄得好不尴尬,愣了一会才重新缓和下来,准备起身告辞,行前仍让陈其美再考虑考虑。

今天,张宗昌亲自约陈其美出来,他让陈老头陪着,一起听陈其美的回音。张宗昌决定,如果陈其美不识抬举,执迷不悟,那就发信号让刺客下手。

当下,陈其美哈哈大笑:"我陈其美向来一锤定音,这么一桩小事难道还要三番五次声明?"

"唉——"陈老头叹了口气,给陈其美斟酒道,"英士,这汾酒气味芬芳,入口回味生津,余香无限,再干一杯吧。"

"好!"陈其美举杯,仰脖一饮而尽。

张宗昌见劝降无望，遂起杀心，眼睛迅速往刺客那里一扫，咳嗽一声。高个子见雇主发来信号，手指往桌上一叩："准备行动！"

就在这时，楼梯上传来一阵脚步声，上来一群人。五个穿海军军官服的年轻人，簇拥着一个僧人。僧人一见陈其美，惊喜地叫道："英士先生，你也在这里？"

陈其美定睛一看，忙上前和僧人拥抱在一起，激动地说："曼殊，你从南洋回来啦？"他看着几位海军军官，"你们怎么和曼殊相识？"

"我们都是曼殊大师的崇拜者。"

"他的小说《断鸿零雁记》，我都看过几遍了。"

"春雨楼头尺八箫，何时归看浙江潮？芒鞋破钵无人识，踏过樱花第几桥？这诗我看一遍就烂熟于胸了。"

"好啊。我也是曼殊的崇拜者，等打倒了老袁，我就和曼殊住在一起，天天跟他学诗。"

苏曼殊连连合手："诳语，诳语！"

这五个海军军官是海军"应瑞"舰的下级军官，肇和起义时虽由于形势所迫未响应，但心中赞成革命，见到陈其美，自然亲切。见陈其美放开苏曼殊，他们马上围过来。其中一个说："陈先生，您胆子真大，袁大总统出那么高的钱买你的人头，你却在此悠哉游哉地喝酒！"

"在上海滩，到处都是我的兄弟，袁大总统怎么不了我！"陈其美笑着说。然后他又叫来跑堂的，让给六位客人上一桌酒菜，由他付钱。他特别关照店伙，一定要上红烧牛肉。

那高个子刺客头儿姓盛名卓，原已准备下手，这时连忙用眼色止住两个副手，因为他发现，这五个军官腰里都佩着手枪，倘若现在动手，这五人一定会一起护卫陈齐美，自己是必遭惨败，甚至可能丢了性命。他们是流落江湖的散兵游勇，并不是袁世凯的部下，不过是受张宗昌的金钱雇用，那钱眼下只到手一半，这会儿把小命玩掉了，还有一半就拿不到了。因此，盛卓决定罢手。

张宗昌才不管刺客的死活呢。他要的是陈其美的性命。当然，他也估计到军官们会拔枪相助，但他们决不会知道这鸿门宴是他摆的！他见发了信号不见反应，又发了一次信号，但刺客们还是无动于衷。张宗昌火了,站起来,嘴上叼支香烟,假装借火,走到盛卓面前,狠狠瞪了一眼,点了香烟,扔下火柴返回座位。

张宗昌跟盛卓说好刺杀陈其美,事成后可得三千元大洋,事前先预付一半。盛卓也想尽快行动,尽快拿到另一半赏金,但今日情况确实不能轻易下手,他见张宗昌执意要他下手,心里不由得火了,暗地里骂道:“他妈的!咱们三个的命总共才值一千五百哪!对不起,老子不干了,大不了把钱退还就得了。”

想着,他站起来,朝两副手一眨眼睛:“我们走吧!”

三人大摇大摆走过张宗昌这一桌,腾腾腾地下楼而去。张宗昌目睹此状,又气又恼,却又无可奈何,眼睁睁地看着他们走掉。

一场精心策划的暗杀行动由于偶然因素而流产了,而陈其美此时还蒙在鼓里。

86

陈其美与苏曼殊已经好久未见,晚上,他邀集于右任、蒋介石、陈果夫等人,在萨坡赛路十四号与苏曼殊小酌叙旧。这是日本友人山田的房子,借给陈其美使用。三杯酒下肚,陈其美感慨万千,想当年,在上海滩,自己第一个邂逅的革命党人,就是这位癫狂不已的和尚。而今大清虽被推翻,但世事白云苍狗,变幻万千,革命却并未成功。而苏曼殊已经变得更加癫狂,对于革命,似乎早已没有兴趣。

“曼殊先生,这几年不见你的踪影,都在忙什么?”

“我能忙什么?还不是芒鞋破钵,四海为家,今朝有酒今朝醉。”

半天没有说话的陈果夫倒满酒,双手举起说:“曼殊大师,我敬您一杯。你的那些诗文,非常凄美,不但是那些女学生喜欢,说真的,我也非常喜欢。不知大师最近是否有新作,让我先睹为快。”

“惭愧,我的文字都是恫心之作,没想到能得到世人错爱。”苏曼殊说着拿出一卷诗稿。“这是我前阵子在盛泽镇小住,写下的一组《吴门依易生韵》。这几年,我的心情彷徨无归却又不无萦系,这些诗篇,就是写照吧。”

陈果夫忙翻开那些诗稿,细细地读起来。

江南花草尽愁根，惹得吴娃笑语频。
独有伤心驴背客，暮烟疏雨过阊门。

碧海云峰百万重，中原何处托孤踪？
春泥细雨吴趋地，又听寒山夜半钟。

月华如水浸瑶阶，环珮声声扰梦怀。
记得吴王宫里事，春风一夜百花开。

姑苏台畔夕阳斜，宝马金鞍翡翠车。
一自美人和泪去，河山终古是天涯。

万户千门尽劫灰，吴姬含笑踏青来。
今日已无天下色，莫牵麋鹿上苏台。

水驿山城尽可哀，梦中衰草凤凰台。
春色总怜歌舞地，万花撩乱为谁开？

年华风柳共飘萧，酒醒天涯问六朝。
猛忆玉人明月下，悄无人处学吹箫。

万树垂杨任好风，斑骓西向水田东。
莫道碧桃花独艳，淀山湖外夕阳红。

平原落日马萧萧，剩有山僧赋《大招》。
最是令人凄绝处，垂虹亭畔柳波桥。

碧城烟树小彤楼，杨柳春风系客舟。
故国已随春日尽，鹧鸪声急使人愁。

白水青山未尽思，人间天上两霏微。

轻风细雨红泥寺，不见僧归见燕归。

陈果夫看完，连连赞道："好诗，好诗！吊古伤今，悲天悯时，格调沉郁，辞气哀怨。大手笔啊！"

蒋介石听了，忙将诗稿拿过，看了看说："这些诗，钟情少男和怀春少女看了，一定是喜欢的，但其中有着太多的怅恨、悲慨和忧伤，和我们一直在追求的革命，太遥远了。"

一直没有说话的于右任拿过诗稿，看了一会，"的确是太消沉了。曼殊，你是不是对于今天的一切都感到幻灭？"

"是的，右任兄。辛亥之前，说革命，推翻大清，我觉得目标明确。而现在，一切都变得物是人非。革命是什么，谁是革命的？袁世凯不革命吗？大清是在他的手上直接终结的。"

"不，大清是无数革命者用鲜血扑灭的。"陈其美有些激动。

苏曼殊连连摇手，"你听我说完。"他掰着手指头说，"李燮和是不是革命的？上海光复，他是和你一起冲锋陷阵的吧？现在呢，他在做什么？他在极力推袁世凯做皇帝！筹安六君子中，除了杨度和严复，孙毓筠、李燮和、胡瑛、刘师培都是参加过同盟会的。有人还为革命坐过牢。而现在呢？他们又想制造皇帝了。我有一种感觉，大清一灭，天下的革命者一下子都没有了目标。不错，宋遯初、黄克强、孙中山，还有你陈其美，都在不停地奔走。但你们往哪走呢？我在一旁看着，很分明，你们一个个扛着大戟，在旷野中奔驰，却不知道奔向何处！"

陈其美不禁心有所动："你这和尚，话虽癫狂，说得倒有几分透彻。"

"我一向胡说八道，姑妄言之，你们就姑妄听之。现在中国，不要说袁世凯做总统不行，就是孙中山，真要是到北京做了总统，也未必行。"

"谁行？"

"我不知道。"

陈其美叹息一声："其实这些年来一直打打杀杀，对国家，对百姓到底有没有意义，我也不能肯定。我之所以还在打，还在杀，是一种惯性使然吧。大清推翻了，民国建立了，却不是我们要的民国。我常常想不明白，我们所处的是一个什么年代？”

苏曼殊双手合计，看着陈其美说：“荷戟年代！”

现在是什么年代？荷戟年代！”

“荷戟年代？”陈其美重复着，咀嚼着，“的确，是荷戟年代。不过，我们是荷戟年代的荷戟斗士！我们追随中山先生，一定会完成重造民国的大业。”

“重造的民国又是什么样子？”苏曼殊摇摇头，仿佛是抖落满头雾水。随即笑道：“善哉，善哉！人生得一知己足矣。中山先生拥有英士兄，真是造化所致。好的，和尚刚才说的全是放屁。现在，我赠诗英士一首，祝你辅佐孙先生完成大业。”说着，他铺开宣纸，笔走龙蛇，一挥而就。

狂歌走马遍天涯，斗酒黄鸡处士家。
逢君别有伤心在，且看寒梅未落花。

“这还差不多，我要的就是狂歌走马、寒梅不落的精神。”

于右任捋着胡须道：“深婉而不凄怨，豪放而不亢直，的确是好诗。英士，既然你对此诗如此激赏，何不步原韵奉和一首？”

陈其美略一思索，“好！”他提笔写道：

十年仗剑走天涯，五洲纵横到处家。
今日喜同方外客，挑灯煮酒论梅花。

于右任看了，连连叹道：“英士就是英士，总是充满豪情啊。来来来，喝酒！”

众人连连举杯。

一阵豪饮，众人都有醉意。苏曼殊又提起笔，在纸上写道：“孤灯引梦记朦胧，风雨临梦夜半钟。我再来时人已去，涉江谁为采芙蓉。”写完，他看着众人，掷笔狂笑，笑声里带着苦音。随即，他冲众人一拱手，开门而去。

陈其美等人这才发现,外面早已风雨大作。

87

次日,张宗昌找到盛卓,让他再次寻机会下手。盛卓一口答应,不过,时隔一夜,他增加了两项条件:"第一,陈其美乃是国内外赫赫有名的风云人物,上海革命党领袖,一条命怎么也不止三千大洋,要求把赏金提高到六千,活动经费除外。第二,陈其美行踪诡秘,手下又有青红帮门徒和昔日旧部,有时身边还有保镖,一时恐怕不便立刻下手,要求不限时日,伺机行事。

"这个……"张宗昌手抚下巴,面有难色,"这个,第一个条件嘛尚可考虑,我张某人向来讲义气,朋友既然提出增加价钱,想必是手头拮据,我可以增加些数目,哪怕让我自己掏腰包都干。"张宗昌心太贪,他原来只想花很少的钱来办大事的,没料杀手半路提出加钱,他只好狠狠心答应。不过,他又说:"第二项嘛,就难啦,上面可是限了时间的……"他把话打住,因为不能透露后台是袁世凯,也不能说自己在大总统前立下了军令状:一个月之内如不杀掉陈其美,就送上自己的脑袋。

盛卓听了,则冷冷地扔出一句:"老张,那可别怪咱哥儿们不仗义,我只好把定金还给您了。只是,上海滩肯向陈其美下手的角儿恐怕一时还找不到哩!"

张宗昌想了一想,转而平和地说:"这样吧,定金你们先拿着,你再考虑考虑。这两天我要去外地跑一趟,回来再谈,如何?"他清楚,上海滩敢于刺杀陈其美的人确实不好找,但重赏之下必有勇夫,他想另找杀手,实在找不到,再来同盛卓谈,所以没把门封死。

此时,张宗昌忽地想到,是否可以找个洋杀手来试试?因为当时虽有一些外国瘪三在上海发迹,但大多数洋瘪三在上海混得并不好,为了金钱,他们什么罪恶勾当都愿干。张宗昌熟谙这些情况,遂决定雇个洋瘪三当杀手。

张宗昌走进公共租界的"澳洲袋鼠之家"酒吧,因为他在海参崴期间学过俄语,很快结识了一个名叫谢苗诺夫的俄国人。此人三十多岁,身高体大,金发碧眼,头颈粗似牛脖,雄赳赳地往那里一站,一看就知道是打手一类角色。他冷眼观察,见谢苗诺夫身穿肮脏不堪的旧西装,皮鞋头上补了一块,叫一杯廉价的啤酒喝半天,一双深陷在眼窝的眼睛色迷迷地在歌女和女客身上转悠。于是,他便和谢苗诺夫搭讪起来,替他要了威士忌和西菜,又把整包香烟递给他。

谢苗诺夫在上海已混了四年,结结巴巴地能说几句中国话,几杯酒喝下肚,张宗昌已经大致摸清了他的情况:他是俄国退役军人,曾在圣彼得堡一家赌场当保镖,后来因为见钱眼红,抢了一个赌客的钱袋而被捕入狱,判刑五年,由于不堪忍受监狱生活,打伤了看守,越狱潜逃来到上海。在上海,他先是跟别人合伙做生意。开始还不错,但后来人家知道他的底牌,怕惹出事来,便把他撇下了。目前他基本上靠别人恩赐过日子。

张宗昌了解了谢苗诺夫的底细,暗忖,这倒是一块合适的料:穷瘪三,当过兵,会打枪,并且有犯案经验,看他那眼神倒是敢杀人的。于是他试着跟对方谈交易,谢苗诺夫倒爽快,一口答应,索价也不高,只要一千二百元,要求付黄金,说便于藏匿。双方谈得很融洽,最后商定第二天晚上在外滩碰头给枪,并先付一半赏金作为定金,三天之内,谢苗诺夫干掉陈其美以后再付另一半赏金。

张宗昌害怕这个洋流氓耍滑头,拿了钱就逃之夭夭,于是在临分手时,特地发出警告:"谢苗诺夫先生,我可是代表官方来跟你谈这个交易的,你若想要手段骗了钱逃掉,那可是打错了算盘。我只要打个招呼,上海的水陆通道马上封得严严实实,你插上翅膀也休想飞出去!"

谢苗诺夫双手一摊,耸耸肩膀:"哦,先生把我当什么人了?俄罗斯人最讲诚信!"

"那好,一言为定!"

谁知第二天晚上,谢苗诺夫收下折合六百元的金条以后,从张宗昌手里接过左轮手枪,突然把枪口对准张宗昌问:"张先生,您想试试它的性能吗?"

张宗昌心头一沉:"你这是什么意思?"

谢苗诺夫微晃手枪, 不无得意地说:"如果你不乖乖地跳下黄浦江,那我就要试试这把手枪的杀伤力了!”

“啊!好你个洋瘪三!你想谋财害命?”

张宗昌转脸四顾,夜深人静,附近一个人影都不见,心里不禁有些发怵。

谢苗诺夫冷笑:“我本来想谋财不害命,幸亏你昨晚临分手时给了我一番忠告,为了能安心地使用这笔款子,我只好封住你的口……”

张宗昌本是绿林出身,一向是打劫别人的,自然不会束手待毙。他趁谢苗诺夫得意之际,猛地飞起一脚,踢中谢苗诺夫持枪的手腕,手枪在飞出去的同时,“砰”的朝天射出一颗子弹。张宗昌腾身上前,一拳击向谢苗诺夫的头部,被他闪过了;又一拳上去,击中下巴,谢苗诺夫仰面倒地。

谢苗诺夫跌得快爬得也快,一跃而起,施出西洋拳击解数反攻。两条大汉在朦胧月色中一来一往,展开了生死格斗。

正当他们打得难分难解之时,耳畔冷不防竟响了一声炸雷:“都不准动!”

“啊!”谢苗诺夫一惊,胸口挨了一拳,跌倒在地。

“住手!”

张宗昌一看,来人是一个高个子英国青年警官,手里握着一支手枪,大声喝道:“听着,你们两个跟我去巡捕房走一趟!”

一副白铜手铐套到了张宗昌、谢苗诺夫的手上,他们无可奈何地被铐在一起,垂头丧气地往大马路巡捕房走去。

88

张宗昌、谢苗诺夫被带到巡捕房,分开关押在临时留置室。青年警官先讯问了谢苗诺夫。谢苗诺夫对警官照实招认,只是到最后为减轻罪责,他否认自己准备杀人,而是说张宗昌逼他即刻下手,他一时没答应,双方争执起来,张宗昌拔枪威胁,结果就打起来了。

警官听了也不说什么,让谢苗诺夫在拘留证上签了名,把他关了起来。

张宗昌独自呆在留置室里,心里倒也并不怎么着急。他知道即使谢苗诺夫供出实情也没有什么大关系，一则英国人对陈其美并无好感,二则此案未有行动,捕房知道他的真实身份后,也只好不了了之。难办的倒是这个计划泡汤了,下一步该怎么办？时间过得飞快,离规定时限只剩下半个来月了！他不由打了个寒噤。

正在此时,牢门打开了,一个“红头阿三”印度巡捕在门口叫道：“出来,提审！”

张宗昌被带到一间十来平方米的办公室,里面坐着拘捕他的青年警官。“红头阿三”出去后,警官关上了门,微笑道:“先生,你现在是在和詹姆士警官打交道。”张宗昌点点头:“唔。敝人姓张,名宗昌,草字效坤。”詹姆士打开抽斗,把谢苗诺夫交出的金条和现场收缴的手枪放在桌上:“先生,这两项物品你可以收起来了,物归原主。”

张宗昌觉得奇怪:这洋警察怎么连案情都不问,一上来就还东西呢？他用疑惑的眼光看着对方。

詹姆士警官显然看出了张宗昌的疑虑,笑道:“张先生,我没有必要向你问什么,因为你是受中国官方的委托来干这件事的,不可能提交法庭审判。”

张宗昌知道谢苗诺夫将隐情和盘托出了，他既不肯定也不否定，只是笑而不答。

詹姆士说:“陈其美在上海很有势力,先生单枪匹马来上海干这桩事,很有胆量,本人甚为钦佩。只是,先生的目光不准,看错人了,物色了谢苗诺夫这样一个流氓。”

“嘀嘀……”张宗昌笑出声来,他觉得这个警官有点反常。

接下去,詹姆士说出了令张宗昌更觉反常的话语:“先生,此事你若让我去办,明天倒也许成功了。”

“唔！警官先生是开玩笑吧？”张宗昌大出意外,不敢信以为真。

“不,不!先生,如果你有兴趣,我们之间倒可以谈谈这项交易。”詹姆士接着说道。

原来,詹姆士即将调回国,他想临走时从古董贩子手里买几件古玩字画带回伦敦去倒卖。这是一本万利的买卖,但他本钱不够。为了筹足这笔钱,詹姆士这几天寝食不安,便跑到外滩转悠,再寻谋财之道。

这“道”还没找来，竟遇到谢苗诺夫、张宗昌在作生死格斗，便顺手牵羊把他俩带回捕房，没想到这倒是一项送上门的生财之道！讯问谢苗诺夫之后，詹姆士立即向张宗昌摊牌。

听了詹姆士的一番话，真使张宗昌喜出望外，当下便让对方开个价钱。詹姆士也不客气，开口就是五千银元，保证三天之内除掉陈其美。

张宗昌觉得，这价钱不算大，当场应允。于是，把谢苗诺夫交出的金条留给詹姆士作为定洋，还留下一个地址给詹姆士，让他事成之后去那里取其余的赏金。

第二天，詹姆士就打听到陈其美最近正在一家名叫“怡乐院”的妓院里，跟一个名叫“虹琴小姐”的妓女厮混，便决定当晚即去行刺。

这天华灯初上时分，詹姆士打扮成外国水手模样，一摇三摆地来到“怡乐院”。他先站在门口看一盏盏灯笼上写着的妓女名字，明明会说一口流利的中国话，却故意大着舌头问道：“你们这里，过一夜要出什么价钱？”

看门人忙答道：“嘿嘿，不贵！三五元、六七元、八九元都有，最好的不过二十元。洋先生是飘洋过海的人，手面阔绰，才不在乎这么点花粉钱呢！”

詹姆士掏出一块银元扔给看门的作为小费，迈步就往里走。一个年过五十的老鸨把他引进账房间坐下，奉上烟茶，问他要点哪个档次的姑娘。詹姆士醉翁之意不在酒，但他怕点了档次低的会惹人怀疑，便掏出十块钱放在桌上：“我要个七八元的吧，余下的算茶水费。”

老鸨立刻奉上一本花名册：“这一档的我们院里有十二位，今晚有七个已接下客人，其余的供洋先生挑选。”

詹姆士翻开花名册，随意指着一张照片：“就这个吧。”

老鸨一看，奉承道：“洋先生好眼力，点了这位‘荷花仙子’！”

她叫来一个黑胖粗俗的女人，吩咐道：“你领这位洋先生去‘荷花仙子’房里，让她好生待客！”

詹姆士随黑胖女人进去，那“荷花仙子”是一位十七八岁的少女，自是殷勤接待。詹姆士头回当刺客，目标又是上海名人，心里自然紧张，哪里有心思鬼混，推说还没吃晚饭，摸出钱来让娘姨去叫了一桌酒菜，让“荷花仙子”陪着浅酌慢饮，顺便问起“虹琴小姐”。

“荷花仙子”说：“虹琴小姐十九岁，可是二十元一夜的价。这会儿，她那里正有客人。”

詹姆士记在心里，不再说话，默默饮酒吃菜。九点过后，“荷花仙子”让娘姨撤去酒菜，送上水果、香茶，娇声道：“洋先生喝杯茶后，上床歇息吧。”

詹姆士点点头说：“好，我先去院子里透透风。”

詹姆士出了房门，顺着走廊来到楼梯口，四下一看无人注意，便悄悄蹑上楼去。楼上是高档次妓女的房间，只见各个房间房门紧闭，窗子却半开半掩，不时传出荡声淫语，哼哼唧唧，也有唱小曲的。

詹姆士来到标着“虹琴小姐”字样的房间门口，抽出手枪，轻轻推弹上膛。他走到窗下，那窗敞着一条缝，把手伸进去想撩开鹅绒窗帘，却没撩开，原来里面系住了。他掏出小刀，在窗帘上划开一条缝，凑近往里观察。房间里摆着一套古色古香的红木家具，墙边床上纱帐低垂。灯光透过纱帐照到床上，依稀可见躺着一对赤膊鸳鸯。

詹姆士未及细想，慌慌张张地举枪冲床上连发三枪，返身就跑。

枪声响起，妓院里顿时大乱，惊叫声，哭喊声、吆喝声四起，却没一个房间敢开门出来看个究竟，只有那个胖娘姨在楼下厨房里探出半截身子，指着正在往外奔的詹姆士大叫：“外国强盗杀人了！”

詹姆士回身一枪把娘姨击倒，急步奔出大门。谁知正好有一队巡捕听见枪声往这边赶来，迎面拦住，喝令缴枪。詹姆士返身奔逃，边跑边往后面开枪。巡捕火起，打了一阵排枪，詹姆士应声栽倒，当场毙命。

这就是轰动一时的“怡乐院血案”。

当时，詹姆士打死的并不是陈其美，而是一个做丝绸生意的嫖客。

陈其美虽然常常出入怡乐院，到“虹琴小姐”房中稍坐，但他从不在妓院过夜。肇和起义后，革命党在上海的活动一时困难起来，为了迷惑敌人，陈其美又像辛亥革命前一样“纵情声色”了。果然，他的这一做法又一次蒙蔽了敌人。

詹姆士行刺失利，令张宗昌大为懊丧。屈指一算，离交差时间只有十来天了。张宗昌如同热锅上的蚂蚁,一筹莫展。最后,他决定孤注一掷,亲自出马刺杀陈其美。

5月8日,张宗昌去找盛卓,准备要回一千五百元的订金。谁知,刚走出旅馆大门,迎面碰上了袁世凯的贴身卫士袁继良,不禁吃了一惊:他妈的,准是大总统差他来催问这事的!

张宗昌把袁继良领进房间,客气了一番,试探着问:"继良兄是来上海公出的?"

袁继良悄声道:"奉大总统之命,让我来问问刺陈其美进展如何?"

张宗昌把两次行刺失利的情况详细说了一遍,临了说:"正在准备搞第三次,我决定亲自动手。"

袁继良笑了笑说:"不必张兄亲自下手,大总统自有良计妙策,我就是为此事来上海的。"

原来,中华革命党有个小头目叫李海秋,是陈其美的好朋友。最近,他在北京被捕,重刑之下,供出了中华革命党的不少机密。袁世凯得知,灵机一动,计上心头:张宗昌行刺陈其美到现在还没有成功,何不命令这个李海秋前去协助?陈其美还不知道李海秋被捕叛变,正可以利用李的关系下手。于是,袁世凯立刻叫袁继良带着李海秋赶来上海,交给张宗昌指挥。

张宗昌一听,喜出望外:"哈哈,天助我也!继良兄,这姓李的这会儿在哪里?"

"他在巡警队。我先来说一下,回头让他来找你。"

张宗昌一见李海秋,立即设宴款待。席间,张宗昌问道:"依你的意思,怎样才能干掉陈其美?"

李海秋道:"此事说难也不难,只要对症下药就行。据兄弟所知,陈其美最近正在为党内经费短缺发愁,我们不妨在这上面动动脑筋,就说有一个煤矿公司,准备向日本人抵押贷款,苦于没人介绍,如果谁能介绍签约,谢他一笔款子。陈其美会上钩的。在签约那天,可以让刺客到约定地点下手。"

张宗昌想了一会,脸上绽开了笑容:"好啊!此计极妙!这个'公司'由我来操办,约定签约的时间、地点就是了。"

李海秋连连点头:“这样最好！这样最好！”

张宗昌接着说:“此事如若成功,你就立下大功了,我向大总统保举你当大官。”

张宗昌、李海秋分手后,各自行动。

张宗昌先去找掖县的小同乡程子安。程子安曾跟随张宗昌从关外进上海,在他手下当过排长。程子安酒醉闹事打伤了人,被人告到都督府,陈其美为维护军纪斥责过张宗昌,张宗昌为此而开革程子安。当时,程子安愤愤不平,怨张宗昌不讲义气。

1916年春节前,张宗昌衣锦还乡,对当年结伙闯关东的穷哥们家属,均按家去拜访,向他们的父母行子侄晚辈之礼,磕头问安,并分送银元二百、五百不等,对程子安家也不例外。事后,程母写信告诉儿子,程子安对张宗昌终于由愤懑而变为感激。

此次来到上海滩,张宗昌已经见过程子安,两人叙旧话新,十分投机。不过,张宗昌没有告诉他要刺杀陈其美,现在需要用人,便带着一千元大洋,找到了他。程子安见到白花花的银洋,毫不犹豫地答应了。

程子安又找到朱光明、许国霖等人,假装组织了一个“鸿丰煤矿公司”。为使陈其美相信真有这么回事,“鸿丰煤矿公司”还煞有介事地在报上登出启事,表明寻找抵押贷款伙伴。

李海秋要找陈其美,却也不是一桩容易的事。陈其美向来行踪诡秘,别说李海秋,就连陈果夫、蒋介石他们也不知道他下一个小时去哪里。上次湖州家乡来的那个陈老头,还是凭着陈其美胞弟陈其采的亲笔信才辗转找到了他。可是,此后就不见他的踪影了。詹姆士是凭着职业的嗅觉,偶然打听到了陈其美的线索,却没找准。

不过,李海秋在中华革命党中大小也算个头目,认得不少跟陈其美有过近期接触的人。他花了好几天工夫,终于打听到陈其美的下落,马上往哪边拨了个电话,说有急事求见。

陈其美说自己马上要去一个地方开会,让李海秋去老城隍庙春风得意楼等候,他会派自己的代表去跟李海秋见面。

李海秋遵嘱去了春风得意楼,招呼跑堂的沏了一壶太湖碧螺春,慢慢地呷着。约摸半个小时后,陈其美独自赶来了。原来,他先前那番话是假的，为的是蒙蔽他人，隐其行踪。

李海秋一见，大为高兴，连忙招呼跑堂的沏茶。

陈其美呷了几口香茶，推推眼镜，瞅着李海秋问："有什么急事？"

"哦！英公，是这样的：我有几个朋友合伙开了一家鸿丰煤矿公司，在安徽淮南，上几年倒还好，近来情况不妙，眼看就要维持不下去了。最近他们准备从日本购买新式设备，重振矿业。但苦于缺乏经费，万般无奈，只好想将公司作为抵押向日本实业界人士贷款，但一时又找不着介绍的人……"李海秋把话打住，掏出一张报纸放到陈其美面前，"您看，他们已经在报上登过启事了。"

陈其美浏览了一下，信以为真，饶有兴趣地问道："他们准备给介绍人多少回扣呢？"

李海秋说："他们那公司注册固定资产为三百万元，准备全部抵押贷款一百万元，言明谁若是从中介绍签约，愿以贷款的百分之三十相酬。我想英公曾留学日本，又在日本呆过几年，在日本定然有不少朋友，若能介绍签约，无疑能得一宗财喜，因此特来报个信。"

1916年4月27日，孙中山与宋庆龄化装偕廖仲恺、戴季陶等秘密离开日本回国，5月1日已到达上海，住在环龙路六十三号。他多次催促陈其美，要借护国军不断取胜的大好时机，再次在上海发动反袁起义。

陈其美几个月来又联络了一批仁人志士，也想尽快举行起义，只是苦于经费无着落，而终日忧愁。听李海秋这样一说，不禁怦然心动：一百万元的百分之三十，就是三十万元，这倒是一笔巨款；再说事情并不难办，他在日本有不少企业界的朋友，只要联系一下就行。一边想着，一边问道："对方现在在淮南，还是在上海？"

"他们已经来上海了，正急着找门路哩！"

"此事我可以一试，三天之内听回音。你给我留下个电话号码，到时候我打电话通知你。"

"好的。"李海秋见陈其美果真上钩了，不由得心花怒放。

陈其美求款心切，对李海秋所言之事未经详察就相信了。第二天，他就去虹口一家日本洋行，那经理是他的好友，听说这事，也热心为其撮合，向国内总公司拍发电报，述说情由。总经理跟陈其美也熟识，当即复电同意向鸿丰煤矿公司贷款一百万元，并委托陈其美担任总公司代理人，代表日方跟鸿丰煤矿公司签署意向书，然后去淮南实地考察。

陈其美于是给李海秋打电话，约定5月18日下午3时带贷款意向书底稿来萨坡赛路十四号寓所签约。这是日本朋友山田的房子，借给陈其美暂住。李海秋闻讯大喜，马上报告张宗昌，张宗昌立即作了布置。

死亡已经悄悄地临近了，但陈其美一无所知。不过，他的很多同志都得知消息，近日有人要行刺他。周佩箴在几天前的一个早晨去探望病中的陈其美时，劝他要出入谨慎。他不以为然，拍着周佩箴的肩膀说："我们革命党，本来是抱定牺牲宗旨的，何惧暗杀？现在本党士气颓唐，若我被暗杀，本党士气，一定可应时振作，同志一定奋力除奸，死了一个陈其美，一定会产生千千万万个陈其美，对于本党国家前途，非常之好。"

就在同一天，王宠惠从唐绍仪处也得知有人行刺的消息，让人转告陈其美注意。陈其美说："我是前次制造局不死之余生，还有什么要注意的？从事革命大业，太为小心，何能成事？"

这期间，从日本来到上海不久的胡汉民见陈其美常在马路上从容闲步，连车子也不坐。有一天，两人在街上忽然相遇，陈其美说："上海滩袁党耳目众多，汉民兄当小心为是。"

"上海人不大认识我，我此时责任也不重。你自己这样大意，何以反说我呢？"胡汉民反问道。

陈其美吟吟一笑说："上海人也不大认识我。我的眼睛好，步履轻捷，即使有坏人靠近，我一霎间就避过去了，所以不用担心。"

胡汉民指着他的脸说："英士，你可是戴着眼镜，在上海当过都督，怕三岁小孩都认识你！"

陈其美叹息一声，说："顾不了那么多了。人之生命，均有定数，非人力所能挽救。作为革命者，冒险原本是天职，没有冒险精神不可能成大事。更重要的是，我辈与反动势力相搏，必须有坚强的革命意志和大无畏的献身精神。丈夫不怕死，怕在事不成，这一直是我的座右铭。"

1916年5月18日下午，李海秋带着程子安、朱光明、许国霖、王介凡等来到萨坡赛路十四号附近的路旁，程子安让王殿章等四人各持手枪、石灰包分布在路上，并派宿振芳在弄堂口望风。程子安还派杜福生负责租赁汽车、马车，以作逃跑时之用。

陈其美这天下午是2时左右来到萨坡赛路十四号的。先是山东民军领袖刘基炎有事与陈其美相商。刘要在烟台发动起义，需要五千元钱。陈其美要吴忠信上三楼问廖仲恺。廖仲恺和胡汉民、山田下着围棋，手边只有五百元钱，便全交给了吴忠信。

吴忠信拿着钱下楼时，李海秋推开房门对陈其美说："英公，客人已经等了很久啦！"

陈其美站起身对吴忠信等人说："我要先会一个煤矿公司的人。"说完，走出客厅。

这时，邵元冲、余建光、曹叔实、丁景梁等应约先后来到，在客厅里等待与陈其美谈话。

陈其美出了客厅，把李海秋一行带到旁边的饭厅里，朗声笑道："哈哈，诸位请坐！"

李海秋装模作样地在一旁给双方介绍："英公，他们是煤矿老板，这是大名鼎鼎的陈其美都督。"

程、许、朱、王四人拱手作揖："久仰！久仰！"

陈其美招呼女仆奉上烟茶，目视四人："四位老板，抵押贷款一事李先生已经跟我说过了。我和日本朋友联系过了，他们委托我作为代表，先和贵公司签意向书，之后，总公司将派人和我一起去淮南核查贵公司固定资产。如确认无误，就可签正式协议，然后汇款。另外，我根据李先生所转达的贵公司愿向介绍人支付百分之三十报酬的意思，起草了一份合同草稿，诸位也可以过目一下。"他把几张纸放在桌子上。

李海秋冲程子安等人以目示意："你们把意向书拿出来，请陈都督过目。"

许国霖连连点头："好的！好的！"遂从皮包里取出意向书交给陈其美。

此刻，李海秋忽然站起来说："我去买包烟。"说着走出门去。

趁陈其美低头看意向书的当儿，程子安掏出手枪，对着陈其美连开三枪。第一颗子弹击中了陈其美的右颊下部口边,第二颗子弹在其右略上一寸之处,第三颗子弹击中右颞颥部近眉端之处。

吴忠信、邵元冲听到枪声,急忙拔枪冲出客厅,程子安等人正往外逃,双方对射起来。凶手王介凡跑在最后,当即被打死,程子安、朱光明很快逃走,而许国霖跳上门前的一辆黄包车,让车夫快跑时,却被车夫当场掀翻在地,被捕获。不一会儿,放风的宿振芳也被捕获。

余建光等人冲进那间房子,把陈其美从地上扶起,只见他脸上血流如注,两颊微动,已不能说话。不一会儿,他的心脏停止了跳动,但双目却始终睁着,仿佛不愿告别这个世界。这一年,陈其美才三十九岁,正是政治家大展宏图的年龄。

与凶手的对射中,丁人杰、曹叔实均受枪伤。女仆的一只耳朵也被枪击中,她手中抱着的山田长女民子堕地伤脑,后来成为终身残废。

从电话中得知消息,蒋介石急忙从新民里十一号寓所赶来,抚尸痛哭。不一会儿,孙中山也闻讯赶来,泪流不止。见陈其美仍未瞑目,孙中山说:“英士,你安息吧!一切责任,由我负责。”并当场手书“失我长城”四字以志其哀。

到了夜里2时,蒋介石把陈其美脸上的血迹擦干净,把遗体抱上一辆马车。这时,旁边一个幽灵似的人影一闪,在车前跪倒了。蒋介石定睛一看,原来是苏曼殊。“我再来时人已去,”蒋介石立刻想到了前些天夜里,苏曼殊走时吟出的那句诗,一语成谶啊!

“一切有情,都无挂碍!英士,你走好。”苏曼殊祷告几句,又飘然离去。

蒋介石将陈其美的遗体运到新民里十一号的寓所。5月20日,他买来一口楠木棺材,将陈其美入棺成殓。

陈其美殉国后不足一个月,即1916年6月6日上午,一代奸雄袁世凯,即丢下了皇冠和总统,在全国人民的唾骂声中死去。

《民国日报》在一年后发表的《归葬哀辞》中感叹道:“天不死公于广州,不死公于上海,不死公于病,不死公于兵,而死公于袁逆朝夕受戮之时,吾疑公盖为靖难而来,难靖则无所恋于天地,而斯世食其福矣。”

第四十章

遗恨深深葬英雄

89

陈其美被刺身亡，震惊了国内外。国内的《民国日报》《大陆报》，日本大阪的《每日新闻》等，发表大量的报道和文章，表示沉痛的哀悼，表彰他为国殉难的革命精神。

此时从美国回国抵达日本的黄兴听到这一消息，悲痛得无法忍受，当天在给居正的信中写道："昨晚得一恶电，英士兄在沪突遭暗杀，旧同志之健者又弱一个，悲痛何堪！我兄闻之其凄惨又何如？尚望暂抑哀情，仗义杀贼，悬逆首于国门，以慰诸先烈之灵。"

孙中山、蒋介石均著文痛悼。自成殓至追悼大会期间，收到海内外各团体、各界人士的唁电、祭文、挽联、挽额，难以数计。

袁世凯死后，孙中山、黄兴等人公开发起陈其美追悼大会。8 月 13 日下午 2 时，"陈英士先生暨癸丑以后殉国诸烈士追悼大会"在法租界霞飞路尚贤堂隆重举行。革命党人、沪上知名人士及烈士家属约四千人出席会议。孙中山因胃病复发不能参加，由黄兴主持仪式。

8 月 14 日的《民国日报》对追悼会作了详细的报道："该堂（尚贤堂）广场搭盖高大席棚以为会场。该堂大门首高标追悼大会白布黑字一帜。会场面前，以芦席搭成三层牌楼，上缀绿叶黄花，牌楼上直矗列五色国徽。中层一额，文曰：'追悼大会'，亦以鲜花缀成。下层复悬一额，两旁一联左右分列，均用白布黑字，额文为'气壮山河'四字。联云：'扶颠持危，事业争光日月；成仁尽义，俯仰无愧天人。'……场内上方复以芦席，搭作一台，四绕鲜花，芬芳袭人。上列影照五帧，中为陈英士先生，左边范鸿仙、夏之麒两先生，右为夏次岩、陈子范两先生，并列数先烈小影，癸丑以后殉国诸烈士名位，则以白布书成榜式附列，悬挂台之两旁，其数约三百数十人。……会场四周内外，满悬挽联，白帜飘扬，其数不下千幅。”

脱帻揽贤殷，早知狙伺来狂客；
横刀向天笑，如此艰难付使君。
——黄兴

蛙井竟称尊，杀贼当思慰来歙；
海天待归棹，故人何处觅陈尊。
——黄兴

二三子主持中部同盟，忍教次第摧残，偏我先生留后死；
六十翁不顾前途险象，但祝英灵呵护，斩他逆首快民心。
——谭人凤

十年薪胆余亡命；
百战河山吊国殇。
——于右任

不敷衍，不调停，不畏人言，一副侠骨妒煞眉小；
为民福，为国利，为谋革命，全身热血保障共和。
——戴季陶

天道无知，苦思公十年旧雨；
中原多故，乃坏汝万里长城。
——蒋介石

在追悼大会上，黄兴致词，杨济沧宣读孙中山领衔的《祭陈英士及癸丑以来殉国烈士文》。

此时，国内外要求严惩凶手。

除当场被捕获的许国霖、宿振芳二人外，李海秋此时也被捕获。在法捕房，许国霖、宿振芳二人均供认为“政府”指使进行暗杀活动。许国霖供认：“受朱光明嘱使，为政府办事，赏格十三万。其目的先办政府最忌之陈先生。”宿振芳在两次供中承认程子安奉张宗昌命令，暗杀陈先生。许国霖、王介凡等均受程子安指挥。

只有李海秋始终不承认参与凶杀阴谋。

法租界公廨经预审犯罪明确，又系刑事犯罪，即引渡归上海地方检察厅承办此案。

袁世凯虽死，但上海依然为北洋势力控制，极力操纵审判，抹煞案情真相。许国霖在上海地方检察厅即推翻在法公廨的口供，只承认知情，不承认实施暗杀。他编造案情说，陈其美的被杀，完全是党务关系，是以党杀党，即党内自相残杀。他还说，这一案子是程子安主谋，程子安是张秀全、韩恢、胡侠魂等人的部下，对陈其美非常不满。云南独立的事发生之后，为将来的都督人选问题，他们又和陈其美发生争执。程子安、王介凡就决计要谋杀陈其美。

上海地方审判厅经过审理，再次歪曲案情，认定事实说程子安、许国霖组织鸿丰煤矿公司，招附商股，以振兴实业之名行补助党费之实。后来商借外债，邀请陈其美担保，因为陈其美有多借二十万作酬金的条件，王介凡等觉得条件太苛刻，感到很气愤，但是党费又迫不及待，只好勉强答应了，于是乎谋杀陈其美的决心也就因此而定下来了。17日，许嘱程子安预备，通知陈其美第二天签字。18日先让宿振芳在门口望风，见面以后就开枪行凶。

根据上述事实和刑律有关条款，审判厅判处许国霖死刑，宿振芳有期徒刑十五年。但是，这一案件上诉到江苏高等审判厅后，高等厅借口许国霖虽然是同谋，毕竟不是主谋，判处极刑，量刑过重，改判无期徒刑。

至于谁是主谋，高等法院并没有追究。此案最后不了了之。

90

陈其美遇刺时，家中只剩下二十元钱，根本无力安葬，尸体暂寄上海法租界打铁浜苏州集义公所。1916 年 10 月、11 月，黄兴、蔡锷先后病逝，12 月，北京国会决议对黄、蔡举行国葬，北洋政府着内务部对黄、蔡按《国葬法》办理，孙中山与唐绍仪联名致函国务院各总长、各议员，提出国葬陈其美建议，但未获通过。

接着，孙中山又发动中华革命党人醵资，并议定于陈其美殉难一周年——1917 年 5 月 18 日归葬湖州原籍。

经过孙中山等人的积极努力，共筹得款项近万元。1917 年 5 月 1 日，陈其美子祖华、祖和，兄其业，弟其采和主丧友人孙文、唐绍仪、章炳麟、谭人凤、孙洪伊、李烈钧、胡汉民、朱佩珍、张人杰、王震联名在《民国日报》上发表举殡讣告：

"前沪军都督陈公，讳其美，字英士，痛于中华民国五年五月十八日在上海遇害。兹定于中华民国六年五月十八日葬湖州碧浪湖茔地，先于五月十二日在上海法租界打铁浜苏州集义公所厝所开吊，十三日辰刻八时至九时举殡前赴湖州。"

5 月 12 日，前往苏州集议公所致祭的中外来宾不下万人。总统黎元洪特委"智威将军"胡汉民为代表到沪致祭，孙中山亲临致祭，唐绍仪、孙洪伊、章太炎、谭人凤、许崇智、温宗尧、吴忠信、蒋介石、戚志峻、张静江、杨沧白、杨季红、黄复生、吴稚晖、戴季陶、庞青城，及上海商界、绅界著名人士李平书、朱葆三、虞洽卿、王一亭等均前来祭奠。复旦公学全体学生由校长李登辉率同来吊。其余各校，排队来祭。新舞台著名演员夏月珊、潘月樵、毛韵珂，商团救火会等，均前来祭奠。一时素车白马，马路为之阻塞。

驻上海的各文武长官，如海军总司令萨镇冰、淞沪护军使卢永祥、交涉员朱兆莘、地检厅长林仲产、县知事沈宝昌、警厅长徐国梁、电报局长汪洋、海陆军官李英石、许继祥等也参加了祭奠活动。

外国友人美国普林斯顿大学教务长麦克劳及夫人、日侨田中筹平等也参加了祭奠活动。

日近午时，天空中落下了霏霏细雨，灵堂中哭声大恸，一时间，天地同悲。

5月13日，雨霁日出，晴空万里。9时后，日光渐敛，阴霾又起。陈其美灵榇举殡队伍由张群、李伯珍乘马指导，由上海法租界打铁浜苏州集义公所始发，行经菜市路、贝勒路、霞飞路、敏体尼荫路、爱多西路，出黄浦滩，至招商局金利源码头。素车白马，绵亘数里，执绋者万人以上，沿途观者不下十万。

主丧友人唐绍仪、谭人凤、李烈钧、胡汉民、张静江、王震等，陈其美尚在稚龄的遗孤长子祖华、次子祖和，兄其业、弟其采等家属与柩车依次前进。

5月15日下午4时，灵榇运抵湖州东门外二里桥，舁榇登岸，暂停于专搭的彩棚内。棚中设灵堂，供陈其美遗像，两旁分悬诔文联幛等。湖州官商学各界，自嘉湖镇守使以下，各机关、团体、学校均派代表，亲赴灵堂致祭。两院浙籍议员、浙江省议会议员、英属加拿大之高华中国国民党支部、或多利交通部、点问顿分部等及浙江省督军、省长、各师长，均派代表参加公祭。

16日，陈其美灵榇由东门外起程运赴葬地。上午8时起，执绋者近万人，臂缠黑纱齐集于二里桥一带。12时，灵榇启动，由东门进城，经东街、骆驼桥、北街，折至局前巷、仁济善堂、五昌里，再折至太和坊、彩凤坊、衣裳街，过仪凤桥、南街，尔后由南门出城。下午3时，抵岘山墓地。沿途设有路祭，观者近十万人。

1917年5月18日上午10时，在岘山举行了隆重的安葬典礼。湖州各机关、团体、学校代表，陈其美的亲族及其生前友好，齐集墓前，向这位伟大的战士致敬。

总统黎元洪的代表胡汉民专程前来主祭。

前来致祭的还有孙中山的代表戴季陶、浙江督军杨善德的代表王桂林、浙江省长齐耀珊的代表吕俊恺、浙江陆军第一、二师师长童保暄、张载阳的代表陈瑶等。吴兴二十五个区自治委委员、湖州劝学所长汪益群和湖州日报社代表陆熙倩等亦到场恭祭。

陈其美茔墓背依万木葱茏的岘山，西临碧波荡漾的碧浪湖。岘山一名显山，距湖州城南门外二里，拱卫城堞，如湖北岘首山之于襄阳，故名岘山。少年时，陈其美曾在此毙杀群狼，显名四乡。

陈其美的墓穴，是1916年8月由庄崧甫、周枕琴亲临岘山选定。是年冬，开始鸠工兴筑，由严馥苏负责督建。穴址在岘山南麓，从下至上约二百余步。墓道长约一百五十步，入口处建一石牌坊，上镌孙中山亲笔书写的“成仁取义”四个大字。进为墓门，门上题“碧血千秋”四个隶字。

全墓之主体共三层，石栏曲折，拾级而上。第一层竖立青石碑，碑前刊总统黎元洪的诔词由吴兴人沈泽春书写；碑后镌孙中山诔词，由松江人钱葆珍书写。第二层上有碑额，由湖州人沈毓麟署题“志迈千古”。第三层为墓穴，其形上圆下方，四周嵌石，前刊“气壮山河”四字，后刊名人联额，两旁刊有诔词八首：一、浙江全体参议员；二、前怀威将军吕公望；三、浙江省议长张翅；四、高等审判厅长范贤方；五、胡汉民、居正、周日宣、吴忠信等十二人；六、蒋介石；七、蔡寅、袁希洛；八、戴天仇。

墓碑“陈公英士之墓”为孙中山亲笔，上署“民国六年四月”。

扶颠持危，事业争光日月；
成仁取义，俯仰无愧天人。

这是陈其美生前自撰的联语，现在则分镌在墓碑前的两根大石柱上。

1932年，国民政府拨款八万元对陈其美墓予以扩建，并沿碧浪湖筑英士公园，使墓地蔚为壮观。

十年“文革”中，陈其美墓在所难免地遭到空前破坏。

1984年3月，湖州市人民政府在中央和省的支持下，按原样重修。10月8日，主体工程竣工。1985年4月17日，配套工程也均告竣工，并举行修复落成典礼。

新修复的陈其美墓仍是正方形，墓顶也按原样雕着国民党党徽，墓前竖着刻有孙中山手书“陈公英士之墓”的花岗岩墓碑。中央平台上置有重达二万五千斤的花岗岩石碑，刻着《孙大总统诔辞》，一对青石大狮子摆在平台两侧。

墓道长二〇一米，宽十二米，其中，中心墓道二点八米，两旁遍植花木。墓门大牌坊平台为十二平方米，牌坊座高六点二五米，宽七点二米。牌坊中心横匾“成仁取义”为孙中山手笔，左边横匾“浩气长存”为林森手笔，右边横匾“精神不死”为蒋介石手笔，均按1932年扩建时的制式。石柱上镌有两副对联。边柱为；

> 春尝秋禘生民泪；
> 山色湖光烈士坟。

撰书者为于右任。

中间柱为：

> 轶事足征，可补游侠货殖两传；
> 前贤不让，洵是子房鲁连一流。

这副对联是陈其美被刺后，蔡元培所撰。对于陈其美的一生性格特点，总结点评得最为准确。

2010年9月13日晨于滁州新苑公寓一稿
2011年3月13日夜于滁州新苑公寓二稿
2011年5月13日夜于滁州黄泥岗镇三稿

后记

这部小说最初取名《荷戟年代》。与一些文友闲聊时(包括中国青年出版社的李丕光老师),他们说不准确。陈其美等人荷戟彷徨是辛亥革命以后,此前目标还是十分明确的。考虑到陈其美一生充满传奇,是英雄而英雄行为又异于常人,且此作又系为纪念辛亥革命胜利一百周年而作,所以更名为《辛亥枭雄》。2010年7月26日,《文艺报》上公布的《2010年度中国作家协会重点作品扶持篇目》上,即是此名。

作品完稿后发给李丕光老师,他和王钦仁老师读过后,觉得《辛亥枭雄》这个书名不够确切,建议改名《陈其美传奇》。我想,"传奇"二字本身亦有局限,还是叫《陈其美》来得干净利索。

关于辛亥革命和陈其美,我想说的都写在作品中了。这里要说明的是,我为什么这么写。对于陈其美的认识,是来自于大陆和台湾的诸多资料,其中所列事实基本上是准确的,但对于人物真实性的把握,是有诸多偏差的,或拔高,或曲解,或所谓"扬弃"——当然,还有其他一些历史人物,如章太炎等。塑造"陈其美"这个人和其他历史人物时,我就按照自己对史实的理解来还原了。因为是小说,能够信马由缰,一马平川处就狂奔不已,山重水复处则独辟蹊径,一直走到人物的骨子里。是否如我所说,当然要靠读者评判了。

感谢中国青年出版社和李丕光、王钦仁二位老师,给了《陈其美》出版的机会。尤其是李丕光老师,几年来通过很多次电话,谈过诸多的稿子,也对创作、积累、选题做过不少交流,遗憾的是一直未能谋面。我想,随着《陈其美》的出版,这种遗憾一定能够弥补。

贾鸿彬

2011年5月